名家通识讲座书系

心理学
十五讲（第二版）

□ 黄希庭 郑 涌 著

北京大学出版社
PEKING UNIVERSITY PRESS

图书在版编目（CIP）数据

心理学十五讲/黄希庭,郑涌著. — 2 版. —北京:北京大学出版社,2014.8
（名家通识讲座书系）
ISBN 978 - 7 - 301 - 24652 - 8

Ⅰ.①心⋯　Ⅱ.①黄⋯②郑⋯　Ⅲ.①心理学　Ⅳ.①B84

中国版本图书馆 CIP 数据核字(2014)第 188765 号

书　　　名	心理学十五讲(第二版)
	XINLI XUE SHIWU JIANG(DI'ER-BAN)
著作责任者	黄希庭　郑　涌　著
责 任 编 辑	艾　英
标 准 书 号	ISBN 978 - 7 - 301 - 24652 - 8
出 版 发 行	北京大学出版社
地　　　址	北京市海淀区成府路 205 号　100871
网　　　址	http://www.pup.cn　新浪微博:@北京大学出版社
电 子 信 箱	pkuwsz@126.com
电　　　话	邮购部 010 - 62752015　发行部 010 - 62750672
	编辑部 010 - 62756467
印 　刷　 者	三河市北燕印装有限公司
经 　销　 者	新华书店
	965 毫米 × 1300 毫米　16 开本　28.75 印张　472 千字
	2005 年 5 月第 1 版
	2014 年 8 月第 2 版　2021 年 12 月第 7 次印刷
定　　　价	79.00 元

"名家通识讲座书系"
编审委员会

"名家通识讲座书系"总序

本书系编审委员会

"名家通识讲座书系"是由北京大学发起,全国十多所重点大学和一些科研单位协作编写的一套大型多学科普及读物。全套书系计划出版100种,涵盖文、史、哲、艺术、社会科学、自然科学等各个主要学科领域,第一、二批近50种将在2004年内出齐。北京大学校长许智宏院士出任这套书系的编审委员会主任,北大中文系主任温儒敏教授任执行主编,来自全国一大批各学科领域的权威专家主持各书的撰写。到目前为止,这是同类普及性读物和教材中学科覆盖面最广、规模最大、编撰阵容最强的丛书之一。

本书系的定位是"通识",是高品位的学科普及读物,能够满足社会上各类读者获取知识与提高素养的要求,同时也是配合高校推进素质教育而设计的讲座类书系,可以作为大学本科生通识课(通选课)的教材和课外读物。

素质教育正在成为当今大学教育和社会公民教育的趋势。为培养学生健全的人格,拓展与完善学生的知识结构,造就更多有创新潜能的复合型人才,目前全国许多大学都在调整课程,推行学分制改革,改变本科教学以往比较单纯的专业培养模式。多数大学的本科教学计划中,都已经规定和设计了通识课(通选课)的内容和学分比例,要求学生在完成本专业课程之外,选修一定比例的外专业课程,包括供全校选修的通识课(通选课)。但是,从调查的情况看,许多学校虽然在努力建设通识课,也还存在一些困难和问题:主要是缺少统一的规划,到底应当有哪些基本的通识课,可能通盘考虑不够;课程不正规,往往因人设课;课量不足,学生缺少选择的空间;更普遍的问题是,很少有真正适合通识课教学的教材,有时只好用专业课教材替代,影响了教学效果。一般来说,综合性大学这方面情况稍好,其他普通的大学,特别是理、工、医、农类学校因为相对缺少这方面的教学资源,加上很少有可供选择的教材,开设通识课的困难就更大。

这些年来,各地也陆续出版过一些面向素质教育的丛书或教材,但无论数量还是质量,都还远远不能满足需要。到底应当如何建设好通识课,使之能真正纳入正常的教学系统,并达到较好的教学效果? 这是许多学校师生普遍关心的问题。从 2000 年开始,由北大中文系主任温儒敏教授发起,联合了本校和一些兄弟院校的老师,经过广泛的调查,并征求许多院校通识课主讲教师的意见,提出要策划一套大型的多学科的青年普及读物,同时又是大学素质教育通识课系列教材。这项建议得到北京大学校长许智宏院士的支持,并由他牵头,组成了一个在学术界和教育界都有相当影响力的编审委员会,实际上也就是有效地联合了许多重点大学,协力同心来做成这套大型的书系。北京大学出版社历来以出版高质量的大学教科书闻名,由北大出版社承担这样一套多学科的大型书系的出版任务,也顺理成章。

编写出版这套书的目标是明确的,那就是:充分整合和利用全国各相关学科的教学资源,通过本书系的编写、出版和推广,将素质教育的理念贯彻到通识课知识体系和教学方式中,使这一类课程的学科搭配结构更合理,更正规,更具有系统性和开放性,从而也更方便全国各大学设计和安排这一类课程。

2001 年底,本书系的第一批课题确定。选题的确定,主要是考虑大学生素质教育和知识结构的需要,也参考了一些重点大学的相关课程安排。课题的酝酿和作者的聘请反复征求过各学科专家以及教育部各学科教学指导委员会的意见,并直接得到许多大学和科研机构的支持。第一批选题的作者当中,有一部分就是由各大学推荐的,他们已经在所属学校成功地开设过相关的通识课程。令人感动的是,虽然受聘的作者大都是各学科领域的顶尖学者,不少还是学科带头人,科研与教学工作本来就很忙,但多数作者还是非常乐于接受聘请,宁可先放下其他工作,也要挤时间保证这套书的完成。学者们如此关心和积极参与素质教育之大业,应当对他们表示崇高的敬意。

本书系的内容设计充分照顾到社会上一般青年读者的阅读选择,适合自学;同时又能满足大学通识课教学的需要。每一种书都有一定的知识系统,有相对独立的学科范围和专业性,但又不同于专业教科书,不是专业课的压缩或简化。重要的是能适合本专业之外的一般大学生和读者,深入浅出地传授相关学科的知识,扩展学术的胸襟和眼光,进而增进学生的人格素养。本书系每一种选题都在努力做到入乎其内,出乎其外,把学问真正做活了,并能加以普及,因此对这套书的作者要求很高。我们所邀请的大都是那些真正有学术建树,有良好的教学经验,又能将学问深入浅出地传达出来的重量级学者,是请"大家"来讲"通识",所以命名为"名家通识讲座书系"。其意图就是精选名校名牌课程,实现大学教学资源共享,让更多的学子能够通过这套书,亲炙名家名师课堂。

本书系由不同的作者撰写,这些作者有不同的治学风格,但又都有共同的追求,既注意知识的相对稳定性,重点突出,通俗易懂,又能适当接触学科前沿,引发跨学科的思考和学习的兴趣。

本书系大都采用学术讲座的风格,有意保留讲课的口气和生动的文风,有"讲"的现场感,比较亲切、有趣。

本书系的拟想读者主要是青年,适合社会上一般读者作为提高文化素养的普及性读物;如果用作大学通识课教材,教员上课时可以参照其框架和基本内容,再加补充发挥;或者预先指定学生阅读某些章节,上课时组织学生讨论;也可以把本书系作为参考教材。

本书系每一本都是"十五讲",主要是要求在较少的篇幅内讲清楚某一学科领域的通识,而选为教材,十五讲又正好讲一个学期,符合一般通识课的课时要求。同时这也有意形成一种系列出版物的鲜明特色,一个图书品牌。

我们希望这套书的出版既能满足社会上读者的需要,又能有效地促进全国各大学的素质教育和通识课的建设,从而联合更多学界同仁,一起来努力营造一项宏大的文化教育工程。

2002 年 9 月

第二版序

心理学是研究心理现象的科学,探究各种心理和行为,如感知觉、注意、记忆、思维、幻想、情感、意志、友谊、爱情、心理障碍等的性质、结构、机制和功能,简言之,探寻心迹。心理学就是一门现代人探究自身问题的学问。

庄子曰:"吾生也有涯,而知也无涯,以有涯随无涯,殆已。已而为知者,殆而已矣。"(《庄子·养生主》)意思是说,人生有限,而知识是无限的。如果以有限人生来追求无限知识,终是一件危险的事。再把此追求所得,认为已是无限真理,回过来将此真理来指导人生,那更是一件危险的事。我们人生的目的,总是由自己了解自己开始,继而去实现真实的自我。只有通过自己了解自己,确立自我,才能知晓如何建立信仰和工作的方向,于是便自强不息地不断奋斗,达成自己的理想。显然,心理学知识将有助于我们了解自我、确立自我,减少人生道路上的风险,便于达成自己的人生目的。

自《心理学十五讲》第一版出版至今,已有8年,我们很高兴地看到,心理学在我国正受到前所未有的关注,各行各业的人们都想了解自己,发掘心灵的真善美,过上幸福而美好的生活。在本书的修订中,我们力求突出以下几个特点。第一,严谨性。书中引证的资料都是经过查实的心理学成果,是可信的,我们再尽力做深入浅出的阐述。第二,丰富性。书中的15个专题涵盖了心理学众多领域中激动人心的内容,采纳了心理学的多种研究取向,尽可能展现出宽阔的学术视野。第三,趣味性和启发性。书中不仅注意了文字的生动和例子的有趣,还特别从心理学百余年历史上的"重大研究"中精选了43项做了专栏介绍,既展示了这些研究对于心理学发展所起的推动作用,又充分体现了心理学家的探索精神和人格魅力,给人以启迪。

我们相信,读者朋友们阅读本书会进一步提升自己的真善美,有助于实现幸福人生!

黄希庭　郑　涌

2013年秋于重庆西南大学

目　录

第一讲

心理学的性质

当今社会的喧嚣和生活的浮躁正在让我们不经意间忘记了生活的本真。很多人都在感叹,我们的物质生活越来越宽裕了,怎么精神世界却越来越不安分了?心理学也因此受到了前所未有的普遍关注。确实,每个人都该懂些心理学,因为它涉及我们生活的方方面面。例如,有心灵感应的事实存在吗?我们的梦是怎样发生的?"眼见为实,耳听为虚"有心理学依据吗?使用药物能促进记忆吗?为什么有些人比另一些人更聪明?独生子女有独特的心理特征吗?为什么说"性格决定命运"?凡此种种,心理学就是要回答这些问题。

一、日常生活中说到的心理学

在日常生活中,当提到心理学时,一般人总觉得有些神秘。所谓"画虎画皮难画骨,知人知面不知心",而心理学却能把大家认为不可知的"心"都知道了,这其中一定有特殊的门道,有奥妙诀窍。有的人因此会认为心理学是一门了不起的"测心术",但也有的人可能认为心理学就像"占星"、"算卦"一样不可置信,更多的人则可能是将信将疑。这些看法都是在不了解科学心理学的基础上产生的,难免存在一定偏颇。其实,人心既是可测的,也确实是难测的。让我们先从这个论题谈起。

人心可测

人的心理,我们看不见、听不到、摸不着,因而人们常常把它比喻为"黑箱"。对于这个"黑箱",作为探索心灵奥秘科学的心理学,是通过哪些途径对它进行探测的呢?

第一条途径是通过言行来探测人的心理。个人的言行总是受其心理支配的。我们可以根据人的言行表现去了解其心理。"诗言志",我们通过一个人写的诗可以了解其志向。又如,一个学生考试考得好与不好,通常会产生不同的心理变化并表现在行为上:考得好的感到欢欣鼓舞,而考得不好的行为沮丧。通过这个学生的情绪变化，我们大致可以探测出其心理上的变化。

第二条途径是通过生理变化来探测人的心理。任何心理活动都会有生理变化的线索。有些是我们很容易观察到的，如人紧张时出汗、害羞时脸红等，但更多的心理活动则需要借助于精密的生理仪器来探测。例如，有些人说他们睡觉时从来不做梦。怎样来检验他们睡眠时是否在做梦、是否有心理活动呢？可以用一种叫脑电图描记器的仪器来记录他们在睡眠时的脑电波。如果脑电图出现快波时把那些说自己从来不做梦的人弄醒，他们就会生动地回忆出刚刚做的梦。这说明，运用精密的生理仪器可以探测到人们在睡眠时是否做梦、是否有心理活动。

第三条途径是通过研究者的推论来探测人的心理。如前所述，学生考试成绩的好坏可能会表现在其言行上，如果我们进一步了解到这个学生是个一贯刻苦努力的学生，就大致可以推断：这次考得好会进一步增强其学习热情和信心，这次考得不好会激发他加倍地努力；但如果了解到这个学生一贯表现很差，则大致可以推断：这次考好了他可能会沾沾自喜，这次考糟了他可能会更自暴自弃。类似这样的推断，我们平常是经常做的。

人心难测

说人心可测只是问题的一个方面。另一方面，人心确实是很难测的，因为影响人心的因素是很多的。

首先，人心与言行的关系并不是一义的而是多义。例如某人的微笑，它可能表征踌躇满志而沾沾自喜，也可能表示对你的好感，还可能嘲笑你的愚蠢，甚至可能是笑里藏刀盘算着对你的暗害等等。又例如，人心是矛盾的。这种矛盾的心理甚至在行为表现上很难被人们所发现，也很难被生理仪器测出。在曹雪芹的《红楼梦》中，宝玉对湘云劝他留心"经济学问"的话不以为然，并说："林妹妹不说这样混账话，若说这话，我也和她生分了。"黛玉听了这话，不觉又喜又惊，又悲又叹。所喜者，果然自己眼力不错，素日认他是个知己，果然是个知己。所惊者，他在人前一片私心称扬于我，其亲热厚密，竟不避嫌疑。所叹者，你既为我之知己，自然我亦可为你之知己矣；既你我为知己，则又何必有金玉之论哉；既有金玉之论，亦该你我有之，则又何必来一宝钗哉！所悲者，父母早逝，虽有铭心刻骨之言，无人为我主张。况近日每觉神思恍惚，病已渐成，医者更云气弱血亏，恐致劳怯之症。你我虽为知己，但恐自不能久待；你纵为我知己，奈我薄命何！想到此间，不禁滚下泪来。(《红楼梦》第三十二回)黛玉这时的落泪虽与悲哀、哀怨、悲悔、愁苦时的落泪在行为反应上相同或相似,但内心的心理矛盾却是很不同的。因此仅以言行或表情对人的心理作直线式的探测往往是不准确的。

其次,生理学的方法难以探测心理的奥秘。前已述及今天我们可以用脑电图描记器探测到睡眠时人是否在做梦,却不能探测到人做梦的内容。即使今后科学技术发达了,能用先进的仪器探测到不同内容的梦境的生理反应,形象思维和抽象思维的不同生理反应,但是思维意识毕竟不等于生理反应。正如恩格斯所说:"终有一天我们可以用实验的方法把思维'归结为'脑子中的分子的和化学的运动;但是难道这样一来就把思维的本质包括无遗了吗?"(恩格斯:《自然辩证法》,人民出版社1971年版,第226页)

再次,用日常经验来推测人心往往是错误的。就拿上面的那个例子来说,虽然学生考试成绩的好坏会表现在其言行上,但究竟如何表现还受到许多因素的影响,而不仅仅与其平常是否努力有关。比如,据心理学的研究,他对于此次考试成败如何归因,就是一个很有影响的因素,你只需想想他是否将其归因于运气就会发现结果会全然不同。正是由于影响我们心理的因素十分复杂多样,心理的表现又可以十分曲折,我们平常在推断人的心理时可以说是经常出错的。

人类的心理现象是世界上最为神奇而复杂的现象。恩格斯在《自然辩证法》中把"思维着的精神"誉为"地球上最美的花朵"。探究人的心理活动的奥秘被看作是人类最后的、也是最重大的科学挑战。这使得许多过去没有什么联系的科学汇聚到了一起,包括脑科学、计算机科学、心理学、语言学、人类学、习性学、遗传学、神经生理学、社会生物学,等等。这其中,心理学扮演着极其重要的角色。

二、独具特色的心理学

心理学的科学地位

上世纪前半期,一些科学哲学家们提出了一个所谓科学的等级序列(参见 Danto & Morgenbesser,1960)。科学在这个等级序列中的位置是由源于19世纪末20世纪初的逻辑实证主义的标准决定的。在这个等级序列中,最讲究精确和严密的物理学被尊为"科学的王后",接下来依次是化学和生物学。此外,还有一些"先房女儿",可以说是科学的"灰姑娘",她们出生的合法性充其量来说是不确定的,因而只有在私底下才能与其他科学相提并论。这些"不幸"的姊妹科学包括心理学、社会学和人类学,还有大约属于这类科学的诸如经济学、政治学和语言学等(Brent & 韩向前,1991)。

但这只是问题的一个方面,另一方面还需考虑到科学的层次性问题。科学不仅可以分门别类地研究客观现象,还可以把客观现象分为不同水平,从不同的层次分别对其进行研究。例如,天体物理学研究天体运动的规律,这主要是从宏观的角度对大自然界的探讨。普通物理学则研究物质的结构以及物质运动的最基本规律,这些规律又可以用精确的数学语言加以表达。物理学根据所研究的物质运动形态的不同又分为许多分支,如力学、电磁学、原子物理学、粒子物理学等。这些都是从不同层次对同一自然界的物理现象进行研究。

在生命科学或研究人类行为的科学中,由于问题本身的极端复杂性,不同层次的研究显得更加重要。与人类行为有关的科学层次性大致体现如下(荆其诚,1990):

社会学

心理学

神经生理学

生物物理学和生物化学

物理学

这些科学都是从不同层次去研究人的行为活动,包括心理活动,它们在研究共同的生命现象的过程中彼此关联、相互印证。生物界的各种现象,从社会现象、心理现象到生理现象,最后都是生物物理现象和生物化学现象,而生物物理和生物化学现象又都可归结为物理现象。因为一切现象都是物质的运动,所以物理学是一切科学最基础的部分。

各门科学虽然相互关联,但不必要求在一个层次上把问题弄清楚之后,才能在另一个层次上开展研究。例如,人们可以从神经生理层次研究人的某一活动,但不一定非要对神经元、神经突触、神经递质等完全清楚之后才能研究人类的行为和提出心理学的理论。我们也不一定非要对个体行为有了充分理解之后,才能研究人际关系的社会学问题。心理学是处于神经生理学和社会学之间的科学,是一门既具有自然科学性质又具有社会科学性质的中间或交叉科学,应与各个不同层次的学科研究同时并举,以加深对人的理解。

心理学的研究对象是心理现象

心理学是研究心理现象的科学。从心理的动态—稳态这个维度,可以将个体心理现象分为心理过程、心理状态和心理特征。

心理过程泛指心理操作的加工程序,包括心理事件相互作用和相互转化的加工进程。在心理学上,心理过程和心理活动这两个术语一般是通用的。通常把认知活动、情绪活动和意志活动看作最基本的心理过程。

认知过程是指个人获取知识和运用知识的过程。它包括感觉、知觉、记忆、思维、想象和言语等。个人对世界的认识始于感觉和知觉。我们的五官——眼、耳、鼻、舌和皮肤是我们与外部世界保持接触的主要感觉系统。通过感觉我们获取事物个别属性的信息,如颜色、明暗、声调、气味、粗细、软硬等等。通过知觉我们能认识事物的整体及其关系,如一辆汽车、一幢房子、一个美丽的街心花园、一群人等。感觉和知觉通常是同时发生的,因而合称为感知。感知过的经验能贮存在头脑中,必要时还能提取出来,这叫记忆。借助感觉系统认识周围世界的可能性是很有限的。它只能使我们认识到直接作用于感官的具体事物。我们了解世界的知识显然不是仅仅由感知觉提供的,还能通过对已有的知识经验的加工去获取间接的、概括的知识,认识事物的本质和规律,这就是思维。例如,人们关于基本粒子的知识和遥远星球的化学成分的知识等,都是借助于思维而获得的。正常成人的思维同言语活动不可分割地联系着,用言语把认识活动的成果与他人交流,并接受他人的经验。通过他人的描述,我们能想出从未感知过的新形象,这就是想象。例如,人们能想象出史前人类社会的生活情景、"外星人"的形象。感觉、知觉、记忆、思维、想象等都是为了弄清事物的性质和规律,使人获得知识的心理过程,在心理学上统称为认知过程。

当人认识周围世界的时候,他总是以某种态度来对待它们的,内心会产生一种特殊的体验,或满意或不满意,或愉快或不愉快,还有我们通常所说的喜、怒、哀、惧以及美感、理智感、自豪感、自卑感等等,这些心理现象称为情绪和情感。情绪过程就是人对待他所认识的事物、所做的事情以及他人和自己的态度体验。

人不仅能认识世界,对事物产生某种情绪体验,而且能在自己的活动中有目的、有计划地改造世界。人在自己的活动中设置一定的目的,按计划不断地排除各种障碍,力图达到该目的的心理过程称为意志过程。

认知、情绪和意志过程简称知、情、意。任何心理过程都有一定的心理操作的加工程序。例如,思维总要经过遇到问题、分析问题、试行解答、加以论证等加工程序。又如,憎恨的情绪总要经过认识对象的丑恶品质,从而产生否定它、摒弃它的态度体验。克服困难的意志过程也一样,人总是根据对客观事物的认识,提出改造这个事物的目标,制定一定的计划,在执行计划的过程中克服、排除内部和外部的障碍,然后才达到目的的。这当中都有一系列的心理操作的加工程序。这些心理活动之所以称为心理过程,是因为其心理操作是一步一步进行的,呈明显的动态性。同时,在现实生活中,人的认知、情绪与意志活动并不是彼此孤立地进行的,而是紧密联系、相互作用的。一方面,人的情绪和意志受认知活动的影响。所谓"知之深,爱之切"就说明认知对情绪的影响,而"知识就是力量"则说明认知对意志行动的重要影响。另一方面,人的情绪和意志也影响着认知活动。积极的情感、锐意进取的精神能推动人的认知活动;相反,消极的情感、萎靡不振、畏难苟安则会阻碍人的认知活动。再者,情绪和意志也是密切联系、相互作用的。情绪既可以成为意志行动的动力,也可以成为意志行动的阻力,而人的意志则可以控制、调节自己的情绪。

有时,我们的心理活动在一段时间里会出现相对稳定的持续状态,这类心理现象被称为心理状态。人的认知、情绪和意志等心理活动在程序加工过程中都会出现相对稳定的心理状态。例如,问题解决的思维过程是按一定的程序进行的,但在思维进行的过程中有时会出现灵感状态、迟疑状态或刻板状态。此外,认知过程中的聚精会神状态和注意涣散状态,情绪过程中的心境状态和激情状态,意志过程中的信心状态和犹豫状态等等,都是心理状态。通常,心理状态是人在一定时间内各种心理活动的综合表现。例如,俗话说的"人逢喜事精神爽",就是这个人在一段时间里,感知敏锐,记忆清晰,思维活跃,情绪开朗,做事果断……表现为心理上的振奋状态。心理状态是心理过程的相对稳定状态,其持续时间可以是几个小时、几天或几个星期。它既不像心理过程那样动态、变化,也不同于心理特征那样持久、稳定。

心理特征是指一个人的心理过程进行时经常表现出来的稳定特点。例如,有的人观察敏锐、精确,有的人观察粗枝大叶;有的人记得快、记得牢,有的人记得慢、忘得快;有的人思维灵活,有的人思维迟钝;有的人情绪稳定、内向,有的人情绪易波动、外向;有的人意志果断、坚忍不拔,有的人优柔寡断、朝三暮四等等。在个人的知、情、意心理活动中经常表现出来的稳定特征，即为这个人的心理特征或个性心理特征。而个人的多种心理特征有机整合所显示出来的独特的精神面貌，在心理学上即是"人格"。

在个人的心理生活中心理过程、心理状态和心理特征是密切联系着的。首先，心理状态和心理特征是在心理过程进行中形成和表现出来。如果没有对周围世界的认知，没有产生一定的情绪体验，没有与环境相互作用的意志行动，人的心理状态和心理特征便无由形成，同时也无法表现出来。其次，心理过程的进行受心理状态和心理特征的影响和制约。例如，心灰意懒的心理状态不仅使人的情绪低落，而且会降低认知和行动的效率；而精神振奋的状态不仅使人的情绪高涨，而且也影响认知和行动的效率。又如，在思维过程中不同的思维品质（灵敏性、逻辑性、广阔性等）制约着对问题加以解决的心理操作的加工程序（速度、方向、转换等）。再次，心理状态和心理特征也是密切联系的。如果说心理特征是个人稳定的特征，那么心理状态则是相对可变的、流动的。例如说腼腆是稳固的个性特征，尴尬或坦然是暂时的心理状态。心理状态是一种介于心理过程和心理特征之间的相对稳定状态。如果某类心理状态（如漫不经心）经常反复出现，并且持续时间也愈来愈长，那么这类心理状态就有可能转化为这个人的心理特征（如粗心大意的个性心理特征）。个性心理特征又会影响心理状态的性质。内向、依赖的人受到挫折时多半产生内疚、自责等心理状态，而机灵活泼、自信的人对挫折往往泰然自若。当然个人的心理特征也会随情境的变化、时间的变化和其他因素的变化而发生一定的变化，不会是一成不变的。总之，心理过程、心理状态和心理特征是既有区别而又密切联系的。它们构成了普通心理学研究的最基本内容。

心理现象是多种多样的，也是非常复杂的。心理学主要研究人的心理现象，也研究动物的心理现象；既研究个体的心理现象，也研究群体的心理现象。与物理、化学等现象不同，心理现象不具形体性，是人内部世界的精神生活，他人无法直接进行观察。但是通过对行为的观察和分析，是可以客观地研究人的心理的。因此，心理学还研究行为及其与心理的关系。

三、心理学的目标

心理学希望达到的目标是什么？一般而言，心理学作为一门科学是以达到对行为的描述、解释、预测和控制为目标的，而其最终目标是为人类积累知识。行为是个体对所处情境的一种反应系统，这种反应有内在生理性的（如肌肉运动、腺体分泌等）和外在心理性的（如言语、表情等）。在日常生活中人的行为是很复杂的，如吃饭、穿衣、写文章、驾驶汽车等等，都是由一系列反应动作所组成的某种特定的反应系统。行为是在一定的情境中产生的。引发个体反应的情境因素称为刺激。刺激可以来自外部环境，也可能起于机体的内部。例如，外界的声音、光线、温度、气味，他人讲话的内容、动作、面部表情以及机体内的内分泌或血液中化学成分的变化，头脑中浮现的思想、观念、欲望等都可以成为引发个体反应的刺激。行为与心理是不同的，但两者又是密切联系的。引起行为的刺激通常是以人的心理为中介而起作用的。每个人都存在着一些个别差异，例如知识经验、态度需要、个性特征和价值观等方面的差异，而且这些差异对每个人自身来说也在不断地发生变化。结果，同样的刺激在不同的人身上的行为反应并不相同；即使是同一个人面对同样的刺激，在不同的时间、地点和条件下的行为反应也不相同。所以说，人的心理现象是由一定的刺激引起的，心理支配着行为而又通过行为表现出来。

描述行为

心理学的第一个目标是对行为进行描述。先让我们看一些问题：右脑损伤后会发生哪些行为变化？记忆有多少类型？创造性思维与一般思维有何差别？孤独症儿童对父母的反应是否异常？假如想要回答上述问题，首先就要对每一个问题中提到的每一种行为都有一个详细的描述。描述是在对典型行为的观察和详细记录的基础上，对行为进行的命名和分类。

解释行为

心理学的第二个目标是对行为的解释，这通常意味着我们要能说明一种行为的产生原因。例如，观察发现了以下事实：企图自杀者多为女性，但实施自杀者却多为男性；当人感觉烦躁时会更具攻击性；旁观者在紧急情况下往往不愿出手救人等等。但此时我们还无法解释"为什么"会这样。心理学研究可能提供合理的解释。例如，社会心理学家达利和拉特（Darley & Latané, 1968）对纽约的一桩暴力惨案发生时旁观者的冷漠态度进行了研究，认为当人们看到有其他人在场并可能去救助时，自己常常不去援助，原因是此时会出现一种"责任扩散"心理，没有人觉得一定需要自己出手。

一般来说,现场中"潜在的救助者"人数越多,人们等着别人去救助的可能性就越大。这样,我们可以给这个令人困惑的现象一个比较圆满的解释了。

预测行为

心理学的第三个目标是对行为进行预测,即要有能力准确地预报行为。例如,假如你的车坏在一条繁忙的高速公路上,会不会很快有人来帮助你?根据对"旁观者冷漠"的研究结果预测,你不可以太乐观。任何一个曾有此亲身经历的人都知道,这一预测是准确的。行为预测是非常实用的。心理测量尤其需要有预测能力,这一领域的专家们使用测量的方法来预测人们在学业、工作或职业生涯中能否取得成功。

控制行为

心理学的第四个目标是对行为进行控制。由于一提到控制就似乎威胁到个人自由,这一点容易造成人们的误解:对行为的描述、解释和预测都是无可非议的,但为什么要去控制人的行为?心理学中的所谓控制,指的是根据预期结果改变影响行为的条件。例如,一位心理学家建议,对教室的环境重新布置将有助于孩子们学习得更好。这就是在运用行为控制的方法。再如,在帮助一个人克服恐高症的过程中必须施加控制的方法;在飞机的设计中也需要运用行为控制的原理,尽量避免驾驶中失误的发生。可以通过运用心理学原理改变人的行为,这是很清楚的。当然,人类必须理智和人道地运用知识,其中包括心理学知识和其他一切学科的知识。

四、心理学的方法

心理学研究的方法多种多样。心理学出于自身的研究目标,常用的研究方法主要有观察法、调查法、测量法、个案法、实验法等。

观察法

观察法是在自然情境中对被观察者的行为作系统的观察记录以了解其心理的一种方法。观察法被广泛应用于心理学的各种研究之中,尤其是在无法对被观察者进行控制,或者由于控制会影响其实际行为表现或有碍于伦理道德时采用。

根据观察时情境的人为性,可以将观察分为自然观察和控制观察。前者是在自然情境中对被观察者的行为直接进行观察，后者则是在预先设置的情境中进行观察。自然观察是传统的旧方法，而控制观察是改良的新方法。在心理学研究中，观察法多用于婴幼儿活动、儿童游戏、学校教室活动、市场交易、街头游行以及动物行为等。

根据观察时观察者与被观察者之间的关系，可以将观察分为非参与观察和参与观察。前者是观察者不参加被观察者的活动，不以被观察者团体中的一个成员而出现；后者是观察者成为被观察者活动中一个正式的成员，但其双重身份一般不为其他参与者所知晓。无论采用哪种形式，原则上都应在被观察者不知晓的情况下对其进行观察，这样被观察者的行为表现才自然真实。所以，通过单向透光玻璃窗或闭路电视录像装置等进行观察，可以让被观察者不受干扰，有利于观察到其自然真实的行为。

根据观察要求的不同，又可以将观察法分为非系统观察和系统观察。前者是日常生活中人们常用的一种方法，可以激发进一步的系统研究；后者则是有目的、有计划地收集观察资料的过程。

为了避免观察的主观性和片面性，使观察时能够获得正确的资料，在使用观察法时应注意以下几点：（1）观察必须要有明确的研究目的，对拟观察的行为特征要加以明确界定，做好计划，按计划进行观察。（2）观察必须是系统的，而不是零星偶然的。（3）必须随时、如实地做好记录，严格地把"传闻"与"事实"、"描述"与"解释"区分开来。如果能用录音机、录像机做记录，效果更好。（4）应在被观察者处于自然状态的情况下进行观察。

调查法

调查法是以提问题的方式，要求被调查者就某个或某些问题回答自己的想法。调查法可以用来探讨被调查者的机体变量（如性别、年龄、教育程度、职业、经济状况等）、反应变量（即他对问题的理解、态度、期望、信念、行为等）以及它们之间的相互关系。根据研究的需要，可以向被研究者本人作调查，也可以向熟悉被研究者的人作调查。

调查法可分为问卷调查和访问调查两种方式。问卷调查也称问卷法，是研究者根据研究课题的要求，设计出问题表格让被调查者自行填写来收集资料的一种方法。这种方法具有向许多人同时收集同类型资料的优点。缺点是发出去的调查表难以全部收回，只能得到被调查者对问题的相对完整的答案。要得到一份良好的问卷，在设计时应注意以下几点：（1）要针对调查的目的来设计问卷。(2)提出的问题要适合于调查的目的和被调查的对象。(3)使用方便,处理结果省时、经济。

访问调查也称晤谈法,是研究者根据预先拟好的问题向被调查者提出,以面对面的方式进行调查的方法。要使晤谈法富有成效,首先应创造坦率和信任的良好气氛,使被调查者做到知无不言;同时,研究者应当有良好的准备和训练,预先拟好问题,尽量使谈话标准化,记录指标的含义保持一致。这样才有可能对结果进行客观的分析和概括。与问卷法相比,晤谈法有如下优点:(1)可以直接向被调查者解释晤谈的目的,可以提高他们回答问题的准备程度;(2)研究者可以控制晤谈进程,可以使调查中的遗漏大为减少;(3)可以不同的方式考察被调查者回答问题的真实程度;(4)可以根据被试的反应提出临时应变的问题,有可能额外获得有价值的资料。它的主要缺点是:(1)由于在一定时间内只能晤谈数量有限的对象,要收集较多对象的资料太费时间;(2)研究者必须训练有素,才能掌握晤谈法;(3)研究者的言语不当,被调查者有可能拒答或谎答问题;(4)研究者的行为,有时甚至是无意的行为,也可能对被调查者的回答有暗示作用。

测量法

测量法就是用标准化的量表来测量被试的智力、性格、态度、兴趣以及其他个性心理特征的方法。测验的种类很多。按一次测量的人数,可把测验分为个别测验(一次测一人)和团体测验(一次同时测多人)。按测验的目的,又可把测验分为智力测验、特殊能力测验(性向测验)和人格测验等。

用标准化的量表来测量心理特征时应注意以下几点:(1)选用的测量工具应适合于研究目的的需要。(2)主持测验的人应具备使用测验的基本条件。如口齿清楚,态度镇静,了解测验的实施程序和指导语,有严格控制时间的能力,并严格按测量手册上载明的实施程序进行测验等。(3)应严格按测验手册上载明的方法记分和处理结果。(4)测验分数的解释应有一定的依据,不能随意解释。

个案法

个案法是收集单个被试各方面的资料以分析其心理特征的方法。通常收集的资料包括个人的生活史、家庭关系、生活环境和人际关系等。根据需要,也常对被试做智力和人格测验,从熟悉被试的亲近者那里了解情况,或就被试的书信、日记、自传或他人为被试写的资料(如传记、病历)等进行分析。应用此种方法的研究,不同于用同一种方法对许多被试进行调查收集资料、用统计分析得出一般性倾向的研究。

个案法的优点是,能加深对特定个人的了解,以便发现影响某种行为和心理现象的原因。例如,通过个案分析,可以了解不同的电视节目对个体行为的影响,也可以了解家庭破裂对儿童心理发展的影响等。个案法的缺点是,所收集到的资料往往缺乏可靠性,而研究的结果也可能只适合于个别情况。因此,一般地说,个案法常用于提出理论或假说,要进一步检验理论或假设,则有赖于其他方法。

观察法、调查法、测验法和个案法都属于心理学研究的相关法。这些方法可以用来发现两个或几个变量之间的相关程度,即关系的疏密程度,却不能确定它们之间是否存在着因果关系。就是说,用这些方法积累的资料只能说明“是什么”,而不能解释“为什么”。要确定变量之间的因果关系,必须借助于实验法。

实验法

实验法就是在控制的情境下系统地操纵某种变量的变化,来研究此种变量的变化对其他变量所产生的影响。由实验者操纵变化的变量(通常是用刺激变量)称为自变量;由自变量而引起的某种特定反应称为因变量;实验需在控制的情境下进行,其目的在于排除自变量以外一切可能影响实验结果的因素,即控制变量。在实验中实验者系统地控制和变更自变量、客观地观测因变量,然后考察因变量受自变量影响的情况。因此,实验法不但能揭明问题“是什么”,而且能进一步探求问题的根源——“为什么”。

用实验法研究心理学问题必须设立实验组和控制组,并使这两个组在机体变量方面大致相同,控制实验条件大致相同,然后对实验组施加实验变量的影响,对控制则不施加影响,考察并比较这两组的反应是否不同,以确定实验变量的效应。

实验法可分为实验室实验和现场实验。实验室实验是在严密控制的实验条件下,通常要借助于一定的仪器所进行的实验。例如,为了比较人的视觉和听觉简单反应时间的差异,在实验中布置好电秒表,光、声刺激器,电键等仪器,令被试者将一只手放在电键上,要求他看到(或听到)信号时,立即按下电键,经过多次实验,便可求出它们在统计学上有无差异。实验室实验的最大优点是对无关变量进行了严格控制,对自变量和因变量作了精确测定,精确度高;主要缺点是研究情境的人为性。现场实验是在实际生活情境中对实验条件作适当控制所进行的实验。例如,为了研究小学一年级儿童普遍存在着的感知算式错误(把加法做成减法或把减法做成加法)的原因,实验者在一个班里按一定的计划加强实验性训练,对另一平行班则不进行这种实验性训练,正常教学,对获得的材料加以整理和分析,就可以找出影响小学一年级儿童感知算式错误的原因。自然实验的优点是研究的问题来自实际,具有直接的实践意义;缺点是容易受无关因素的影响,不容易严密控制实验条件。可见,实验室实验和现场实验的优缺点有互补性,在心理学的实验研究中可以灵活选择。

五、心理学的观点

"心理学有一个长的过去,但却只有一个短的历史。"最早的实验心理学家之一艾宾浩斯(Ebbinghous)在其名著《心理学纲要》(1908)中,开篇第一句话就这样写道。人类对于心理问题的见解古已有之,但在很长的时间里都属于哲学的范畴,只能称之为心理学思想。科学心理学的诞生,一般公认始自德国心理学家冯特于1879年在莱比锡大学建立世界上第一个心理实验室。冯特也因此被誉为"心理学之父"。

重大研究:史上首次心理学实验(冯特,1879)

1879年12月的某一天,在德国莱比锡大学一栋叫做孔维特(寄宿招待所)的破旧建筑物三楼的一个小房间里,一位中年教授和两位年轻人正张罗器具,准备一个实验。他们在桌子上安装了一台微时测定器(铜制的像座钟一样的机械装置,上吊一重物及两个圆盘)、"发声器"(一金属架,上面升起一只长臂,一只球将从臂上落下,掉在一个平台上)、报务员的发报键盘、电池及一个变阻器。然后,他们把五件东西用电线连接起来。这套电路还没有今天电气培训的初学者所使用的东西复杂。中年教授是47岁的冯特(Wilhelm Wundt,1832—1920,图1-1),他长着长脸,胡须浓密,衣着简朴;两个年轻人则是他的学生:德国人弗里德里奇(M. Friedrich)和美国人霍尔(G. S. Hall)。这套摆设是为弗里德里奇设置的,他要用这套东西收集博士论文所需要的数据。他的博士论文题目是"统觉的时间长度",即被试从感知球落在平台到其按动发报键之间的时间。没有记载写明那一天是谁负责让球落下，谁坐在发报键面前。然而，随着那只球砰的一声落在平台上，随着发报键塔的一响，随着微时测定器记录下所耗费的时间，科学心理学的时代正式到来了。

图1-1　科学心理学创始人冯特（左一）

当然，人们可以反对这个说法，认为现代心理学开始于1830年代，即韦伯（E. H. Weber）进行最小可觉差的研究之时；或开始于1850年代，也即赫尔姆霍兹（H. Helmholtz）对神经传递的速度进行测量与费希纳（G. T. Fechner）进行第一次心理物理学实验之时。但大多数权威认可的则是1879年，而且理由非常充分。因为在这一年，在孔维特的房间里进行了心理学的第一次实验，冯特自此管这间屋子叫"私人研究所"（在德国大学里，正规组织起来的实验室才叫研究所）。几年之后，这个地方就成为未来心理学家的朝圣之地，不但得到大规模的扩建，而且还被正式定为这所大学的心理学研究院。

在很大程度上，也正是因为这个研究所，冯特才被认定为现代心理学的奠基人之一，而且是其最主要的创始人。正是在这里，他进行了自己的心理学研究，并以他的实验方法和理论培训了许多研究生。他从这里送出许多新的心理学骨干（他亲自指导近200篇论文），进入欧洲和美国的各个大学机构。另外，他还写出一系列学术论文和卷帙浩繁的专著，从而使心理学在科学领域里占据了一席之地。他可称得上是第一位名副其实的心理学家，而不只是对心理学感兴趣的生理学家、物理学家或哲学家。

最为重要的是,冯特把意识的心理过程带到了心理学实验之中。从希腊哲学家到英国联想主义者,这些过程一直是心理学思想的核心问题。虽然费希纳等人也曾利用过实验方法测量某些心理反应,然而,完整地开发出这些方法,并极力倡导心理过程可以用实验方法进行研究的却是冯特。事实上,早在 1862 年,他就开始思考这个观点,在《感官知觉理论文集》的序言中写道:"实验方法最终将在心理学中起重要作用,尽管这一点目前还没有为人们所全盘认识。常见的观点是,感觉和知觉是唯一可利用实验方法的领域……显而易见,这是一种偏见。一旦心灵被视作一种自然现象,心理学也被看作一门自然科学,实验的方法就一定能在这门科学中得到更广泛的利用。"他将心理学与化学进行比较。正如化学家不但可通过实验得知一种物质受其他物质的影响,而且也可通过实验得知其本身的化学性质一样,心理学家走的也是同一条道路……如果说实验只能确定(刺激)对心灵产生的作用,那就大错而特错了。心灵对外部影响的反应行为也是可以确定的,而且,我们可通过变更外部影响得出一些定律,诸如此类的心灵生活将受制于这些定律。简单地说,对于我们而言,感觉刺激只是实验的工具。在继续研究心灵现象的过程中,通过在感觉刺激里制造多重变化,我们就可以应用这个原则,因为它是实验方法的精髓。早在冯特钻进实验室里做第一次实验之前,他就已经致力于将生理学和精神过程联结起来,并因此而闻名遐迩。他的观点甚至传至美国,美国先驱心理学家詹姆斯(W. James)1867 年在给友人的信中曾经写道:"在我看来,心理学变成一门科学的时代已经到来,某些测量已经在神经的生理变化与意识的面貌(以感觉感知的形式)之间展开……赫尔姆霍兹和海德堡大学一位名叫冯特的人都在进行这项工作,而我希望……今年夏天去拜会他们。"

一些不喜欢"伟人"史观的现代史学家可能会说,心理学这门新科学不是由冯特创立的。它的创立,不仅得益于 19 世纪中期总体的社会和知识状况,而且得益于行为学和社会科学的发展状态。达尔文的《物种起源》及后来的《人类及动物的情感表达》中的动物心理学,孔特(A. Comte)的社会学研究,人类学家就生命、语言和无文字民族的观念等所做的越来越多的研究报告,以及其他一些相关因素,无不努力地创造出一种氛围。在这种氛围之中,人类的本质是有可能得到科学研究的。的确,如果在更早的时代,是不可能产生这么一个冯特及实验心理学的:没有电池,没有发报键,也没有微时测定器，极少有人将人类行为视作可以通过实验加以研究的现象。可是，在任何知识领域，就算是时间和地点恰到好处，脱颖而出的绝不会是几千人、几百人，而只能是少数几个佼佼者，甚至只能是一个：一个伽利略、一个牛顿、一个达尔文，他们启发了数以千计的跟随者，并将他们的事业推向前进。也只有一个冯特，成了欧美新心理学的指路明灯。

冯特其人的一切都令人吃惊。冯特 1832 年出生于德国的巴登地区。在童年和青年时代，他既没有活力，又缺乏才气，看上去完全不像个哪怕会有一点点出息的人。在孩提时代，他唯一的好友是一个弱智男孩。他更是个习惯性的白日梦者，一到课堂上就神情恍惚。读一年级时，有一天他的父亲来到学校，发现他在那里心不在焉，盛怒之下竟当着同学的面扇了他几个耳光。这件事冯特日后记忆犹新，但在当时来说，似乎并没有改变过什么。在许多年里，冯特一直没有显露出什么才气，对学习更是不感兴趣，继续在课堂里做着白日梦，脸上时常挨老师的耳光。直到他 20 岁那年，无所事事地在外晃荡了整整一年后，回到家时惊讶地发现家中已几乎无钱供他读完在图宾根大学余下的学业。他决定痛改前非，到海德堡大学重修学业。他一头扎入学习之中，竟在三年时间内完成全部学业，并于 1855 年在医学全国会考中获得了第一名的骄人成绩。冯特学识渊博，著述丰富，其著作涉及心理学、生理学、物理学、哲学、逻辑学、伦理学、语言学、文化人类学等诸多领域。据冯特的女儿统计，冯特一生的著作有五百余种，共计 53735 页；从 1853 年到 1920 年即冯特刚 20 岁到去世这 68 年中，他平均每天要写 2.2 页文章。冯特的主要心理学著作有《感官知觉理论文集》（1856—1862）、《关于人类和动物灵魂的讲演录》（1863）、《生理心理学原理》（1873—1874）、《心理学大纲》（1896）、《心理学导论》（1911）和《民族心理学》（10 卷，1900—1920）。其中《生理心理学原理》一书被很多人誉为"心理学的独立宣言"。

可在今天，他好像成了一个奇怪而矛盾的人物。尽管他拥有着崇高的声望和长期的影响，但他的名字却少有人知；很多人可以轻易地说出弗洛伊德、巴甫洛夫和皮亚杰，却不知道冯特是何许人。甚至那些知道他的历史地位的人，也实在说不准其观点究竟是什么；对于他的理论体系，不同的学者即可总结出不同的冯特。在某种程度上说，造成他难以理解的原因极有可能在于他身上拥有着太多的 19 世纪德国学者的品性：无所不晓、顽固、专横，而且自认为一贯正确。即使冯特最忠实的弟子铁钦纳（E. Titchener）也觉得自己的老师"毫无幽默感,不屈不挠,极具进攻性"。由于非常博学,他总是自视为权威。詹姆斯曾诙谐地对一位朋友写道:"因为这个世界上必须得有教授,冯特即成为最值得称赞和永不可能敬仰过分的那种人。他不是天才,而是教授——也即那种在自己的专业内无所不知、无所不言的那一类人。"对于他的毕业生,冯特非常乐于给予帮助,对他们关怀备至,充满慈爱,但也十分专横。在学年开始时,他常命令研究生班上的学生到研究所集合,他们要在他面前站成一个队列,由他宣读该年度他希望展开的一些研究项目的单子,并把第一个课题安排给站在队列边上的第一个学生,第二个课题交给第二个学生,以此类推。没有人胆敢对这些分配提出异议。学生们很有责任心地去完成每一个任务,这些任务大都成为他们的博士论文题目。冯特有时也容许学生们在研究报告里表达他们自己的观点,但却常常用蓝笔在上面大肆批评。一位美国学生说:"在热烈地捍卫学术观点的基本原则方面,冯特表现出的是众所周知的德国人的品性。我的论文约有三分之一的内容未能支持冯特的同化观点,因此惨遭删除。"据说晚年的冯特已经变得心地柔顺、慈祥可亲了。他喜欢在书房里招待年轻的客人和听课者,回忆自己年轻时代的趣闻轶事。他教课、写作,还指导心理学研究,直到 85 岁退休为止。此后他还一直忙于著述,直到 88 岁高龄,临死前仍在奋笔疾书。

　　无论冯特的理念还是人格,在今天来说都有些难以理解。有那么一阵子,心理学家们大多感到冯特的心理学范围过于狭窄。但一些史学家最近重新估量了冯特的工作,宣称他是一位眼光远大、胸怀宽广的心理学家。
(选自 M. 亨特李斯著/王月瑞译,1999)

　　冯特的贡献主要有三个方面:第一,从学术研究背景看,冯特是 19 世纪后期集生理心理学大成的人。在柏林大学与海德堡大学求学期间,冯特曾是当时著名生理学家缪勒(J. P. Müller)和赫尔姆霍兹的及门弟子。冯特承二人衣钵,并发扬光大。自 1864 年起,在任教海德堡大学的 10 年期间,集其研究成果,于 1874 年出版了《生理心理学原理》。该书被生理学界和心理学界推崇为不朽之作。有人认为,其重要性堪称学术史上的心理学"独立宣言"。第二,从研究本身看,冯特设立了心理实验室,并以开创性的构想来探究"心的结构"。冯特认为,心理学是研究直接经验即意识的科学。而心理学研究的方法是内省,就是让被试报告自己在变化的实验条件下的心理活动,然后由实验研究者考察被试经验中所引起的变化。他的心理实验室从世界各地招来学生,对感觉、知觉、注意、反应时间、联想等过程进行了研究。冯特认为经验可以分析为各种元素。心理学的任务是用实验内省法分析出意识过程的基本元素,发现这些元素如何合成复杂心理过程的规律。他认为最简单的心理元素只有两类:一类是感觉和意象(意象是感觉之后大脑内相应的局部兴奋引起的),另一类是感情。所有复杂的心理都是由这两类心理元素(像化学元素的化合那样)综合而成的。因此,心理学界一般将冯特开始的心理学称为结构主义。冯特的理论体系为他的弟子铁钦纳所继承和发展,并使结构主义成为科学心理学诞生后的第一个学派。第三,从现代心理学的观点看,冯特的研究之所以特别受到后人的重视,主要是他首创了心理学研究的系统的科学实验方法。此后的心理学之所以被视为一门科学,主要是由于心理学家也可以像其他自然科学家一样做实验研究。科学特征中所强调的客观性、验证性、系统性三大标准,只有实验法才可能做到。

科学心理学诞生之后的一百多年来,心理学家曾以各种不同的观点对心理现象做过许多研究。这些研究观点是从不同的侧面或层次对复杂的心理现象的探讨。可以说,心理学的任何题目都可以从各种不同的观点出发进行研究。现代心理学的研究主要有五种观点,即生物学的观点、精神分析的观点、行为的观点、认知的观点和现象学的观点。这五种观点代表了现代心理学的主要研究取向。

生物学的观点

生物学的观点是指以生物学的知识为基础对个体的心理和行为所作的解释。生物学的观点具有悠久的历史。被称为西方医学之父的希波克拉底(Hippocrates,约前460—前377)认为,脑是心理的器官。他说:"是由于脑,我们思维,理解,看见,听见,知道丑和美、恶和善。"现代神经生理学研究的发现,已经使脑的活动与心理活动之间的关系变得清楚起来。

在学习和记忆领域,生物学研究取向已取得相当大的成绩。例如,神经生理学家们对条件作用的学习已经提出了单个细胞的解释。以老鼠从小平台上跳下便在地板上受到电击所形成的回避跳下小平台的条件反射为例,这种条件反射的形成包含着神经细胞之间连结内电和化学物质的变化,而这些神经变化又会导致脑内某些化学物质量的变化。有关记忆的生物学研究还证明了某些脑结构的重要性。例如,用电刺激大脑右侧颞叶,患者会产生过去事件的逼真的记忆。

在动机和情绪领域,生物学研究取向也取得了相当大的成绩,特别表现在对动物的研究上。例如,用微电极刺激下丘脑的不同部位会引起动物(大鼠、猫、猴子)的贪食和厌食反应,而刺激其他部位则会引起恐惧、愤怒以及痛苦、愉快等情绪反应。治疗人脑疾病时,刺激被试脑的有关部位也会引起患者的愉快、痛苦、恐惧等情绪反应。当然,人类的动机和情绪具有社会性,其生理机制要比大鼠、猫等动物复杂得多。

人脑约有120亿个神经细胞,细胞与细胞之间有着几乎无限多的相互联络和通路。人脑是宇宙间最为复杂的结构,我们至今对它如何产生心理活动仍知之甚少。目前我们所了解到的脑活动与心理活动之间关系的知识,大多来自对动物和脑疾患者的研究结果。因此,单凭生物学观点来建构心理学理念,会有很大的片面性,显然是不妥当的。

精神分析的观点

图1-2　精神分析创始人弗洛伊德

对人类心理和行为研究的精神分析观点是由奥地利精神病学家弗洛伊德(Sigmund Freud,1856—1939,图1-2)于19世纪末提出的。1900年,弗洛伊德《梦的解析》一书出版,被看作精神分析创立的标志。弗洛伊德是一位受过严格训练的医生,熟知当时的生理学和意识心理学。他的精神分析在某些方面是19世纪的生理学与其临床经验的混合。在弗洛伊德看来,意识仅仅是人的整个精神活动中位于表层的一个很小的部分;潜意识才是人的精神活动的主体,处于心理的深层。

弗洛伊德认为,人类的很多行为是由潜意识过程支配的。所谓潜意识过程,是指个人没有觉知到却影响着行为的那些冲动和欲望。他认为,儿童期被父母和社会加以禁止和处罚的许多冲动和欲望都来自先天的本能。这些冲动和欲望由于不符合社会道德标准而被禁止,它们被压抑而进入潜意识。但它们在潜意识中仍然继续影响着行为,表现为做梦、口误或怪癖,表现为情绪问题、精神疾病的症状，或者被升华为受社会赞许的行为，如艺术创作或文学活动。

弗洛伊德关于性本能有许多惊人的叙述。他认为，性欲是人的所有本能中持续时间最长、冲动力最强、对人的精神活动影响最大的本能。根据他的说法，人的性欲不是始于青春期，而是始于婴儿期；在性本能的整个发展过程中，人由爱自己（自恋情结）到爱父母（男孩的恋母情结和女孩的恋父情结），最后在青春期发展为异性相爱。弗洛伊德认为，婴儿或儿童对性感区（如口腔、肛门、性器官）的各种活动会受到父母的管教而引起冲突，这样就会导致某种人格特征的产生。例如，根据他的说法，婴儿期由于过多或不足的口部满足，就会产生口恋型的性格，如强迫性大吃大喝者、抽烟者、健谈者、自私贪婪者等。他甚至认为，人类的一切创造都是追求性满足的无意识表现；精神病则是由于性欲过分受到压抑的结果。

弗洛伊德认为，我们的全部行为都是有原因的，但是原因往往是某种潜意识动机，而不是人们所意识到的理性的理由。弗洛伊德对人性基本上持否定态度。他把人和动物都看作是由一些基本本能（主要是性和攻击）所驱使的。人类总是不断地与控制人类本能冲动和欲望的社会力量相对抗的。以精神分析观点看来，儿童观看暴力电影后变得更富有攻击性，乃是天生本能的表现。未来的心理学家很可能最终会断定受抑制的性爱所起的作用比许多弗洛伊德派学者所认为的要小，但是这种作用肯定比弗洛伊德以前的大多数心理学家所认为的要大。特别是，大多数心理学家现在已经确信个人有不能充分觉知到的潜意识活动。从长远的观点来看，人们也许会认为弗洛伊德作为心理学家所提出的学说并非十分正确，但是他显然是在现代心理学发展中最有影响、最重要的人物。

图1-3　行为主义心理学创始人华生

行为的观点

行为的观点是指把个体所有行为的产生和改变看作刺激与反应之间的联结关系。这种观点最早是由美国心理学家华生（John B. Watson，1878—1958，图1-3）于20世纪初期提出的。1913年，华生发表了题为"一个行为主义者眼中的心理学"的论文，正式挑起了行为主义的大旗，揭开了心理学史上行为主义时代的序幕，而这篇论文也被看作是"行为主义者宣言"。当时在心理学中占主导地位的是把心理学解释为对意识经验的研究，其研究方法是内省的自我报告。华生认为，只有直接观察到的东西才能成为科学研究的对象，只有客观的方法才是科学的方法。而意识不能直接观察，因而不能成为科学心理学的对象；内省法不能提供客观的事实材料（不能进行客观的观察和测量），因而不能作为科学心理学的方法。他主张只有从可观察到的、可测量的刺激和反应方面去研究，心理学才能成为一门客观科学。

以行为的观点研究学习已取得了不少进展。在条件性恐惧的例子中，乐音刺激在电击刺激之前出现，经多次结合，动物形成了条件反射，乐音就成了电击的信号。一旦乐音出现，动物就会条件反射，出现与恐惧有关的一些特定行为，如缩作一团、排便排尿等。同样，儿童看暴力电影后变得更富有攻击性，也可以用行为的观点来解释：看暴力电影是对儿童的攻击行为的奖赏和强化。

以行为的观点研究社会行为和行为矫正也取得了不少成绩。例如，教师对学生的期望往往现实地转化为学生实际的教师期望效应，用行为的观点看则是教师对学生特定行为加以奖赏的结果。而对于条件性恐惧，用条件性消退进行治疗是很有效的。

严格的行为观点并不考虑个人的心理活动。然而，个人的心理活动是客观存在的，不考虑心理活动而只研究行为显然不能揭示心理活动规律。因为心理与行为虽有着密切的联系，但心理与行为毕竟是不同的。因此，纯粹的以"客观的客观"为标准的行为主义取向并不能很好地揭示心理学的规律。现在一些非行为主义的心理学家在研究人的行为时往往记录个人所意识到的言语报告，再根据这些客观资料对其心理活动做出推论。这类研究与认知的观点其实已相当接近。

认知的观点

认知的观点就是用信息加工的观点来研究感觉、知觉、注意、表象、学习记忆、思维和语言等心理过程。现代的认知观点部分是对行为主义的反动。因为仅仅根据刺激和反应来考察人的行为，对于研究简单的行为也许是可行的，但是此种研究完全忽视了人的认知活动和意识活动。人类有语言，能

思维,能进行推理、计划和决策,这些复杂的心理活动都被行为的观点所忽
视。现代的认知观点部分是对心理学中的认知研究取向的回归,但已不同
于心理学刚诞生时的意识研究取向,它不是根据内省法而是采用客观的方
法来研究认知。现代的认知观点兴起于20世纪五六十年代,热衷于将人脑
与计算机进行类比,将人脑看作类似于计算机的信息加工系统。其特点是:
(1)研究行为的内部机制,即探讨被行为主义所忽视的意识或内部的心理
过程;(2)将心理过程理解为信息的获得、贮存、加工和使用的过程,即经历
一系列连续阶段的信息加工过程;(3)以客观的方式进行研究,而不是只根
据个人的内省报告。

前文的例子也可以用认知的观点来解释。老鼠学会害怕乐音可以视为
它形成了一种认知结构:"当听到乐音,将有痛苦的电击。"正是这种认知结
构使老鼠产生了恐惧反应。在教师期望效应的例子中,可以解释为教师根
据研究者告知的信息对某些学生形成了"即将绽开的花朵"的认知图式,并
以此图式来对待这些学生。即使这些学生有时调皮捣蛋,有时不能完成作
业,也被教师解释为"聪明"、"精力旺盛"或"一时的疏忽";而学生则以教
师的期望来塑造他们自己。至于儿童观看暴力电影后变得更富有攻击性,
也可以用认知学习来解释。

在现代心理学中,认知的观点在人类的认知过程、智力发展、情绪和心
理治疗等领域都取得了相当大的进展。

现象学的观点

与其他的研究取向不同,现象学的观点几乎完全集中于主观经验,即探
求个人对各种事件的私人观点。这种研究取向部分是对被现象学家们所认
为的其他心理学观点外显机械观的反动。现象学的心理学家们力求排除这
些观念,即行为由外部刺激所控制(行为的观点),或由知觉和记忆中的信
息加工所控制(认知的观点),或由潜意识本能所控制(精神分析的观点)。
现象学的心理学家们的基本假设是,个人的所有行为决定于他对世界的知
觉和看法。他们集中于对个人内心生活和经验的描述,而不大关心理论的
发展和行为的预测。

有些现象学理论也被称为人本主义的观点。人本主义心理学创立于
1960年代,创始人之一马斯洛(Abraham H. Maslow,1908—1970,图1-4)认
为,人类的基本动机是成长和"自我实现"的需求。人类不是按照某种控制

**图1-4　人本主义心理学创始人之一
马斯洛**

不了的力而行动,相反,人类是能够支配自己命运的行动者。我们每一个人都是一个自由的行动者:自由地做出选择和制定目标,并能解释自己的生活选择。在人本主义心理学家看来,我们每一个人都有一种力求充分发展自己的潜能、有超过自己目前状况的基本需求;虽然每一个人都会遇到环境和社会的各种阻挠和障碍,但是人们的天性则是趋向于实现自己的潜能。

因为强调个人的主观经验和发展个人的潜能,现象学观点的研究十分重视对个人主观经验的调查。要了解个人的主观经验,最直接的途径是去倾听他们的诉说。正是由于这个缘故,像条件化恐惧、攻击行为之类的问题,现象学观点是很难予以研究的。但是,用现象学的观点也可以研究人们的行为,特别是自我意识。用现象学的观点来看,自觉控制力是个人成长和自我潜能实现的一种表现。正因为如此,每个人都想有控制力。由于自我潜能不能得到实现,因而会产生各种情绪反应,甚至导致死亡。现象学心理学家们的用语大多具有模糊性和主观性,很难对其下操作性定义。这种研究取向与人文科学的关系要比与自然科学的关系更为密切。另外,由于不能直接观察到他人的主观经验,研究者必须由这个人的行为和言语来推论,因而往往导致循环论证。

本土化的观点

人的心理是一个开放、动态的系统。它与脑、环境刺激、行为活动处于各种不同的关系中,表现出不同的质的特点。这就要求我们用综合的观点研究人的心理现象。现代心理学的五种观点,实际上是从某一维度或某一层次上对心理现象的探讨。它有助于我们从某一侧面来认识心理现象的事实、规律、机制和本性。但是,如果仅以某一维度或某一层次上的探讨来取代或否定在其他维度或层次上的探讨,则将使我们陷入片面性,不能对人类的心理现象有正确的认识。例如,用生物学的观点来研究心理现象,有助于我们对心理的生理机制的理解。可以尝试用脑的某一特定区域中的神经连结的变化来解释条件性恐惧。这当然是有必要的,但它并没有揭示心理现象其他方面的质的特点。正如恩格斯所说:"终有一天我们可以用实验的方法把思维'归结'为脑子中的分子的和化学的运动;但是难道这样一来就把思维的本质包括无遗了吗?"(恩格斯:《自然辩证法》,人民出版社 1971 年版,第 226 页)对于一种心理现象的研究,心理学的五种观点有时是互相补充的,有时则互相矛盾、互相排斥。例如对于攻击行为,不同的心理学观点都在探讨人们为什么会有攻击行为,某些理由是生物学的(例如,有一种强烈的暴行是由大脑颞叶障碍引起的),某些理由是行为的(例如,由于受到奖励而形成了攻击行为),某些理由是精神分析的(例如,把攻击视为人类的一种基本的本能),某些理由是认知的(例如,把攻击视为受某种认知结构的支配)。可以看出,它们是从不同的维度和层次研究个体为什么会有攻击行为,可能都有某种合理因素。

图 1-5　新中国心理学的奠基人之一潘菽(1897—1988)

我国的心理学家坚持以辩证唯物论为指导,强调分清西方各种心理学观点的精华与糟粕,从中吸取其合理因素,把它们综合起来,这样才能形成科学的心理学观。如果各种观点对同一种心理现象的解释发生矛盾、相互排斥,可能表明我们对此种心理现象的知识仍有缺陷。这正是心理学进一步研究的新起点。

【知识点】

　　心理过程　心理状态　心理特征　观察法　调查法　测量法　个案法　实验法　精神分析心理学　行为主义心理学　人本主义心理学　认知心理学

【思考题】

　　1.你对心理学有何新认识?

　　2.个体有哪些基本的心理现象?

3.举例说明心理学的目标。

4.举例说明心理学的方法。

5.讨论心理学的观点。

【扩展阅读】

1. 张春兴:《现代心理学——现代人研究自身问题的科学》(第三版),上海人民出版社 2009 年版。

2. 黄希庭:《心理学导论》(第二版),人民教育出版社 2007 年版。

3. 张春兴:《心理学思想的流变:心理学名人传》,上海教育出版社 2002 年版。

4. 朱永新:《中国本土心理学研究》,中国人民大学出版社 2011 年版。

5. 〔美〕戴维·迈尔斯:《迈尔斯心理学》(第七版),黄希庭等译,人民邮电出版社 2011 年版。

6. 〔美〕菲利普·津巴多等:《普通心理学》(第五版),王佳艺译,中国人民大学出版社 2008 年版。

7. 〔加〕基思·斯坦诺维奇:《与"众"不同的心理学》,范照等译,中国轻工业出版社 2005 年版。

8. 〔加〕基思·斯坦诺维奇:《对"伪心理学"说不》(第八版),窦东徽、刘肖岑译,人民邮电出版社 2012 年版。

9. 〔美〕Roger R. Hock:《改变心理学的 40 项研究》(第五版),白学军等译,人民邮电出版社 2010 年版。

10. 〔美〕M. 亨特:《心理学的故事》,李斯、王月瑞译,海南出版社 1999 年版。

11. 〔美〕罗伯特·菲尔德曼、黄希庭:《心理学与我们》,黄希庭等译,人民邮电出版社 2008 年版。

12. 〔美〕罗伯特·S. 费尔德曼:《心理学与人类世界:无处不在的心理学》,梁宁建等译,机械工业出版社 2011 年版。

第二讲

心理的生物基础

　　"脑是心理的器官。"这已是科学常识。从眨眼到打球,甚至编写计算机程序,人的所有行为都依赖于体内多种过程的整合。这种整合是由神经系统在内分泌系统的辅助下完成的。具有一些基本的生物过程的知识,我们才能更好地理解行为和心理功能的诸多方面。

一、神经系统

神经元

　　神经系统的基本结构和机能单位是神经元。整个神经系统由大量的神经元构成。神经元的形态、大小和类型复杂多样,但在结构上大致都可以分为细胞体和突起两部分。细胞体由细胞核、细胞浆和细胞膜组成。突起可分为树突和轴突两种。典型的神经元是多极神经元。树突多而短,分支多。轴突只有一个,往往很长。离开细胞体一些距离后具有髓鞘,成为神经纤维。许多平行的神经纤维集合成束,称为神经。神经纤维的末端分布在其他组织中,形成各种神经末梢。树突和轴突在传导神经冲动的方向上是不同的:树突接受刺激,把冲动传到细胞体,轴突则把冲动自细胞体传出。如图 2-1 所示,左上图为脑组织中的神经元形态,右图为一个运动神经元的剖面图解。

　　神经元的机能是多种多样的,归纳起来可分为三类:(1)感觉神经元(传入神经元),其树突的末端分布于身体的外周部,接受来自体内外的刺激,将兴奋传至脊髓和脑。(2)运动神经元(传出神经元),其轴突达于肌肉和腺体。运动神经元的兴奋可引起它们的活动。(3)联络神经元(中间神经元),它介于上述两种神经元之间,把它们联系起来,或组成复杂的网络,起着神经元之间机能联系的作用,多存在于脑和脊髓里。

　　神经元具有接受刺激和传导兴奋的功能。神经系统的活动有赖于神经

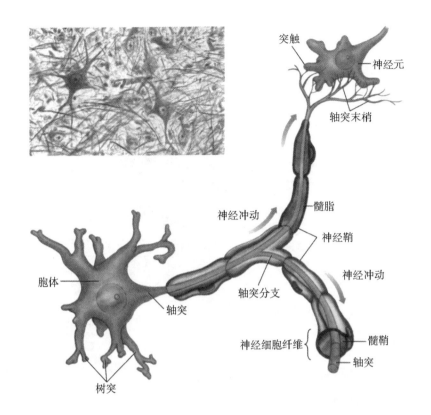

图 2-1　神经元示意图

元的特性,身体各种刺激,不论是感觉的还是运动的,都是经过一系列相互接触的神经元传导的。

神经系统的结构

　　人的神经系统由周围神经系统和中枢神经系统两大部分组成。

　　周围神经系统由脑神经、脊神经和植物性神经组成。脑神经主要分布于头面部;脊神经主要分布于躯干和四肢;植物性神经可分为交感神经和副交感神经,分布于内脏、心血管和腺体。它们各有传入神经和传出神经。这是中枢神经系统同有机体的感受器和效应器发生联系的机构。所有周围神经,不论是传入(感觉)还是传出(运动)的,其主要机能都是传导信息(神经冲动)。

　　中枢神经系统包括脑和脊髓。脑位于颅腔内。脊髓位于脊椎管内,其上端与延髓相连。延髓和位置在它上端的脑桥、中脑合称为脑干。脑干的上方是间脑。间脑主要包括丘脑、丘脑上部和丘脑下部等。小脑位于延脑和脑桥的背侧。中枢神经系统的最高部位是大脑,它主要包括左右大脑半球。大脑两半球由胼胝体相连,其下方为间脑。图 2-2 显示了人脑结构及不同脑区功能的说明。

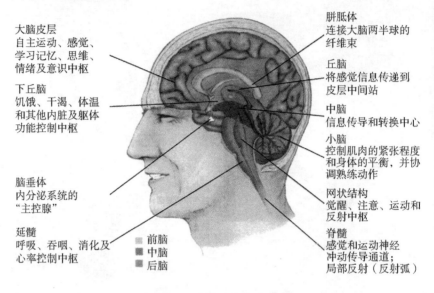

大脑皮层
自主运动、感觉、学习记忆、思维、情绪及意识中枢

下丘脑
饥饿、干渴、体温和其他内脏及躯体功能控制中枢

脑垂体
内分泌系统的"主控腺"

延髓
呼吸、吞咽、消化及心率控制中枢

胼胝体
连接大脑两半球的纤维束

丘脑
将感觉信息传递到皮层中间站

中脑
信息传导和转换中心

小脑
控制肌肉的紧张程度和身体的平衡,并协调熟练动作

网状结构
觉醒、注意、运动和反射中枢

脊髓
感觉和运动神经冲动传导通道;局部反射（反射弧）

■ 前脑
■ 中脑
■ 后脑

图 2-2　人脑结构及功能

在中枢神经系统内,神经元的细胞体一般比较集中,形成色泽较灰暗的区域,称为灰质。覆盖于大脑半球和小脑表面的灰质称为皮质(或皮层)。在脑的深部,同一功能的神经元细胞体聚集成团块状,这些灰质称为脑神经核。在周围神经系统,同一功能的神经元细胞体在一些部位聚集成团,称为神经节。在脑干中央除了脑神经核之外,还有一个广泛的区域,在此区域内神经纤维纵横穿行,交织成网状,并有各种大小不等的神经细胞散在其中。这一区域称为网状结构。

大脑半球的表面有很多皱褶,皱褶凹陷而成的缝称为沟或裂,隆起的部分称为回。以主要的沟裂为界,大脑皮质可分为若干叶。分隔左右两半球之间的深沟称为纵裂。由半球顶端起与纵裂垂直的沟称为中央沟。在半球外侧面由前下方向后上方斜行的沟称为外侧裂。半球内侧面的后部有顶枕裂。中央沟之前为额叶。中央沟后方、顶枕裂前方、外侧裂上方为顶叶。外侧裂下方为颞叶。顶枕裂后方为枕叶。胼胝体周围为边缘叶。每叶都包含很多回。在中央沟的前方有中央前回,后方有中央后回。

二、脑的三大机能系统

脑是一种在结构上极为错综复杂的组织。仅从大脑皮质来看,人的大脑皮质的面积约为 2,200cm²,神经元总量估计约 140 亿,并且类型繁多。各神经元之间的联系又极为复杂。皮质的每一部分既是一些传入纤维的终点,又是一些传出纤维的起点;同时在传入和传出纤维之间还介有中间神经元,这些神经元具有广泛的突触联系。大脑皮质各区之间不仅有广泛的水平联系,而且与皮质下部位有复杂的垂直联系。大致上,可以把脑区分为感觉机能系统、运动机能系统和联络机能系统这样三个主要的机能系统。

感觉机能系统

人脑通过感受器(如眼的视网膜、内耳的柯蒂氏器等)接受内外环境的刺激。感受器接受刺激后,发放神经冲动,由感觉神经传入中枢神经系统,再分别经特异性传入系统和非特异性传入系统上传到大脑皮质。大脑皮质对这些传入信息进行加工处理,便产生相应的感觉。

感受器发出的神经冲动由两条神经通路传入大脑皮质,一条是特异性传入系统,另一条是非特异性传入系统。这两个系统的作用是不同的。

每种感受器都有它的特殊传入通路,以传导感受器发放神经冲动,并投射到大脑皮质的特定区域。这一传入系统称为特异性传入系统。例如,传导体表感觉冲动的脊髓丘脑束、传导本体感觉冲动的薄束和楔束以及视觉传导路、听觉传导路等。特异性传入系统主要包括皮肤感觉、本体感觉,视觉、听觉、味觉和嗅觉等。它们的作用是引起特定的感觉。在特异性传入系统中,丘脑是一个重要的转换站。除嗅觉外,所有的感觉纤维在到达大脑皮质之前都终止于丘脑,在此更换神经元后,发出纤维将各种感觉冲动分别投射到大脑皮质的特定区域。丘脑对感觉信息进行初步的分析、综合,但它不能确定感觉的性质和强度,是皮质以下较高的感觉中枢。

非特异性传入系统的神经束经过脑干时,都发出侧支,与脑干网状结构内的神经元发生突触联系,然后经丘脑内侧部弥散性地投射到大脑皮质的广泛区域,不产生特定的感觉,故称为非特异性传入系统。非特异性传入系统的作用是维持大脑皮质的兴奋性,保持有机体的觉醒状态。实验证明,刺激除嗅觉以外的感受器都可以在网状结构的某些神经元得到冲动发放。这些冲动发放可以引起动物的激醒反应。破坏网状结构,动物长期处于昏睡状态;而仅仅切断特异性传入通道,则无此效。非特异性传入系统也称为网状激活系统。昏睡状态下大脑不可能产生感觉。因此,正常情况下的感觉机能是特异性和非特异性传入系统机能整合的结果。推而广之,人的各种心理活动都必须有网状激活系统的参加,因为人的绝大多数心理活动都是在清醒状态下进行的。

运动机能系统

大脑皮质控制人的随意活动,其神经冲动是经锥体系统和锥体外系统下传而完成的。这两个系统的机能各不相同。

锥体系统主要是由大脑皮质中央前回的大锥体细胞发出的神经纤维所组成的。这一传导系统大部分在延髓交叉到对侧沿脊髓白质下行,小部分不交叉,在脊髓的一定节段才交叉。所有的纤维都终止于脊髓的前角,由前角运动神经元发出的纤维再支配骨骼肌的运动。由于锥体系统绝大部分是在延髓或脊髓交叉至对侧,所以一侧大脑皮质主要管理身体对侧骨骼肌的运动。锥体系统的机能主要是控制支配各种随意活动,控制技巧性的活动。

过去曾认为锥体系统的纤维全部来自中央前回。晚近的研究表明,锥体系统的纤维并不只是来自中央前回,而且还来自被称为感觉区的中央后回以及前额区等皮质广泛区域。因此,大脑皮质对随意活动的调节,不是局限于某一特定的狭小范围,而与皮质的其他部位有联系。大脑皮质除运动区外,还有其他一些区域参与肌肉活动的协调,这些区域统称为锥体外区。由锥体外区下行的传导系统称为锥体外系统。锥体外系统的冲动从皮质下传时,在基底神经节,脑干内的一些神经核、网状结构和小脑等部位多次更换神经元,在传导过程中也常有反馈通路。锥体外系统并不直接支配随意运动,它的主要功能是调节肌肉的紧张度,保持身体的姿势,使动作协调。

人的一切随意运动都是经锥体系统和锥体外系统的协同活动而完成的。前额区在调节运动的目的性、计划性以及使行动与意图相适应中起重要作用。当运动需要灵活而良好的协调时,来自小脑的冲动也显得十分必要。因此,人的随意行动是大脑皮质和皮质下部位的整合功能。

联络机能系统

在大脑皮质中,除了特异性感觉区和运动区外,还有更广大的区域如前额区、顶—颞—前枕区、颞区等总称为大脑皮质联络区。这些区域在系统发生上出现较晚,在灵长类尤为发达,一般认为,联络区与言语、记忆、抽象思维、运筹计划、性格等高级心理现象密切相关。

重大研究:裂脑人(斯佩里,1968)

你可能已经意识到你的大脑的两半球并不相同,而且它们具有不同的功能。例如,你的大脑的左半球负责身体右侧的行动,反之亦然。不仅如此,大脑的两半球在许多其他方面表现出更大程度的功能定位。大脑左半球控制语言能力,而大脑右半球更多地介入空间关系,如艺术活动所需要的相关能力。对大多数人来说,这已经成为相当普及的知识。

斯佩里(Roger W. Sperry,1913—1994,图2-3)最早在1950年代就以动物为被试开始了这方面的研究,于1960年代转向以人为被试(Sperry,1968)。后来,加扎尼加(M. S. Gazzaniga)等人也加入了他的研究工作。斯佩里由于在大脑两半球功能定位方面的成就而于1981年获得了诺贝尔生

图2-3 "裂脑人"研究的创始人斯佩里 理学奖。

大脑两半球之间的神经纤维叫连合,其中最主要的连合是胼胝体。胼胝体内 2×10^8 的神经纤维联系大脑两半球,往返频繁地传递极大量的信息。如果单个神经纤维传递的冲动频率平均为20Hz,则在1秒钟时间内就有 4×10^9 的脉冲在两半球之间通过。因而,在正常情况下一侧大脑半球任何皮质区进行的活动都能非常迅速而有效地传至同侧半球皮质区和对侧大脑半球。整个大脑作为统一的整体十分有效地进行活动。

为了治疗顽固性癫痫,医生用外科手术完全切断两半球之间的连合纤维(主要是胼胝体)。手术后,病人两个半球各自对对侧半球所进行的活动全无所知,因而称为裂脑人。左侧视野内的传入、左侧肢体的体表感觉的传入和运动支配以及右鼻嗅觉均与右侧大脑半球有关,左耳的听觉刺激也主要传至右侧半球。右侧视野,右侧肢体的感觉、运动,右耳听觉以及左鼻嗅觉则与左侧大脑半球有关。说话、阅读、书写和计算等活动,在左侧半球内进行而不传至右侧半球。右侧半球与空间概念、对言语的简单理解以及非

词语性思维活动有关,这些活动的信息也不能传至左侧半球。

　　为了测试癫痫病人的裂脑半球的功能,斯佩里和加扎尼加设计了一种实验情境,使视觉信息分别被呈现给每个半球。由于言语是由左半球控制的,当裂脑人使用右脑回答问题时,他们需要使用非语言的方式进行反应。在一个实验中,当一个三角形的信息进入裂脑人的右脑后,被试说不出自己看见了什么,但可以用左手毫不费力地挑出挡板下的三角形。然而,此时被试不可能用右手挑出符合刺激形状的物体(为便于图解,在图2-4中这个挡板是半透明的,但在实际中并不透明,被试看不见挡板下的东西)。当一个圆圈的信息进入裂脑人的左脑时,他们可以马上说出:"我看到一个圆圈。"同时,被试可以用右手挑出放在挡板下的圆圈,但不可能使用左手挑出符合刺激形状的物体。由于连合纤维被切断,左、右半球都独立地进行活动。每个半球各有其独立的感觉、知觉、思想和意念,相对于对侧半球的这些相应活动则是隔绝的;它们各有其自己的记忆和体验而不能为另一侧半球所利用。仅被病人左侧视野看到的事物、左手扪及的东西、左耳听到的声响以及右鼻闻到的气息,均不为其左侧半球所知,且不能为其右侧视野、右手、右耳和左鼻辨认,患者不能命名,不能以口语描述,不能以右手在一组事物、画片或词中指出相应的事物、画片和词。但是,在实际的日常生活中,通过眼球

左脑功能
■语言加工　■言语　■写作
■计算　■时间感　■节奏感
■复杂运动控制

右脑功能
■非词语加工　■知觉技能
■形象化　■模式、面孔及间调识别
■情绪的识别和表达　■空间技能
■简单语言理解

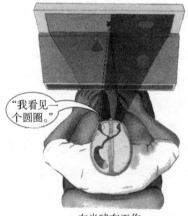

左半球在工作

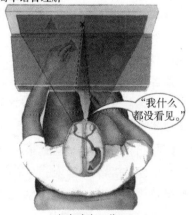

右半球在工作

图2-4　裂脑人脑功能单侧化的实验情境

的搜索运动、手的交替运用以及听觉等两侧性投射的感觉传入,上述缺陷常得到补偿。只是在将感觉传入严格限于只能传递至一侧半球或要求病人以言语或书写(言语半球)做出反应的实验室条件下,才会出现脑的上述分裂现象。

多年来,很少有人对斯佩里等人在割裂脑研究中得出的结果产生质疑,有关大脑左、右半球功能单侧化的一些观点已经渗透到大众文化及传媒之中。人们已经相信,有些人的大脑右半球或左半球更为发达,或是为了提高某项技能,需要发展大脑的某半球。美国芝加哥大学的生物心理学家利维(Levy,1985)试图消除人们有关人具有两个功能独立的大脑的观念,并在这方面的研究处于最前沿。她宣称,虽然大脑两半球有不同的功能,但它们的功能必须整合而不是互相分离。通过整合,大脑能用超过并不同于大脑任何一个半球的能力及方式去工作。例如,你能阅读、理解并欣赏一个故事,那是因为大脑是作为一个单一、整合的结构运行的。利维解释说,事实上没有一项人类活动是只用大脑的一个半球完成的。"那种流行的神话只是一种解释和愿望,并不是科学家的客观发现。正常人没有半个脑,也没有两个脑,只有一个分化的大脑,脑的每一半球都具有特定的功能。"

最近,犹他大学的科学家运用静息态功能连接磁共振成像分析一千多个大脑后,也没有找到人们在使用左右脑上有倾向性的证据,因为所有研究对象在整个实验过程中都平等使用整个大脑(Nielsen et al.,2013)。负责人杰夫·安德森(Jeff Anderson)说:"有一种误解是,与分析能力相关的一切都限于一侧大脑,而与创造力相关的一切都限于另一侧。实际上,使人类能够既进行创造性又进行分析性思维的是所有脑区域之间的联系。"因为他们研究发现,平均来说,大脑两侧的神经网络和连接基本是一样的。他还说:"偏好使用某一大脑区域而非其他区域来完成某些功能的现象的确存在。科学家称之为偏侧优势。例如,对大多数惯用右手的人来说,言语出自左脑。但这并不意味着,伟大的作家或者演说家使用左脑比右脑多,或者一侧大脑的神经元更多。"

三、脑机制研究

关于脑的知识多数是从对脑的解剖并在显微镜下观察脑组织的切片而获得的。这些方法使我们知道脑的主要结构、神经核的位置以及脑的主要神经通路等。至于行为的脑机制,过去仅仅是通过观察因事故或疾病导致脑损伤对行为的不同影响来获得有限的信息。这种方法就是通过对病人死后的尸检来确定脑的特定部位与特定行为的关系。随着科学技术的发展，我们能够研究活着的正常人或伤病员的脑的机能如何影响其行为、如何工作的情况。现在，研究心理和行为的脑机制的方法主要有以下几种。

损毁法和切除法

这种方法就是通过切除或损毁动物脑的一定部位特定的神经核，或切断通向该部位的神经通路，然后观察其行为的变化（也包括对那些因负伤、脑溢血、肿瘤或癫痫而使脑的一定部位受损的病人的观察）。不少心理活动的生理机制的知识是用损毁法获得的。例如，损毁了枕叶距状裂两侧皮质，虽然动物的视觉器官和视觉神经通路完好，但视觉却完全丧失。因此，距状裂两侧被认为是视觉投射区。

用外科手术切除脑的某一部位，往往容易引起出血（随后产生瘢痕）并由此而引起其他脑组织的病变。这会妨碍对受损毁的脑机能进行研究。近年来，用电极进行电解损毁（通以直流电）或对脑的特定部位进行冷冻等都可以克服这一点。

刺激法

这种方法就是在动物脑内埋入微小的电极，通以弱电流刺激特定部位的神经元活动，以观察其行为效应。也可以在征得患者同意的前提下，在手术中刺激患者脑的特定部位以观察其行为反应。不仅可以用电作为刺激源，也可以用化学物质作为刺激源，例如在脑的特定部位注入很小剂量的化学物质。因为注入化学物质可以引起特定部位神经元的兴奋或抑制，从而可以观察到其行为的变化。

脑电图及事件相关电位

大脑皮质某一区域内许多神经元在一定刺激、一定生理生化代谢情况下同步的电活动，可以在脑的内部记录到，可以在脑组织表面记录到，也可以在不暴露脑组织的头皮上通过容积导体记录到。在头皮表面记录到的自发节律性电活动，称为脑电图（EEG）。EEG 的测量方法是将许多平头的金属电极放置在头皮上的各个部位，电极把探测到的脑电活动送入脑电图仪，再由脑电图仪将这些微弱的脑波信号放大并记录下来。

EEG 的波形很不规则，通常根据其频率范围的不同而划分为 α、β、θ、δ 四种基本波形。α 波是每秒 8—13 次范围内的电活动，振幅范围为 50—100

微伏。大脑各区均有 α 节律活动,不过以顶枕部最为明显。一般描述的 α 节律指顶枕部 α 节律。大脑两侧的 α 节律大致同步。睁眼时发生 α 阻断现象(消失),但闭眼后又复出现。轻睡时 α 节律逐渐消失,如将其唤醒,即恢复原来清醒时的 α 节律。情绪紧张时 α 节律也可能消失,或波幅降低,但深呼吸后 α 节律又可恢复。因此,α 节律可作为意识水平的指标,表示安静、不瞌睡、不作定向思考时的精神状态。β 波是每秒 13—30 次范围内的电活动,振幅为 20—50 微伏。β 波以额区中央最明显。当被试睁眼视物或听到突然响声或思考时 α 波阻断,出现 β 波。情绪激动或焦虑状态可使 β 节律增多。β 节律一般代表大脑皮质的兴奋性。θ 波频率为每秒 4—7 次,波幅为 20—40 微伏,是儿童的正常脑电活动,成人在困倦时一般也可见到。轻睡时 α 波逐渐消失,θ 波首先出现于前额区。θ 节律的出现可视为中枢神经系统抑制的表现。δ 波的频率为每秒 0.5—3 次电活动,波幅为 10—20 微伏,是儿童的主要脑电活动,任何年龄的人睡眠时都有。成人清醒时出现 δ 波,表明皮质和皮质下可能存在病变或智力障碍。EEG 可以揭示大脑在睡眠、做白日梦和处于其他精神状态下的活动情况。

传统的 EEG 能够提供的信息是有限的,因为这就像是你站在墙外,把耳朵贴在墙上,根据听到的声音来猜测墙里所发生的事情。EEG 的价值是使我们能够探测大脑总体活动水平的升降情况,其局限性则是只能反映一些最一般的模式变化。神经科学家利用计算机技术开发出 EEG 改进装置,称为心理

活动扫描仪(MANSCAN)。该装置的特点是有一个能够记录多达 124 点 EEG 数据的软头盔,而一般的 EEG 多为 16 点或 30 点。计算机在对脑波活动进行追踪的同时,其数据并入一个三维的磁共振成像(MRI)。当一个人完成智力任务时,MANSCAN 对脑波进行每秒 250 次的采样,数据经计算机分析处理后生成一个脑活动图。图 2-5 上图为 MANSCAN 在头部的 124 个 EEG 记录点位置。下图为通过计算机数据处理系统将 EEG 和 MRI 扫描数据整合后形成的思维和其他脑活动的三维图像,不同颜色的点表示该区

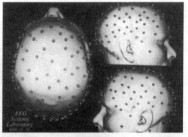
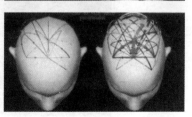

图 2-5　MANSCAN 工作原理

域被激活并出现活动峰点的时间顺序,两点之间连带的宽度表示活动相似性程度。下图(右)为要求被试做"即时回忆"条件下的脑活动模式;下图(左)为不要求被试做"即时回忆"条件下的脑活动模式。心理活动扫描技术为记忆、精神疲劳、脑活动的协调和语言的使用等研究提供了许多新的信息。

大脑是在不停放电的,但自发电位成分复杂而不规则,而由心理活动所引起的脑电比自发电更弱,通常湮埋在自发电位中。在上世纪五六十年代,研究者提出了事件相关电位(ERP)的概念,通过平均叠加技术从头颅表面记录大脑诱发电位来反映高级心理活动过程中大脑的神经电生理改变。事件相关电位是通过有意地赋予刺激以特殊的心理意义,利用多个或多样的刺激从头颅表面记录到的一种特殊的脑诱发电位,它具有潜伏期恒定和波形恒定两个重要特性。这样,将由相同刺激引起的多段脑电进行多次叠加,由于自发脑电或噪音是随机变化的,有高有低,相互叠加时就出现正负抵消的情况,而 ERP 信号则有两个恒定,所以不会被抵消,反而其波幅会不断增加,当叠加到一定次数时,ERP 信号就显现出来了(图 2-6;陈安涛,2004)。目前,ERP 的研究已经深入到心理学、生理学、医学、神经科学、人工智能等多个领域,几十年的积累也发现了许多与认知过程密切相关的成分。例如,CNV 与期待、动作准备、定向、注意、时间认知等心理活动有关;P300 与注意、辨认、决策、记忆等认知功能有关,现已广泛运用于心理学、医学、测谎等领域;MMN 反映了脑对信息的自动加工;N400 是研究脑的语言加工原理常用的 ERP 成分。ERP 的优势在于具有很高的时间分辨率,是研究认知过程中大脑活动的不可多得的技术方法,被认为是"窥视"心理活动的"窗口"。

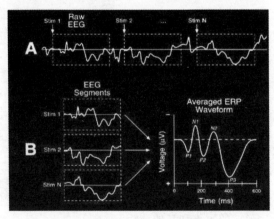

图 2-6　ERP 分段叠加显示图

单个神经元记录技术

神经心理学家不仅可以在头皮上记录到脑活动时的电位变化,而且还可以深入到脑内洞察单个神经元的电活动。这种方法称为单个神经元记录技术。实验是这样进行的:用立体定位仪将微电极插入脑中非常接近某个神经元的地方,同时给动物的感受器以各种刺激,随后引导出单个神经元的动作电流(图 2-7)。微电极是一根极为细小的、内含盐分和导电液体的玻璃管,其顶端部位小得足以探测单个神经元的活动(直径小于 0.1 微米)。通过观察单个神经元的电位活动,我们才可能

图 2-7　单个神经元记录实验

了解行为的起源。研究表明,神经系统中有许多检察器或觉察器。例如,枕叶中,有的神经元只对光的开关起反应,有的既对光的开关起反应又对声音刺激起反应,有的则对任何刺激都不起反应。在颞叶中,有一类神经元只对高音起反应,另一类只对低音起反应,并且这些神经元有严格的布局。进一步的研究还表明,在皮质中,有的神经元只对直线起反应,或只对曲线起反应,或只对锐角起反应,或只对圆形起反应等。有的神经元对线条的斜度和厚度起反应,或只对刺激的一定数量起反应。有的神经元对专门的感觉刺激不起反应,但对刺激物的更换或性质上的改变起反应,对习惯化刺激不起反应,一旦刺激发生变化就起反应,这类神经元称为"注意神经元"。

脑成像技术

通过运用上述各种研究方法,研究者们解开了许多大脑之谜。但是,这些方法所得到的结果还是不能让我们看到一个完整的大脑是如何工作的。如今,计算机辅助脑成像技术能够完整地观察到大脑在正常活动时的全貌。下面简要介绍一些目前使用的主要的脑成像技术。

(1)CT 扫描。计算机辅助的 X 射线扫描在对大脑疾病和损伤的诊断中起着革命性的作用。传统的 X 光检查最多只能产生一幅大脑阴影的图像,这样的影像分辨力不高。为了解决这个问题,亨斯费尔德(Hounsfield)在 1969 年首先设计成计算机断层体扫描(CT)。CT 是以 X 线从多个方向

沿着头部某一选定断层层面进行照射，测定透过的 X 线量，数字化后经过计算机算出该层层面组织各个单位容积的吸收系数，然后重建图像的一种技术。这是一种图质好、诊断价值高而又无创伤、无痛苦、无危险的诊断方法。它使我们能够在任何深度或任何角度重建脑的各种层面结构。CT 扫描能够显示出脑创伤后遗症、损伤、脑瘤和其他大脑病灶的位置，这样，也就可以通过 CT 扫描来诊断一个人行为变化在脑水平上的病因。CT 的出现无疑是技术上的一大进步。之后，其他新的脑成像技术也相继出现。

（2）磁共振成像。磁共振成像（MRI）是运用磁场原理来产生体内活动的图像。在 MRI 扫描中，由一个探测器负责记录身体内氢原子对强磁场的反应，之后，通过计算机程序产生一个三维的大脑或躯体的图像。体内任何一个两维平面的物体都能在计算机对 MRI 数据的选择中被找到并形成一个图像，然后在屏幕上显示出来。这样，科学家就仿佛在一个透明的三维空间中观察大脑的内部状态。功能性磁共振成像技术（fMRI）的功能更强，甚至可以使大脑的活动可视化。例如，当移动一个人的手时，即可根据运动皮层的活动呈现高清晰度的 fMRI 图像（2-8）。这种图像使科学家有可能对思维和行为的脑中枢进行准确定位。

图 2-8　fMRI 脑成像

（3）PET 扫描。正电子发射层扫描技术（PET）也许是目前脑成像技术中应用最多的方法之一。当含有微弱放射元素的葡萄糖进入大脑后，PET 能检测到这种葡萄糖发射的正电子。大脑工作时必须消耗能量，这样，PET 扫描就能显示大脑中的哪个区域在消耗更多的葡萄糖，能量消耗越多的地方，也是大脑活动越多的地方。研究者把正电子探测器放置在头部周围，探测到的数据被送入计算机,这样就能够生成一个正在变化的、彩色的大脑活动图像(图2-9)。目前常规 PET 扫描使用的是带放射性标记的葡萄糖。但是,葡萄糖的滞留时间较长,在改进后的 PET 扫描中,使用的是一种存在期更短的带放射性标记的氧化合物。这样,如果间断地注射这种氧化合物,就可以得到大脑活动的一幅幅"快像",使我们可以对不同单位时间的活动情况进行比较。图2-9 是不同性别的被试在完成言语任务时的 PET 快像。左图为女性脑像,右图为男性脑像。当你看一个词、听一个词、说一个词和思考一个词的含义时,PET 快像能够非常详细地显示大脑的哪个区域在哪项任务中最活跃。

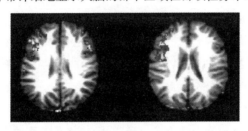

图2-9　PET"快像"

(4)脑磁图。这是直接探测大脑神经功能活动的一项新技术。脑磁图(MEG)的检测过程,是对脑内神经电流发出的极其微弱的生物磁场信号的直接测量,同时测量系统本身不会释放任何对人体有害的射线、能量或机器噪声,在检测过程中 MEG 探测仪也不需要固定在被测试者头部,使得检测过程安全而简便。目前,MEG 探测仪的传感器阵列的点数已达到 250 个,且具备抗外磁场干扰系统,可同时高速采集整个大脑的瞬态数据。通过计算机综合影像信息处理,能得到目前最为清晰的大脑活动图像。进一步,MEG 确定的神经信号源可与 MRI、CT 等解剖影像信息叠加整合,形成脑功能解剖学定位,准确地反映出脑功能的瞬时变化状态,用于如思维、情感等高级脑功能的研究。新技术的不断发展正帮助我们更好地接近人类精神世界的谜底。

重大研究:脑变化(罗兹维格,1972)

　　某种经历是否会引起大脑形态变化的问题,是几个世纪以来哲学家和科学家一直在猜测和研究的话题。直到 1960 年代,新技术的发展使科学家们具备更精确地检测大脑变化的能力,他们运用高倍技术,并对大脑内各种酶和神经递质水平进行评估。在加利福尼亚大学,罗兹维格等(Rosenzweig et al.,1972)采用这些技术,历时十余年,进行了由16项实验组成的系列研究,力图揭示经验对大脑的影响。由于显而易见的原因,他们的研究中并没有用人做被试,而是像很多经典心理学实验一样,用老鼠做被试。

由于心理学家最终的兴趣在于人而不是老鼠,因而就必须指出这种不用人做被试的研究的合理性。在这些研究中,为什么选择老鼠做被试就成了研究理论基础的一部分。作者解释说,由于多种原因,使用啮齿类动物比使用高级的哺乳类动物(如食肉类或灵长类动物)更方便。这项研究的重点是脑部,老鼠的脑部是平滑的,并不像更高等的动物那样曲折而复杂。因此,对其大脑的检测和测量就更容易。此外,老鼠体型较小并且不贵,在实验室的研究中,这也是一个很重要的考虑因素。老鼠一胎多子,这就允许研究者将同一窝中的老鼠分配到不同的实验条件下。作者最后指出,研究者培养了多种种系的老鼠,以便需要的时候把遗传作用考虑在内。

在罗兹维格的研究中隐含着一种想法,即将饲养在单调或贫乏环境中的动物与饲养在丰富环境中的动物相比较,两者在大脑发育和化学物质等方面会表现出明显的不同。在这篇实验报告所涉及的每次实验中,均采用了12组老鼠,每一组由取自同一胎的3只雄鼠组成。3只雄鼠被随机分配到3种不同的实验条件中。一只老鼠仍旧与其他同伴待在实验室的笼子里,另一只被分派到"丰富环境"的笼子里,第三只被分派到"贫乏环境"的笼子里。记住,在16次实验中,每次都有12只老鼠被安排在每一种实验条件中。三种不同环境(如图2-10)描述如下:(1)在标准的实验室笼子中,有几只老鼠生活在足够大的空间里,笼子里总有适量的水和食物(图中)。(2)贫乏的环境是一个略微小一些的笼子,老鼠被放置在单独隔离的空间里,笼子里总有适量的水和食物(图左)。(3)丰富的环境几乎是一个老鼠的迪斯尼乐园,6—8只老鼠生活在一个"带有各种可供玩耍的物品的大笼子里,每天从25种新玩具中选取一种放在笼子里"(图右)。

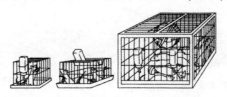

图2-10 三个笼子的环境

实验人员让老鼠在这些不同环境里生活的时间从 4 周到 10 周不等。经过这样不同阶段的实验处理之后,实验人员将人道地处死这些老鼠,通过对它们进行解剖以确定脑部是否有不同的发展。为了避免实验者偏见的影响,解剖按照编号的随机顺序进行,这就可以避免尸检人员知道老鼠是在哪种环境下成长的。解剖老鼠的大脑后,对各个部分进行测量、称重和分析,以确定细胞生长的总和与神经递质活动的水平(其中"乙酰胆碱"是研究者特别感兴趣的,因为这种化学物质十分重要,它能使脑细胞中神经冲动传递得更快、更高效)。

　　罗兹维格等是否发现了老鼠的大脑因为在丰富环境下或贫乏环境下而有所不同呢?结果证实,两者在很多方面都有区别:(1)在丰富环境中生活的老鼠大脑皮层更重、更厚。皮层是大脑对经验做出反应的部分,它负责行动、记忆、学习和所有感觉的输入。(2)在身处丰富环境的老鼠的大脑组织中,"乙酰胆碱"酶更具活性。(3)两组老鼠的神经元在数量上并没有显著性差别,但丰富的环境使老鼠的大脑神经元更大。与此相关,研究还发现,就 RNA 和 DNA 这两种对神经元生长起最重要作用的化学成分而言,在丰富环境中长大的老鼠其比率也相对更高。这意味着在丰富环境里长大的老鼠,其大脑中有更高水平的化学活动。(4)最后,是有关两组老鼠大脑的神经突触的发现。在高倍电子显微镜下,能发现在丰富环境中长大的老鼠大脑中的神经突触比在贫乏环境中长大的老鼠的神经突触大 50%。神经突触是两个神经元相遇之处,大部分大脑活动发生在神经突触上,在这里,神经冲动有可能通过一个又一个神经元继续传递下去,也有可能被抑制或终止。罗兹维格总结说:"虽然由环境引起的大脑变化并不很大,但我们确信这种变化是千真万确的。在重复实验的时候,上述结果仍能出现……毫无疑问,大脑构造及其化学成分的很多方面可以被经验改变。"

　　在实验室中进行的任何研究都存在人为性问题。罗兹维格等人很想知道在自然的生长环境中,各种水平的刺激是如何影响动物的大脑发展的。他们指出,实验室中的老鼠常在人工环境中繁殖,且已经繁衍了也许 100 代,它们和野生鼠几乎没有相似的遗传基因。为了探索这种有趣的可能性,他们开始研究野生老鼠,把抓到的这种野生鼠随机地放在户外自然环境中或是实验室的丰富环境笼子里。4 周后,发现户外老鼠的大脑比实验室老鼠的大脑发展得更好。"这就表明,实验室中的丰富环境与自然环境相比,仍是相当贫乏的。"

最后,涉及动物被试最主要的批评意见是它与人的关系问题。毫无疑问,这类研究永远不能用人来当被试。作者解释说,很难把在一组老鼠身上的研究结果推到另一组老鼠身上,而要把用老鼠做研究的结果推到猴子或人的身上则更难。虽然他们宣布在几类啮齿类动物身上取得了相似的结果,但也承认,在得出经验对人脑产生影响的假设前,仍需要更多研究。然而,他们提出以动物为被试的这类研究的价值在于"允许我们对概念和技术进行检验,其中一部分可能对今后以人为被试的研究有所帮助"。作者在这篇文章中还提到这项研究几个潜在的好处:一是可以用在对记忆的研究中。由于经验而使大脑产生的改变,可以使人更好地理解记忆是怎样被保存在大脑中的,从而促进一些新技术的产生以提高记忆并阻止因年龄增长而导致的记忆衰退。二是可以对解释营养不良与智力发展之间的关系有所帮助。作者的观点是:营养不良可以使一个人对环境刺激的反应迟钝,长期持续的营养不良可能限制大脑的发展。作者强调,一些同时进行的研究证明,营养不良对大脑发育的影响也会因环境的丰富而减轻,或因环境的恶劣而加重。

这项由罗兹维格等人所做的工作,对这一领域研究的持续发展起到了催化作用,很多研究致力于巩固、改进、扩充他们的研究成果。有证据表明,经验确实改变了人类大脑的发展。通过对自然死亡的人的尸体解剖,研究者发现当一个人具有更多的技术和能力时,他的大脑确实变得更复杂也更重。在对那些没有某种特殊经历的人进行大脑解剖时,他们发现了另外一些结果。例如,与视觉正常的人相比,盲人大脑皮层的视觉部分没有明显的发展,沟回较少,皮层较薄。肖(Schore,1996)的研究表明,婴儿早期与照看者间的情绪经验可影响大脑中某种化学物质的产生,这种化学物质在大脑皮层的生理发展上起重要作用。大脑皮层主要负责人的思维、知觉和情绪等复杂机能。当婴儿对照看者的情绪依恋得不到满足时,婴儿的神经系统中产生的激素将导致大脑皮层中特定结构和情绪环路的非正常发展。根据肖的研究,婴儿期消极的环境因素引发的大脑不正常发展,将导致这个人在以后的生活中出现各种心理障碍的可能性大增。波斯特等(Post et al.,1996)应和了肖的发现,并进一步深入研究。他们指出压力和早期的心理障碍,如抑郁或是双相精神障碍,确实可能"根据其范型、严重性及反复程度的不同,在中枢神经系统中留下生物化学的残余物"。换言之,精神病的遗传倾向可能导致早期的心理异常,从

而引起神经系统的生理变化,进而导致终生伴有的精神病。(选自 Roger R. Hock 著/白学军等译,2010)

四、内分泌系统

内分泌系统是又一个高度复杂的调节系统,其作用是辅助神经系统的工作。内分泌系统是一种腺体网络(图2-11),它制造和分泌被称为"激素"的化学信使,使之进入血流中。激素在日常功能中是重要的,而在生命的某些阶段或某些情况下显得尤为重要。它们启动、维持和终止性征和副性征,影响唤醒和觉知的水平,调节代谢以及身体利用其能量储存的速率,帮助机体战胜感染和疾病,通过调节性唤醒、生殖细胞的繁殖和哺乳中母亲乳汁的产生等途径促进物种生存和延续。因此,没有有效的内分泌系统,人就不能生存。

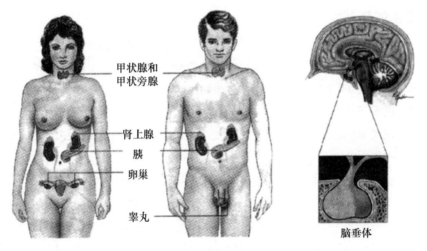

甲状腺和
甲状旁腺

肾上腺
胰
卵巢

睾丸

脑垂体

图2-11　内分泌腺示意图

内分泌腺对血流中的化学物质含量发生反应,或者由其他激素或脑发出的神经冲动引发兴奋。然后激素被分泌到血流中,沿血流到达一定距离以外的目标细胞,以之作为其特异受体;激素对身体化学调节程序的作用,只能在遗传上早已确定的反应部位发生。在影响不同的特异性目标器官或组织中,激素能调节如此大范围的生化过程以至于被称为"生命的信息传递者"。内分泌作为多重作用的通信系统,能控制缓慢连续的过程,如维持血糖水平、血钙水平、碳水化合物的代谢和身体的生长。当危机发生时,内分泌系统也释放肾上腺素到血流中,肾上腺素激发身体应对挑战。

脑垂体通常被称作"主腺体",因为它产生约 10 种不同的激素,进一步影响其他内分泌腺以及影响生长的激素。没有这种生长激素会导致侏儒症,过量则造成巨人症。男性脑垂体分泌的促性腺激素,刺激睾丸分泌睾丸酮,由睾丸酮刺激精子的产生。脑垂体也能促进雄性副性征的发育,如脸上长胡子、嗓音变化和身体的成熟等。睾丸酮也会增加雄性个体的攻击性和性欲望。女性的脑垂体激素刺激雌激素,雌激素是雌性激素链反应的基础,它促使女性的卵巢释放孕激素以利于怀孕。

五、遗传对行为的影响

染色体与基因

人体每个细胞核中有 46 个染色体,上面记录着遗传指令密码。然而精子和卵子例外,它们每个只含有 23 个染色体。这样,一个人从母亲和父亲那里各接受 23 个染色体。染色体由脱氧核糖核酸(DNA)组成。DNA 是由更小的分子连接成的、长长的梯状化学结构,这些分子(或有机碱基)的顺序扮演着基因信息密码的角色。如图 2-12 所示,相互联结的分子(有机碱基)形成了 DNA 螺旋状的"分子梯"中的每一"级"。这些相互联结的分子顺序就是基因信息的密码。密码的顺序决定了个体独有的基因蓝图(只有同卵双胞胎才可能是相同的)。该图仅仅显示了一条 DNA 链中很小的一部分,一整条 DNA 链由数亿个更小的分子所组成。身体中的每个细胞核中都含有染色体,染色体是由紧紧缠绕在一起的一团团的 DNA 组成的。染色体非常微小,只有在显微镜下才可看到,而组成 DNA 的化学分子更微小。

每个细胞中的 DNA 含有 3000 亿个碱基对,足可用于提供人类繁衍所需的指令,并绰绰有余。基因是指 DNA 密码中那些小的区域,每个基因大约有 3 万个碱基对,携带着对于特定过程或个体特征起作用的指令。人类的每个细胞含有大约 10 万个基因。在某些情况下,一个单独基因可决定某一特定的遗传特征,如眼睛的颜色。然而,大多数特征是多基因性的,即由许多基因联合决定的。

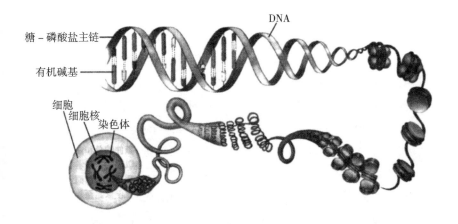

图 2-12　染色体与基因示意图

　　基因可以是显性的,也可以是隐性的。一种显性基因只要存在,它所控制的特质就会表现出来。如果是隐性基因,它必须和另一个隐性基因配对才能表现出作用。

　　性别也是由基因决定的,具体说,是由两个特殊的染色体决定的。正常情况下,在遗传中得到两个 X 染色体的孩子会是女孩,得到一个 X 染色体和一个 Y 染色体的孩子会是男孩。卵子总是提供一个 X 染色体,因为在女性的基因结构中只含有两个 X 染色体。与此相反,精子中有一半携带 X 染色体,另一半携带 Y 染色体。有证据表明,男婴的形成过程要由 Y 染色体上的一个特定基因来启动。XX 或 XY 染色体不仅影响性别,而且携带一些性别关联特质,有的甚至与 X 染色体或 Y 染色体上所携带的隐性基因有关。比如,色盲基因由 X 染色体携带,会由母亲遗传给儿子。Y 染色体也会携带某些与性别相联系的特质,但不常见。

　　先天或遗传的作用影响着从受孕一直延续到衰老和死亡的全过程,这正是人的成长顺序,即生理发展模式之所以具有普遍性的原因。遗传还决定了一个人眼睛的颜色、肤色以及对某些疾病的易感性。先天因素对成熟和运动发展至关重要,对人的体形、体重、智力、体育素质、个性特质、性欲倾向性以及其他许多细微之处都有相当大的影响。甚至在人到了 80 岁或 90 岁以后,还可能出现某些由基因作用决定的发展现象。

行为遗传学的研究

　　个体心理与行为的发展是遗传和环境交互作用的产物。人有了自我意识之后,像智力、特殊能力、创造力等特性是遗传、环境和自我意识交互作用的产物。遗传对人的发展的终生影响,可以用基因型和表现型来表述。基因型是指个体的整个遗传禀赋,表现型则是指在特定的环境中具有一定基因型的个体遗传得以实现的程度。遗传对行为的影响总是离不开环境的。

选择性繁殖是对动物特性遗传的一种研究方法,即让具有某种高水平特性的动物和低水平特性的动物分栏交配以考察行为特性遗传的情况。例如,汤普森(Thompson,1954)的一个经典实验中,让走迷津快的老鼠和走迷津慢的老鼠分栏交配繁殖了六代。结果两组间的学习能力随着选择性繁殖的代数增加,一代不如一代,差异越来越大;到第六代时,走迷津慢的“愚笨鼠”品种要比走迷津快的“聪明鼠”品种多犯一倍的错误。为控制环境变量,有时将愚笨的雌鼠的后代交给聪明的雌鼠喂养,以使被测试的是遗传禀赋,而不是母性抚养环境。科学家们已采用选择性繁殖技术证明了大量行为特征的遗传性。例如,选育了好动的与好静的狗,性主动的与性被动的鸡,趋光的与避光的果蝇,嗜酒的与不嗜酒的大鼠。如果某些特质是受遗传影响的,就应该能够以选择性繁殖得到明显的改变;反之则可以断定它们主要是受环境因素的影响。

由于伦理的限制,选择性繁殖的方法不能用于人类本身。双生子研究是一种好的方法。双生子可分为同卵双生子和异卵双生子。同卵双生子(以 MZ 表示)是由同一受精卵发育而成,具有相同的基因型;异卵双生子(以 DZ 表示)是由两个不同的卵子和两个不同的精子结合而成的两个受精卵发育而成,其基因型不同。异卵双生子的相似性与其同胞兄弟姊妹相同。由于理论上双生子有着最为接近的后天环境,同卵双生子与异卵双生子在行为相似性上的差异可以证明行为的遗传性。李其维等(1980)对 67 对同卵双生子和 34 对异卵双生子的智力相关做了研究,结果表明,$r_{MZ} = 0.76$,$r_{DZ} = 0.38$,遗传对智力的影响是明显的。林崇德(1981)对 24 对同卵双生子和 24 对异卵双生子的遗传效应在智力、学习能力、气质和性格上的差异也做过相关研究,结果表明差异为显著和极显著,遗传的影响也是客观存在的。

此外,行为遗传学还有家谱分析法、群体调查分析法等方法。

重大研究:分养双生子(鲍查德,1990)

试问自己这样的问题:“我是怎样的一个人? 我为什么是这样的一个

人?"在回答这个问题时,必然触及心理学中带有根本性的争议:"人性是先天的还是后天的?"所有人都承认身高、发色、体型及眼睛的颜色等体态特征具有遗传性,且越来越多的人开始认识到癌症、心脏病和高血压等许多疾病的发病倾向也有很明显的遗传成分,但几乎没有人会想到在人的心理品质中基因也起着很重要的作用。

近年来,在如何看待遗传(先天)与环境(后天)的关系问题上,西方心理学家的意见正发生着偏重遗传的根本性转变,鲍查德等(Bouchard et al.,1990)的研究正是这种变化的一个典型代表。该研究始于1979年,意在检验基因在个人心理品质的决定过程中所起作用的大小。研究者从1983年便开始鉴定、寻找那些早年分离、成长环境不同、成年后才相聚的同卵双生子(MZA),最终找到了56对,来自美国等8个国家,他们同意接受为期1周的心理测验和生理测量。在1周内,每一名被试要完成近50小时的测试,测试内容涵盖甚广,包括4种人格特质量表、3种能力倾向和职业兴趣问卷、2项智力测验。另外,被试还要填写一份家用物品清单,以评估其家庭背景的相似性;填写一份家庭环境量表,以测量他们对养父母教育方式的感受。他们还要进行个人生活史、精神病学以及性生活史3次访谈。每名被试的所有项目全部分开独立完成,以避免一对双生子间存在不经意的相互影响。研究者将这些双生子与那些共同成长的同卵双生子(MZT)进行比较,得出了惊人的发现,在整个生物与行为科学领域引起了巨大的反响。

表2-1显示了分养的同卵双生子在某些特征上的相似性,也包含了合养的同卵双生子在该方面的测量结果。相似程度在表中用相关系数或相关值"R"来表示。相关系数越大,其相似程度越高。在此有这样一个逻辑假设:若个体的差异是由环境引起的,则在相同环境下成长起来的合养同卵双生子与分养同卵双生子相比,其个体特征应更相似。但是,实际结果并非如此。将分养同卵双生子间每种特征的相关系数与合养同卵双生子的相关系数相除,所得数值列在表的最后一列,这列数值表示两类双胞胎在每种特征相似性上的差异。如果两个相关系数相同,则相除以后的结果是1.00;如果它们完全不同,则相除以后的结果会接近0.00。仔细观察这些数据,就会发现两者在每种特征上的相关系数惊人地相似,即其比值大多接近于1.00,几乎没有低于0.80的,个别的甚至大于1.00。

表2-1　分养与合养同卵双生子(MZA 与 MZT)在某些特征上的相似性比较

特征	R(MZA)	R(MZT)	R(MZA)/R(MZT)
生理			
脑电波活动	0.80	0.81	0.987
血压	0.64	0.70	0.914
心率	0.49	0.54	0.907
智力			
韦氏成人智力量表	0.69	0.88	0.784
瑞文智力测验	0.78	0.76	1.030
人格			
多维人格问卷(MPQ)	0.50	0.49	1.020
加利福尼亚人格问卷	0.48	0.49	0.979
心理兴趣			
史特朗—康久尔兴趣问卷	0.39	0.48	0.813
明尼苏达职业兴趣量表	0.40	0.49	0.816
社会态度			
宗教信仰	0.49	0.51	0.961
无宗教信仰社会态度	0.34	0.28	1.210

这些结果表明,对于相当数量的人类特征而言,大多数差异似乎是由遗传因素或"基因"引起的。表中的数据从两个重要方面证明了这一结果。其一,具有完全相同的遗传特质的人(同卵双生子),即便分开抚养且生活条件大相径庭,他们长大成人以后不仅在外表上极为相似,而且基本心理和人格也惊人的一致。其二,在相同条件下养育的同卵双生子,环境对他们的影响似乎很小。鲍查德等将他们的发现表述如下:"到目前为止,在调查过的每一种行为特征,从反应时间到宗教信仰,个体差异中的重要部分都与遗传有关。这一事实今后不应再成为争论的焦点,现在是该考虑它的意义的时候了。"

当然,对于鲍查德等的这一观点,人们似乎很容易提出异议,这是一系列以"何必"开头的问题:既然什么都是天生的,那么何必努力成为好家长? 何必去帮助那些穷困潦倒的人? 何必努力提供高质量的教育? 等等。好,鲍查德便是第一个站出来反对对其研究发现作这种解释的人。文中,他们对自己那极富挑战性的结论提出了三种解释:(1)显然,智力主要是由遗传因素决定的(智力变化中的70%都可以归因于遗传的影响)。然而,正如作者所明确阐述的："这些发现并不意味着像 IQ 这样的特质是不能提高的……一项覆盖了 14 个国家的调查表明,近年来 IQ 测验的平均成绩已有所提高。因此,目前的发现并没有规定和限制 IQ 成绩在理想环境中的提高。"从根本上讲,他的意思是,虽然 IQ 变化中的 70% 要归因于先天的基因变异,但仍有 30% 可归因于环境的影响。这些影响包括许多我们众所周知的因素,例如教育、家庭条件、有毒物质和社会经济地位等。(2)鲍查德等的研究的基本假设是,人的特性是由遗传和环境的综合影响决定的。所以,当环境因素影响较小时,其差异更多地来自遗传;反之亦然。对某些特性而言,如果环境因素对其影响较大,则遗传的影响就较小。例如,在美国,大多数儿童都有机会学习骑自行车,这就意味着对所有儿童而言,环境的作用几乎是很相近的,所以在骑车能力方面的差异主要受遗传因素的影响。另一方面,在美国,人们在食物偏好上的变化似乎受环境因素的影响较多,因为在童年和整个一生中,各人所接触的食物或口味有很大不同。因此,几乎没有给遗传因素留有发挥作用的余地。在此,研究者提出了一个很有意思的观点:他们认为人格更像是骑自行车而不像是对食物的偏好。实际上,作者的意思是,在孩子长大成人的过程中,家庭环境对他的影响与他所继承的基因相比,其作用是很小的。而大多数家长不愿意听到或相信这些,这是可以理解。他们努力扮演好父母的角色,并使孩子快乐成长,成为一名好公民。而唯一能从这些研究结果中得到安慰的,是那些在抚养子女方面已经黔驴技穷的家长,这样的研究结果能使他们少一些自责。然而,鲍查德等很快又指出,基因不是决定命运的必然因素,那些极富奉献精神的父母仍能从正面影响他们的子女,即使他们在总体变异中所占的百分比很少。(3)鲍查德等提到的最有趣的一点是,并非环境影响着人的特性,恰恰相反,是人的特性影响着环境。也就是说,实际上是人的遗传倾向塑造着周围环境!有这样一个例子可以说明这种理论:有些人比其他人更具有丰富的情感,人们常认为这是前者的父母对孩子比后者的父母更亲切慈爱的结果。然而,鲍查德认为,事实上"感情丰富性"方面的变异是由遗传决定的,所以有些孩子一出生就比别的孩子情感更丰富。与别的孩子相比,这种与生俱来的行为倾向使他们能够对父母的爱做出更主动的反应,这在某种意义上就强化了其父母的行为。正是这种反应引起了父母充满爱心的行为。研究者强调,即便遗传不是决定人的全部特性的因素,它也在绝大部分的人类特性中发挥着重要作用。

人们以鲍查德等所得的双生子数据资料为基础,完成了大量的相关研究。这些研究结果仍表明,基因对许多心理特征和行为的影响是很大的。通过双生子研究,我们需要对一些过去在很大程度上或完全归因于环境的特性进行重新评价,正如双生子研究所显现的,遗传因素不仅是变化的重要因素,而且其作用比我们以前所预料的还要显著。例如,有研究发现,基因不仅在很大程度上决定着人们对职业的选择,甚至当各种职业所要求的生理条件保持恒定时,在人们的工作满意度和职业道德方面大约仍有30%的变化源于遗传因素(Arvery et al. ,1994)。鲍查德的另一项研究把研究内容更直接地指向一些影响人一生的、稳定的人格特质,结果表明,人们在外倾—内倾、神经质和自觉性等特性上的变异可以更多地(65%)以遗传差异而非环境因素来解释(Bouchard,1994)。当然,对鲍查德等的研究的批评意见也体现在多个方面(Billings et al. ,1992)。有的声称,这些研究者并没有尽可能完整地公布他们的研究数据,因此,不能独立地对他们的研究结果进行评价。还有,有很多研究报告表明鲍查德等没能考虑到的一些环境因素对双胞胎确实有重大影响。最后,随着 DNA 分析技术的准确性的提高,那些对鲍查德等的研究结果提出质疑的研究者认为,应该使用 DNA 检验技术来验证双胞胎研究结果的有效性。最近,鲍查德(Bouchard,1999)在评价了大量有关"先天—后天"的研究例证后总结道,从整体上看,人格中40%的变异和智力中50%的变异都以遗传为基础。

无论如何,在遗传与环境这个根本性的问题上,中国心理学家们一贯坚持这样的立场:遗传对人的心理和行为的影响是不可否认的,但也不能过分夸大遗传的作用;遗传只能提供心理与行为表现的自然前提和可能性,而环境和教育才规定其现实性。(选自 Roger R. Hock 著/白学军等译,2010)

【知识点】

神经元 神经系统 感觉机能系统 运动机能系统 联络机能系统 裂脑人 ERP fMRI 内分泌系统 基因 选择性繁殖 双生子研究

【思考题】

1.说明神经元的结构和功能特点。

2.说明神经系统的结构和功能特点。

3.阐述脑的三大机能系统的主要特点。

4. 裂脑人实验有何启示?

5. 研究脑机制的方法有哪些?

6. 人体有哪些主要的内分泌腺?

7. 行为遗传学的研究方法有哪些?

8. 讨论遗传与环境的关系。

【扩展阅读】

1. 沈政、林庶芝:《生理心理学》(第二版),北京大学出版社 2007 年版。

2. 李新旺等:《生理心理学》(第二版),科学出版社 2008 年版。

3. 〔美〕詹姆斯·卡拉特:《生物心理学》(第十版·通用教材版),苏彦捷等译,人民邮电出版社 2012 年版。

4. 〔英〕苏珊·格林菲尔德:《人脑之谜》(第二版),杨雄里等译,上海科学技术出版社 2012 年版。

5. 〔美〕迈克尔·S. 加扎尼加:《谁说了算? 自由意志的心理学解读》,闾佳译,浙江人民出版社 2013 年版。

6. 〔美〕格兰特·斯蒂恩:《DNA 和命运:人类行为的天性和教养》,李恭楚、吴希美译,上海科学技术出版社 2001 年版。

第三讲

心理的环境基础

如果说有一种人类的行为特征能为所有的心理学家所认同的话，那这种特征就是人类的行为从来不会在真空中发生。小到电视广告试图诱使人们购买某种商品，大到宗教崇拜企图说服人们建立宗教信仰，环境的影响无处不在。环境就是指与有机体发生联系的外部世界，能够对人的心理和行为构成影响的环境因素多种多样，几乎无所不包。通常，心理学上提到的环境分类有两种分类方法：自然环境和社会环境，物理环境和心理环境。自然环境包括有机物的各组成因素和无机物的各组成因素，例如动物、植物、矿物、空气、噪音，等等。社会环境包括经济、政治、教育、伦理、文化，等等。物理环境除包括自然环境诸因素外，还包括人为的物理环境因素，如人际空间、建筑物等。心理环境是指人与人、人与物相互作用时所形成的环境。

一、物理环境

环境心理学研究中有一个重要发现，即人的多数行为在一定程度上都受着特定物理环境的控制。例如，购物中心和百货商场大都设计得像是迷宫，顾客们要在里面绕来绕去，这样就能让他们在商品前多徘徊或逗留一会儿。再如，教室的设计也清楚地表明了师生关系，学生座位固定，老师面对学生而立，这样可以限制学生们在课堂上交头接耳；公共浴室中的座位不多，人们只能洗完就走，而不可能舒舒服服地坐在里面聊天。环境心理学家们关注的课题非常之多，包括个体空间、领地行为、应激环境、建筑设计、环境保护等等。

拥挤

当今世界面临的最严峻的问题就是人口过剩。如今，世界人口已超过70亿，并正以每天25万人的速度增长，照此速度几十年之后还将翻番。人口过剩和人口高速增长与环境破坏、国际局势紧张以及不可再生资源的迅速枯竭密切相关。一些人口统计学家预计,如果在世界人口突破100亿大关之前人类还不能自觉地限制增长,那么,世界范围的食品短缺、疾病、战争、高出生死亡率和婴儿夭折将限制人口的增长。

在我们周围,不时可以见到这样的景象:住房狭窄,餐馆嘈杂,景点游人如织,交通拥挤不堪。拥挤是会对人们的心理产生压力和困扰的。在城市里一些拥挤的聚居地,人们很容易把这些地区出现的暴力、社会秩序混乱、人群健康状况恶劣及较高的出生死亡率与拥挤问题直接联系起来。不过,这种因果关系还不能确定,因为居住在拥挤地区的人们往往营养不良、缺乏良好教育、收入较低、医疗卫生条件差,这一切更可能是引起上述问题的直接原因。事实上,许多对人类被试进行的实验室研究结果表明,把人安排在狭小拥挤的空间内生活并没有引起严重疾病。因此,拥挤也许更多的是一种心理感觉,而不完全取决于特定区域内的人口密度。比如香港、新加坡就是人口密度很高而犯罪率很低的地区和国家,据分析可能与其礼仪文化较好地保护了个人空间和隐私有关。可见,高密度不一定自动产生拥挤感,它还要取决于具体的场合及人们之间的关系。在电梯、地铁或监狱里,密度过高使人感到不舒服;但在音乐会、晚会或聚会等场合,人越多则越使人感到热闹。因此,压力感或快乐感的增强取决于空间上的拥挤与特定情景之间的交互作用。当拥挤使人失去对身边环境的控制力时,就会令人紧张或进入应激状态。

噪声

在当今工业化社会,噪声是又一个给人们带来普遍困扰的问题。噪声达到一定的强度就会令人不快。从物理方面考察,噪音是音高、音强无规则,旋律、节奏不和谐的可感音波。它也是一种心理感受,与和谐、悦耳相对。从后一角度看,即使是音乐,如果一个人不喜欢,听起来感到刺耳、不舒服,也属于噪音。有两个关于噪音的故事:中世纪的欧洲有一种惩治异教徒的方法,就是将异教徒关进教堂,让十几口巨钟猛烈震响,轰鸣的钟声不久就会把人折磨致死。在现代的日本,据说一位大学生进入工厂工作后,被车间里的气锤声搅得焦躁难忍,一怒之下竟然将自己的头伸到气锤之下,结束了自己的生命。

噪声级为30—40分贝是比较安静的正常环境;超过50分贝就会影响

睡眠和休息,由于休息不足,疲劳不能消除,正常生理功能会受到一定的影响;70分贝以上干扰谈话,造成心烦意乱、精神不集中,影响工作效率,甚至引发事故;长期工作或生活在90分贝以上的噪声环境,会严重影响听力和导致其他疾病的发生。研究发现,一些人的学习能力受到破坏、丧失对失败的耐受力以及不愿帮助他人,均可能与噪声危害有关。有实验表明,被试所处环境的噪音越大,其对周围人施加帮助的可能性就越小(Matthews & Canon,1975)。研究者认为,当人们处于噪音之下时,最迫切的希望是尽快摆脱噪音,消除因此而产生的烦躁,因而对别人是否需要自己的帮助变得不敏感了。由此,我们还可以推论,生活在城市的人似乎比较冷漠,这可能与受到更多的噪声骚扰有关。

超负荷

这里的超负荷是指一种由于外来的感官刺激、信息和社会接触过多而引起的紧张状态。感官和认知系统的超负荷工作会给人造成很大压力。在大城市居住的人们对此感受尤深。事实上,城市居民在无意中使用各种方式避免这种超负荷,比如,板着面孔拒人于千里之外、避免与人深交、凡事能不管就不管,等等。简言之,许多城市居民一定程度的冷漠正是出于他们的生存需要。

一项有趣的实验希望说明城市居民是否乐于助人。研究者分别在美国几座大城市和小城镇里进行实验,让一个小孩儿站在闹市的街角向过往的行人寻求帮助,他逢人便说:"我迷路了！您能帮我给家里打个电话吗?"在小城镇约有72%的路人为孩子提供了帮助;而在大城市里只有46%的人伸出援手,其中在波士顿和费城等城市只有不到1/3的人愿意帮助那个孩子。一份对65项研究结果的分析证明,乡下人比城里人更乐于助人。结论是,城市中的拥挤和紧张生活造成的恶劣影响之一,就是使人对他人的需要不敏感或感觉迟钝化。

国内有研究发现,生活在大城市的人们性生活是最少的,与农村人相差无几,而县城里的人性生活最多(潘绥铭,2004)。研究者认为,造成这种情况的原因有二:一是大城市的生活更加紧张繁忙,自下而上压力过大,使得人们投入性生活的兴趣、动力和精力都不知不觉减少了;而县城的生活相对安逸,性生活自然较多。二是城市越大,已婚或同居的人们之间的爱情反而越少。这样的结论真是让大城市的人的优越感遭到重创。

二、文化传统

文化是一个很大的概念。狭义的文化是指观念形态的文化,仅限于意识形态;广义的文化则是指人类社会的全部遗产,囊括社会生活的全部领域。文化的内容极其丰富,包括了物质文化、精神文化及行为文化。文化对人的心理和行为的影响也是无所不及。

人类文化与人性

人类创造了自己的文化,又使自己置身于一定的文化环境中。人类文化是指全人类创造的文化,它是人类心理产生的决定性条件。一个身体健全的人类儿童,虽然有继承人类文化财产的可能性,但是,如果出生后出于某种原因,不与人类文化环境接触,就不可能形成人的心理。"狼孩"的事例就很典型。1920 年,在印度加尔各答东北的山地,辛格等人在狼窝里发现了两个孩子,从狼窝里捕获她们以后就送到了附近的孤儿院。大的约 8 岁,取名为卡玛拉;小的约 2 岁,取名为阿玛拉。到了第二年阿玛拉死了,而卡玛拉一直活到 1929 年。这就是曾经轰动一时的"印度狼孩"。狼孩的生理结构和身体发育同一般儿童没有多大差别,但心理活动方面却相差甚远。卡玛拉和阿玛拉刚从狼窝返回人间时完全是"狼性"的表现:四肢行走,昼伏夜行,用双手和膝盖着地歇息,吃食物和饮水总是像狗那样趴在地上舔,害怕强光,夜间视觉敏锐,每到深夜就嚎叫,怕火、怕水,喜好蜷伏在墙角,即使天气寒冷,也撕掉衣服,摆脱毯子(图 3-1)。后来,经过辛格等人的悉心照料与教育,卡玛拉 2 年学会了站立,4 年学会了 6 个单词,6 年学会了直立行走,7 年学会了 45 个单词,同时还学会了用手吃饭,用杯子喝水,并逐渐适应人类的社会生活。但到 17 岁死去时,卡玛拉仍只有相当于 4 岁儿童的心智发展水平。被野兽哺养大以及离开人类社会长大的野生儿自 18 世纪中叶以来,在罗马、瑞典、比利时、立陶宛、德国、荷兰、法国、肯尼亚等地都有发现,单是有案可考的就有三十多例。所有这些孩子都只能发出不清楚、不连贯的声音,不能直立行走,具有强大的体力,活动敏捷,跑得很快,跳跃攀登很出色。他们也有发展得很好的听觉、视觉和嗅觉,然而即使经过很长的时间,都没能学会说话。不仅如此,即使成年后,如果长期脱离人的社会生活,也将使其原本已形成的人的正常心理失常。如抗战期间,刘连仁不堪日本矿山奴役逃往北海道深山,过了13年茹毛饮血的穴居野人生活,到1958年回国时语言十分困难,听不懂也不会说,没有正常人的心理状态。这些事例充分说明,人类文化是形成人的心理和行为即人性的决定性条件。人类文化使人类的心理和行为具有共通性。

图 3-1　"狼孩"卡玛拉和阿玛拉

民族文化与民族心理

　　民族文化是一个民族经过世世代代积累起来的文化。民族文化是民族心理形成的原因。米德(Mead,1935)曾对新几内亚三个未开化部族做过现场调查,探讨一个民族的文化特质与其成员心理特征之间的关系。结果发现,在相同的环境中受相同文化影响的成员有某种共同的心理特征;如果地理条件大致相近而文化类型不同,则可以看出不同的心理特征。文化人类学家把每一种文化中人们共同具有的心理特征称为群体人格或众数人格。当然,每个社会并非只有一个由其成员所认同的单一文化。一个社会的文化通常仅指构成总体文化的诸种文化要素的共同部分。特别是在现代社会中,文化是多元化的。当社会的某一群体中形成既包括民族的一些主文化特征,也包括某些独特的文化特征的生活方式,这种群体文化称为亚文化。

阶层地位与阶层心理

　　同一阶层的社会成员处于相同的经济地位,具有相同的社会文化背景,从而形成了不同于其他阶层的共同心理特征。我国现阶段已经形成了新的社会阶层结构,这在研究人的心理和行为时需要有充分的考虑。

　　现在,心理学领域已经越来越认识到文化是一种对人类具有重大影响的环境因素。事实上,研究人员发现很少有在所有或者大多数文化中具有一致性和稳定性的人类行为模式。这在涉及人类的相互作用和人际关系的行为领域中显得尤为突出。人际吸引、性、感动、友谊、父母养育方式、儿童行为期望、求偶仪式、结婚、离婚、合作与竞争、犯罪、爱和恨等，都深受文化因素的影响。因此，可以肯定地说，如果不考虑一个人的文化背景，那就根本无法全面或准确地了解这个人。

重大研究：个人与集体（川迪斯，1988）

从概念上讲，文化是很容易理解的，但具体到实际的研究，文化却成了一块难啃的骨头。试想，你如何能够理清所有对心理及行为共同产生影响的文化因素呢？大多数文化是如此复杂以至于无法得出有根有据的结论。川迪斯（Triandis et al.，1988）凭借其多年来对文化的基本特性的挖掘和提炼，解释和论证了个人主义文化与集体主义文化这一基本的文化差异维度。川迪斯指出："文化是一种模糊的结构体。如果我们要了解文化和社会心理现象的联系，我们必须通过确定文化差异的维度来分析它。这种最有前景的维度之一就是个人主义——集体主义。"在川迪斯的很多研究和著作中所隐含的研究假设是：当我们按照个人主义——集体主义模型对文化加以界定和解释时，这一模型能够说明我们所见到的表现在人类行为、社会交往和人格中的大部分差异。

通俗地说，集体主义文化是这样的一种文化，即生活在该文化中的个体的需求、欲望、成就都必须服从于他所属的群体或组织的需求、欲望以及目标，个体的大部分行为的产生取决于该行为是否有利于个体所属的更大团体的整体利益，而不是该行为是否能为个体提供最大限度的个人成就。相反地，个人主义文化更看重个体的幸福和成就而不是所属团体的需要和目标。在这些文化中，团体对其所有成员的影响可能是微乎其微的。按照川迪斯的观点，个人主义文化集中在北欧和西欧社会以及那些历史上受北欧人影响的国家，如美国、澳大利亚和加拿大都是高度个人主义的，而世界上其他大多数地区属于集体主义文化。

川迪斯等的这篇论文报告了三项验证其个人主义——集体主义理论的独立的研究。第一项研究的被试全是美国人，设计使用美国被试来定义个人主义的概念。被试是川迪斯所在的芝加哥大学心理系的 300 名在校大学生。研究者要求每位学生完成一份包括 158 个项目的问卷，用以测量他们有关个人主义——集体主义的行为和信念倾向。如果被试赞同"只有那些依靠自己的人才能在生活中获得成功"，那么他便持有个人主义的立场；而如果被试同意"当我的同事把他们的隐私告诉我时，我们的关系更加亲密了"，则说明该被试持有集体主义的观点。此外，问卷中包括5个生活情景故事，这些情景故事把被试置于一种假设的社会情境中，并要求他们预测自己的行为。例如让被试想象自己想做一次团体内的其他成员都反对的长途旅行，问被试在决定是否去旅行时会在多大程度上考虑父母、配偶、亲戚、密友、熟人、邻居以及同事的意见。对回收的问卷进行分析后发现，"自信""竞争"和"与所在团体的亲疏关系"是三个最为重要的因素，而"对团体的关注"是一个相当次要的因素。

第二项研究的目的是比较个人主义文化（美国）和集体主义文化（如日本和波多黎各），其核心在于比较在两种文化类型中个体与他们所属团体之间的关系。研究的问题是："集体主义文化中的人们是否更乐意使自己的个人需要服从于集体的需要？"被试是91名芝加哥大学的学生、97名波多黎各学生、150名日本大学生和106名年长的日本人。测量集体主义特征的问卷由144个项目组成，用以测查关于集体主义的三种倾向："关心团体""自我与团体的亲密关系"和"使自己的目标服从于团体的目标"。结果，在支持个人主义—集体主义理论的意义上显得很混乱，例如，日本学生比伊利诺伊的学生更在意同学和朋友的观点，但波多黎各学生并没有表现出这一特点。此外，当团体获得荣耀时，日本被试表达了自豪感，但他们在生活中只关注或服从自己所在的某些团体，而不是对所有团体都如此。尽管服从是集体主义文化的一个共同特征，但事实上日本被试比美国被试更少地表现出对团体的服从。有结果表明，随着集体主义文化变得更加丰富化和西方化，它们可能正在经历一个向个人主义转变的过程。作为这一观点的又一证据，研究发现年长的日本被试比日本大学生倾向于认同其所属的团体。对于这第二项研究的结果，川迪斯把它们解释成一种警示，即有关集体主义文化和个人主义文化的结论不应该过分概括化，而必须仔细分析并有选择地应用于特定的行为、情境和文化之中。

第三项研究用以检验如下假设，即集体主义文化中的成员觉察到自己获得更好的社会支持，且一贯享有令人满意的人际关系，而个人主义文化中的成员则在更大程度上体验到孤独。该研究所采用的个人主义—集体主义问卷由72个项目组成，总共施测了来自芝加哥大学和波多黎各大学的100名被试，男女各半。被试还填写了另一份问卷以测量他们所意识到的社会支持水平和孤独程度。研究结果清楚地表明,集体主义与社会支持存在正相关,也就是说,随着集体主义程度的提高,相应的社会支持水平也会提高。而且集体主义与孤独程度呈负相关,即随着集体主义程度的提高,被试所意识到的孤独程度降低。最后,作为川迪斯理论模型的进一步的证据,对该研究中的美国学生来说,最重要的因素是"在竞争中表现出自信"(能解释最大的变异),而对波多黎各学生而言,最重要的因素是"联系"(与他人的互动)。这些结果正是人们期望从个人主义—集体主义理论中得到的。

川迪斯解释说,总而言之,本文中所论及的这些研究既支持又改进了他对集体主义和个人主义的定义。个人主义文化和集体主义文化看来是完全对立的,但本文证明了这两种文化类型似乎处于一个连续体的两端,而某一特定社会则处于两端之间的某个点上,这个点通常更接近于连续体的一端而远离另一端。此外,具体到某一文化,其中特定的个体、团体、亚文化以及情境可能会偏离该文化在连续体上的大体位置而向相反的一端移动。这一解释可见图3-2。

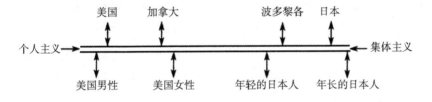

图3-2　个人主义—集体主义的文化连续体

现在,川迪斯的研究结果已经成为心理学家看待人类行为的一个重要基础。可以说,在迄今有关文化对人格和社会行为所起决定作用的当代研究中,川迪斯提出的个人主义—集体主义文化维度是最可靠、最有效和最具影响力的因素,这是他对跨文化心理学所做出的巨大贡献。该研究当然也激发了大量新的研究,且有不少批评意见。有必要指出的是,虽然在川迪斯看来,我国是典型的集体主义文化取向的国家,但国内已有不少学者(如杨中芳,1991;郑涌,2004)都曾就此提出自己的看法,更加强调我国是一个幅员辽阔、文化多样的国家。(选自Roger R. Hock著/白学军等译,2010)

三、拷贝世界

现代社会，大众传播无孔不入，占领着人们生活的各个角落。传统意义上，所谓拷贝世界就是由书、报、杂志、广播、影视等大众传播媒体所构成的精神世界。现今网络的迅速普及，更赋予拷贝世界以新的意义。拷贝世界不同于我们直接感知到的现实世界，它向我们展示的是一个精神世界，向我们提供消息、知识、思想、见解、娱乐、广告等等。拷贝世界不同于现实的感性世界。因为它不是媒体对现实世界的简单复制，而是记者、作家、画家以及其他从事精神生产活动的人依据一定的信念、态度和价值观对现实世界进行改造加工的结果，是精神产品。同时，拷贝世界提供给人们的，不是现实世界那种实实在在的事件（人和物）本身，而是符号、语言和图像。

大众传播对于众多的人具有众多的意义，其功能是多方面的，全看各人有什么样的兴趣、需要和价值观而定。据研究，大众传播媒体可以从下列几个方面影响受传者的心理和行为：(1)大众传媒可以为受传者提供支持其固有立场、观点和行为的有关情况，从而增强受传者的固有观念。(2)在争议不大而且没有其他势力干预的问题上，大众传媒只要重复传播内容，就能直接改变受传者的行为。(3)大众传媒只要善于把一种新观点或行为同受传者原有的价值观和需要联系起来，就可以使受传者很快地接受这一新观点或行为，而不必改变他自己的原有立场。(4)大众传媒可以为受传者提供情况，证明他基于某种需要和固有观念而采取行动的正确性，从而进一步支持受传者已采取的行动。(5)大众传播媒体可以提供有关情况，把受传者的固有立场同新发生的事件联系起来，对行为起引导作用。(6)大众传播媒体为受传者指出行为规范，其结果是形成某种文化规范。

近几十年来大众传媒的增多，使我们所受的影响大大增加。尽管这给我们提供了几乎无限的信息，但也使我们直接接触世界上一些没落的东西，现在已使人担心这方面的材料可能产生不利影响，尤其是暴力和色情类的东西。自从有了电视，研究者们很快开展了收看暴力节目对人们行为和态度影响的调查。的确，如今的儿童在中学毕业之前可能看过成千上万的影视凶杀案，这使得公众对此问题非常关注。关于观看暴力节目的影响曾有完全不同的假设，有人说那是"泻药"，即观看荧屏上的暴力会减少观众随后展示暴力的可能性；有人的意见正好相反，认为它会在观众身上增加施暴和攻击的可能性。此类研究不易实施，其中大部分是在人为设计的环境里进行的，所涉及的攻击行为不太激烈，因为在这样的调查研究中运用非常粗暴的图像有道德上的困难。为了大规模地调查这些问题，社会心理学家米尔格拉姆(Milgram,1973)曾在美国进行了研究。他设计在一些地区播放的一部电视剧里有砸碎施舍箱和打辱骂性电话这样两个反社会行为，而在另一些地区播放的不包括这些行为。但是之后在这两个收视地区之间并未发现反社会行为有重大差异。这个结果没有给大规模地模仿电视上暴力行为的说法提供直接证明，当然它也没有告诉我们关于观看这种电视的长期影响。不过，许多研究人员把那些看过电视暴力节目的儿童和没有看过的作了比较，指出在前一组儿童身上有攻击性增多的迹象，而且这项研究暗示连动画片都有可能促进攻击性行为。不少研究者认为观看暴力与模仿暴力之间肯定有相互联系，只是并未证实其因果关系。虽然研究结果有些矛盾，但心理学家们当前倾向于认为：如果有任何证据说明观看暴力与行为和态度上的不利变化有联系，就应当采取措施来保护人们特别是儿童不接触这样的题材。美国心理学会青年与暴力委员会介绍说，在家里和学校里教给儿童批判性地观看，可以削弱电视上暴力节目的影响，还说"电视可以是一位有说服力的传授良好社会态度的好教师，并且有潜力为减少暴力做出重要贡献"。这种说法认为电视具有有益的潜在作用，不过即使如此，它也一定具有相反方面的同等潜力。

总之，在现代社会中，拷贝世界对人的心理和行为的影响是强有力的。大众传播媒体对人的心理和行为的影响，有的是直接的，但主要是潜移默化的。它能帮助人们极大地改善这个社会，也能帮助人们去摧毁这个社会；它能使人受到教育，获得知识、陶冶情操，也能使人犯罪、堕落。这种影响力的性质，全看人如何和为什么去运用大众传播媒体。

四、社会情境

在社会心理学家看来，行为所处的社会情境的性质是行为的一个重要的决定因素，它在很大程度上控制着个体行为，并往往主宰着一个人的人格、价值观和信念。而且，强大的情境作用还往往以我们意识不到的方式发生。

社会促进和社会干扰

个人由于他人在场，工作效率比独自一人要高，这种现象称为社会促进作用。奥尔波特（Allport，1924）曾在哈佛大学领导过这方面的研究工作。他选择了几种难易不同的工作，由简单到困难的排列是：划掉报纸上所有的元音字母，编排词的联想表，演算简单的乘除法算术题，反驳他人的哲学观点等。这些作业都要求被试（大学生）在两种情况下去完成：独自一人做和5个人在一起做。结果发现，除反驳他人哲学观点的复杂作业外，其余几项作业，5个人在一起做都比独自一人做效果更好。这里，应当注意，所谓社会促进作用，仅仅是由于他人的在场或参与便提高了个人的行为效率，而不是人们之间有意识竞争或接受他人帮助的结果。与社会促进作用相反，有时候他人在场反而会降低个人的工作效率，这叫社会干扰作用。在上述奥尔波特的实验中，发现大学生做复杂作业——写批驳某一哲学观点的短文时，集中在一起写比独自一人写质量差。皮森（Pessin，1933）也发现，有旁观者在场，会降低有关记忆的效率。对于社会促进与社会干扰这两种条件相同但结果相反的现象，心理学上又分别形象地称之为"共事效应"与"听众效应"。

造成社会促进或社会干扰作用的原因比较复杂。其中，由于他人在场可使个体在不知不觉中感受到竞争压力，并由此产生了争强争胜及社会赞誉动机是重要原因。在这类动机的作用下，对于简单、容易、平顺的作业，通常可以提高工作效率；但对于复杂、困难、有冲突的作业，则反而会降低工作效率。

社会角色与规则

适合你的社会角色有哪些呢？社会角色指一个人在给定情景下人们期待他做出的一套由社会界定的行为模式。不同的社会情境，需要不同的角色。当你在家的时候，你可能扮演着"孩子"或"兄弟姐妹"的角色。当你身处教室的时候，你是"学生"的角色。在其他的时候，你是一名"最好的朋友"或者"恋人"。在这些不同的角色下，你会迅速产生不同的合适的行为。

每个人身处特定的情景下，就会受制于一定的行为规则。有些规则是以外显的方式表述出来（如禁止吸烟、课堂上禁止吃东西），或者长辈传授给晚辈（如尊敬长者、不要从陌生人那儿接受好处）。有些规则却是内隐的，人们通过在特定情境中与他人的交往而习得这些规则。例如，你站得要离别人多近？什么时候你能对你的老师或者老板直呼其名？面对恭维或礼品如何应对才合适？所有这些反应都有赖于情境。例如，我们一般不当着送礼人的面打开礼物，因为担心这样不够尊重对方；而外国人不知道我们这个不成文的规则，他们可能会把同样的行为理解为粗鲁而非体贴。下次乘电梯时，你可以试着确定在电梯情境里你学会了什么规则：人们为什么往往小声说话，或者根本不说话？

重大研究：斯坦福监狱实验(汉涅和津巴多，1977)

通常情况下，你可能没有特别意识到角色和规则的作用，但由汉涅和津巴多(Haney & Zimbardo，1977)完成的这个有名的"斯坦福监狱实验"，会让你看到这些力量发挥作用以后所带来的令人吃惊的后果。还有人在澳大利亚进行了重复实验(Lovibond et al.，1979)。

美国加州夏季的一个周日，一阵警笛声打破了大学生汤米·怀特洛平静的早晨。一辆警车在他家门口急促地戛然而止。几分钟之内，汤米因为一种严重的罪名被捕，有人宣读了宪法赋予他的权利，经过搜身，并给他带上了手铐。经过登记和留下指纹，汤米被蒙上眼睛，押送至斯坦福县监狱。在监狱里，他被脱光衣服，喷洒了消毒剂，穿上工作服一样的制服，制服前后都有一个表示身份的数字。汤米变成了647号囚犯。另外8名大学生也这样被捕并被指定了不同的号码。

其实他们都是志愿者，是看到报纸广告后应征而来，同意参加研究，体验一段为期2周的监狱生活。通过随机掷硬币的方式，有些志愿者被分配担当囚犯的角色，其他人则成为看守。所有人选都经过了很多心理测验、面试，是从大量的学生志愿者中挑选出来的，他们被确认为遵纪守法、情绪稳定、身体健康的平常人。囚犯整天待在监狱里，看守则8小时轮值上班。

这些学生一旦接受了随机分派给他们的角色之后会发生什么情况呢？处于看守角色时，原本温文尔雅的大学生变得盛气凌人，有时甚至残酷成性。看守们强调囚犯必须无条件遵守所有规则。做不到这一点，就会失去某种基本权利。开始的时候，是读书、写作或与其他牢友交谈的机会。后来，最轻微的抗议也会导致失去诸如吃饭、睡觉或洗漱这样的基本权利。违背规则还会受罚做一些卑微、机械的工作，如直接用手清洁厕所，做俯卧撑时看守踩着囚犯的后背，关几个小时的禁闭。看守们总是构思一些新的花招让囚犯们感到自己卑微无力。图 3-3 是当时的一些实验场景片断,可见斯坦福监狱实验创造了一个新的"社会现实",在这一现实中,良好行为的规范被情境的力量所击败。

图 3-3　斯坦福监狱实验场景

作为囚犯,原本心理稳定的大学生很快就行为怪异,意外的命运让他们无奈地要求退出。这帮人"被捕"不到 36 小时,囚犯的一次反抗活动流产,作为其中的一个小头目,8412 号囚犯早晨醒来开始失声痛哭。他变得有些情绪激动、思维混乱,而且严重抑郁。第二天,又有 3 名囚犯出现类似的应激症状。还有一名囚犯,当假释委员会拒绝他的假释请求之后,他全身都起了同心身因素有关的皮疹。因为观察到这样极其严重而且意外的情绪和行为后果,这 5 名有极端应激反应的囚犯被提前释放离开了这个不寻常的监狱。而且,到了第 6 天,心理学家就被迫终止了原本预期 2 周的实验。尽管汤米说他不愿意再有这样的经历,但他觉得这段个人经历很有价值,因为他对自己、对人性都有了很深的认识。幸好,汤米和其他学生基本都还健康,他们从这个高度紧张的情境中恢复过来。多年的跟踪研究没有发现什么副作用。正因为有了这些参与者的贡献,我们才获得一个重要的发现:模拟监狱情境能在监狱看守人员和他们所监禁的人心目当中创造一种全新的社会现实——真实的监狱。

到斯坦福监狱实验结束的时候,看守和囚犯的行为在几乎各个观察方面都差异很大。在 6 天、25 个观察记录阶段中,囚犯多表现出被动抵抗,而看守则变得比较专横、支配一切和充满敌意。要知道,没有人告诉参与者如何扮演角色,所有参与者都没有参观过真实的监狱,但他们都学会了某些东西，知道有权有势者和无权无势者之间应该如何互动。看守是这样一类人，他们限制囚犯的自由，管理囚犯的行为，使囚犯的行为尽在掌握之中。采用强制原则有助于履行这样的任务，强制包括公开地惩罚违反规定的行为。面对有权有势的人所创立的类似监狱情景的社会结构，囚犯们只能被动回应。反抗或依从是囚犯们仅有的选择：头一种选择带来惩罚，第二种选择导致自主性和尊严的丧失。

参加实验的大学生在他们原先的社会互动中就体会过这种权利差异：父母与子女、教师与学生、医生与病人、老板与雇员、男人与女人的互动。他们只是针对这一特定情境提炼和强化了他们原先的行为模式。每个学生都可能扮演过其中的一个角色。很多扮演看守角色的大学生都报告说他们也很意外，为什么自己这么容易地把支配别人当作一种享受。只要给他们套上制服，就足以把温文尔雅的大学生变成咄咄逼人的看守。最后不妨请你思考一下：当你碰巧担任或者摆脱不同的角色，你会变成什么样的人呢？

团体规范与从众

团体也称群体，是一些以共同的纽带和利益联系起来，具有一定的组织结构，在心理和行为上相互作用的人们的聚合体。像家庭、班集体、小组、运动队、单位等，都是社会心理学上所说的典型的团体。较之其他环境因素，团体对个体心理和行为的影响往往表现得更直接、更有效。

团体规范是一个团体中成员们共同认为应当遵行的行为准则。团体规范存在于团体成员之中，约束着他们的行为，迫使个人行为趋向于规范的方向。团体规范有严格明文规定的和不严格、不成文的。前者如法律、制度、校规、守则等，后者则是非正式的，团体成员遵行它被看成理所当然的事。虽然两者在水平上不同，但统称为团体规范。成文的规范对个人行为的影响是通过有计划有目的的教育实现的，即通过奖惩、表扬和批评而被个体接受，成为自己应当遵行的行为准则。不成文的团体规范则是团体成员在相互作用的过程中，各自抛弃个人对行为的评价标准，逐步形成团体成员共同认可的评价标准的结果。

团体规范一经形成，就是一种公认的社会力量，具有明显的团体压力特点。这种压力约束着团体成员的行为，使他们的行为趋向一致。个人遵行规范、服从规范压力，有两种情况：一种是建立在自觉基础上的规范行为，另一种是跟随多数人的意见、行为或团体规范的从众行为。自觉遵行规范的行为称为规范行为,其主要特点是判断行为的是非标准是自觉的。从众行为的主要特点是行为的盲目性,内心没有明确的是非标准,是随大流性质的。所谓从众行为就是在团体压力下,个人放弃自己的意见而采取与多数人相一致的行为。

重大研究:从众(阿希,1955)

当心理学家谈到从众性时,他们指的是当某一个体成为某个团体的成员时,其行为常追随团体的某种行为模式。从众性是行为科学家非常感兴趣也非常想研究的。阿希(Asch,1955)于1950年代率先对从众性进行了系列研究。他力图了解从众的需要对我们的行为到底有多大影响力。虽然从众经常会涉及一些笼统模糊的概念,如态度、伦理、道德和信仰体系等,但阿希选择了"知觉从众"这一较为清晰的形式作为切入点,通过一个简单的视觉比较任务来检验从众行为,这使得他能在一种控制的实验环境中研究这一现象。他设计了一系列精妙的实验进行验证,这些实验是如此成功而又趣味十足,以至于阿希一度成为社会心理学的代名词。

阿希的系列实验采用了类似的方法:视觉材料由成对卡片组成,每对卡片的其中一张上画有三条不同长度的垂直线(称为比较线);另外一张卡片上画有一条垂直线(称为标准线),其长度与前一张卡片三条线段中的一条等长(见图3-4左上图)。在阿希的标准程序中,单个被试与另外7—9人(实际上是实验者的同谋)的团体一起坐在桌旁(见右上图,其中只有左起第6人是真被试),对于出现的材料,每个人轮流宣布其判断结果,而被试坐在倒数第二个位置上。正确的判断是显而易见的,而且在大多数试验里,每个人都做出了同样正确的回答。但在几次预先决定的关键性试验中,这些同谋做出了错误的回答,而且都选择了同样的错误线段。左下图的情境是被试一再与团体不一致时表现紧张,不过这位被试这次最终坚持了自己的意见(右下图)。如果你是那位被试,轮到你作答时,你是继续坚持你的观点,还是顺从其他人的意见?

实验结果表明,约有75%的人至少有一次与团体的错误意见保持了一致。因为每位被试要测试数次,如果综合所有实验结果,被试做出错误回答的次数约占1/3。可以充分相信的是,线段的长度原本是可以准确判断的。主试要求控制组中的每名被试独自写下他们对线段比较问题的判断,则被

图 3-4　阿希从众实验场景

试的正确率为98%。

在心理学领域中,阿希的研究结果在两个方面显得极为重要和关键。首先,他首次清楚而科学地证明了社会压力对从众行为的影响力;其次,或许也是更重要的,即这项早期研究引发了大量的后续研究,它们极大地丰富了我们对从众效应的了解,也使我们明白究竟是哪些因素决定了从众效应对人类行为的影响。下面是其中的一些研究发现:(1)社会支持。阿希在同样的实验上作了微小的变动,他对7名助手的回答进行改变,使其中一名助手在实验条件下给出正确的回答。在这种情况下,仅仅有5%的被试同意团体的一致性意见。很明显,你只需要一个同盟者就能"坚定立场"并抵抗从众效应的压力。这项研究发现还得到了后来好多研究的支持(例如Morris & Miller,1975)。(2)团体的吸引力及成员的归属感。后来的一些研究证明,个体越为某一团体所吸引,对这一团体越有归属感,那么他就越有可能顺应该团体的态度与行为(Forsyth,1983)。如果你喜欢某一团体而且觉得自己是他们中的一员(他们是你的后援),则你顺应于该团体的倾向性将是非常强烈的。(3)团体的规模。首先,阿希和其他研究人员的研究都证明,从众的倾向性随团体规模的增加而提高。然而,进一步的研究发现,这种联系并非如此简单。确实,从众的倾向性随团体规模的增加而提高,但这仅限于人员数量为6—7人的团体。当规模超出这个数字时,从众效应的水平不再增高,甚至在某种程度上有所降低。为什么会出现这种现象呢?阿希声称,也许随着团体成员数量的增多,人们开始怀疑其他成员是有目的地影响自己的行为,并开始抵抗这种显而易见的压力。(4)性别。早期研究指出,女人似乎比男人更愿意从众。然而,近期的研究对这个结果提出了质疑,关于女性有较强从众倾向的结论也许只是一种系统误差,是方法上采用了男性更为熟悉的材料的偏向所致。最近的研究是在更好的控制条件下进行的,结果并未发现从众行为有性别差异(Sistnmk & McDavid,1971)。有关从众问题的研究还涉及文化差异、在作决定时个体所获得的信息总量、规范所具有的作用、隐私的多少等。

阿希对从众效应的研究工作得到了广泛的支持和认可,此外该研究也在多种条件下被重复进行。而对这项研究发现的质疑大都落在它们的实用性上。换句话说,被试在实验室里对一些线段的回答与现实生活中的从众行为是否存在显著相关呢？这是所有在实验室控制条件下研究人类行为的实验都存在的一个问题。这种质疑的理由是:"也许被试可以在线段长度这种并不重要的琐事上与团体成员保持一致。但是,在现实生活中,特别是在重要事情上,他们不会那么轻易地表现出从众行为。"然而,必须指出的是,虽然现实生活中的从众事件更有意义,但现实群体在从众事件上给予个体的压力也会相应增加。

直到现在,阿希的研究仍然对有关社会问题的研究产生着重大的影响。有研究者调查了年轻人卷入不安全性行为的原因。大约400名18—29岁之间的学生接受了不同方式的测验评估,测验内容包括 HIV/AIDS 的知识、HIV 的高风险行为(避孕套使用不当,多角性关系)、酒精和其他药物的使用以及性经历等。结果发现,"青年团体中的从众行为常模"是预测 HIV 高风险行为的众多因素之一(Cerwonka,Isbell & Hallsen,2000)。另一项研究运用元分析的方法,检验了涉及阿希的线段判断任务的大量前人研究。结果发现,自 1950 年代初,即阿希进行他的著名研究以来,美国人的从众行为已经大幅度下降。更为有趣的是,他们认为文化对人们从众行为的程度起着至关重要的作用。在具有集体主义文化的国度(如日本、印度),人们的从众行为也远远多于具有个人主义文化的国家(如美国)(Bond & Smith,1996)。这些发现再次证明,心理学研究绝不能忽视文化对人类行为的实际影响。

权威与服从

是什么使成千上万的纳粹分子甘愿听命于希特勒,并且将成百万的犹太人送进毒气室？是人格缺陷促使他们去盲目地执行命令吗？莫非他们没有道德准则？我们又如何解释那些狂热的宗教信徒心甘情愿地献出自己的生命并夺取他人的性命呢？换作是你，你会怎样做呢？你的回答通常来说会是："不！你当我是什么人？"而读完这一部分，希望你会回答说："也许，我不敢肯定。"在权威的控制下，在社会力量的操纵下，那样的情境完全有可能使你做出与其他人相同的举动，无论那种行为在那种情境以外对你、也对他们有多么骇人听闻。

权威是个人或组织在人们心目中使之信服的力量和威望。在权威的操控下，下级常常无条件服从权威的领导，甚至盲目接受领导人的意志。这方面最具说服力的证明来自阿希的学生米尔格拉姆的研究。他的研究表明，二战时期纳粹分子的盲从与其说是他们不同寻常的德意志民族特质使然，倒不如解释成不可抗拒的情境力量的结果。由于对真实世界现象的含沙射影以及它所引发的道德纷争，米尔格拉姆的"服从"研究成了最受争议的研究之一。

重大研究：服从（米尔格拉姆，1963）

米尔格拉姆（Milgram，1963）的理论假设是，人类有一种服从权威命令的倾向性，即使这个命令违背他们自己的道德和伦理原则。

他的第一个实验是在耶鲁大学进行的，纽黑文及其周边社区的男性居民参加了实验，并获取酬劳。基本实验范式是让一个被试实施一系列被认为对另一个人来说是异常痛苦的电击，这些志愿者相信他们所参与的是一个关于记忆与学习的科学研究，此项研究的教育学目的是探索惩罚如何影响记忆，从而可以通过奖惩来改善学习效果。一些被试作为"老师"，将对那些扮演"学生"的人所犯的每一个错误施以惩罚。他们被告知，应遵循的主要规则是每当学生犯了错误，就要加大电击的强度，直到学习中不再出现错误。身穿白色制服的主试则扮演仲裁权威的形象，他提出规则，安排角色的分配（以事先做了手脚的抓阄产生），并且无论"老师"犹豫还是持有异议时，都要命令他们恪尽职守。

图3-5是米尔格拉姆服从实验的一些典型场景。左上图是一个伪造的电击装置，但看起来十分逼真。研究的设计者让被试相信，通过执行命令，他在制造痛苦和煎熬，甚至是在杀害无辜的人。每一位"老师"都被施予45伏的电击以便了解它所造成的痛苦。"学生"是位和气的人，风度翩翩，五

十来岁,他提及自己的心脏有问题,但表示愿意继续下面的实验程序。他被绑在隔壁房间的一张电椅上(右上图),并且同"老师"通过内线电话联系。他的任务是记住成对的单词,并在听到第一个单词时反应出第二个。学生很快开始犯错误(根据事先的安排),老师也开始实施电击。受害者的抗议随着电击强度的上升而增加。75伏的时候,他有点哼哼和嘟囔;150伏,他要求离开实验;180伏时,他大声呼喊说自己无法再忍耐这种痛苦。到了300伏,他坚决地说不会再参与这类实验并要求被释放。他大声嚷嚷自己有心脏病,并且尖叫。倘若"老师"迟疑或是抗拒继续给予电击,主试会说,"实验要求你继续"或者"没有选择,你得继续"(左下图)。右下图是被试拒绝继续实验而离开的情形。

图3-5　米尔格拉姆服从实验场景

这样的情境对于被试来说有很大的压力。大多数的被试们抱怨、责难,反复强调说不能继续下去了。女性被试们常常边流泪边抗拒。从他们的表现看来,实验情境明显造成了被试激烈的思想斗争。当米尔格拉姆让40名精神病医生预测被试在实验中的表现时,他们估计大部分人不会超过150伏(基于实验描述)。在他们的专业眼光看来,不到4%的被试在300伏时仍然能够保持服从,而只有大约0.1%的被试会坚持到450伏。精神病医生们推测,只有极少数某种程度上说有些异常的个体,才会盲目服从命令而用最大强度的电击。但是,这个著名而令人焦虑的研究结果证明这些专家们大错特错了:大部分被试完全地服从了权威,没有被试在达到300伏前退出实验,更有多达65%的被试对学生施加了最高值450伏的电击。绝大多数人口头抗拒,但在行动上并未停止。米尔格拉姆研究的结果太出乎意料了,研究者们还努力地排除对结果不同的解释,以表明其发现不能简单归结为被试的行为是根据实验要求进行的。

米尔格拉姆对研究结果的讨论主要集中在两点上:首先是被试那惊人的服从倾向。这些被试是同意参加一个关于学习的实验研究的普通人,绝不是冷酷的虐待狂。米尔格拉姆指出,从童年开始,他们就知道昧着良心去伤害别人是不道德的。那么他们为什么要那样做呢?主试是一个处在权威地位的人,但是你仔细想想,他到底有多少权力呢?他没有任何权力发号施令,被试若拒绝执行命令也不会有任何损失。很显然,是情境本身有一种力量,这种力量使得服从倾向远远超过了人们的预想。第二个值得注意的关键是,在整个实验过程中,被试因执行了主试的命令而表现出极度的紧张和焦虑。研究者猜测,被试只要拒绝继续进行实验,这种不适感就会减轻。然而,这种情况较少发生。米尔格拉姆列举了几点理由来解释为什么这种特殊的情境会产生如此强烈的服从倾向。从被试的角度来看,概括起来原因主要有以下几点:(1)如果这项研究是由耶鲁大学发起的,那它一定是好事情,没有谁会怀疑这样的著名学校;(2)实验的目的似乎很重要,因为我是志愿者,所以我会尽力完成我的任务来配合研究者实现这些目标;(3)毕竟,"学生"是自愿来这儿的,他对这项工作也有责任;(4)我是"老师",他是"学生",这纯属巧合,我们是抽签决定的,其实另一种情况也很有可能出现,即我是"学生",他是"老师";(5)我拿了报酬,我要尽力做好;(6)我完全不知道心理学家以及被试的权力,所以我将屈从于他们的安排;(7)据说电击是痛苦的,但没有危险。

为了区分人格和情境等变量,米尔格拉姆做了一系列的实验,整个研究包括19个独立的控制严密的实验,超过1,000名被试参加了这些实验。后来,米尔格拉姆将他的实验室搬出了大学,他在康涅狄格州的布里奇波特成立了一个研究室,通过报纸广告征募了来自不同领域的人们,其中涵盖了不同年龄、职业、学历乃至不同性别的成员。每次都能得出被试惊人的服从倾向的结果。另外,通过实施一系列的相关实验设计,米尔格拉姆进一步拓展了他的研究发现。他发现,受害者(指"学生")与"老师"的身体和情感距离的改变制约着服从倾向的强烈程度。当"学生"在另外一所房间,与"老师"彼此不见面也听不见对方的声音的情况下,出现了最高的服从率(93%

的被试用了最高电压）。当"学生"与被试同在一所房间内，主试要求被试强迫"学生"把手放在电击板上，此时的服从率最低，只有30%。米尔格拉姆还发现，权威人物（指主试）与被试的身体距离也会影响服从行为。被试离主试越近，其服从倾向越强烈。在一种实验条件下，主试离开房间，并用电话对被试发出指令，结果被试的服从率仅为21%。最后，有一个现象是令人比较乐观的，即当主试允许被试用他们想用的电压水平惩罚"学生"时，没有一名被试使用的电压超过45伏。

自从1960年代早期米尔格拉姆的服从实验以来，不断有与此有关的研究出现，这些研究可分为两类：一类是对米尔格拉姆理论的完善以及对权威人物服从倾向的详细解释，另一类是有关在实验中对人类被试施行欺骗手段的道德问题的争论。对此，贝思（Blass，1999）的评述发现，各种研究普遍支持米尔格拉姆最初的研究结果。更重要的是，在米尔格莱姆第一次发表他的结果之后的近40年内，服从率似乎并没有发生显著的改变，这与美国人的直觉判断相矛盾。一般而言，他们会认为自己已经不像40年前的美国人那样敬重权威，当权威命令他们做自己不同意的事时，他们会做出反抗。另一个经常出现的问题是对米尔格拉姆早期研究中性别问题的关注。事实上以前所有的研究对象都是男性。仔细想想，总体而言，男性与女性谁更倾向于服从权威？贝思从米尔格拉姆的后期研究及其他人的研究中发现，男人和女人在服从率上并没有多大区别。荷瑞拉（Herrera，1997）对米尔格拉姆在实验中使用欺骗手段所涉及的道德问题提出了一个很有趣的观点。他说，从历史上看，在心理实验中使用欺骗的手段是实验设计中必不可少的一部分，这种欺骗更多归因于研究者自觉的选择，这种选择是基于研究者对人和科学研究的价值判断之上的。另一方面，并非所有的人都认为欺骗是一种恶意的实验手段。在有关社会工作者的一篇文章中，凯格尔（Kagel，1998）提出了以下具有煽动性的论断，并幽默地将文章命名为《在欺骗问题上，我们是在自欺欺人吗？》："欺骗通常被认为是不遵守规范和破坏信任感的行为。然而，欺骗实际上是普遍为人们所接受的一种确立自我空间和人际关系的手段……人们常用欺骗来协调一致、维持自尊、保护隐私和重新调整不平衡的力量关系。"值得注意的是，凯格尔所讲的欺骗不仅存在于日常的人际关系中，而且还存在于社会工作者和他们的当事人的关系之中。你是怎么看待这种观点的呢？事实证明多数人多多少少对欺骗的普遍存在感到迷茫，但同时，他们又承认凯格尔的论断是合理的、正确的。

五、大众氛围

舆论、风俗和时尚等大众心理现象,也属于个人生活中的一种环境因素,对个人心理和行为发生着很大的影响。

舆论

舆论是指人们在共同关心的有争议问题上多数人意见的总和。舆论也就是人们通常所说的"公论"或公众意见。舆论的对象是人们关心的有争议问题,如社会事件、人物的言论和行为等。不为人们所关心、又无争议的问题,不会成为舆论的对象。对社会问题,众人关心并有分歧意见时所出现的多数人的意见,就是舆论。舆论不仅表达众人的认知性见解,还表达众人的态度、信念、期待等,所以舆论是众人意见的总和。

舆论的形成有一个过程。首先是社会上发生了特殊事件或违反常规的行为,引起人们的注意;接着是社会各方面人士纷纷议论,交换看法,发表意见,或通过大众传播媒体公开表示意见,或在熟人、亲友间私下议论;在众人纷纷议论过程中几种意见经过辩论、不断澄清事实,众人的认识和态度逐渐趋向一致,符合社会价值观的意见最后占了上风,于是便形成了舆论。

舆论对个人的行为会产生巨大的影响。这种影响主要表现在以下几方面:(1)舆论是一种社会力量。俗话说,"众志成城""众怒难犯",舆论制造者和传播者个人会深切地感受到众人的力量,更坚定其信念和斗争的勇气,意欲压倒其他意见。(2)舆论是一种社会压力。那些受舆论谴责的个人,会感受到四面楚歌、众叛亲离,这些可能迫使其产生归顺行为。(3)舆论对个人的行为起指导作用。一般人往往借舆论以指导自己的行动。因此,代表民众的正确舆论将为个人的行为指出正确的方向,而代表某个集团狭隘私利的舆论则可能将个人的行为引向错误的方向。

风俗

风俗是社会上自然形成的、多数人长期遵行的一种行为方式。人生的几件大事——出生、成年、结婚、死亡,各民族都有不同的风俗。正月十五耍龙灯、端午节划龙船,是中华民族的风俗活动,反映了"龙的传人"勤劳、勇敢、聪慧、进取的民族精神。风俗的主要特点是自发性和持久性。它深入人心,代代相传,人们乐意遵行,即使是陈规陋俗也被遵行。从意识形态的特征上看,风俗可分为进步和落后两种:前者能振奋民族精神,促进社会的发展;后者则阻碍社会进步。

风俗是借助社会自然力量对个人行为起社会控制作用的。遵行风俗,个人就被维护风俗的人们所认同;违反风俗,个人就被维护风俗的人们所谴责,要承受巨大的心理压力。因此,人们都自觉不自觉地遵行它、顺从它。例如,尊老爱老是我国的风俗。人们遵行它,就受到社会的赞扬、认同;如果违反它,虐待老人,就会受到社会的谴责。人一生下来就处于一定风俗的社会环境中。风俗渗透于个人社会生活所有领域,有民族风俗、地方风俗、职业风俗,还有校风、家风等等;这些传统习惯,潜移默化,往往对个人心理和行为产生巨大的影响。

时尚

时尚或流行是人们一时崇尚的样式。从服饰、发型等有形具体的东西,到歌曲、说话用词等无形抽象的东西,只要社会上一时崇尚,任何样式都可以成为时尚或流行。例如,流行服饰、流行发式、流行色、流行家具、流行歌曲、流行语、流行动作、流行的思维方式,等等。

时尚或流行的第一个显著特点是反传统性。传统带有守旧性和不变性,时尚则超出传统样式,追求新奇,追求"入时",并且越新奇、越"入时",就越符合时尚。这就是所谓时尚的"新奇原则"。传统是一般人习惯化了的生活方式,时尚则追求超出习惯化的样式,与一般人不同,并且越与多数人不同,就越符合时尚。这就是所谓时尚的"立异原则"。时尚或流行的第二个显著特点是一时性,即在一个时期里合时。从时尚或流行的发生到习惯化或消亡所经历的时间称为"时尚寿命"或"流行时期"。流行时期一般又可以分为潜伏期、初发期、风行期、停滞期和衰退期。时尚开始时仅被社会上较少数人采用,随后被人们注意、模仿而风行起来;而一旦被社会上大多数人所采用或习惯化了,也就不再成为时尚了。因此,时尚仅是一个时期里社会上流行的生活样式。

时尚的流行,常有两种相反的心理交织在一起。一方面是求新求异,追求表现个性,使自己的优越感得到满足;另一方面是从众、认同,追求合乎社会流行的标准。时尚对个人行为的影响,受多种因素的制约。总的说来,社会上受时尚影响最大的是青年人,受影响较小的是幼年和老年人;活动分子较易受感染,保守分子则较难接受。就地区而言,城市中时尚变迁较快,对人的影响较大;农村中生活较稳定,风俗、传统的力量较大,时尚变迁较慢,对人的影响较小。不同类型的人受时尚的影响也不同。流行初期多见于社会经济地位很高的人或某一方面的专家,它们是时尚的创导者;多数青年人在风行期采用;而保守的、注重传统的人则往往最后才采用。

【知识点】

拥挤　噪声　超负荷　个人主义文化　集体主义文化　社会促进　社会干扰
社会角色　从众　服从　舆论　风俗　时尚

【思考题】

1. 物理环境对人的心理和行为有哪些影响?

2. 文化传统对人的心理和行为有哪些影响?

3. 传媒如何对人的心理和行为构成影响?

4. 产生社会促进或社会干扰的条件是什么?

5. 社会角色如何规范人的行为?

6. 从众受哪些因素的影响?

7. 服从受哪些因素的影响?

8. 举例说明大众氛围对人心理和行为的影响。

9. 讨论心理学研究中的欺骗。

【扩展阅读】

1. 章志光主编:《社会心理学》(第二版),人民教育出版社2008年版。

2. 金盛华主编:《社会心理学》(第二版),高等教育出版社2011年版。

3. 俞国良:《社会心理学》(第二版),北京师范大学出版社2011年版。

4. 李炳全:《文化心理学》,上海教育出版社2007年版。

5. 〔美〕戴维·迈尔斯:《社会心理学》(第八版),侯玉波等译,人民邮电出版社2006年版。

6. 〔美〕E.阿伦森:《社会性动物》(第九版),刑占军译,华东师范大学出版社2007年版。

7. 〔美〕菲利普·津巴多、迈克尔·利佩:《态度改变与社会影响》,邓羽、肖莉、唐小艳译,人民邮电出版社2007年版。

第四讲

毕生心理发展

在所有的哺乳动物中,人在出生时发育是最不成熟的,他需要最长的成长时期,才能在现实生活环境中生存。每个人的一生中都有很多发展的里程碑或生活的转折点,即对个体发展有决定性作用的重要事件和变化,其中包括上学、从学校毕业、工作、结婚、孩子离家、父母亡故、自己当了爷爷或奶奶、退休、死亡等等。本讲将从毕生发展的观点出发,探讨一个人从小到老一生中可能要面对的心理挑战和问题。

一、婴幼儿期

对婴儿的研究比较困难,因为婴儿既不能说明自己在做什么事情,又不能说出他们自己在想什么。新生儿被普遍地看作无能为力的,他们对自己周围发生的一切全然无知。行为主义的创始人华生把婴儿描绘成"一个可爱的、扭动的肉球,只能做一些简单的反应"。新生儿的确表现得很柔弱,大多数新生儿甚至不能支撑自己的头,但最近几十年的研究表明:正常、足月的婴儿生来就具备所有感觉系统的功能,并准备弄懂他们周围环境中的各种事情。

婴儿的感知能力

人对客观世界的认识是从感知觉开始的。感知觉对儿童来说非常重要,它是儿童认识客观世界最初的和最主要的手段,是儿童发展高级认知活动的基础。从出生开始,婴儿所有的感官都已具备某种程度的功能,并且各种感知能力在出生后得到迅速发展。婴儿一离开子宫,就表现出通过感官获得信息,并做出反应的非凡能力。

触觉似乎是最早发展的感觉。胎儿在第49天时就可以具有初步的触觉反应(朱智贤,1989)。在出生后,婴儿对外界的触觉探索活动主要是口腔触觉和手的触觉活动。早期的婴儿用嘴接触并探索物体,当婴儿面临一个新的物体时,他会有三种不同的反应:摆动手中的物体并观看新物体、口腔活动、用新物体撞击桌面或在桌面滑动,而其中口腔活动出现的频率最高(庞丽娟等,1993);除了口腔触觉以外,婴儿的视—触协调活动也体现了触觉的发展:婴儿很早就表现出前够物行为——对物体挥动手臂,而且物体越是在可触及的范围内,婴儿的手臂活动越多。婴儿的这种行为是一种全身心的定向反射活动,是早期的手—眼协调活动倾向。4—5个月,婴儿开始有较成熟的够物行为,他能够抓住运动着的物体,有意识地完成手眼协调的动作。

听觉方面,婴儿在出生前就能够听到声音,当他们出生时能对某些声音做出反应,相对于其他妇女的声音而言,新生儿更喜欢母亲的语音,这表明他们在子宫里就学会了辨识母亲的声音(DeCasper & Fifer,1980)。研究人员进一步发现,新生儿能辨别通过母亲的身体时发生改变(这时有些频率的声音被过滤掉了)的母亲语音(Spence & DeCasper,1987)。因此,新生儿能辨别与他们出生前所听到的声音很接近的声音。遗憾的是,他们似乎对父亲的声音经验不足:新生儿对他们父亲的声音没有什么特别偏好(De-Casper & Prescott,1984)。

婴儿出生时的视觉比其他的感觉发展得迟缓一些。成人的视敏度大约是新生儿的40倍,在出生后的头6个月,婴儿的视敏度迅速得到改善。新生儿对三维世界也体验不足,在出生约4个月后,他们才能聚合来自双眼的信息,形成深度知觉。婴儿虽然没有完善的视觉,但也具有视觉偏好。范茨(Fantz,1963)的开创性研究发现,4个月大的婴儿就已经开始偏爱轮廓鲜明的物体而不喜欢扁平的物体,偏爱构造复杂的物体而不喜欢简单的物体,偏爱整体的面孔而不喜欢面孔特征随便排列的面孔。后来还有研究证实,儿童一出生就偏好人类的面孔,而非视觉上相似的圆形(Valenza et al.,1996)。

重大研究:视崖(吉布森和沃克,1960)

许多心理学家认为,我们最重要的视觉能力就是深度知觉。但是这种能力究竟是天生的还是后天习得的? 为了能在实验室里进行科学的研究,吉布森和沃克(Gibson & Walk,1960)设计了一种被称为"视崖"的装置。在此装置中,一张1.2米高的桌子,顶部是一块透明的厚玻璃,如图4-1所示,

桌子的一半(浅滩)是用红白格图
案组成的平实桌面;另一半是同样
的图案,但它在桌面下面的地板上
(深渊)。在浅端和深端中间是一
块 0.3 米宽的中间板。

这项研究的被试是 36 名年龄
在 6—14 个月之间的婴儿。这些
婴儿的母亲也参加了实验。每个
婴儿都被放在视崖的中间板上,先
让母亲在深的一侧呼唤自己的孩

图 4-1　视崖

子,然后再在浅的一侧呼唤自己的孩子。结果,9 名婴儿拒绝离开中间板。
虽然研究者没有解释这个问题,但这可能是因为婴儿太过固执。当另外 27
位母亲在浅的一侧呼唤她们的孩子时,所有的孩子都爬过去了。然而当母
亲在深的一侧呼唤他们时,只有 3 名婴儿极为犹豫地爬过视崖的边缘。当
母亲从视崖的深渊呼唤孩子时,大部分婴儿拒绝穿过视崖,他们远离母亲爬
向浅的一侧,或因不能够到母亲那儿而大哭起来。婴儿已经意识到视崖深
度的存在,这一点几乎是毫无疑问的。"通常他们能透过深的一侧玻璃注
视下面的深渊,然后再爬向浅滩。一些婴儿用手拍打玻璃,虽然这种触觉使
他们确信玻璃的坚固,但还是拒绝爬过去。"

这些研究结果能证明人类知觉深度的能力是天生的而不是后天习得的
吗? 明显不能! 这是因为这项研究中所有婴儿至少已经 6 个月大了,他们
可能通过尝试和错误而学会了知觉深度。然而 6 个月以下的婴儿由于不具
备自主运动的能力,所以不能接受试验。为此,吉布森和沃克还用各种动物
作为实验参照。结果发现,所有种类的动物,如果它们要生存,就必须在能
够独立行动时发展感知深度的能力。对人类来说,这种能力到 6 个月左右
才会出现;但是对于鸡、羊来说,这种能力几乎是一出生(一天之内)就出现
了;而对于老鼠、猫和狗来说,大约在 4 周时出现这种能力。因此吉布森和
沃克得出结论:深度知觉能力是天生的。因为,如果通过尝试错误而获得这
种能力,可能会带来过多潜在的、致命的危险。至于为什么仍会有那么多的
儿童摔跤? 他们解释说,这是因为婴儿的深度知觉能力比他们的行动技能
成熟得早。实验中,许多婴儿在中间带转身时,会借助深侧玻璃转换支撑
点,当他们开始转向浅侧爬向母亲时,有的甚至倒在深的一侧。如果那儿没

有玻璃,一些婴儿会真的摔下悬崖。

　　但是,有研究把年龄在 2—5 个月之间的、更小的婴儿放在视崖深侧的玻璃上,这时所有的婴儿都表现出心率变慢。这种心率变慢是感兴趣的信号,而不是恐惧的信号,恐惧应伴随着心率加快(Campos et al.,1978)。这表明这些婴儿还没有习得对落差的害怕,稍后,他们将学会躲避落差的行为。这些发现与吉布森和沃克的结论恰恰相反。这种深度知觉能力及其他认知能力到底是天生的还是后天习得的,这一问题一直处于争论中,真相可能是一种折中的情况,即认为是先天与后天的交互作用所致。深度知觉能力可能在婴儿一出生就已经具备了(即使是在上述研究中,幼小的婴儿对视崖发生兴趣也至少表明它已经感知到了什么),但害怕跌落和避免危险是婴儿到了能够爬行的年龄并遇到危险后,通过经验习得的。

　　有许多为寻找这一问题答案的研究都使用了吉布森和沃克的视崖装置,并得到一些有趣的结果。例如,索兹等(Sorce et al.,1985)把 1 岁的婴儿放在视崖上,落差不深也不浅,大约 76 厘米。当儿童爬向视崖时,他会停下来向下看。在另一边,与吉布森和沃克的研究一样,母亲在那里等待。有时母亲根据指令在脸上做出害怕的表情,有时则看起来兴高采烈和兴趣盎然。当婴儿看到母亲害怕的表情时,他们会拒绝再向前爬。然而,当看到母亲高兴的表情时,大部分婴儿会再次检查悬崖并爬过去。当落差被变得很浅时,婴儿不再观察母亲的表情而径直向前爬。婴儿这种通过非语言交流以改变行为的方式叫做“社会参照”。吉布森和沃克发明的视崖装置,在如今研究人类发展、认知、情绪甚至心理健康等方面,都发挥着重要影响。
(选自 Roger R. Hock 著/白学军等译,2010)

依恋

　　婴儿的基本生存取决于与父母或其他主要看护人之间建立紧密的情感联系。这种强烈的、持久的社会—情感关系被称为依恋。因为婴儿不能养活和保护自己,依恋的最初功能是保证生存下去。某些物种的幼雏对第一次看到或者听到的移动物体自动地产生“印刻”;在发展的某个关键期,“印刻”迅速发生,而且很难被修改。“印刻”是动物习性学的奠基人、1973 年诺贝尔生理学奖得主洛伦兹(Konrad Z. Lorenz,1903—1989)在其 1937 年发表的《鸟类的情感世界》一文中首先提出的。他曾人工孵化了一群小鹅。小鹅孵出后第一次遇到的活动对象就是洛伦兹,它们跟在洛伦兹身后走动而不理睬其他的对象,图 4-2 生动地记载了这一幕。进一步的研究使一只旋转前进的木制鸭子在小鹅孵化后第一个出现在它们面前,小鹅则尾随着木鸭转动而前进(Hess,1959,1973)。对于鸟类,幼雏的印刻出现在孵化出的 12—24 小时内,超过了这个关键期,印刻即不会出现。

图 4-2 　动物习性学的奠基人洛伦兹

　　人类婴儿较少依赖本能的依恋行为,而是依赖复杂的信号来加强与成人之间的联系。人类婴儿由于初生时不具备跟随和爬行等主动接近成人的行为能力,因此需要通过哭、笑以及咿呀语等信号行为来吸引成人的注意以得到成人的关爱和保护(Hrdy,1999)。当然,成功依恋不仅依赖于婴儿发出信号的能力(比如笑),而且依赖于成人对信号反应的倾向。儿童依恋专家鲍比(Bowlby,1969)认为,婴儿会对那些对他的信号进行持续和适当反应的人形成依恋。

　　亲子间的依恋关系的建立应当说是生活中自然形成的。依恋的建立来自亲子双方感情上的互相呼应和互相敏感,当他们共处时,共同分享欢乐或痛苦,双方感情经常处于同一状态中。这种母亲对婴儿感情的共鸣、对婴儿需要的满足,使婴儿对母亲产生一种信赖感和安全感,进而对其一生的心理成长都具有积极意义。但是研究表明,依恋关系的建立存在着质量问题。对婴儿的依恋研究大致指出了依恋的三种类型:(1)回避型:这类儿童对母亲在场或不在场反应不大,母亲离开时,并无忧虑表现;母亲回来了,往往不予理睬,虽然有时也会欢迎,但是短暂。这种儿童实际上并未形成对母亲的依恋。(2)反抗型:这类儿童当母亲要离开时表现出惊恐不安,大哭大叫;一见到母亲回来就寻求与母亲的接触,但当母亲去迎接他,如抱起时,却又挣扎反抗着要离开,还有点发怒的样子,孩子对母亲的态度是矛盾的。他们即使在母亲身旁,也不感到安全,不能放心大胆地去玩耍。(3)安全型:这类儿童跟母亲在一起时,能在陌生的环境中进行积极的探索和玩耍,对陌生人的反应也比较积极;当母亲离开时,表现出明显的苦恼和不安;当母亲回来时,立即寻求与母亲的亲密接触,继而能平静地离开,只要母亲在视野内,就能安心地游戏。从以上的分类也可看出,成人对待婴儿的心理护理方式的差别,可能对婴儿的感情状态产生重要影响。

早期社会行为

到两个月时,一般婴儿看见母亲的脸都会微笑,母亲对这个反应感到非常高兴并尽力鼓励婴儿重复这一行为。确实,婴儿在这么小年龄便会微笑的能力对于增进母子联系起着重要的作用。婴儿对母亲微笑、喁喁作声,母亲以爱抚、微笑和谈话作为回答,每一方都强化了对方的社会反应。世界各地的婴儿,不论他们是生长在偏远的非洲村落,还是生长在美国中产家庭,都在大致相同的年龄开始微笑。这表明,在决定微笑的最初发生上,生理成熟比抚养条件更为重要。盲童和正常儿童在同样的年龄开始微笑(对他们父母的声音或触摸做出反应,而不是对脸做出反应)。

到3、4个月时,婴儿显示出认识且更喜欢家庭里熟悉的成员——当看到这些熟悉的脸庞或听见他们的声音时,婴儿会微笑或喁喁作声,对陌生人也表示相当接受。然而,到7、8个月时,这种无差别的对待改变了。当有陌生人接近他们(甚至母亲抱着他们)时,婴儿开始表现出提防和烦恼,而且若被父母留在一个陌生的环境中或被交给一个陌生人,他们会强烈地表示反对。父母常常被弄得不知所措,因为发现从前很合群、总是乐于接受保姆照料的孩子,现在却变得父母一要离开就伤心地大哭起来,甚至在父母离开后还要哭闹一段时间。

“陌生焦虑”现象的出现,从大约8个月时开始一直加剧到满周岁为止。与父母分离的烦恼,在14—18个月期间达到顶峰,以后逐渐减弱。到3岁时,大多数孩子在父母离开后已有足够的安全感,并能和其他小朋友或成人轻松地相处。

二、儿童期

儿童心理发展经历着量的积累和质的飞跃,表现为连续性和阶段性的统一。这在儿童的言语、认知、道德及性别等诸多方面的心理发展上都有充分的体现。

言语发展

虽然儿童开始讲话的时间略有先后,却都经历相同的发展阶段。大多数儿童在他们出生后的第一年末说出了第一个词;两岁以前已具有 250 个以上的主动词汇,并且能够说出简单的短句;3—4 岁前儿童就已获得了他们的语言的语法。

(1)从前言语到言语。从出生到 6 周,婴儿的发声基本上属于反射性的:哭叫、打喷嚏和咳嗽。从 6 周至 6 个月,婴儿开始把这些声音与咕咕声、喀喀声这种类似言语的声音结合起来。6 个月前后婴儿进入咿呀学语阶段,发出一连串的声音,典型的是由一个辅音一个元音组成,而且是有节奏地、有语调地加以重复。吴天敏和许政援(1979)的观察发现,4—8 个月的婴儿开始发近似词的音,如 ba-ba(爸爸)、ge-ge(哥哥)、mo-mo(妈妈)等。

(2)单词句。儿童在 1 岁左右说出了最早的词,这是真正的言语的开始。这一阶段从 1 岁左右到 2 岁,前后不超过几个月。儿童一次只会说一个词,他常常用一个词来表达整个信息,起着一个句子的作用。例如,"妈妈"可以表示"这是妈妈""要妈妈抱""妈妈帮我拣东西""我肚子饿了"等等。单词句也被称为"全息短语句"。在单词句阶段初期,儿童的词汇量只有几个词,但随着年龄的增长,词汇量增加也日趋迅速。一般而言,儿童说出的词是他们直接摸到的、玩过的东西或做出的一些动作(如移动或发出响声)的名称。而对于那些立在那里不动的东西如家具、树木或商店,儿童是叫不出它们的名称的。

(3)双词句。在单词句阶段的中后期,约 18 个月左右,儿童的全息短词句被一种新的句子——双词句所取代。开始时,儿童把两个单词连接起来说,中间还有停顿:"妈妈。饭饭。"再进一步发展为双词句:"妈妈饭饭。"世界上不同文化、不同语言区的儿童,在言语发展的这个阶段的表现都十分相似。至于在双词句之后是否有三词句阶段,心理语言学家则有不同的说法。在儿童掌握双词句后,他们就开始生成和学习语言的句法了。2 岁半到 3 岁儿童的言语中复合句已经越来越多了。

(4)从句子到会话。从 3 岁到 6 岁,儿童已表现出了大量的会话行为,不仅在句法上已相当复杂,而且逐步学会见人说话,以恰当的方式加以表述。他们已能够与成人相当完整、协调地进行交谈。

认知发展

图 4-3 认知发展论的创始人皮亚杰

儿童的认知发展包括个体成长中知觉、想象、理解、记忆、思维等各种智能的发展。这方面研究贡献最大的，首推瑞士发展心理学家皮亚杰（Jean Piaget, 1896—1980, 图 4-3）。他的认知发展理论阐述了儿童智慧从外部动作向内部抽象推理的发展过程共分为四个阶段。

（1）感觉运动阶段（0—2 岁）。初生婴儿只能靠感觉与动作（口尝、手抓等）去认识周围的世界。通过感觉与动作，婴儿认识到自己与别人（特别是母亲）、自己与物体是分别存在的。在 6 个月以前，婴儿对物体的认知是，看不见的东西是不存在的。球滚入床下，因为看不见，他就认为球不存在了。接近 2 岁的幼儿就会知道球仍在床下，只是眼睛看不见而已。按皮亚杰的解释，这表示 2 岁的幼儿在认知能力上已经知道了"客体恒常性"。

（2）前运算阶段（2—7 岁）。儿童开始用语言符号去吸收知识，也可运用简单符号从事思维活动。但在表现上总是从他自己的观点看世界，他面对墙壁时可能会说："墙在我前面。"他背对墙壁时则说："墙在我后面。"皮亚杰称此现象为"自我中心主义"。

（3）具体运算阶段（7—11 岁）。儿童能依据具体事例从事推理思考。据皮亚杰观察发现，如将同样两杯果汁中的一杯倒入另一细而高的杯中，5 岁以下的儿童虽然相信果汁还是一样的（质未变），但都认为果汁加多了（水面增高，量变了）。7 岁儿童就不会再有这种"只顾高度而忽略宽度"的不合逻辑的观念。皮亚杰称此为"守恒"，意指观念的守恒，物体的形状虽有所改变，但对该物体所形成的质与量的观念仍然保持未变。

（4）形式运算阶段（11 岁以上）。儿童能运用抽象的、合于形式逻辑的（演绎的或归纳的）推理方式去思考解决问题。

道德发展

儿童的道德发展是指在社会化过程中儿童逐渐习得道德准则并以这些准则指导自己行为的过程。继皮亚杰之后，美国心理学家科尔伯格采取认知发展的取向研究道德发展,提出了著名的道德发展阶段理论。

重大研究:道德推理(科尔伯格,1963)

科尔伯格(Lawrence Kohlberg,1927—1987,图4-4)是一个生意人的后代,1927年出生在布隆克斯维尔市,纽约一个富有的郊市。中学毕业后,他没有继续去上大学,而是在良心的驱使下去当了一条商船的水手,在英国的封锁下把一船船的欧洲犹太难民偷渡到了巴勒斯坦。这次经历让科尔伯格对一个问题产生了终生的兴趣,即在什么时候,一个人不服从法律和法定权威从道德上说是有道理的。这次经历还给他带来了终身的疾病:他被抓住过,并在塞浦路斯的一个军营里关押过一阵子,人虽逃脱了,却没能逃过一次寄生性肠胃感染,从此以后这个毛病终生未

图4-4　道德认知发展论的创立者科尔伯格

愈。科尔伯格在芝加哥大学拿到了本科及研究生学位,心理学和哲学(特别是道德学)是他最喜欢的两门课程。他阅读过并极喜欢皮亚杰的著作《儿童的道德判断》,可是,他以美国心理学的精神感觉到,有关道德发展的坚实理论,应该通过客观方法而不是以皮亚杰的自然观察得出的数据为基础。因此,为了完成他的博士论文,他创立了一套定级系统(后来把它变成了一项测试),自己终生修改和使用这套系统,并据此形成了道德发展阶段理论(Kohlberg,1963)。

这套测试由九个道德两难问题构成,研究者一次向被试提一个。每个问题都跟着一次访谈,谈话里面是一系列有关问题。每位孩子需接受两个小时的访谈。研究者对访谈进行录音,以便对儿童所使用的道德推理进行进一步的分析。科尔伯格相信,他能通过给不同年龄的儿童提供道德判断的机会来对其道德形成阶段加以探究。如果发现儿童做出道德决策的思维方式随年龄而有规律地发展,那么这将可以证明道德阶段论是基本正确的。下面是科尔伯格的两难故事中被引用次数最多的两则:

"弟弟的难题":乔的爸爸许诺说,如果乔挣够了50美元,便可以拿这笔钱去野营。但后来他又改变了主意,让乔把所挣得的50美元都交给他。

乔撒谎说只挣到了 10 美元,他把 10 美元交给了爸爸,拿另外的 40 美元去野营。临走之前,乔把挣钱和向爸爸撒谎的事告诉了他的弟弟阿里克斯。阿里克斯应该把事情的真相告诉他的爸爸吗?

"海因茨的难题":在欧洲,一位妇女因患有一种特殊的癌症而濒于死亡。医生们认为只有一种药或许能挽救她的生命。那是她所在镇上的一位药剂师最新研制的一种药。这种药的成本昂贵,而且这位药剂师向购买者索要 10 倍于成本的高价。他花了 200 美元来制造,但在售出时却要卖 2000 美元。这位病人的丈夫叫海因茨,他向他认识的所有人都借了钱,但在最后也只能借到 1000 美元,仅仅够要价的一半。他向药剂师恳求说他的妻子快死了,求他便宜一点卖给他或者允许他以后再支付另一半钱。但药剂师却说:"不行,我研制该药的目的就是为了赚钱。"海因茨绝望了,他后来闯进了药店,为他的妻子偷了治病的药。海因茨应该这样做吗?

科尔伯格最初的被试是居住在芝加哥郊区的 72 名男孩,他们分属于 10 岁、13 岁和 16 岁三个年龄组,以及社会经济条件中下和中上水平的家庭。在两个小时的访谈中,这些孩子表达的道德观点从 50—150 个不等。根据研究结果,科尔伯格认为,道德推理存在三个层次的发展时期,每一时期又分成两个阶段,一共有六个阶段:

(1)前习俗水平(4—10 岁)。阶段 1:惩罚定向。行为由可能受到的惩罚来评价,无所谓好坏,强调对权力的服从。例:"他不应该偷药,因为他可能被抓住,送进监狱。"阶段 2:寻求快乐定向。行为是否正确由一个人自身的需要决定。对他人需要的关心一般是出于互惠的目的,而不是出于忠诚、感激或公正。例:"他偷药不会得到任何好处,因为他妻子可能在他出狱之前就死了。"

(2)习俗水平(10—13 岁)。阶段 3:好孩子定向。好的行为是使当时群体中的其他人感到愉快的行为,或者是能受到表扬的行为,强调"好的表现"。例:"他不应该偷药,因为其他人会把他当成一个小偷。他的妻子不会用偷来的东西救自己的命。"阶段 4:权威定向。强调遵守法律、执行命令、服从权威、履行职责以及符合社会规范。例:"尽管他的妻子需要这种药,他不应该为了得到它而触犯法律。法律面前人人平等,他妻子的情况并不能使盗窃变得合法。"

(3)后习俗水平(13 岁以后)。阶段 5:社会契约定向。对法律和规范的支持是基于理性的分析和相互的协定。规范被认为是可以质疑的,是为了群体的利益和民主的意义而存在的。例："他不应该去偷药。药剂师应该受到谴责,但还是应该保持对他人权利的尊重。"阶段6:个体原则的道德定向。以自己选择的伦理准则指导行为,这些准则有着综合性、全面性和普遍性。公正、尊严和平等被赋予很高的价值。例："他应该偷药,接着去自首。他也许会受到惩罚,但是他挽救了一个人的生命,值得。"

科尔伯格指出,这一新的概念体系阐明了儿童是如何以一系列可预测的有序阶段来对他周围的世界进行积极的道德构建的。对儿童而言,这一过程不应被简单地视为成人通过口头解释和惩罚使其道德准则同化和内化为儿童的一部分,而应被视为儿童与社会和文化环境相互作用而发展起来的一种道德认知结构。按照这一观点,儿童不仅仅是在学习道德标准,而且是在建构道德标准。这就意味着一个儿童在完成第一阶段和第二阶段的道德认知建构前,根本无法理解和使用第三阶段的道德推理。同理,一个人除非已经经历而且建构了前四个阶段的内在道德模式,否则他是不会使用属于第五阶段的基本人权的概念来解决道德两难问题的。科尔伯格认为,并不是每一个人都会经历所有这些发展时期,事实上,有些人直到成年也没有超越寻求认可或顺从权威的阶段,只有极少数人能够完全达到第六阶段。

科尔伯格的这一理论遭到了来自各方面的批评。其中最常见的一种批评是:即便科尔伯格关于道德判断的观点是正确的,也并不意味着这些判断能被运用于道德行为。换句话说,一个人口头上所说的或许不会反映在他的真实行动之中。该批评显然有一定的道理,但科尔伯格承认他的理论只适用于道德判断。情境力量或许有时会改变道德行为的事实,但这并不能否认科尔伯格所描述的道德判断的发展进程。另一种批评针对的是其道德推理六阶段的普遍适用性。批评意见认为,科尔伯格的六阶段论所提出的道德解释只符合西方的个人主义社会,它不适用于占世界人口大多数的非西方文化。为了捍卫科尔伯格的道德发展阶段具有普遍性的观点,由塞纳瑞(Snarey,1985)完成的研究检验了在27种不同的文化背景中所做的45项研究。在每项研究中,研究者都发现了他们的被试以相同顺序通过各阶段的现象,没有颠倒的现象出现,而且阶段1到阶段5在被研究的所有文化中都普遍存在。不过有趣的是,在一些文化中(如中国台湾、巴布亚新几内亚以及以色列等),某些道德判断无法纳入到科尔伯格六阶段中的任何一个中去,这些道德判断是建立在全社会利益的基础之上的。第三方面的批评认为,科尔伯格的道德发展阶段论或许不能同等地适用于男性和女性。

对此提出质疑的代表人物是吉利根（Gilligan，1982），她认为女性和男性思考道德问题时所用的方式并不完全相同。她在自己的研究中发现，与男性相比，在做出道德决策的过程中，女性更多地谈论人际关系、对他人的责任、避免伤害别人以及人们之间保持联系的重要性（她称之为"关怀定向"），而男性更多地是基于正义而做出判断的。由于两者分别更符合科尔伯格所提出的低级与高级发展阶段，虽然这些道德取向并没有优劣之分，但女性易被判定为比男性处于更低的道德水平。也就是说，科尔伯格的道德阶段论存在一种无意的性别偏见。

科尔伯格的研究不断被许多学科领域的研究所引用。不出所料的是，目前在法律和犯罪审判领域有相当一部分研究使用了科尔伯格的理论模型。一项令人深思的研究发现，强奸犯、儿童性骚扰者、乱伦犯等罪犯实际上拥有理解道德问题的能力，但鉴于其人格偏离，他们无视这些人与人之间的道德规范（Valliantetal et al.，2000）。另一项研究考察了成年旁观者如何影响儿童和青少年对做坏事者的情绪判断，结果发现，年龄在2—7岁的儿童的道德判断受成年旁观者对错误行为的反应的影响相当大，而10岁以上的儿童和青少年被试则根据行为自身的道德标准进行判断而不受他人反应的影响（Murgatroyd & Robinson，1997）。这些发现支持了道德判断是不断发展的观点。尽管还有争议，正是科尔伯格确立了道德发展作为发展心理学的中心议题的地位。

科尔伯格在年近60岁时极度压抑，他曾与一位亲密朋友谈过自杀的道德两难问题。他对这位朋友说，如果一个人对其他人有很大的责任，则这个人应该坚持下去。可是，与病魔的争斗太痛苦了。1987年1月17日，他的车被发现停在波士顿港一处潮水汹涌的湿地里，3个月后，他的尸体被冲到洛根机场附近。

性别角色

到2岁时，孩子便开始认出自己是男还是女，而且对性别角色的刻板印象也有所觉察。在选择玩具和做游戏时，他们也开始表现出性别配合行为。在有各种玩具可供选择的托婴所中，小男孩玩"男性"玩具（卡车、火车、工具）的时间比玩"女性"玩具（洋娃娃、小茶具）或中性玩具（音响钟、积木）的时间多。同样，小女孩玩"女性"玩具的时间也较多（O'Brien & Huston，1985）。随着年龄的增长，男孩的选择越来越性别配合化，而女孩约从7岁开始,对女性活动的偏好往往减弱,而对男性活动的兴趣倒日渐增加(Huston-Stein & Higgins-Trenk,1978)。男孩比女孩更性别配合化:他们比女孩更早地显示出对同性活动的喜爱,而且在任何年龄段,这种喜好都一直比女孩强烈(Huston,1983)。

三、青少年期

青少年期是指从儿童期向成人期过渡的时期,其年龄范围很难明确划定,大体上从11、12岁进入青春期到21岁左右进入成人期。

青春期体验

青春期是从儿童过渡到具有生殖能力、身体发育成熟的成人的性发育成熟时期,这一时期大约持续三四年。青春期始于身体快速发育时期,伴随身体快速发育的是生殖器官逐渐发育成熟和第二性征的出现(女孩乳房的发育、男孩胡须的生长以及两性均有的阴毛的出现)。青春期的生理变化如何影响青年的行为、态度和情绪呢？一般认为,青少年期是一个"狂风暴雨"的时期,容易出现喜怒无常、内心躁动以及对抗等特征。

成熟早晚会影响青少年对自己的外表及身体形象的满意程度(陈红、黄希庭,2005)。发育成熟较快的女孩通常比发育较慢的同学更不满意自己的外貌及体重。早熟的女孩因为自己的体型比班里其他女生更像成年女子而感到难为情,特别是由于女性魅力的现代标准强调苗条。男孩情况正相反,发育更成熟的男孩往往比不很成熟的男孩对自己的体重和外表更为满意。由于身强力壮和身体勇猛在与同伴的活动中具有相当的重要性,所以早熟的男孩比晚熟的男孩更具优势。

青春期也影响女孩与父母的关系。发育较快的女孩不如发育较慢的女孩与父母交谈多,也不像发育较慢的女孩那样对家庭有较好的感情。尽管青春期为两性都赢得了一些权利,但也给女孩带来更多的、与成为女人有关的限制和约束。女孩发现从月经初潮之后家庭对她的约束比从前更多。一般说来,青春期的变化看来对男孩是件积极的事,对女孩来说却是消极的事。

同伴关系

在青少年时期不仅性发育成熟、身体的发育成熟,而且抽象思维能力也有明显的发展。他们逐渐能够客观地观察自己,并要求摆脱对父母的依赖而走向独立。同伴关系是平等的关系,而不像子女与父母的关系那样是依赖和服从的关系。同伴关系对于青少年的成熟和发展具有十分重要的作用。因为青少年所关心的外表容貌、衣着服饰、受人欢迎与否、男女间的关系等问题,往往是通过同伴间的交谈、议论而得到解答的。同时,青少年所面临的问题也大致相似,年龄相当的同伴的意见有助于他们确立自我形象。青少年期的同伴关系不像儿童期那样主要只是一种社会训练,而是与其人格的形成直接相关,对于其社会化具有十分重要的意义。

与父母的冲突

由于同伴压力的可能性,父母常常担心他们要与孩子的朋友竞争,以防止孩子学坏。但事实上,青少年通常与父母和朋友谈生活经历的不同方面。比如青少年表示他们最可能与父母谈他们在学校表现如何好,而与朋友最可能谈论约会和性。父母和处于青少年期孩子的关系必须经历一个转折,从父母有绝对权威到给予孩子适当的做出重要决定的独立性或自主性。因此,父母和孩子的关系在本质上就比同伴关系更容易引起冲突。有研究者对香港的青少年与父母的冲突很感兴趣,因为和西方文化相比,中国文化较少强调自主性。研究者要求 7、9 和 12 年级的学生列出他们与父母在生活中的实际冲突,以及冲突的频率和严重性;还要求学生为自己在冲突中的立场提供理由:"你为什么认为你可以这样做(或者不这样做)?"结果显示他们与西方的青少年有一致的经历。中国的青少年主要和母亲在日常生活问题(比如打电话和看电视)上有中等频率和程度的冲突。而且这些青少年的主要理由是他们要有自主性,或者是用自己做决定的方法来虚拟一个独特的身份。研究者因此下结论说,即使在一个不强调自主性的文化中,青少年与父母的冲突仍然集中在建立一个独特身份的意愿上(Yau & Smetana, 1996)。

对性行为的态度

自 20 世纪六七十年代开始,西方的年青人一般都把自己标榜为解放者。比如,英国三次大规模调查显示,有性交经验的青少年的比例在逐步增加。以 17 岁儿童为例,1960 年代的报告指出,男孩的性交发生率是 25%,女孩是 11%(Schofield,1965);1970 年代报告的数字是男孩 58%,女孩 39%(Farrell,1978);到了 1990 年代的报告,男女孩的性交发生率大约为 60%

（Breakwell & Fife-Schaw,1992）。不仅仅是性交发生率在增长，那些强调对女人和男人的性行为采用双重标准的态度也在降低。国内这些年来青少年性行为发生率的增加趋势也很明显。相关调查不少，但数据很混乱，大都缺乏权威性。应该说，传统社会对青少年有严格的期望、明确的限制以及强大的社会压力，这既降低了青少年的独立性和创造性，同时也减少了鲁莽行为；与此相对，在现代社会中，对青少年很少有限制，鼓励自我表达与自主性，但这是以更多的鲁莽行为为代价的，其中包括犯罪与堕落。

同一性的探寻

"自我同一性"是新精神分析学家埃里克森（E. H. Erikson）用以说明青少年期社会心理发展的一个关键性术语。所谓自我同一性，是指确信"我"就是"我"本身而非其他这样一种心理过程，其中包含"我"的持续性和统一性两方面。前者是一种连续性意识，即认识到现在的"我"是由过去的"我"长大的；后者是一种统整性意识，即认识到从自己的身体、精神的特征来看，自己确实是具有相同特征的人。由于青少年期心身的迅速发展，性成熟所引起的外表和内心的明显变化，年轻人常常会感到冒出了与以往形象不同的自己，于是会提出这样一些问题："我是一个什么样的人？""我为什么是这样的一个人？""我应当成为什么样的人？"以重建自我形象。如果一个青年不能很好地确立自我形象，就会产生自我混淆。确立了自我同一性的人，对自己的认识有把握，少自疑，对于他人对自己的认可也有信心，能够同包括异性在内的他人建立亲密联系。而自我混淆的人对自己的过去、现在和将来缺乏适当的认识、缺乏自信心，难以同他人建立亲密关系，从而陷入孤独。

马西亚（Marcia,1966）曾仔细分析过埃里克森有关青少年同一性危机的看法，进而根据"危机"和当前的"自我投入"这两个维度对同一性状态作了划分，认为在任意给定的时间里，所有青少年都可以归为四种同一性状态中的一种：（1）同一性迷失。处于这种状态的青少年既没有从同一性危机中取得经验，也没有解决当前的发展危机，陷入没有确定的目的、价值或打算的困境，这是一种最不成熟的同一性状态。（2）同一性早闭。这类青少年也没有从同一性危机中取得任何经验，但对特定的目标、价值及社会角色已过早地接纳来自家长或权威的意见和安排，其间没有经过真正的价值评判。（3）同一性未定。处于这一时期的青少年正经历着同一性危机并积极探索自己的价值定向，努力发现能够增强自身竞争力的稳定的同一性。(4)同一性达成。处于这种状态的青少年已解决了同一性危机,他们对职业、性别定向、政治观念、宗教信仰等的判断已臻于定型定向,这是一种成熟的同一性状态。

埃里克森认为同一性危机大多发生在青春期,在15—18岁就已经解决。这种估计过于乐观。有人用结构式晤谈进行调查,结果显示,只有20%的18岁男生、40%的大学生和稍多于50%的24岁成年男子达成了成熟的同一性;有25%的18岁被试处于同一性未定的状态(Meilman,1979)。还有人以更大范围的取样做研究取得了类似的结果,而且还发现,被试在职业、性别、宗教和政治等不同领域的同一性形成过程是不一致的(Archer,1982)。郑涌(2004)以我国大学生为样本做过研究,发现大学生同一性迷失领域从主到次依次是职业选择、人际关系、学业、品德及家庭关系。总的看,同一性达成需要较长的时间,常常贯穿于整个青少年时期。

四、成人期

心理的发展不因身体发育的成熟而结束,它还将经历成年到老年的持续过程。人的一生中,从生理到心理,以及必须应对的种种社会心理危机,都处在不断的变化之中。

成年早期

从20来岁到40岁左右,属于"而立"之年,其发展的主要内容是成家立业,解决终身事业、永久伴侣和生育子女等。这一时期被期待扮演一些新的角色(如配偶、父母、独立的劳动者),也被期待发展恰当的角色新态度(如认真地创造性地工作、夫妻互助、抚育子女、处理家务)以及新的兴趣和价值观。这一时期很可能会出现各种情绪困扰:在20多岁时,最忧虑的是求偶问题(如仪表、性道德、给异性留下好的印象等)、择业和就业问题;30岁左右的双职工家庭大多数年轻夫妇已生育子女,最苦恼的是既要赡养父母又要养育子女,居住拥挤、经济困难,既要干事业又要干家务,生活很紧张;到将近中年时,可能会为子女教育、升学而忧虑,等等。成年前期的个人,被社会期待肩负起成人的责任和职务,其行为应符合社会文化的要求。一个成年人如果不能符合社会要求,不能适应那些成功的成人们所规定的成人标准,就会遇到挫折,从而会影响他中年期各方面(工作、对社会的认识、家庭生活)的发展,也会影响他晚年生活的幸福。

中年期

40岁左右是一生中成就的高峰期。中年人在各行各业所取得的创业成就或社会地位和声望,都是深受人们赞赏的。中年期社会化的中心问题是事业的发展。虽然中年人随着生殖期的终止(女性的停经、男性的更年期),生理上已有明显的变化(如出现肥胖、秃顶、老花眼等),健康状况也走下坡路,但由于知识经验丰富,加上以往的工作基础,社会对中年人的期望也很高,因而中年人的工作负担和生活负担往往特别沉重。中年期的发展任务大致有以下几类:接受更年期的生理变化并加以适应;担负起中年人肩负的社会责任和职业压力;在家庭中处理好夫妻关系,赡养老年父母,指导子女成家立业。另外,在我国,大多数中年人还面临退休的生活转折。

老年期

老年期是人生历程接近尾声的时期。习惯上把60岁作为中年与老年的分界。但是,以年龄确定老年期的开始是很不恰当的,因为"老化"的各种特殊变化所发生的年龄往往因人而异。近年来,由于生活环境的改善和保健的增进,大部分男女在65岁甚或70出头,心智和生理方面才开始出现特殊的老化现象。现代男女不仅活到老年期的人较多,寿命也较长。目前我国已经步入老龄化社会,60岁以上的老人超过2亿。老年人仍在继续社会化,包括适应退休生活,进老年大学,结交老年朋友,发挥余热为社会做贡献,适应鳏寡生活,做爷爷、奶奶等等。

重大研究:"历史终结"错觉(吉尔伯特,2013)

想象一下10年后的自己还会和现在一样吗?哈佛大学心理学家丹尼尔·吉尔伯特(Daniel Gilbert)和他同事们的一项新近的研究发现,大多数人都意识到自己在过去时间里发生的改变,但只有很少人会预料到自己未来的变化。虽然人们都承认在过去的10年里,自己的品味、价值观甚至人格都已发生了改变,但他们还是更倾向于坚称,10年后的自己和现在变化不大。吉尔伯特说,不管在什么年龄段,人们总是倾向于认为过去的经历已经完成了对他们加以塑造的过程,现在的自己可以说已是最后的自己。吉尔伯特说:"并不是我们没有意识到发生的变化,因为我们都承认,在过去

10 年里的每个年龄段自己都改变了很多,但似乎我们都有这样一种感觉,即成长的过程到现在为止就已经差不多完成了。"发表在《科学》杂志的这项研究显示,这种看法其实与事实并不相符。

在这项研究中,吉尔伯特将这种错误的信念称为"历史终结"错觉(Quoidbach et al.,2013)。研究者在网络上招募了志愿者,分别在 10 年前和 10 年后就各种有关人格、偏好和价值观的情况填写了调查问卷。总共有超过 19000 名志愿者参与了这一系列的研究。在调查中,研究者将被试 18 岁时对未来的前瞻与 28 岁时的回顾进行比较(同样包括 19 岁时与 29 岁时的比较、20 岁时与 30 岁时的比较等),一直到最高年龄 68 岁。结果显示,年纪大的人往往报告了过去 10 年里发生的改变,而年轻时大多都没有期待在未来会有自己年老时已经历的那些变化(图 4-5)。吉尔伯特说:"当一个 40 岁的人回首往事的时候,他们会说:'我的人格、价值观还有爱好都已经改变了很多。'但当一个 30 岁的人展望未来的时候,他们会说:'我并不觉得这些方面我会改变很多。'"为了保证研究结果不是由于人们高估了过去

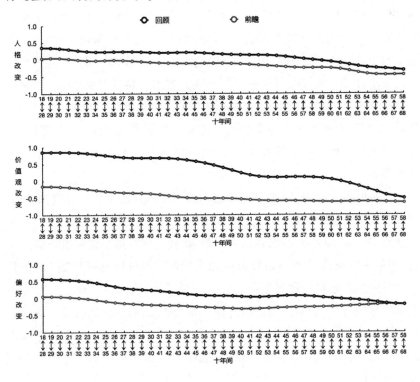

图 4-5　前瞻与回顾的 10 年改变

的变化,而是低估了未来的改变,研究者还分析了 3808 名被试 10 年间实际的人格变化情况,这些人分别在 1995—1996 年和 2004—2005 年填写了有关人格问题的调查问卷。果真,分析的结果与之前的研究结果几乎完全相同。也就是说,人们很擅长评估从过去到现在的改变,而说到未来就显得估计不足。这种"历史终结"的错觉可能是由两种因素造成的:一是人们更愿意相信自己对自己是了解的,并认为未来是可以预测的,因此人们倾向于将现在看成是不变的。另一个原因则有可能是,想象未来比回忆过去更加困难。吉尔伯特说,人们很难想象到未来将发生的改变,因此常做出错误的结论——既然没想出来,姑且就认为不会改变。

吉尔伯特称,这种误判可能会对生活带来现实的影响。首先,在面临很多人生选择的时候,例如从婚姻到事业,人们往往会假定自己 10 年之后仍会喜欢同一个人或者同一种活动。研究者还询问了 170 个人这样的问题:你现在愿意花多少钱去看最喜欢的乐队在 10 年之后的演出?你又愿意花多少钱去看一场 10 年之前最喜欢的乐队在本周的演出?回答者的年龄从 18 岁到 64 岁都有,他们的答案显示了这种误判的影响。对于现在最喜欢的乐队,人们愿意花 130 美元去看一场他们 10 年之后的演出;而对于之前喜欢的乐队,人们现在却只愿意花 80 美元。吉尔伯特说,这种差异表明人们高估了自己未来与现在偏好的一致性。吉尔伯特补充道,心理学家对人一生中人格和价值观的改变的确已有了一定的了解。例如,人们随着年龄的增长,对新事物的态度会变得越来越谨慎,没那么开放;年纪越大,未来就越难以改变——尽管如此,这项研究仍显示,你将会比想象中改变得更多。

吉尔伯特说:"如果我们知道自己的偏好比想象的更加不稳定,那我们就可以在做决定的时候更加小心。我们可以为自己找好'后路',例如,如果我要买一张 10 年之后的音乐会门票,那我应该要买一张包退的票。"不过,如果你想在自己的结婚誓言中加入"10 年内可以选择变更"的条款时,请注意:吉尔伯特和其他研究者们同样发现,当人们发现自己有能力改变主意的时候,会对已做出的选择不那么满意;而如果之前做出的决定无法更改,人们反而会更加开心。对此,吉尔伯特感叹道:"虽然你可以改变你的想法,但你却不知道,或许这样的世界再好不过。"（采自 Pappas,2013）

五、面对死亡

当死亡越来越近时,人们会经历什么样的心理变化呢? 有人以濒临死亡的人为研究对象,在对大约 500 名绝症患者进行了访谈之后提出,个体在与死亡"达成协议"的过程中大致要经历否认(拒绝接受现实)、愤怒、对剩余时间的讨价还价、沮丧以及最终接受这样五个阶段(Kübler-Ross,1974)。当个体得知自己患有某种致命疾病并将不久于人世之后,他们最开始表现为震惊,会问:"这是不是搞错了?"尝试否认现实。然后,他们可能会感觉愤怒,会问:"为什么偏偏是我?"接下来,当他们确认这一事实无法改变时,很多人会开始期望自己至少可以活到某一时间以完成某一件事,即所谓"讨价还价";同时,人们会为即将失却生命而感到悲伤和沮丧。经历了这些痛苦的阶段之后,最后能够理解"好了,这就是我大限已到的时候了",虽然这种感觉并不令人愉快,但是对处于这种情景中的人来说,他们反而在这时获得了面对死亡的平静与安宁。虽然不是每一个体都必然以同样的顺序经历以上五个阶段,但是这一观点确实反映了大多数人的情况。

并不是患有致命疾病的人才会担心生命的消逝,实际上,随着年龄的增加,身体机能的衰退,许多进入中年后期或老年期的人都会开始意识到死亡的接近。这时,人们会倾向于回顾自己的所作所为,寻找生与死的意义,并试图为自己的一生做个总结。人们回顾一生,或撰写回忆录,或"落叶归根"进行回顾之旅,如果觉得自己的理想得到了实现,活着是有价值的,他们会获得对自己较满意的感觉,达到良好的完满感;相反,如果认为自己一生碌碌无为,虚度了一辈子的光阴,可能陷入对自己和生活的绝望之中。

在有限的生命中,没有人能达成自己所有的愿望,体验到生命所能给予的一切经验。但是,每个人都可以通过对人生目标的不断追寻和努力,得以最大限度地发挥自己的潜能。

重大研究:人生八阶段(埃里克森,1950)

埃里克森(Erik H. Erikson,1902—1994,图 4-6)生于德国法兰克福,父

母是丹麦人。信清教的父亲在他尚未出生时就
抛弃了他的犹太裔母亲，她只好改嫁给一个德
犹混血的儿科医生。这种状况使埃里克森里外
不是人：在学校，他因是犹太人而受人耻笑；在
犹太会堂，他又因自己生得金发碧眼而被视作
异教分子，饱受冷眼。这些经历让他对发展过
程中如何通过斗争而获得同一感产生强烈的兴
趣。埃里克森仅受过大学预科教育，因不喜爱
正规的学术气氛而未入大学。在青年时代，埃
里克森修过艺术，当过几年画家。但到罗马旅
行之后，他站在米开朗琪罗的作品面前，又想到
自己的作品，突然间产生一种前所未有的自卑
感和焦虑感，于是一路直奔维也纳，找到弗洛伊

**图4-6　心理社会发展论的
创始人埃里克森**

德的女儿安娜·弗洛伊德，要她对自己进行精神分析。在排遣焦虑之后，他
为自己树立了一个新的目标：研究精神分析，成为一个业余分析师。纳粹于
1933 年在德国上台后，埃里克森偕妻子先移民丹麦，然后来到美国。他将
精神分析付诸实践，先后在哈佛大学、耶鲁大学和芝加哥大学任教（最终回
到哈佛大学），在贝克莱大学参与一些纵向研究活动，并与人类学家合作调
查过两种美国土著文化。从自己多种多样的经历中，他感到人的发展是一
项终生的活动。在这些发展过程中，人会经历一系列的心理斗争，每种斗争
都是生命的一个阶段。

　　在埃里克森看来，个体必须成功地通过一系列的心理社会性发展阶
段，每个发展阶段都会出现一个主要冲突或危机（Erikson，1950）。他认
为人的一生有八个发展阶段。每个阶段的危机及发展关键见表 4-1。虽
然每个危机不会完全消失，但如果个体想要成功应对后面发展阶段的冲
突，就需要在特定的阶段充分地解决这个主要危机。作为新精神分析的
代表人物之一，埃里克森的心理社会发展理论主要在两点上发展了弗洛
伊德的经典精神分析：其一，突破了弗洛伊德生物本能的局限，扩展到了
社会心理的层面；其二，突破了弗洛伊德早期决定论的局限，扩展到了整
个人一生的发展。

表 4-1 埃里克森心理社会发展的八个阶段

大致年龄	危机	发展的关键
0—1.5 岁	信任←→不信任	婴儿发展与看护者之间的依恋与信任关系
1.5—3 岁	自主←→羞愧和怀疑	幼儿习得对自己身体的自主控制并知道对自己的选择感到羞愧或怀疑
3—6 岁	自动自发←→退缩内疚	儿童尝试完成新事情、激发新想法,并不为失败所击倒
6—青春期	勤勉←→自卑	儿童必须学习文化技能,克服自卑情绪
青春期	自我同一←→角色混淆	青少年确定自我意识,学习社会角色规范
成年早期	亲密←→孤立	成人寻求与他人建立亲密的关系,为事业定向
成年中期	繁衍←→停滞	通过创造性的生产活动造福于下一代
成年晚期	自我完满←→绝望	回顾一生,若愉快接受自己,便可以面对、接受死亡,否则陷于绝望

在埃里克森提出的第一个发展阶段,儿童需要通过与看护者之间的交往建立对环境的基本信任感。信任是对父母的强烈依恋关系的自然伴随物,因为父母为儿童提供了食物、温暖和由身体接触带来的安慰。但是,如果儿童的基本需要没有得到满足,经历不一致的回应,缺乏身体的接近和温暖的情感,以及看护者经常不出现,儿童就可能发展出一种强烈的不信任感、不安全感和焦虑感。伴随着运动的发展和语言技能的出现,儿童探索和操作物体(有时是与人交往)的能力扩大了。随之而来的是一种安全的自主感以及成为有能力和有价值的人的感受。相反,在第二个阶段过分的约束和批评可能导致自我怀疑。同时,要求过高(如过早或过于严格的"上厕所训练")可能阻碍儿童征服新任务的坚韧性。在学前期结束前,养成了基本信任感的儿童能够主动产生智力或运动行为。儿童首先培养对当前环境的信任,然后培养对自己的信任。父母对儿童自己主动发起活动的反应方式要么促进了自主感和自信感,这是儿童下个发展阶段所需要的;要么导致儿童产生内疚感,使他们感到没有能力进入成人的世界。到了小学阶段,如果儿童顺利解决了以前的发展危机,那么现在他们就不仅仅是随意地探索和试验了,而是准备系统地发展各项能力。学校活动和体育活动为儿童学

习知识技能和运动技能提供了场所，与同伴的交往为儿童提供了发展社会技能的场所。努力追求这些技能使儿童感到自己有能力。但是，一些儿童更多地是作为旁观者而不是参与者，或者经历了太多的失败，以致产生了自卑感，导致他们无力去面对下一个阶段的发展要求。埃里克森认为青春期阶段的基本危机是要面对不同人扮演不同的角色，并在这种混乱中发现自己的正确身份(同一性)。解决这个危机使个体培养出对自我的一致感觉；如果失败则导致缺乏稳定核心的自我形象。在埃里克森的八阶段模型中，这个阶段尤为重要(Erikson,1968)。成年初期的危机是解决亲密和孤独之间的矛盾，即发展对他人做出充满情感、道德和性的承诺的能力。做出这种承诺要求个体克制一些个人的偏好，承担一些责任，放弃些许隐私和独立。解决这个危机时如果遭遇失败，则很可能导致心理学意义上的孤独感和没有能力与他人交流的感觉。下一个重要的发展时机是在成年中期，它被称为是繁衍。30—40岁时，个体把对自己和伴侣的承诺扩展为对整个家庭、工作、社会以及后代的承诺。没有妥善解决之前发展阶段的个体，现在仍然沉湎于自我中心，质疑以前的决定和目标，不顾安危地追求自由和无拘无束。成年后期的危机是自我完满或者绝望。在埃里克森看来，一个人到了最后阶段，可以说是对其一生的总结：如果他在前几个阶段的发展是顺利的，其信赖感超过不信赖感，自主感超过羞愧感，有独立感和事业感，取得了自我的认同，发展了与伴侣的亲密感，是一个有贡献的人，能够完成对社会的义务和职责，那么他将在一生的晚期像儿童一样，以极大的热情对待生活。他会有自我完满感，觉得度过了丰富的一生。相反，如果一个人没有顺利地经历前几个发展阶段，他会缺乏信赖感，感到羞愧、内疚、自卑、认同混乱、孤独、无所作为，在生命的晚年就会丧失热情，他会愤恨，认为受到了欺骗。他的行为好像儿童一样，会回到童年的发展阶段，重新去获得信赖感、自主感、自我认同等。他会感到绝望，认为自己没有获得应有的东西，虚度了一生，而且为时已晚无法弥补。

埃里克森的心理社会性发展阶段模型被广泛运用来理解人一生的发展。每一个发展阶段都以一个情绪危机为转移，可能有两极的变化，一个人的发展情况处在这两极之间的一个点上。埃里克森试图用这个理论来描述一个人毕生的社会心理发展。但是，这个理论也具有类似于弗洛伊德理论的弱点，他收集的证据不够严谨，理论解释的任意性太大，似乎任何发展情况都可以用这个理论来说明，但要找到不符合其理论的事实也很容易。另外,我们在借鉴其理论观点时,还必须考虑到文化及时代等的差异。

【知识点】

视崖　印刻　依恋　言语发展　认知发展　道德发展　性别角色　自我同一性

【思考题】

1. 婴幼儿期的心理发展有哪些表现?

2. 儿童言语发展经历哪些基本阶段?

3. 儿童认知发展经历哪些基本阶段?

4. 儿童道德发展经历哪些基本阶段?

5. 青少年期的心理发展有哪些表现?

6. 吉尔伯特的研究有什么启发?

7. 讨论人一生的生心理发展历程。

【扩展阅读】

1. 林崇德主编:《发展心理学》(第二版),人民教育出版社 2009 年版。

2. 沈德立:《实验儿童心理学:揭开儿童心理与行为之谜》,北京师范大学出版社 2013 年版。

3. 张进辅主编:《现代青年心理学》,重庆出版社 2002 年版。

4. 〔美〕理查德·M. 勒纳:《人类发展的概念与理论》(第三版),张文新主译,北京大学出版社 2011 年版。

5. 〔英〕朱莉娅·贝里曼等:《发展心理学与你》,陈萍等译,北京大学出版社 2000 年版。

6. 〔美〕David R. Shaffer、Katherine Kipp:《发展心理学——儿童与青少年发展》(第八版),邹泓等译,中国轻工业出版社 2009 年版。

7. 〔美〕罗伯特·S. 费尔德曼:《发展心理学:探索人生发展的轨迹》,苏彦捷等译,机械工业出版社 2011 年版。

第五讲

意识状态

一天中我们是如何度过的呢？清晨起来，做一下简单的运动之后，你会感到特别的神清气爽；上课了，尽管老师在台上讲解，也许你却心不在焉，不知道老师讲了些什么；下课了，你与同学们兴高采烈地高谈阔论；中午了，你无端想起某件事来，思潮澎湃，竟然忘了按时吃饭；夜晚来临，你感到眼皮渐渐地变得沉重起来，思维也不那么清晰了，于是你洗漱完毕，上床进入了梦乡。在这一天当中，我们经历了不同的意识状态，对自身以及周围世界的觉知水平随着不同的意识状态而有所不同。本讲将介绍注意、睡眠与梦、催眠以及幻觉等不同的意识状态。

一、神秘的意识

意识，一个充满神秘色彩的难以解释的谜。它在所有心理反应形式中居于最高层，是人所特有的心理现象。因为拥有了意识，人类才成为万物之灵，顺应着自然，也改造着自然。意识官能的高级之处就在于它对个体的身心系统起统合、管理和调控的作用，正如一位将军，它监督着恰似其下属官兵的其他心理官能和行为，在系统运行良好时，维持这种状态；在系统运行有误时，发号施令，对其进行调节。

意识的特征

一般而言，意识就是现时正被人觉知到的心理现象，它具有言语觉知性、主观能动性和社会历史制约性三大基本特征。

（1）言语觉知性。这是意识的最基本的特征。从狭义的角度讲，意识即是一种觉知，它意味着个体觉察到了某种事物或现象。这种事物或现象可以是自身的存在、自身的状态，可以是周围世界的存在，也可以是自己和周围世界的复杂关系，等等。当人觉察到客观事物或现象，并以言语的形式表达出来，那么，他就把自己从客观事物或现象中区分出来，成为"观察者",客观事物或现象成为被言语觉知到的客体,也就是他具有意识。当我们的心理活动在言语水平上被加工时,这种心理活动就成为意识活动。在心理学和精神病学中,"意识"这个概念通常都是在觉知性这一基本特征上加以使用的。有一种罕见的脑病变所引起的疾病叫面容失认症,此种疾病的患者各方面都正常,只是不能识别熟悉的面容,包括家庭成员和亲密朋友的面容,甚至不能识别镜中的自己。这就可以说患者对熟悉的面容丧失了意识。有趣的是,虽然患者在见到熟悉的面容时口头报告说不认识,却有较强的生理反应:排汗量增多或皮肤电阻下降(Tranel & Damasio,1985)。这说明,患者在自主神经系统的活动水平上对熟悉的面容有反应,似乎能识别熟悉的面容,但却不能在言语水平上加工,因而与他的口头报告的体验不一致。

(2)主观能动性。如果说意识的觉知性是意识对客观世界的反映的话,那么,意识的能动性能够创造客观世界。意识的主观能动性主要表现在三个方面:其一,对现实的有意识的选择性反映。在周围纷繁复杂的事物中,人不可能同时对所有的事物都产生意识,他会先选择那些他急需的、与他的活动目的有关的事物加以注意。其二,认识事物的本质和规律。语言符号思维是人的意识的主要成分。通过语言符号思维,人能对感知到的资料进行合理的综合与分析,加以去粗取精、去伪存真、由此及彼、由表及里的操作,从而认识事物的本质和规律。语言符号思维是人类独有的大脑功能,动物不可能达到对事物本质和规律的认识。其三,保持和监督有目的活动的进行。人能使自己的有目的活动得以持续并使自己的行为始终朝向这一目的,其原因就在于人具有意识。首先,在进行活动之前,人对活动的目的和结果就是明确的,并以观念的形式存在于头脑中,也以此做出活动计划;接着,在进行活动的过程中,人会对自己的活动不断觉知然后反馈,再根据反馈的情况与活动目的相比较,来保持或调整自己的行为,以便达到预期的目的。

(3)社会历史制约性。这是意识的又一大特征。这主要体现在意识的发生发展和意识内容两个方面。就意识的发生来看,就像人类本性的其他方面一样,意识必定是进化而来的,因为它帮助我们的祖先生存和繁衍。而人的意识发生的过程实际也是人类社会建立的过程。在人类社会建立的过程中,人除了要满足最基本的生理需求外,也渐渐地开始处理愈来愈复杂的社会关系,这使得人的意识也逐渐发展起来。可以说,人的意识不仅是自然界长期演化的产物,更主要的是社会的产物。就意识的内容来看,人的意识的内容是随着人类社会历史的发展而发生变化的。在不同的时代、不同的社会、不同的民族和不同的阶级里,人对自然、对社会的认识的深度和广度是不同的。人们的价值观、幸福观、职业观、婚恋观、道德观等也不相同。很难想象一个生活在古代的人会知道如何驾驶汽车;而如果不通过学习的话,我们也不知道爱斯基摩人是如何在冰天雪地中生存下来的。

意识的水平

所谓意识水平是指在某一时刻一个人对自己的活动能够觉知的程度。人具有焦点意识、边缘意识、半意识、非意识、前意识和无意识等各种意识水平。

(1)焦点意识。指个人全神贯注于某事物时所得到的清楚明确的意识经验。例如,在上课时,集中注意听老师的讲授所得到的意识,即为焦点意识。我们的一切有目的的行为活动都是在焦点意识水平上进行的,并且我们对活动目的于自身的意义越明确或对活动越感兴趣,我们所得到的意识经验就越明确。另外,个人处于焦点意识水平时,需要付出主观努力。

(2)边缘意识。指对注意范围边缘刺激物质所获得的模糊不清的意识。凡是刺激强度微弱,个人似知未知情形下所得到的意识,均属边缘意识。例如,在电影院中看一部电影,其中一个画面中出现了一种奇异的外星生物,当我们把注意集中到这种生物的外形上时,对画面上它周围的事物的意识是不清楚的,这就是边缘意识。在边缘意识水平上,个人不需要付出主观努力。

(3)下意识。指在不注意或只略微注意的情形下所得到的意识。例如,在手术麻醉状态下人们偶尔会听到手术进行时医生说的话,对这些话,他们在术后能重复说给医生听,令医生感到非常惊讶(Bennett,1993)。在年轻母亲的身上,我们也可以见到这种半意识,即睡着的年轻母亲,一旦她的宝宝发出模糊的、微弱的哭声时,她立刻就会听见。在半意识水平上,个人同样不需要付出主观努力。

随着注意力的介入或程度的改变,个人可以在这三种意识水平间相互转换,所以说,这三种意识是可以控制的。

(4)非意识。指个人对其内在身心状态或外在环境中的一切变化无所知与无所感的情形。我们身体内部有一些生理变化:脑电活动、心跳、内分泌和肝功能等受自主神经系统所支配的生理活动。这些活动所引起的效应,我们可能会觉知到,但对于这些活动本身我们是完全不能觉知到。而对于外在环境中凡是超越感受器官感应范围的一切事物,比如红外线、超声波等,不借助仪器,我们本身也是觉知不到的。

(5)前意识。在当前瞬间未被意识到,但却很容易被意识到的经验处于前意识水平。在精神分析理论中,前意识是介于意识与潜意识之间的一种意识层面。潜意识层面下所压抑的一些欲望或冲动,在浮现到意识层面之前,会先经过前意识。在这个过程中,前意识在一定意义上充当了省察者的角色,其工作是除去不为意识层面所接受的潜意识内容,并把它们压抑回潜意识中去。在认知心理学中,前意识是以前储存在长时记忆中的信息。处在这一水平上的资料比任何时刻意识水平上的资料数量都要多得多。这些信息虽然早已存储在长时记忆之中,但在不使用时,个人对它们并没有意识,只有在必要情形下回忆时,才会对它产生意识。例如,在我们的长时记忆中,储存着许多英文单词,平时没有使用它们的时候,我们并没有感觉到这些单词储存在那里;如果我们参加了英语考试,那么我们就会对这些单词产生意识了。另外,人们关于世界的许多基本假设和推理也是在这一水平上才得以操作的。

(6)无意识。无意识是相对于意识而言的,是个体不曾觉察到的心理活动和过程。与非意识相比,不同之处在于,它会对我们的知觉、记忆、动机和情绪发生影响。与前意识相比,处于无意识水平的经验比处于前意识水平的经验更难以被觉知。在精神分析理论中,无意识又被称为潜意识,是一种主动的心理活动,但却在意识之外进行。其内容包括大量的观念、愿望、想法等,这些观念和愿望因为和社会道德存在冲突而被压抑,不能出现在意识中。弗洛伊德认为,可以把人的心理比作一座冰山,意识是露出水面的冰山顶端,它只占人的心理很小的一部分,冰山的大部分位于水面之下,除了有一部分是前意识之外,大部分是潜意识的。

意识流

意识的内容在不断变化,它从来不会静止不动。美国机能主义心理学的先驱詹姆斯(William James,1842—1910,图 5-1)提出意识流学说,反对把意识分析为心理元素,主张意识是个人有选择的动态的连续不断的整体。如果个人用磁带记录下自己的思想,就会发现一条无尽头的思想线流,它曲曲折折地向前延伸。在对复杂事物或现象的反映上,我们可以切实地体会

图5-1　美国先驱心理学家詹姆斯

到这一点。因为人在某一瞬间内言语觉知到的事物是有限的，对于复杂的事物或现象的有意识反映只能依次进行。例如，在参观一块大型的浮雕时，人们只能先对其中一部分产生意识，随着视线的移动，再对另一部分产生意识，如此相继进行，最后才达到对整个浮雕的内容的了解。同样的，对于我们自己的身体和经验的意识，也是一部分、一部分地产生意识，最后综合形成整体的了解。在这流动的意识中，实际上也包含着一系列的意识和无意识的转化。

二、注意

注意是人脑进行信息加工的第一步。信息必须出现在注意的范围内，再得到注意的集中，这样才会被大脑所加工。注意就是心理活动（意识）对一定对象的选择和集中。当从事某项任务时，我们的心理活动总会选择并集中在某一对象上。注意本身不是一种独立的心理过程，而是知觉过程的伴随现象，表现为一种认知性的心理倾向。注意具有下列四个方面的特征。

注意的范围

注意的范围也称为注意广度。注意广度的一种形式是一个人在同一时间内能清楚地观察到对象的数量。在心理学的研究中，心理学家用速示器在0.1秒的时间内呈现彼此不相联系的数字、图形、字母或汉字，研究结果表明，成人注意的平均广度是：黑色圆点8—9个，外文字母4—6个，几何图形3—4个，汉字3—4个。注意广度的另一种形式是感知在时间上分布的刺激物的广度。影响注意范围的因素来自下列两个方面：一是知觉对象的特点。知觉同一类对象，但如果具体对象的特点有异，那么注意的范围也会有所不同。想象一下，在你面前有一些外文字母，分为两类，一类是组成词的字母，另一类是孤立的字母，那么，你对哪类字母的注意范围会大些呢？

应该是组成词的那类字母。一般地说,知觉对象越集中,排列得越有规律,越能成为相互联系的整体,注意的范围就越大。二是知觉者的活动任务和知识经验。在知觉对象相同的条件下,如果人的活动任务不同或知识经验不同,注意的范围也会不同。如果向你呈现一些图形,要求你说出有多少个,并且不同形状的各有几个,这样的任务就比单纯地要求你说出有多少个图形困难得多,这时,你所能知觉到的图形的数量也要少得多。这是活动任务影响了注意范围的情形。如果让你分别听一个中文句子和一个英文句子,你对中文句子的注意范围就比对英文句子的注意范围要大得多。这就是知识经验影响了注意范围的情形。

注意的稳定性

注意的稳定性是指注意保持在某一对象或某一活动上的时间久暂特性。它是衡量注意品质的一个重要指标,在人们的工作和生活中具有重要意义。学生只有保持一定的注意稳定性,才能保证知识的有效吸收;外科大夫只有保持长久的注意稳定性,才能保证手术的顺利进行;职员也必须保持一定的注意稳定性,才能完成自己的工作。可以说,没有注意的稳定性,人们就难以完成任何任务。注意的稳定性与注意对象的特点以及个人自身的积极性有关。复杂、变化、活动的对象比单调、静止的对象更能引起人们长久的、稳定的注意;如果人对所从事的活动有浓厚的兴趣、持积极的态度,那么他对该活动的注意就比对没有兴趣、态度消极的活动的注意要稳定、持久。

注意的分配

注意的分配是指人在进行两种或多种活动时能把注意指向不同对象的现象。例如,学生一边听歌曲,一边写作业;舞台上,书法家表演双手同时写字,等等。注意的分配是有条件的。最重要的条件是,在同时进行的几种活动中,必须某一种活动是相当熟悉的,其中一种是自动化了的或部分自动化了的。这样,人对自动化或部分自动化了的活动,不需要更多的注意,而把注意主要集中在较不熟悉的活动上,才使得同时从事几种活动能够顺利进行。另外,注意的分配也和同时进行的几种活动的性质有关。一般来说,把注意同时分配在几种动作技能上比较容易,而把注意同时分配在几种智力活动上就困难得多。

注意的转移

注意的转移是指人有意地把注意从一个对象转移到另一个对象上,或从一种活动转移到另一种活动上。例如,在复习考试的时候,我们安排了前一个小时读英语,后一个小时做数学题。我们读完了英语,就把注意转移到了做题上。这就是注意的转移。注意转移的快慢和难易主要依赖于两个因素。一是原来注意的强度。原来注意的强度越大,注意的转移就越困难、越慢;反之,注意的转移就比较容易、快速。二是新注意的对象的特点。新注意的对象越符合人的需要和兴趣,注意的转移就越容易;反之,就越困难。

注意这四个方面的特征,也是衡量注意品质的四个方面。平常人们关注较多的是注意的稳定性,其实这几个方面相互间也是有关联的。请看图5-2,这幅图可以用来测试观察力,其中就包含了注意的成分。图中共有 11 张人脸,你能全部找出来吗？找出 4、5 张很容易;找出 8 张,大概也只是平均水平;找出 9 张,超过了平均水平;找出 10 张,相当优秀;如果你把 11 张全找出来了,你的观察力可说是出类拔萃了！当然,这只是一个颇为有趣的例子,单凭一幅图的测试就下结论未免过于草率。不过,在你完成这个测试之后,用心体会其中的过程,可以更好地理解注意的上述四个特征或品质。

图 5-2　有多少张人脸？

三、睡眠与梦

睡眠,每个人对它都再熟悉不过了。如果你活到 75 岁,那么有 18—25 年的时间是在睡眠中度过的。但是人们对睡眠普遍存在误解,以为它是生理和精神上的一种静止状态,人在睡眠时大脑是"关"着的。事实上,睡眠者经历了一系列丰富的生理和心理活动。

睡眠的功能

个体为什么必须睡眠？对此问题主要存在两种解释。第一种解释是睡眠使工作了一天的大脑和身体得到休息、休整和恢复。当个体活动了一天之后，会有疲倦的感觉。如果没有睡眠，无论是神经传导还是肌肉腺体的活动都不能达到较佳的水平，并且也无法适时完成新陈代谢作用。这就如人在剧烈运动之后(比如快跑)需要停下来休息一样。

对睡眠功能的另一种解释是与生物进化有关的生态学理论。按照这一理论，动物睡眠的目的是避免消耗能力，以及在一天中不适应的那段时间里减少将自己暴露给天敌和其他危险来源的几率，从而避免受到伤害。例如，我们的祖先不适应在黑暗中觅食，所以在夜里躲到安全的地方睡眠，这样也避免受到狮子、老虎等大型肉食动物的伤害。而随着生物的进化，睡眠逐渐演变为生理功能周期变化的一个中性环节，是正常脑功能变化的一部分。

除了以上两种典型的关于睡眠功能的解释外，睡眠还有一种不是很显著的功能，即它可以帮助个体完成清醒时尚未结束的心理活动。有实验证明，在个人练习后，立即让他睡下，那么，睡眠者醒来后会有较好的记忆。原因是练习后立即睡眠，可在睡眠中继续完成练习时未完成的信息处理工作。或许我们也有过这样的经历，清醒时百思不得其解的问题，在睡眠时的梦境中却得到了答案。这一现象也可作为睡眠这种信息处理功能的佐证。

睡眠周期

当一个人由清醒状态进入睡眠状态时，其大脑的生理电活动会发生复杂的变化，通过精确测量这些脑电的变化并绘成相应的脑电图(EEG)，可以很好地了解和揭示睡眠的本质。如图5-3所示，脑电图中有6条曲线，除第1条表示清醒状态之外，从第2条曲线往下，代表睡眠的5个阶段。阶段1是睡眠的开始，脑波开始变化，频率渐缓，振幅渐小，平常所说的昏昏欲睡的感觉就属于这一阶段。睡眠习惯正常的人，阶段1只维持几分钟时间。阶段2开始正式睡眠，此时脑波渐呈不规律进行，频率与振幅忽大忽小，属于浅睡阶段。其中偶尔会出现被称为"睡眠锭"的高频、大波幅脑波，还有被称为"K结"的低频、很大波幅脑波。阶段3与阶段4进入沉睡阶段，脑波型态改变很大，频率只有每秒1—2周，振幅则大为增加，呈现变化缓慢的曲线。睡眠进入这两个阶段，被试不易被叫醒。这4个阶段的睡眠共要经过约1个小时到90分钟,之后睡眠者通常会有翻身的动作,并很容易惊醒,似乎又进入第1阶段的睡眠,但事实上,是进入了被称为快速眼动(REM)睡眠的第5睡眠阶段。该阶段脑波迅速改变,出现与清醒状态时的脑波很相似的高频率、低波幅脑波,但其中会有特点鲜明的"锯齿状波"。这一阶段之所以被称为快速眼动睡眠,除了脑波型态的改变之外,被试的眼球会呈现快速跳动现象。REM 睡眠在整个睡眠期间间歇性出现,每次出现约持续10分钟左右。如果此时将被试唤醒,大多数(80%)报告说正在做梦。因此,REM 就成为睡眠第5个阶段的重要特征。这一特征也成为心理学家研究做梦的重要根据。与快速眼动睡眠阶段相对的前面4个阶段,因为不出现眼球快速跳动现象,故统称为非快速眼动睡眠。睡眠的这5个阶段构成了一个睡眠周期。在一个夜晚中,人们通常会重复睡眠的周期4—5次。随着夜晚慢慢过去,周期会逐渐改变:属于沉睡期的第4阶段所占时间在前半夜远多于后半夜,REM 睡眠在周期中持续的时间则越来越长,最后一次可以长达1个小时。所以可以说,大多数的梦是发生在一夜的后半期。

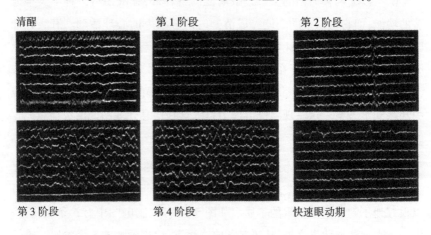

图 5-3　正常睡眠阶段的 EEG 模式

梦

　　梦是睡眠中的一种奇异现象,它具有故事性,包含了栩栩如生的画面,并且一般是古怪的,做梦者好像真的经历过一样。在人类文化中,无论古今中外,梦始终是一个谜。在未开发的部落社会里,往往把梦看成是神的指示或魔鬼作祟。即使是在现代文明社会,仍然流行着对梦的诸多迷信。在我国的文化流传中,有关梦的故事更是不一而足。诸如庄周梦蝶、黄粱一梦、梦笔生花、江郎才尽、南柯一梦等,都是历来为人津津乐道的梦故事。不过我国与西方在对梦的观念上,似乎自古以来就有所不同。希腊哲人柏拉图曾说:"好人做梦,坏人作恶。"而我国古代的先人却相信"至人无梦"。至人者,圣人也;意指圣人无妄念,所以不会做梦。以今天心理学上对梦的科学研究发现来看,古时中西对梦的看法实在是有很多误解。事实上,不分好人坏人,也无论圣贤愚鲁,人人都会做梦。甚至连动物也会做梦,只不过动物不能在醒来之后像人那样"梦话连篇"而已。

梦的实验心理学研究始自美国芝加哥大学在以脑电图方法研究睡眠时的偶然发现(Aserinsky & Kleitman,1953),睡眠期中的快速眼动现象成了做梦的标志,并激发了很多研究。人人都会做梦,且一夜内至少要做好几个梦,但谁也无法摆布自己的梦?做梦有必要吗?假如设法干扰睡眠者,使他的梦无法做成,后果将如何呢?针对这一有趣的问题,戴蒙特(Dement,1960)进行了经典的梦剥夺实验。研究者也是采用脑电图记录的方式,在被试入睡后,每当脑波上出现快速眼动睡眠阶段的波型即将其叫醒,过几分钟后再让其入睡。如此连续数夜(每夜可能叫醒他4—6次)后发现,被试显示出的做梦期的脑波一夜比一夜多。因此,在实验期间,实验者叫醒被试的次数也就一夜比一夜多。最后实验结束,让被试恢复原来的睡眠方式。结果发现,被试一夜之间在脑波上出现的快速眼动睡眠波型的次数,较之平常多出两倍。这一现象表示,在前面数夜被剥夺的梦,要在以后有机会时补足。当然,解释这一实验结果时,必须考虑到夜间叫醒被试对其睡眠干扰的因素。实验者为避免这一缺点,另设有控制组,夜间被叫醒的次数相等,只是被叫醒的时间不在快速眼动睡眠阶段。最后比较两组结果发现,控制组的被试无论是在实验期间还是在恢复正常睡眠之后,在脑波上都未显示出像实验组那样的变异。也就是说,因为他们未曾"缺梦",所以不必"补梦"。看来,做梦不仅无损于身体健康,而且对脑的正常功能的维持是必要的。

梦境的内容是过去经验的奇特组合。有人对一万多个梦境进行了内容分析,结果发现大致分为各类人物、各类动物、人际交往、幸遇与悲遇、成败经验、户内或户外活动、空间与物体以及情绪反应八类(Hall & Van de Castel,1966)。在对待梦的态度上,存在着巨大的文化差异。现代西方社会中,人们将醒着时所体验的"真实"世界和做梦时体验的"想象"世界区分开来。一些人认识到真实世界中的事件能影响他们的梦,但很少有人相信梦中事件对他们醒着时的生活有影响。极少数人认真地看待他们的梦,在西方文化中,梦通常被看作是潜意识不重要的、无意义的展示。然而,在许多非西方文化中,梦被看作是有关自身、未来或者精神世界的信息的重要来源。虽然没有文化将梦和现实混淆,但有一些文化将梦中的事件视为另一种类型的现实,它可能与醒着时的事件一样重要,甚至更加重要。在有的文化中,甚至认为人们应为他们梦中的行为负责。例如,在新几内亚岛上,某人具有情欲色彩的梦和实际的私通行为是等同的。在许多文化中,梦被看作是精神世界的一扇窗户,通过它可以和祖先或者超自然神灵进行沟通。一些文化中的人相信,梦提供了未来的信息——有关即将到来的战争、探索、出生等,好的或者坏的预兆。在梦的内容方面,不同文化里,人们报告的梦既有相同的地方,也有不同的地方。一些基本的梦的主题几乎在所有文化中都出现,比如下落、被追逐、性行为等。然而,不同文化中梦的内容有所不同,因为不同社会里的人们应付着不同的环境世界。

重大研究:释梦(弗洛伊德,1900)

在心理学上,关于梦的系统的理论解释首推弗洛伊德(Freud,1900),他将对梦的解释称作"通往探索心理生活中的无意识状态的成功之路"。

弗洛伊德远不是第一个对梦饶有兴趣的心理学家。在《梦的解析》一书中,他列举出 115 例就此话题展开的讨论。然而,大多数心理学家将梦视作低级荒唐和无意义的思想,认为其来源并不是心理过程,而是某些干扰睡眠的肉体过程。弗洛伊德则认为,无意识不仅是清醒状态之外的某些想法和回忆,而且是被强制遗忘的痛苦感情与事件的沉积。他认为,梦是在自我意识的防卫松懈时呈现在大脑里的重要隐蔽材料。他假设道,梦是愿望的满足,人们通过梦中富有愿望的思考满足了在平日里未被满足的需要。例如,在性方面遭受挫折的人会倾向于做富有色情色彩的梦,而一个不成功的人会梦见自己获得巨大的成就。即是说,梦是被压抑的潜意识冲动或愿望以改头换面的形式出现在意识中。这些愿望和冲动主要是人的性本能和攻击本能的反映,它们不被社会伦理道德所接受。在清醒时,由于意识的监督作用,这些愿望和冲动受到压抑。而在睡眠时,意识的警惕性有所放松,它们就会以改变了的形式出现在梦中。

弗洛伊德的这个观点来自于他对自己所做的一个梦的分析。1895 年 7 月,他梦到自己正在治疗一个名叫"艾玛"的少妇。梦很复杂,弗洛伊德对它的分析也很长(达11页之多)。简单来说,他在一个大厅里遇见她;客人们正纷纷赶来;她告诉他,她的喉咙、胃和腹部都在疼痛;他担心自己未能仔细地诊治,有可能疏忽了她的一些机体症状;通过许多其他细致的检查,他后来发现,他的朋友奥托,一位年轻医生,曾用一支不清洁的注射器给艾玛打针,这也正是她的病根所在。通过自由联想,弗洛伊德进一步追寻该梦的一些要素背后的真实意义。弗洛伊德想起来,在此前的一天里,他曾见过朋友奥斯卡·莱,一位儿科医生。莱认识艾玛,并对他说:"她好多了,可还没有彻底康复。"弗洛伊德觉得有点生气,因为他把这句话视作对他的间接批评,可能认为他在艾玛的治疗上只取得了部分的成功。在梦中,为了伪装事实,弗洛伊德将奥斯卡转变成奥托,再把艾玛剩下的精神症状变成生理毛病,并让奥托来负这个责任。下面是弗洛伊德的结论:"事实上,奥托的话使我非常生气,他说,艾玛的病并没有完全治好,于是,我就在梦中报复他,把责任全都推到他的头上。梦把我应对艾玛负的责任推卸掉,称她有待康复是其他因素造成的……梦代表着事物的一种特别状态,即按照我所希望的样子表现出来的状态。因此,它的内容是某种愿望的满足,动机则是那个愿望。"通过对自己不高尚动机的残酷自查,弗洛伊德发现了一个价值连城的技术。在接下来的5年里,他接连分析了一千余患者的梦境,并在《梦的解析》一书中报告说,这种方法是心理分析治疗和无意识思维研究中最为有用的工具之一。

弗洛伊德将梦境分为两个层面:一是显性梦境,是做梦者醒来后所能记忆的梦境。它是梦境的表面。另一是潜性梦境,是梦境深处不为做梦者所了解的部分。它是梦境的真实面貌。做梦者所陈述的显性梦境实际上是潜性梦境经由伪装后转化而来的。伪装的方法有以下一些:(1)简缩,指显性梦境中的情节要比潜性梦境中的情节少而简单,某件事情的部分可以代表全部。例如有时以一件衣服代表某个人,某条街道代表一个城市,或者一盏灯代表做梦人曾经居住过的房子。(2)转移,指从潜性梦境转化为显性梦境时,把不愿意接受的观点移置为象征性地等同于和乐意接受的思想。例如,阴茎变成棒球拍、旗杆等,乳房变成山脉、气球、甜瓜等,性交变成跳舞、骑马等等,不一而足。(3)综合,指存在于显性梦境中的内容也许实际上是潜性梦境中许多思想的结合,例如一个童年的爱畜代表整个家庭。(4)再修正,指人在陈述其显性梦境时,会有意无意地对梦中情节加以修正。通过这四种伪装,潜性梦境便转化为显性梦境,也就成了梦。

　　就弗洛伊德自己的生活状况而言,当时可以说是事业发达,人丁兴旺。全家搬到一个更为宽敞的公寓里,享受着十分安宁的生活,每年还要举家出游一次意大利。然而,生活中还是有许多因素使他感到压抑和焦躁。1896年10月,他的父亲辞世,这件事对他的影响远比预期的要大,他甚至感到自己"被连根拔起";他与布罗伊尔之间的友谊也宣告终结,因为后者虽然对他的一生帮助甚多,但无法接受他越来越激进的神经症理论与治疗方法;十多年来他在大学里一直担任神经病理学的讲师,这个职位虽然没有工资,却受到敬仰,但扫兴的是,他一直未能被评为更受人敬仰的教授职位。所有这些原因使弗洛伊德的神经官能症症状不断加剧,这些症状特别表现在对钱感到揪心,挥之不去的还有对心脏病的恐惧和对死亡的强迫观念,以及对旅行的恐惧。1897年夏天,41岁的弗洛伊德开始对自己进行心理分析,企图理解并解决自己的神经症。从某种程度上讲,他在分析自己的一些梦时已开始这样做了,只是现在做得更详细、更努力、更有系统。一连数年,弗洛伊德每天都抽出一定时间用自由联想法和释梦法来寻找隐藏的回忆、早期的经历,以及隐藏在每天的愿望、情感、口误和小的记忆错误等现象背后的动机。他要了解自己,并通过对自己的理解来理解整个人类共通的心理现象。这种分析比任何其他分析都要困难,他曾不止一次地认为自己已精神崩溃,结果却是绝处逢生;他也曾不止一次地发现自己已走入死胡同,结果却是柳暗花明。最后,他终于成功了,一切如他后来在一封信中所说:"在内心深处,我终于体会到了自己所看到的在我的病人身上所经历过的所有事情——一天接一天,我陷入情绪的谷席,因为这些梦境、幻想或情绪我一点也没有理解,但在其他日子里,当一束亮光把连贯的东西带入画面中时,此前消失的一切却又作为眼前的铺垫而突兀而出。"不难看出,这个工作非常难做,因为他正在揭示的是自己那些令人难堪或使人产生内疚感并因此而被尘封起来的记忆。比如,他在童年曾对一个弟弟十分妒忌(他在摇篮期的夭折给弗洛伊德的心中留下了永恒的内疚感),他对父亲有着又恨又爱的矛盾感情,并在一个特别的时期,大约在两岁半那年,他看到了赤裸的母亲,并产生了性冲动。弗洛伊德的大多数研究者认为,这次自我分析虽然不尽完善,却收效巨大,不但对他个人有所裨益,而且结出了一个硕果,那就是,弗洛伊德通过这一方式顿悟了他对人类本质问题的一系列理论,或确证了他从病人身上所得到的一些理论。

　　1900年,44岁的弗洛伊德已完成了自我分析,却大有理由气馁与沮丧。

他原本对《梦的解析》抱着极高的期望,希望这部他自认为最重要的著作能够通往成功,一如他后来所说:"这样的洞见降临在一个人的命运当中,一生也只有一次。"然而,这本书出版之后,在维也纳也只是引起了一些乱七八糟的评论,在外地更是无人问津。从商业角度看,该书更是亏大了,几年时间只卖出去几百本。虽然该书开始非常滞销,但是却大大地提高了他的声望,他的其他重要论著也相继问世。1902 年,他在维也纳组织了一个心理学研究小组,艾尔弗雷德·阿德勒就是其中最早的成员之一,几年以后卡尔·荣格也加入了这个行列,两人后来都成了世界著名心理学家。1908 年,弗洛伊德在美国做了一系列演讲,当时他已是一位知名人士了。弗洛伊德结过婚,有 6 个孩子。他的晚年因纳粹德国的兴起而蒙上阴影,他的书遭到纳粹的焚烧,营业执照被纳粹收缴。由于弗洛伊德是犹太人,1938 年,他不顾 82 岁高龄逃往伦敦,此时他已饱受癌症的折磨,但仍然在意识清楚时坚持写作,甚至坚持为一些病人诊治。最后,由于实在无法忍受剧烈的疼痛,他让医生给自己注射过量的吗啡,从而永远地结束了痛苦。1939 年 9 月 23 日,弗洛伊德与世长辞。令人感叹的是,《梦的解析》作为精神分析创立的标志,现已成为 20世纪译种最多、发行量最大、影响最为深远的历史巨著之一。

弗洛伊德对梦的理论解释主要受到两点批评:其一,该理论是以精神病患者梦的经验为基础建立起来的,用来解释一般人的做梦现象,难免以偏概全;其二,该理论在解释潜性梦境以及梦的欲望满足功能时,总是将人的潜意识欲望解释为性欲的冲动,这种说法未免将梦的内容太过窄化,且容易产生误导。尽管如此,弗洛伊德关于梦的观点至今仍被心理学家和西方文化所广泛接受。

1970 年代末,哈佛医学院的精神病学家和神经生理学家霍布斯和麦卡利(Hobson & McCarley,1977)提出了一种有关梦的新理论——激活—整合假说,认为梦实质上不过是在 REM 睡眠过程中,人们试图对大脑自发产生的随机神经电冲动作出解释。他们认为,当人熟睡时,位于脑干中的大脑某一部分还会周期性地活动从而产生电冲动。大脑中的这一部分与人体运动以及人在清醒时从感官输入的信息有关。人睡着的时候,感觉和运动能力都停止了工作,但大脑中的这一部分却并未停歇下来,而是继续产生被霍布斯和麦卡利认为是毫无意义的神经冲动。有些冲动触及了大脑的其他部位,这些部位负责诸如思维、推理等更高级的功能。人的大脑力图综合这些冲动,并赋予其一定的意义。为此,有时人脑中就会产生一些表象、想法,甚至是故事情节。如果我们醒来并记起了这些认知活动，就称自己做了一个梦，并使用所有手段去挖掘其含义。而按照霍布斯和麦卡利的说法，其实梦从一开始就没有什么含义。

另一位梦的研究者福克斯（Foulkes, 1985）把霍布斯和麦卡利的观点向前推进了一步。福克斯也赞成梦是由睡眠过程中脑的自发活动产生的，但他认为人的认知系统赋予大脑随机冲动以形式和意义，这个过程不仅揭示了个人记忆中的重要信息，还体现了个人的思维方式。他还认为梦具有多种功能，其中之一就是你可以在梦中体验那些实际上并没有发生过的事情，从而增加自我认识的机会，因为梦经常是关于自己的。不过，福克斯的观点可能与他主要研究白日梦有关。

无论你接受哪种观点，都不意味着已经解答了所有关于睡眠和梦的疑问。也许有些问题我们永远都无法解释，但这肯定是一个令人心驰神往的领域。

四、催眠

催眠是一种让人倍感神秘的意识状态。这是由各种不同技术引发的一种意识的替代状态。此时的人对他人的暗示具有极高的反应性，并在知觉、记忆和控制中做出相应的反应。虽然催眠很像睡眠，但睡眠在催眠中是不扮演任何角色的，因为人要是真的睡着了，对任何的暗示就都不会有反应了。"催眠"这个名字本身是带有一定误导性的。被试进入催眠状态后好像是睡着了，但其实并不是睡眠。通过脑电图显示，催眠时的脑电波和被试清醒时是一样的。只不过催眠状态下的思维、言语和活动是在催眠师的暗示下进行的，而不像清醒状态下是受自己意识控制的。

催眠诱导

催眠是一个系统的程序，用来引导出增强的易受暗示性状态。它也可能导致消极的放松、狭窄的注意范围和扩大的幻想。在催眠之前需要注意两点：（1）周围的环境。最好选择安静、舒适、温馨，有利于放松心情的环境，使人能自然而然地感到轻松、舒适和安全。（2）良好的情绪关系。让被试相信催眠师，以及催眠本身的无害性。如果被试对催眠怀有恐惧或怀疑，比如害怕催眠之后不能醒来，催眠师就应该向被试解释，打消被试的疑虑。同时，催眠师应该表示出和善的态度，应理解、悦纳被试的担心，也要让被试了解催眠术是一种科学的方法。在以上两点得到满足的情况下,催眠师就可以开始对被试进行催眠了。有许多技术可以诱导出催眠状态,但大体上都会遵循以下的顺序:(1)暗示被试眼睛疲倦,无法睁开。(2)暗示被试感官逐渐迟钝,将不会感到刺痛,即在催眠状态下失却痛觉。(3)暗示被试忘却一切,只记得催眠师所讲的话与要他做的事。(4)暗示被试将经验到幻觉。(5)暗示被试催眠过后醒来时,将忘却催眠中的一切经验。(6)暗示被试醒来做某些活动。

催眠感受性

不同的个体接受暗示的难易程度不同,所以,有些人容易被催眠,而有些人则很难。在人群中,大约有 10%—20% 的人很容易接受催眠,约 10% 的人根本对催眠没有反应。个体接受暗示的难易程度可以称为催眠感受性,它与个体的性格和身心条件关系非常密切。催眠感受性高的人通常有以下特征:(1)经常做情节生动的白日梦;(2)想象力丰富;(3)容易沉浸于眼前或想象中的场景;(4)依赖性强,经常寻求他人的指点;(5)对催眠的作用深信不疑;(6)有经验分离的经历,即体验过记忆或自我的一部分与其余部分分离开来。

催眠感受性与被催眠者进入催眠状态的深度是紧密相关的。催眠感受性越高,进入催眠状态的程度就越深。一般说来,催眠的深度可以分为三级:(1)浅度催眠,即受术者进入浅层催眠状态,如呈宁静、肌肉松弛状态。在这个阶段中,被催眠者身体的肌肉原本由本人控制,逐渐变为接受催眠师的言语控制。例如,催眠师可以暗示被催眠者:"我现在从一数到三,当我数到三时,你的眼皮就会变得非常非常重,重得睁不开了。"当催眠师数到三时,只要被催眠者已经进入浅层催眠状态,就会很惊讶地发现,自己似乎突然忘记如何控制眼皮肌肉的动作,因此即使努力睁眼,眼皮也无法抬起。随着催眠程度的加深,催眠师所能控制的肌肉数及肌肉群越来越多。如果被催眠者的催眠感受性高,催眠师便能继续将其带入下一个深度。(2)中度催眠,即受术者达到中层催眠状态,如呈无力、迷茫状态。被催眠者的知觉经验可被暗示控制,体验到嗅觉、味觉、肤觉、听觉乃至视觉上的幻觉。(3)深度催眠,即受术者达到深层催眠状态,如呈僵直或梦行状态。在此阶段,被催眠者的记忆状态会接受催眠师一定程度的控制,而能在暗示下回忆平时不易浮现的儿时的记忆细节。如果能到此催眠深度,几乎可以说他就是极为优秀的演员了，他能够配合催眠师的暗示，模仿出各种与他平时性格截然不同的角色。

催眠的应用

现在催眠已得到广泛的应用，其领域主要有心理治疗、医学、犯罪侦破和运动等方面。在心理治疗方面，催眠可用于治疗酗酒、梦游、自杀倾向、过量饮食等。但一般来说，催眠不会立即获得明显的效果，除非病人有着非常强烈的动机。另外，如果将催眠与其他治疗相结合，可以得到更好的效果。

重大研究：催眠（希尔加德，1968）

在将催眠当作改变了的意识状态方面，最具有影响力的解释出自美国心理学家希尔加德（Hilgard，1968）。他认为，被试经催眠后，其意识分离为两个层面：第一个层面是被试接受暗示之后所意识到的一切新经验；第二个层面是催眠中隐藏在第一个层面之后，不为被试所意识到的经验。换句话说，在催眠状态下，被试的意识状态分离成两层：第一层的意识是在催眠师的暗示下产生的，其性质有可能不是真实的，是扭曲的，但这一层意识可以与外界进行交流；第二层的意识是被试根据自己的感觉产生的，其性质是比较真实的。只是因为当时受到催眠暗示的影响，第二层面的意识被第一层所掩盖，所以被试不能以口头方式表达出来，希尔加德称之为"隐秘观察者"。他相信许多催眠效果是这种被分裂的意识的产品。例如，他指出，被催眠者可能对疼痛表现出没有反应，是因为疼痛并没有在与外界进行交流的那部分意识上登记。

希尔加德（Hilgard，1968）通过实验研究，证实了他的观点。在实验中，催眠师先暗示被试，催眠后他的左手将失去一切痛觉。当被试进入催眠状态后，催眠师就将他的左手放入冰水中。一般情况下，手放入冰水数秒钟后会引起无法忍受的刺痛感，如果这时要求被试口头回答他的左手是否感到刺痛，他的回答是不痛。但如果将他的右手放在按钮上，并告之如果感到左手痛，就用右手按按钮。结果发现，虽然被试在口头上报告没有刺痛感，但他的右手确会将按钮按下（图5-4）。这表明，在催眠状态下，口头回答的不痛是在催眠暗示下所产生的意识经验，是失真的、扭曲的。右手按按钮的行为表达出了被试自己的感受，是真实的。这个实验说明了，在催眠状态下，意识的确一分为二。

此外，希尔加德也认为分离的意识是一个普通的、平常的现象。例如，人们常会将车开出很长一段距离，其间会对交通信号和其他的车辆做出反应，但过后却回想不出自己是如何做出的反应。在这些例子中，意识明显被分开，一部分用来开车，另一部分用来想其他的事情。这种寻常的体验在较早时就被称为"高速公路催眠"。在这种条件下，支配开车那部分意识中甚至也存在"记忆缺失"，与催眠后的遗忘类似。当然，他也发现了催眠易感性的个别差

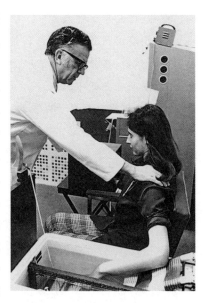

图 5-4　催眠状态下的"隐秘观察者"

异，提出约有 5%—10% 的人不可能被催眠，其他人的易感性也大不相同。但一个人若偶然被催眠一次，以后即对催眠有同样的易感性。总之，希尔加德的观点表明催眠是意识的一种可以解释的变化，且这种变化可以在日常经历中看到。

但是，社会心理学家斯潘纳斯（Spanos，1982）凭借其 10 年的研究，对此提出了质疑。他认为，那些所谓催眠状态下的行为实质上都是在人正常的自主范围之内。他指出，一个人确定自己被催眠的唯一原因是：他们在催眠条件下的行为与自己期望在这种状态下出现的行为相一致。在斯潘纳斯看来，催眠的过程是西方文化中一种具有多种含义的仪式。被试希望放弃对自己行为的控制，随着催眠过程的深入，他们开始相信其自主行动开始转化为自发的不随意活动。斯潘纳斯举了这样的一个例子：在催眠过程的初期给被试一些随意活动的指导语，如"放松你的腿部肌肉"，但后来就变成一些不随意活动的暗示，如"你的腿感觉到沉重无力"。斯潘纳斯以一些实际研究来证明，人们之所以在催眠状态下做出某种特定行为，是因为他们觉得催眠就应该是那样，而不是因为催眠改变了他们的意识状态。其中一项研究是给两组学生作关于催眠术的讲座。讲座中，除了告诉其中一组学生胳膊僵直的感觉是在催眠过程中不由自主出现的现象以外，其余内容完全相

同。随后，两组学生都被催眠。在讲座中听到有关胳膊僵直的信息的那组学生，在没有给出任何指导语的情况下，就有人"不由自主地"表现出了这种行为。然而，在另一组被试中，无一人胳膊变得僵直。按照斯潘纳斯的观点，这就说明在催眠中，人是按自己对催眠的想象来行动的。斯潘纳斯也对痛觉缺失的催眠性解释予以驳斥，并提供证据证明，在催眠时被试疼痛感的降低是他们动机和期望作用的结果。所有催眠研究使用的被试都是在受催眠影响的敏感性测量中获得较高分数的人。斯潘纳斯认为，这些人"非常投入，希望自己在催眠实验中成为一个好的被试"。这些被试知道主试正在把清醒状态与催眠状态作比较，被试们想证明催眠的确有效。

目前，有关催眠是否是一种改变了的意识状态的争议仍在继续。

五、幻觉

在一些不寻常的情况下，个体的意识会发生歪曲，看到或听到实际上并不存在的事物。幻觉就是在并没有物理刺激的情况下出现的活灵活现的知觉，它们是个体改变现实的一种心理建构。根据幻觉的性质可分为：（1）真性幻觉。指患者体验为经由感官所感知到的实际不存在、来源于客观空间、具有"真实"鲜明生动感觉的幻觉。患者坚信不疑，伴有相应的思维、情感和意志行为反应。（2）假性幻觉。幻觉形象不够鲜明生动，产生于患者的主观空间如脑内、体内。幻觉不是通过感觉器官而获得，如听到肚子里有说话的声音，可以不用自己的眼睛就看到头脑里有一个人像。虽然幻觉的形象与一般知觉不同，但是患者却往往非常肯定地认为他的确是听到了或看到了，因而对此坚信不疑。根据感觉器官的不同，有幻听、幻视、幻嗅、幻味、幻触、本体幻觉和内脏幻觉等。幻听最为多见，常常伴有妄想以及焦虑或恐惧等情绪反应。

"感觉剥夺"是与幻觉有关的一个实验性因素。在加拿大麦克吉尔大学的感觉剥夺实验中，给被试者戴上半透明的护目镜，使其难以产生视觉；用空气调节器发出的单调声音限制其听觉；手臂戴上纸筒套袖和手套，腿脚用夹板固定，限制其触觉。被试单独待在实验室里，几小时后开始感到恐慌，进而产生幻觉……在实验室连续待了三四天后，被试者会产生许多病理心理现象：出现错觉幻觉；注意力涣散，思维迟钝；紧张、焦虑、恐惧等。实验后需数日方能恢复正常（Hebb，1954）。在美国密执安大学的感觉剥夺实验中,让大学生被试躺在舒适的床上,剥夺其视觉、听觉、温度觉、触摸觉等感觉信息。在这种状态下,他们先是睡觉,之后难以入睡而感到无聊时,便开始吹口哨、唱歌、自言自语或敲打锁住双手的竹筒来消磨时间。不少被试报告他们看见了光点、线条、几何图形等幻觉,这表明被试制造了新的信息。当实验者通过耳机询问被试是否想听股票行情时,一些被试对自己以前从不感兴趣的股票价格竟百听不厌地要求继续放下去。最后,几乎所有参加试验的大学生都未过两三天就放弃了每天 20 美元的优厚酬金,要求停止实验(Bexton et al.,1954)。这类实验表明,个体与外界环境的广泛接触对于维持正常的意识状态是必不可少的。

幻觉的成因比较复杂,通常是由高度的唤醒、强烈需要的状态或无法抑制有威胁性的念头共同作用的产物。多见于酒精中毒性精神病,也可见于感染、误服有毒草类或致幻剂而引起的精神病、反应性精神病和精神分裂症等。正常人在将入睡、极度疲劳和酒醉或精神过度紧张时,偶尔也会有。某些幻觉是短暂的,如果个体能立即向自己说明幻觉的非现实性,评价它违背现实,这种体验就结束了。然而在一些情况下,个体不能驱逐他们幻觉中的"现实",幻觉就会对他们的生活产生影响。

在一些文化或宗教情境中,幻觉是一种被渴望而且重要的事件。在这些情况下,幻觉被解释为神秘的顿悟,会赋予这个人特殊的身份。直接与精神力量联结的幻觉,在不同的情境下,或许被看作是心理疾病的表现,或许被尊为一件特殊的礼物。这种评价依赖于观察者的判断以及幻觉本身的内容。

【知识点】

言语觉知性　焦点意识　边缘意识　半意识　下意识　非意识　前意识　无意识　潜意识　意识流　注意　睡眠　失眠　梦　催眠　幻觉

【思考题】

1. 意识的基本特征表现在哪几个方面?

2. 如何划分意识的水平?

3. 如何衡量注意的品质?

4. 睡眠可分为哪几个阶段?

5. 如何认识催眠现象?

6. 讨论梦。

【扩展阅读】

1. 潘菽主编:《意识:心理学的研究》,商务印书馆 1998 年版。

2. 汪云九、杨玉芳:《意识与大脑:多学科研究及其意义》,人民出版社 2003 年版。

3. 〔德〕福尔克·阿尔茨特、伊曼努尔·比尔梅林:《动物有意识吗?》,马怀琪、陈琦译,北京理工大学出版社 2004 年版。

4. 〔英〕Susan Blackmore:《人的意识》,耿海燕、李奇等译校,中国轻工业出版社 2008 年版。

5. 〔美〕丹尼尔·丹尼特:《心灵种种:对意识的探索》,罗军译,上海科学技术出版社 2012 年版。

第六讲

感觉与知觉

我们对世界的了解是从感觉开始的。我们生活在一个千变万化的世界中，每时每刻都在感受着光、热、压力、振动、分子等物理能量的刺激。外界信息往往以片断的形式进入人的感觉，但我们并不是以片断的方式来觉察世界的。人类所感知到的世界是物和人的世界，是一个以统一的整体作用于人的世界，而不是零碎的各种感觉。也就是说，在实际生活中，人们的感觉和知觉是密不可分的，"纯粹"的感觉是不存在的。

一、从感觉开始

感觉是刺激物作用于感觉器官，经神经系统的信息加工所产生的对该刺激物个别属性的反映。我们常说的视、听、嗅、触、味"五官"是几种基本的外部感觉，此外还有肌肉运动感觉、平衡感觉、内脏感觉等内部感觉。可以说，感觉是一种最简单然而也是最基本的心理现象。感觉表现出下列心理规律。

感受性和感觉阈限

对刺激的感觉能力，叫感受性。感受性的大小是用感觉阈限的大小来度量的。每种感觉都有两种感受性和感觉阈限：绝对感受性与绝对阈限，差别感受性与差别阈限。

并不是任何强度的刺激都能引起我们的感觉。过弱的刺激如落在皮肤上的尘埃，我们是觉察不到的。刺激只有达到了一定的强度才能被我们觉察到。那种刚刚能觉察到的最小刺激量称为绝对阈限。绝对感受性是指刚刚能够觉察到最小刺激量的能力。

绝对阈限并不是一个单一的强度值，而是一个统计学上的概念。在测量感觉阈限时，随着刺激量逐渐增加，被试对刺激从觉察不到，到有时能觉察到有时不能觉察到，再到完全能觉察到。如图 6-1 所示，随着刺激量的增加,被试报告觉察到刺激的次数百分数随之增加。这条曲线称为心理物理函数,它表明心理量(感觉经验)与物理量(刺激的物理强度)之间的关系。按照惯例,心理学家把有 50% 的次数被觉察到的刺激值定为绝对阈限。因此,在我们有感觉和没有感觉之间显然是不存在一个特殊的值起作用的。阈限是一个逐渐过渡的强度范围。

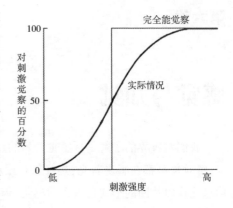

图 6-1　刺激强度与觉察概率之间的典型关系

绝对感受性与绝对阈限在数量上成反比关系。如果用 E 代表绝对感受性,R 代表绝对感觉阈限,则它们之间的关系可用下列公式表示:

$$E = 1/R$$

各种感觉的绝对阈限是不同的。在适当的条件下,人的感觉阈限是很低的。例如,在空气完全透明的条件下,人能看见 1 公里远的 1/1000 的烛光。如果用这个能量把 1 克水加热 1℃,要花 6 千万年的时间。人能嗅到 1 公升空气中所散播的 1/100000000 毫克的人造麝香。当然,不同个体的绝对阈限有相当大的差异,即使是同一个体也会因机体状况和动机水平而发生变化。

低于绝对感觉阈限的刺激,虽然我们觉察不到,却能引起一定的生理效应。例如,低于听觉阈限的声音刺激能引起脑电波的变化和瞳孔的扩大。因此,有意识的感觉阈限与生理上的刺激阈限并不完全等同。一般说来,生理的刺激阈限低于意识到的感觉阈限。因为一个人说出“我感觉到它”之前,早有一定的生理过程发生了。

在刺激物能引起感觉的基础上,如果变化刺激量,并不是量的任何变化都能被我们觉察出来的。例如,在原有 200 支蜡烛基础上再加上 1 支,我们是觉察不出光的强度有所改变的;一定要增加 2 支或更多,才能觉察出前后两种光在强度上的差别。为了引起差别感觉,刺激必须增加或减少到一定的数量。能觉察出两个刺激的最小差别量称为差别感觉阈限或最小可觉差。对这一最小差别量的感觉能力,叫差别感受性。

1834 年,德国生理学家韦伯(Ernst H. Weber,1795—1878)在研究感觉

的差别阈限时发现,如果以 R 表示最初的刺激强度,以 R + ΔR 表示刚刚觉察出有变化的刺激强度,那么在一定范围内,每种感觉的差别阈限都是一个相对的常数,用数学公式表示即为:

$$\Delta R / R = K$$

这个公式称为韦伯定律(或韦伯分数、韦伯比值、韦伯常数),即当 R 的大小不同时,ΔR(最小可觉差的物理量)的大小也不同,但 ΔR/R 则是一个常数。例如,原先举起 50 克(R)的重量,其差别阈限是 1 克,那么至少 51 克的重量才会被我们觉察出比原先稍重一些;如果是 100 克重量,那么至少 102 克才会被我们觉察出比它稍重一些;如果是 150 克,至少 153 克才会被我们觉察出它稍重一些。可见,在这里,差别阈限值是刺激重量的同一分数:1/50 = 2/100 = 3/150 = 0.02。这一韦伯分数表明,必须在原初重量的基础上再增加它的 2%,才能觉察出比原初重量稍重一些。

不同感觉系统的韦伯分数相差很大。表 6-1 是在中等强度刺激的条件下不同感觉系统的韦伯分数。韦伯分数越小,则感觉越灵敏。

表 6-1　不同感觉系统的韦伯分数(中等强度范围)

感觉系统	韦伯分数(ΔR/R)
视觉(亮度、白光)	1/60
动觉(提重)	1/50
痛觉(皮肤上灼热引起)	1/30
听觉(中等音高和响度的音)	1/10
压觉(皮肤压觉)	1/7
嗅觉(橡胶气味)	1/4
味觉(咸味)	1/3

各种感觉系统的韦伯分数在中等强度刺激范围内是正确的,但在极端刺激(过程或过弱时)的条件下就不正确了。费希纳(C. T. Fechner,1801—1887)确定了接近绝对阈限时韦伯分数所发生的变化,进一步假设一个最小可觉差为一个感觉单位,并在韦伯定律的基础上推导出下式:

$$S = K \log R + C$$

这里,S 是感觉强度,R 是刺激强度,K 和 C 是常数,即是说,刺激强度按几何级数增加,而感觉强度只按算术级数增加。这就是费希纳定律。后来的研究表明,费希纳定律也不是通用的,只具有近似的意义,即它仅适用于中等刺激强度的范围内,虽然这个范围相当大。

感觉后象

对感受器的刺激作用停止以后,感觉并不立即消失,还能保留一段短暂的时间。这种在刺激作用停止后暂时保留的感觉印象,叫后象。后象在视觉中表现特别明显。

视觉后象有两种:正后象和负后象。请你在灯前闭上眼睛两三分钟后,睁开眼睛注视电灯三秒钟,再闭上眼睛,就会看见眼前有一个灯的光亮形象出现在暗的背景上。因为后象和灯一样,都是亮的,即品质相同,所以叫正后象。正后象出现以后,如果继续注视,就会看见一个黑色的形象出现在亮的背景上,因为后象和灯光在品质上是相反的,所以叫负后象。

彩色视觉也有后象,不过正后象很少出现,而负后象却很清楚。例如,注视一个红色的正方形之后,再看一张灰白纸,在这张灰白纸上就可以看到一个蓝绿形的正方形。彩色的负后象是原来注视色的补色。

后象可以使断续的刺激引起连续的感觉,但是断续的刺激必须达到一定的频率。刚刚能引起连续感觉的最小频率,叫临界闪光频率。这时产生的心理效应是闪光融合现象,即看到的不再是闪光,而是融合的不闪动的光。例如,当市电频率为 50 次/秒时,日光灯每秒钟闪动 100 次,但是我们却看不出它们是断续出现的。

在中等光强度下,视觉后象保留的时间大约是 0.1 秒。因此,一个闪烁的光源每秒钟闪烁超过 10 次,就会产生闪光融合现象。但是,临界闪光频率还要受许多主客观条件影响。例如,光的强度、波长、光落入视网膜的位置以及机体的生理心理状态等都会影响临界闪光频率。

感觉适应

由于刺激对感受器的持续作用从而使感受性发生变化的现象,叫适应。这是在同一感受器中,由于刺激在时间上的持续作用导致对后续刺激的感受性发生变化的现象。适应可以引起感受性的提高,也可以引起感受性的降低。

适应现象表现在所有的感觉中,但是,在各种感觉中适应的表现和速度是不同的。视觉的适应可分为对暗适应和对光适应。从明亮的阳光下进入已关灯的电影院时,开始什么也看不清楚,隔了若干时间之后,就不是眼前一片漆黑,而是能分辨出物体的轮廓了。这种现象叫对暗适应。对暗适应是环境刺激由强向弱过渡时,由于一系列相同的弱光刺激,导致对后续的弱光刺激感受性不断提高:开始的5—7分钟,感受性提高得很快,经过1小时后,相对感受性可提高20万倍。从黑暗的电影院走到阳光下时,开始感到耀眼眩晕,什么都看不清楚,只要稍过几秒钟,就能清楚地看到周围事物了。这种现象叫对光适应。对光适应是环境刺激由弱向强过渡时,由于一系列的强光刺激,导致对后续的强光刺激感受性迅速降低。对暗适应产生的原因是由于视杆细胞的视紫红质被分解,突然进入暗处尚未恢复,所以不能立即看清物体。到暗处后需要等待一段时间来恢复,即视紫红质的合成增多,含量逐渐增加,对弱光刺激的感受性逐渐提高,这样就能逐渐看清物体。反之,由暗处初到强光下,感光物质大量分解,对强光刺激的感受性很高。神经细胞受到过强的刺激,所以只感到眼前一片光亮,甚至引起疼痛,睁不开眼,同样看不清物体。经过片刻,感光物质被分解了一部分之后,对强光的感受性迅速降低,就能看清物体了。在适应过程中,除视网膜的感光细胞发生变化外,还有中枢机制的参与。实验表明,在对暗适应的情况下,短时间给被试者的一只眼睛以亮光,结果另一只眼睛的感受性也受到影响。

与视觉的适应比较,听觉的适应就很不明显。有人认为,一般的声音作用之后,听觉感受性有短时间的降低,并且听觉的适应具有选择性:在一定频率的声音作用下,只降低对该频率(包括邻近频率的声音)的感受性,而不降低对其他频率声音的感受性。但也有人认为,即使是一个普通强度的声音持续作用,也不会有听觉的适应现象。如果用较强的连续的声音,像工厂高音调的机器声持续作用于人,确实会引起听觉感受性降低的适应现象,甚至出现听觉感受性的明显丧失。

触压觉的适应很明显。我们安静地坐着时,几乎觉察不到衣服的接触和压力。实验证明,只要经过3秒钟左右,触压觉的感受性就下降到约为原始值的25%。温度觉的适应也很明显。例如,我们在游泳池游泳的时候,开始觉得水是冷的,经过两三分钟后,就不再觉得水冷了。相反,我们在热水中洗澡的时候,开始觉得水很热,但经过两三分钟后,就觉得澡盆中的水不那样热了。但是,对于特别冷或特别热的刺激,则很难适应或完全不能适应。痛觉的适应是很难发生的,即使有,也极为微弱。只要注意一集中到痛处,你马上就会感到疼痛。正因为痛觉很难适应,它才成为伤害性刺激的信号而具有生物学的意义。

"入芝兰之室,久而不闻其香;入鲍鱼之肆,久而不闻其臭。"这是嗅觉的适应。嗅觉的适应速度，以刺激的性质为转移。一般的气味经过1—2分钟即可适应，强烈的气味则要经过十多分钟，特别强烈的气味（带有痛刺激的气味）令人厌恶，难以适应甚至完全不能适应。嗅觉的适应带有选择性，即对某种气味适应后，并不影响对其他气味的感受性。厨师由于连续品尝，到后来做出来的菜越来越咸，是味觉的适应现象。

适应能力是有机体在长期进化过程中形成的。它对于我们感知外界事物、调节自己的行为，具有积极的意义。在夜晚的星光下和白天的阳光下，亮度相差达百万倍，如果没有适应能力，人就不能在不断变化的环境中精细地感知外界事物，正确地调节自己的行动。

感觉对比

感觉对比是同一感受器接受不同的刺激而使感受性发生变化的现象。这是同一感受器中不同刺激效应相互影响的表现。对比分两类：同时对比和先后对比。

几个刺激物同时作用于同一感受器会产生同时对比现象。这在视觉中表现得很明显。如图6-2，把一个灰色小方块放在白色的背景上，看起来小方块就显得暗些；把相同的一个灰色小方块放在黑色的背景上，看起来小方块就

图6-2　感觉对比

显得明亮些；同时，在相互连接的边界附近，对比更加明显。如果把一个灰色的小方块放在绿色的背景上，看起来小方块显得带红色；把相同的灰色小方块放在红色的背景上，看起来小方块显得带绿色。彩色对比在背景的影响下，向着背景色的补色方面变化；同时，在两色的交界附近，对比也特别明显。

刺激物先后作用于同一感受器会产生先后对比现象。例如，吃了糖之后，紧接着就吃广柑，觉得广柑很酸；吃了苦药之后，接着喝口白开水也觉得有点甜味；凝视红色物体之后，再看白色物体，就会出现青绿色的后象等。

联觉

某种感官受到刺激时出现另一种感官的感觉和表象，这种现象称为联觉。一种感觉兼有另一种感觉的印象，时而近似于感觉，时而近似于表象，好像是与直接感觉一起产生的，但不是由人们自己随意想象出来。

最常见的是色温联觉,即看见某种颜色就会产生或冷或暖的温度觉。我们平常说的冷色调、暖色调就是这个意思。还有味色联觉,例如,人们看见黄色常常产生甜的感觉,看见绿色会产生酸的感觉。另外,在某些人中,酸味会引起头皮发痒的触觉,锯金属的尖声会引起蚁走感觉,等等。

联觉不是个别人的幻想,看来似乎有某种普遍性。例如,我们经常听到人们说"甜蜜的噪音""沉重的乐曲""明快的曲调""尖酸的气味",这些联觉现象是由于日常生活中各种感觉现象经常自然而然有机地联系在一起。

二、知觉的特征

当我们行走在林荫道上,不仅看到各种颜色,听到各种声音,闻到各种气味,而且认识到这是美丽的街心花园,那是汽车在行驶,人群川流不息,即在我们头脑中产生了花园、汽车、人群的整体形象。这就是知觉。知觉和感觉一样,都是刺激物直接作用于感觉器官而产生的,都是我们对现实的感性反映形式。但是知觉是人对外部世界大量刺激冲击我们感官的感觉信息组织和解释的过程,它具有对象性、整体性、理解性和恒常性等不同于感觉的基本特征。

重大研究:知觉能力(特恩布尔,1961)

在说明人的知觉能力时,特恩布尔(Turnbull,1961)的这篇短文被频繁引用。有意思的是,特恩布尔是一位著名的人类学家而不是心理学家,没有确切的理论主张,也没有使用严格、科学的方法。在1950年代末1960年代初,他进入扎伊尔(现在的刚果)的一片森林研究俾格米人的生活和文化,所采用的研究方法是自然观察法,也就是观察在自然情境中发生的行为。

有一次特恩布尔外出考察,他穿过森林从一个俾格米部落到另一个部落。随行充当向导的是当地的一个小伙子肯格(大约22岁)。由于常年生活在森林中,肯格有生以来从未看到过远处的风景。在平原上放眼望去,肯格看到一群野牛正在几英里外吃草。要知道相隔那样远的距离,野牛投射到肯格视网膜上的映像(感觉)是很小的。肯格转向特恩布尔问道:它们是什么昆虫?特恩布尔回答说那是野牛,那些野牛甚至比肯格以前在丛林里看到过的还要大。肯格立刻笑了起来,认为他是在开玩笑,并再次询问那是些什么昆虫。"然后,他自言自语,觉得他的这个同伴实在不够聪明,并试图把野牛比成他所熟悉的各种甲虫和蚂蚁。"特恩布尔立刻回到车里,和肯格一起开车接近吃草的野牛。肯格是个勇敢的年轻人,但当他看到动物的形体在不断增大时,他挪到特恩布尔身旁,小声地说这应该是魔法。最后,当他们到达野牛身旁,看到野牛的真实大小时,肯格不再害怕,但他仍不明白为什么刚才它们看起来是那样小,并且怀疑它们是不是在刚才那段时间里渐渐长大的,或者这其中是不是有人在耍花样。

当两个人继续驱车来到一个湖边的时候,发生了类似的情况。这是一个很大的湖,在两三英里外有一艘渔船。肯格不相信几英里外的那条船大到足以装下几个人。他断言那不过是一块木头,直到特恩布尔提醒他有关野牛的那次经历后,肯格才惊异地点头表示同意。

在回到森林前的日子里,肯格观察远处的动物并试着猜测它们是什么。特恩布尔明白,肯格已明显不再感到害怕或怀疑,而是在不断让自己的知觉适应这种全新的感觉信息,并且他学得很快。

这篇简短的研究报告通过举例说明了我们是如何获得知觉恒常性的。知觉恒常性不仅是经验习得的结果,而且这些经验还会受到我们居住地区的文化和环境的影响。在肯格生活的丛林中,没有开阔的景象。实际上,他们的视野通常被限制在30米以内。因此对于俾格米人来说,没有发展大小恒常性的条件。如果仔细想想的话,你会发现他们在那儿也没有必要发展这种能力。虽然研究者没有进行直接验证,但这些同族的俾格米人很可能有更发达的识别图形—背景关系的能力。因为按此逻辑,对俾格米人来说,分辨出藏在周围植物背景中的动物(特别是那些极为危险的动物)极其重要。这种知觉的能力对于居住在现代工业文明社会中的人们来说,则不是那么重要了。

特恩布尔的研究引燃了先天与后天的论战,在这场论战中行为科学家们就行为受生理还是环境(学习)影响进行了热烈讨论。显然,特恩布尔关于肯格知觉能力的观察报告支持了后天因素或环境因素一方的观点。在布莱克莫尔和库珀(Blakemore & Cooper,1970)一系列引人注目的研究中,他们让小猫在黑暗的环境中长大,只能看到垂直或水平的条纹。不久,他们把猫从黑暗的环境中取出,发现只看垂直条纹的猫只能对环境中物体上的垂直条纹做出反应,对水平条纹则毫无反应;相反,只看水平条纹的猫只能知觉水平的图形。猫的视觉能力没被损害,但是一些特殊的知觉能力没有得到发展,这种特殊的缺陷是不可弥补的。

然而,另一项研究表明,我们的某些知觉能力可能是一出生就存在的,也就是说,是自然得到而无须学习的。比如,有一项研究是在同样亮度下,让新生儿(出生才3天)看彩色(红、绿、蓝)的方形光束和灰色的方形光束。所有的新生儿观看彩色光束的时间明显多于灰色光束。在3天时间里,对新生儿来说不太可能有机会学会对颜色的偏爱,所以这些发现可以证明我们的某些知觉能力是天生的(Adams,1987)。

关于我们的知觉能力的来源,还没有得出一个总结性的结论。这一领域的研究必然会延续下去。(选自 Roger R. Hock 著/白学军等译,2010)

知觉的对象性

感觉系统为我们提供的是各种感觉信息——光、色、声、嗅、味和触,但我们知觉到的却是一个统一体或完整具体的对象。知觉的这种特性称为知觉的对象性或选择性。一棵树是一个统一体,尽管它具有各种属性和部分。产生统一体的知觉,首先要把知觉对象从背景中区分出来。

只有当刺激物之间有某种差别时,一部分刺激物才能成为知觉的对象,而另一部分刺激物便成为背景,从而使知觉对象从背景中分离出来。这是产生知觉的必要条件。有人曾做过实验,让被试观察一个半球体的内部,这个半球体的内部被漆成均匀的灰色或白色。当把照明减低到被试看不出半球内的细微结构时,他也就看不出是一个表面,而看成是"轻雾"弥漫在无限的空间里,完全没有知觉的分化,这种现象称为空虚视野。在这样一个知觉域中,被试是没有对象知觉的。如果在空虚视野条件下,使视野的一半略亮于另一半,并使这种差别处于阈下,这时被试看到的整个视野的亮度仍是均匀的。如果在两个亮度的分界线上加上一条影线,这时被试看到的视野分成了两部分:一个亮些,另一个暗些,两者之间有了明显的界限。这说明,当视野中没有界限,形不成轮廓时,知觉倾向于均匀化,没有对象知觉;当视野中刺激有差别时才会产生对象。

知觉的对象与背景相比较,形象清楚,好像突出在背景的前面,而背景则好像退到它的后面,变得模糊不清。例如,当我们注视教师板书时,黑板上的文字被我们清晰地知觉到,而黑板附近的墙壁、挂图等好像退到它的后面成为模糊的背景。从背景中区分出知觉对象,依存于下列两个条件:一是对象与背景之间的差别。对象与背景之间的差别越大,对象从背景中区分出来就越容易;反之,则越困难。二是注意的选择作用。当注意指向某个事物时,该事物便成为知觉的对象,而其他事物便成为知觉的背景。当注意从一个对象转向另一个对象时,原来的知觉对象就成为背景,知觉对象便发生了新的变化。因此,支配注意选择性的规律,也是知觉对象从背景中分出的一条规律。

知觉的对象与背景是相互依存、相互转化的。如前所述,在均匀化的知觉域中不可能有对象知觉,因而也不可能有知觉的背景。当我们从注视教师的板书转移到注视挂图时,挂图成了清晰的对象,而黑板上的文字则成了知觉的背景。知觉对象和背景的相互转换在双歧图中表现得尤为明显。如图6-3a可以知觉为黑色背景上的白色花瓶,又可以知觉为白色背景上的两个侧面人像。图6-3b可以知觉为翘鼻子的少妇,又可以知觉为一位老太婆。而图6-3c这幅达利的名画中,拱门下的白色天空可以看成是伏尔泰的前额和头发,两位女士服装上白色的部分是他的两颊、鼻子和下巴。

a   b   c

图6-3　对象与背景转换的双歧图

知觉的整体性

知觉的对象有不同的属性,由不同的部分组成,但我们并不把它感知为个别孤立的部分,而总是把它知觉为一个有组织的整体。知觉的这种特性称为知觉的整体性或知觉的组织性。格式塔心理学家曾对知觉的整体性做过许多研究,提出知觉是按照一定的规律形成和组织起来的,其组织原则如下:(1)邻近原则。在空间上彼此接近的刺激物更容易被知觉为一个整体。(2)相似性原则。那些在大小、形状、颜色或形式上相似的刺激物更容易被知觉为一个整体。(3)连续性原则。好的连续或自然的延续也是一个知觉的组织原则。(4)闭合原则。闭合指人努力将一个图形知觉为一个连续的完整形状的倾向。(5)接近原则。接近指在时间和空间上的相接、连续或相邻。两个事物在时空上的连续或相邻,可以造成人对二者间因果关系的知觉。(6)同域原则。处于同一地带或同一区域的刺激物更容易被视为一组。或许,同域原则可以解释为什么人们总是习惯于根据国家、地区或地理位置来划分人群。

很显然,我们每天都在按照格式塔原则知觉事物。早期的格式塔心理学家强调,知觉的组织性是刺激本身的自然特点,是人的先天的完形倾向,无关过去经验。但是,大量的研究(包括一些跨文化研究)表明,知觉的组织性与人的知觉经验有直接的联系。现代认知心理学家用"自下而上"和"自上而下"加工(取自计算机的语言)同时进行的观点来解释知觉中的部分和整体的关系。所谓自下而上加工,是指知觉系统直接依赖于外部世界输入信息的作用,而不受主体经验影响的过程。所谓自上而下加工,是指知觉系统是知觉者以其知识和概念结构作用于环境从而确定知觉对象意义的过程。看来,知觉的形成确实是这两种加工同时进行的。

知觉的理解性

人对于知觉的对象总是以自己的过去经验予以解释,并用词来标志它。知觉的这一特性称为知觉的理解性。我们对感觉信息的解释,通常采取假设检验的方式,即从提出假设到检验假设的过程。一些所谓"不可能图形"能很好地说明这个问题。现在请看图6-4,人们运用"水往下流"的假设(命名)对感觉信息进行检验,但出现了矛盾,因而困惑不解。当然,平常我们对熟悉对象的知觉,假设检验过程都是压缩的,是一种无意识推论的过程。只是在知觉困难时假设检验的推论过程才显现出来,才被我们觉察到。

图6-4 流不完的水

在言语知觉中,知觉的理解性是很明显的。在一个实验(Warren & Warren, 1970)中,向被试呈现下列句子:

It was found that the ＊eel was on the axle.

(＊eel 被听成 wheel)

It was found that the ＊eel was on the shoe.

(＊eel 被听成 heel)

It was found that the * eel was on the orange.

（* eel 被听成 peel）

It was found that the * eel was on the table.

（* eel 被听成 meal）

在每个句子中"*"都表示一个音素被非言语的声音所代替。结果发现，上述四个句子甚至关键词都是相同的，但被试根据上下文的理解却报告分别听到了"wheel"（车轮）、"heel"（脚后跟）、"peel"（果皮）和"meal"（膳食）。被试对"*"词的识别通常不是立即完成的，而是靠对随后各个词的知觉而实现。看来，知觉过程是无休止地在我们真正知觉到的与我们想要知觉到的差异之间作修正的过程。

上述两个例子也说明，知觉的理解性有助于我们从背景中区分出知觉对象，有助于我们形成整体知觉，从而扩大知觉的范围，使知觉更加迅速。

知觉的恒常性

当知觉对象的物理特性在一定范围内发生了变化的时候，知觉形象并不因此发生相应的变化。知觉的这种特性称为知觉的恒常性。例如，一个

图 6-5 "大"鬼追"小"鬼?

花瓶，从不同的距离、角度和明暗条件下去看它，固然视网膜上的物像各不相同，但仍将其知觉为同一个花瓶。知觉恒常性现象在视知觉中表现得很明显、很普遍，主要表现为下列几种：

（1）大小恒常性。在一定的范围内不论观看距离如何，我们仍倾向于把物体看成特定的大小。例如，同样的一个人站在离我们3 米到 5 米、15 米的不同距离处，他在我们视网膜上的像因距离不同而有很大改变；但是我们看到这个人的大小却是相对不变的。这是大小恒常性现象。请看图 6-5，是大鬼在追小鬼吗？其实两个鬼的大小尺寸是一样的，或者说在视网膜上的投影是一样大的。但因为增加了深度线索，上面那个鬼就被置于较远的位置，而下面的那个鬼被置于较近的位置。由于大小恒常性会自动发生作用，上面那个就看起来大些了。这是一个错觉图，正可以用知觉恒常性的误用来

解释。

(2)形状恒常性。尽管观察物体的角度发生变化,但我们仍倾向于把它感知为一个标准形状。铁饼的形状,只有它的平面与视线垂直的时候,它在网膜上的视像形状才是圆形的。如果偏离了这个角度,网膜上的视像形状便或多或少不同于圆形。但是,在后一种情况下,我们看到铁饼的形状仍然相对不变。这是形状恒常性现象。

(3)明度恒常性。尽管照明的亮度改变,但我们仍倾向于把物体的表面亮度知觉为不变。在强烈的阳光下煤块反射的光量远大于黄昏时白粉笔所反射的光量,但是即使在这种情况下,我们还是把煤块知觉为黑色的,把粉笔知觉为白色的。这是明度恒常性现象。请看图6-6,你能相信A与B是

图6-6　A和B是一样的?

同样的灰色方块吗?事实就是这样! 其中的原理与对图6-5的解释一样,你能解释吗? 另外,这个图用来说明大小恒常性、形状恒常性、颜色恒常性等也不错。

(4)颜色恒常性。尽管物体照明的颜色改变了,我们仍把它感知为原先的颜色。例如,不论在黄光照射下还是在蓝光照射下,我们总是把一面国旗知觉为红色。这是颜色恒常性现象。

与其他知觉特性一样,除视知觉外,知觉恒常性还表现在其他知觉领域中。例如,当我们转动头部的时候,虽然声音对听觉器官的作用条件发生了变化,但我们感到声音的方位并没有变化,这是方位知觉恒常性现象。知觉恒常性在人的生活实践中具有重大意义,它使人能在不同的情况下,按照事物的实际面貌做出反映。如果知觉不具有恒常性,人就难以适应瞬息万变的外界环境。

重大研究:大小恒常性(荆其诚,1963)

对象大小的视知觉,一方面取决于物体的大小,大对象投射在视网膜上

的视像较大,小对象的视像较小;另一方面也取决于对象的距离,视网膜像的大小与对象的距离成反比,对象近时视像变大,对象远时视像变小。例如,在 10 米处观察一个对象时视网膜上的投影比在 1 米处观察时小 10 倍。但实际上,在知觉不同距离的物体时,所看到的物体大小却都近乎物体的实际大小。这说明我们的大小知觉具有稳定不变的性质。

在知觉心理学中,要区别物体的物理大小和知觉大小。前者是物体的实际大小,后者是人主观感觉到的大小。同样,也要区别物体的物理距离和知觉距离。前者是物体的实际距离,后者是主观感觉的距离。根据几何学的透视原理,对象在视网膜上的视像随着距离的增加而减小。如果想保持视网膜像的大小不变,随着距离的增加,对象本身的大小必须增加。这个关系称为欧基里德定律,可用方程式 $a = A/D$ 表示,其中 a 为视网膜像的大小,A 为对象大小,D 为对象和眼睛的距离。这个公式也是计算大小知觉恒常性的基本公式。

距离能影响大小知觉,反过来,大小也能影响距离知觉。荆其诚等(1963)在野外自然观察条件下,要求被试在 250 米长的场地的一端将这一距离分为 4 段相等的距离,并分别将 4 组圆盘插在地面上,作为等距离的标志。(1)知觉组,圆盘的大小是人对于同一个圆盘在 4 个不同距离上所产生的知觉大小;(2)固定组,圆盘大小固定;(3)透视组,在不同距离上的圆盘按几何透视的规律逐个增大,使其形成的视角相等;(4)递减组,圆盘大小随 4 段距离的增加依次递减 20%。实验结果,用透视组的圆盘做标志时,对等距离出现超估;圆盘大小固定或递减时,对等距离出现低估。等距离判断的准确性与圆盘标志的大小存在着函数关系。

荆其诚等(1963)利用偏振镜片改变两眼辐合角度的实验中,当刺激物的大小保持不变只改辐合时,知觉大小随辐合距离的改变而变化,即在视网膜像不变的情况下,辐合角度越大(辐合距离越小),对象的知觉大小越小;辐合角度愈小(辐合距离越大),对象的知觉大小越大。荆其诚等进一步的研究发现,在两眼辐合角度不变的情况下,刺激物移近,知觉大小按视网膜像的几何学规律增大。当改变两眼辐合角度,而刺激物的实际距离并不改变时,知觉大小介于恒常值和按辐合距离计算的视角值之间。在这种情况下大小知觉基本上按照 $a = A/D$ 的规律变化,即在 a 固定的情况下,D 改变,A 也随着变化。但 A 和 D 的变化比例不完全一致,A 的变化慢于 D 的变化。一只眼睛多年失明的单眼被试,其大小知觉符合视角的规律,即无大小恒常性。总之,当改变对象的距离时,视网膜像大小的变化与两眼辐合所引起的知觉大小的变化,方向是相反的。当知觉一定距离的刺激物时,视网膜上形成一定大小的视像,同时两眼视轴也辐合在该刺激物的距离上。当刺激物的距离变近时,视像就增大,但是辐合距离的变近(辐合角度增大)却使知觉大小缩小,二者的作用相互抵消了。这种在中枢产生的调节作用基本上保持了知觉大小的恒常性。实验证明,大小恒常性是视网膜像和眼肌运动联合活动的结果,同时还与人对知觉对象的理解有关。

三、物体知觉

物质存在的基本方式是时间和空间;时间与空间特性的结合进而产生运动的属性。物体知觉是相对于对人知觉而言的,它需要充分反映物体在空间、时间及运动方面的特征。

空间知觉

空间知觉是指对物体在空间的存在形式,如形状、大小、远近、深度、方位等空间特性的反映。物体的形状知觉是靠视觉、触摸觉和动觉来实现的。我们在观察物体时,物体在视网膜上留下其形状的投影,并向我们的大脑提供视觉信息;而我们的眼睛沿着观察对象的边缘轮廓扫描,为我们提供动觉信息;当我们的双手在物体表面触摸,就提供了触觉信息。三种信息传递给大脑,大脑对这些信息进行综合分析与处理,就产生了形状知觉。

物体的大小知觉与知觉对象本身的大小及其在视网膜上呈现的像的大小有关。在距离相等的情况下,物体投射在视网膜上的视像与物体的大小成正比:物体大,视像大;物体小,视像小。同一物体,它投射在视网膜上的视像与其离眼睛的距离成反比:距离近,视像大;距离远,视像小。

深度知觉指的是对物体距离的知觉,也称立体知觉。我们的视网膜是二维的,同时又没有"距离感受器",那么我们是怎样知觉三维空间,把握客体与客体、客体与主体之间在位置、方向、距离上的各种关系的?根据已有资料,一般用单双眼线索来解释。单眼线索主要强调视觉刺激本身的特点,包括对象的相对大小、遮挡、明亮和阴影、结构级差、空气透视、线条透视、运动视差以及晶体调节等;双眼线索则强调双眼的协调活动所产生的反馈信息的作用,主要就是双眼视轴的辐合和双眼视差的作用。这其中,双眼视差对于深度知觉的形成起着至关重要而又常常不为人知的作用。图6-7示意了双眼视差与深度知觉形成的原理。图6-7a 示意双眼在注视同一物体时,两眼视线的角度有所不同,因而在两眼视网膜上所构成的两个影像稍有差异。图6-7b 的两张照片为左、右眼看同一植物时各自所见的东西。你可以把一个10—13 厘米高的纸板或纸片垂直放在两张照片中间,把鼻梁贴近纸板,让每只眼睛只看到一张照片。放松你的眼睛,这样它们就会沿平行的直线看出去,就像看远处的东西。然后,你试着把这些叶子统合成一个图像,三维立体图就会魔术般地出现。图6-7c 是基于同样的原理用计算机编排的随机点立体视图。如果幸运,你会看到一个菱形体悬浮在背景之上。有的读者可以不借助任何辅助设施就看到图6-7b 和图6-7c 的立体图,也有些读者需要借助特别设计的实体镜才能看到立体的效果。

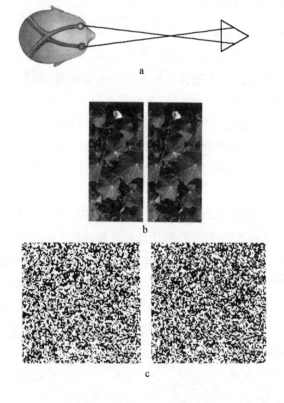

图 6-7　双眼视差与深度知觉

至于方位知觉,是指人对物体的空间关系和物体自身在空间所处位置的知觉。方位知觉是人在三维空间中生存的重要手段,它是由各种感觉协调活动实现的。人们对物体方位的知觉主要是由视觉、听觉、触摸觉、运动觉和平衡觉获得的。例如人们在出行时对道路走向的印象就是一种简单的方位知觉,用耳辨听方向是一种听空间的方位知觉,去野外露营时能分清东、南、西、北是对环境的方位知觉。

时间知觉

时间知觉是指在不使用任何计时工具的情况下,对时间的时刻、长短、顺序等特性的反映。与空间知觉相比,时间知觉并非由固定刺激所引起,我们也没有像空间知觉的眼睛和耳朵那样提供线索的专门的感觉器官。

时间知觉对每个人来说个体差异是很大的。一般来说,年纪越小对时间的估计越不准确,如小学生常常将几分钟或十几分钟估计成一节课的时间。随着年龄增长、生活经验丰富,特别是经过一定的职业技能训练,人们对时间的估计会越来越准确。如有经验的篮球运动员以精确的"时间感"来把握投篮出手的时间,教师能将课堂内容安排得有条不紊。当然时间知觉还与人们活动的内容、动机、态度有密切关系。如果活动内容丰富,人们又对活动有兴趣,就会觉得时间过得真快,相反,会觉得时间过得很慢。

在缺乏计时工具为参照的情况下,获得时间知觉的线索可能有外在和内在两个方面。外在线索可能包括:(1)自然环境的变化:诸如日出、日落、天明、天暗以及气温变化等。(2)生活中的工作程序:诸如工作完成多少,读了几页书,写了多少字,走了多远路,这些都可以作为时间判断的线索。内在线索可能包括:(1)生理上的日节律:在长期生活中养成的习惯,诸如晚上什么时间就寝,早上什么时候起床等,久而久之形成了一种生物钟。(2)新陈代谢的作用:身体上新陈代谢作用快时,感觉时间过得快,反之则感觉时间过得慢。

运动知觉

运动知觉是对物体在空间位移和位移快慢的反映。运动知觉可分为真动知觉和似动知觉。真动知觉是对物体本身真正的空间位移和移动速度的知觉。虽然事物都是处在不断的运动之中的,但并不是任何种类的运动变化都能被我们察觉到。有些运动太慢,如钟的分针移动、花的开放,我们无法看清。有些运动太快,如电影银幕上画幅的移动,白炽灯的闪烁,我们也看不出来。我们刚刚可以辨认出的最慢的运动速度,称为运动知觉下阈。运动速度加快超过一定限度,看到的是弥漫性的闪烁。这种刚刚能看到闪烁的速度称为运动知觉上阈。运动知觉的阈限用视角/秒表示。据荆其诚等(1957)测定,在 2 米距离时,运动知觉的下阈为 0.66 毫米/秒,上阈为605.22 米/秒。另外,运动知觉的差别阈限约为 20%。

似动知觉是指在一定的条件下人们把客观上静止的物体看成是运动的,或把客观上不连续的位移看成是连续的。似动知觉主要有下列几种形式:(1)动景运动,也称最佳运动、Φ 现象。在看弹页动画书、电影时,我们知觉到的物体运动并不真实存在,只是连续呈现的很相似而又一个接一个的画面而已。实际上没有动的刺激物,在适当间隔的条件下却感知到它运动。这种现象的产生是由于视觉后象的作用,使我们把断续的刺激知觉为一个整体刺激。(2)自主运动。在一间黑屋子里,你站在屋子的一头,在另一头安排一个亮点(如烟灰缸里一支点燃的香烟,或一只不透光的盒子里放一只电灯,再罩上一个盒子,在盒子壁上戳一个小孔),注视这个光点几分钟,光点会古怪地动荡起来。在没有月光的夜晚,仰视天空的某一亮点几分钟,这些亮点也会游动起来。造成自主运动的原因,可能与眼睛的不随意运动有关,也可能是视野中缺乏参照物之故。(3)诱导运动。在没有更多的参考标志的条件下,两个物体中的一个在运动,人可能把它们中的任何一个看成是运动的。我们可以把月亮看成在云彩后面移动,也可以把云彩看成在月亮前面移动。其实,相对于云彩来说月亮并没有移动,只是运动着的云彩"诱导"出静物月亮好像在运动。(4)瀑布效应。用眼睛盯住唱片中心看,然后突然将转盘停住,有几秒钟,你会看到唱片仿佛向相反方向旋转。在看流水时也会产生同样的效应,凝视河水流动,然后再看一个固定处,例如看河岸,仿佛它们朝相反的方向流动。螺旋图案在转动时,看起来像是朝外膨胀,停下来又好像朝里收缩。一些放射线或一条半径也能产生这一效应。

重大研究:Φ 现象(韦特海默,1910)

1910 年仲夏,在一列从德国中部飞驰而过的火车上,年轻的心理学家韦特海默(Max Wertheimer,1880—1943,图 6-8)远眺着窗外的风景。电线杆、房舍和山顶尽管是静止不动的,可看起来却似乎在与火车一起飞奔。这是为什么呢? 人人都知道这是一个错觉,也都视其为当然,但韦特海默却认为这事儿必须有个解释。

这个疑团使他联想到另外一种错觉——动景器。它的基本原理与电影差不多,作为一种玩具在当时非常流行。不管是电影还是动景器,都是一系列以几分之一秒的时差所留存下来的照片或展示其最细微变化的画面快速地在眼前通过,给人留下连续运动的印记。几十年来,这种现象广为大家所知,却从未有人给出过令人满意的解释。爱迪生和其他一些在 19 世纪发明电影的人,大都满足于获取这一效果,根本无心理睬它的成因。然而,就是在这辆火车上,韦特海默突然直觉到了答案的所在。此时,他刚刚在魏茨堡获得博士学位,那里的许多心理学家根本不理睬冯特原则,追求

图6-8 完形心理学的创始人韦特海默

通过内省法探索有意识的思维。他突然意识到,运动错觉的成因可能并不发生在许多心理学家所认为的视网膜上,而是发生在意识深处,极有可能是某种高级的心理活动在连续的图片之间提供出转接,从而对运动产生了感知。他立马放下窗外的移动风景,将心思转移至这一问题上来。

当时,韦特海默正在维也纳大学就阅读障碍进行研究,此番正要赶往莱因兰度假。这一想法使他激动异常,于是急不可待地在法兰克福跳下列车,要去拜谒舒曼(F. Schumann)教授,他是感知方面的专家,当时在法兰克福大学。进城后,韦特海默去玩具店买来一只动景器,在旅馆里把玩了一整天。这只动景器中有马和小孩的图片,如果控制好其速度,就可以看见马在得儿得儿地行走,还可以看见小孩子在走路。韦特海默用一张纸片代替那些画面,并在纸片的两个位置上画两根彼此平行的线条。他发现,用一种速度转时,他先看到一根线条,然后才在另外的地方看到另一根线条;用另一种速度转时,两根线条则平行在一起;再换一种速度转,看到有一根线条从一个位置移动至另一个位置。就这样,他开始了一次具有历史意义的实验,一种全新的心理学理论即将从中产生。

第二天,韦特海默打电话给舒曼,将自己观察到的现象及对该现象的猜

测和解释讲给他听，并征询他的看法。舒曼解释不出个所以然来，但同意让韦特海默使用他的实验室和设备，包括他亲自设计的新型速示器——使用者可调节装有幻灯片的轮子速度，将一个视觉刺激在瞬间暴露给观看者，还可使用在不同位置装有幻灯片和三棱镜的轮子让观看者看到变换的不同图片。速示器可精确地加以控制，而动景器只是粗浅的演示。韦特海默需要一些志愿者充当实验的被试，舒曼便把他介绍给自己的助手之一苛勒（W. Köhler），苛勒又介绍了另一位助手考夫卡（K. Koffka）。他们两个比韦特海默年纪要轻（当时韦特海默 30 岁，苛勒 22 岁，考夫卡 24 岁），但都对生理学中的新心理学派和冯特的门徒们所忽视的高级精神现象极有兴趣。他们立即着手工作，此后成为终生的朋友和同事。

韦特海默没有成婚，还有一份额外的收入——他父亲是布拉格一所成功的商业学校的校长——因而可以随心所欲地支配自己的时间。于是，他放弃了自己的度假计划，在法兰克福一待就是半年。他让苛勒、考夫卡和考夫卡的妻子充当被试，进行了一系列试验。按照在旅馆里所做的初期实验模式，韦特海默的基本实验是轮流投影一条 3 厘米长的水平线条和另一根在它下面的约 2 厘米长的线条。在投影速率较低时，他的被试（他们在很长时间后才知道他想干什么）先看到一条线，然后是另一条线；速率较高时，两条线可同时看到；速率中等时，一条线平滑地向下面的线条移动，然后又返回。为变些花样，韦特海默使用一根竖直的线条和一根水平的线条。速度刚好时，他的被试可看到一条线以 90 度的角度来回运动。在另一个变换中，他使用了许多灯。如果速度恰好达到临界点，那么，看起来就像是只有一盏灯在移动一样。他还使用了多根线条，并将之涂成不同的色彩，设计成不同的形状。在每种情况下，它们都能制造出运动错觉。即使他将正在进行的事情告诉三位被试，他们也无法对此视而不见。在其他许多种变换中，韦特海默都力图排除此类现象是由眼睛运动或视网膜残留而引起的可能。

他得出的结论是，这种错觉是"一种心理状态上的事"，他将之称为 Φ 现象。他说，Φ 这个字母，"表明的是存在于 a 和 b 的感知之外的某种东西"，它来自于大脑的"心理短路"，短路的地方就位于受神经冲动刺激的两个区域之间，而神经冲动又来自由 a 和 b 刺激的视网膜区。

这个生理学意义上的假定在他以后的研究中并不突出，突出的是韦特海默的理论，即运动错觉的发生不是在感觉的水平上，不是在视网膜区，而是在感知中，在意识中。在这里，由外面进入、互不关联的感觉被视作一种组织起来、具有自身意义的整体。韦特海默将这种总体感觉叫做"格式塔",一个德语词汇,原意为外形、形状或配置,他在这里用以表示被作为有意义的整体而感知到的一组感觉。这样看来,他花费数月所进行的工作似乎只是解释了一个小小的错觉。但实际上,他和同事已埋下了心理学中格式塔学派的种子,随即成为一个极大地丰富和扩展了德国与美国心理学的运动。(选自 M. 亨特著/李斯、王月瑞译,1999)

重大研究:大范围首先(陈霖,1982)

视觉过程是从哪里开始的? 先看见树木还是先看见森林? 这是视觉科学中一个一直被争论不休的基本问题。长期以来国际主流观点都认为视觉是从点、线等简单图形开始的,从局部到整体。而 30 年前,一个名不见经传的中国人在国际权威学术刊物《科学》杂志上发表了一篇论文,独创性地提出了"大范围首先"的拓扑性质知觉理论,向主流的"局部首先"理论发起了挑战。这是改革开放后中国学者在《科学》上发表的第一篇科学论文,作者陈霖(1982)当时既没有学位也没有职称。

如何才能从极为错综复杂的心理现象中,从浩如烟海的文献中,形成有生命力的科学理论? 陈霖说:"这需要敢于挑战教科书、敢于挑战直觉常识的勇气和魄力。"在人们的常识中,一个物体是由部分构成的,局部先于整体似乎不容怀疑。近代知觉研究中,主流观点都认为视觉过程是从局部到整体。基于巧妙的实验和深刻的思考,陈霖恰恰对人们根深蒂固的直觉常识发起挑战,提出视觉过程是从大范围性质到局部性质。这一观点刚提出来的时候,几乎所有的主流科学家都反对他。他没有放弃,甘坐"冷板凳",坚持自己的看法,并不断用科学方法加以验证。与主流观点相抗衡的 30 年里,陈霖和他的团队成功地将"大范围首先"理论应用到视觉以外的其他认知层次,包括注意、学习、记忆、意识、情感等。"经过 30 年的努力,我们可能做对了一件事,即开始找到认知的基本单元。"陈霖说。

在《科学》等权威杂志上发表文章一般可分为两种:一种是在热门大潮流中的重大发现,这样的文章是皆大欢喜;另外一种是反潮流的文章,越是原创性的思想越容易遭到质疑。面对国内外同行的各种质疑,陈霖用严谨的科学态度,用大量严格、细致的实验来不断论证、完善自己的理论。通常一篇心理学论文包括几个实验即可,而陈霖和他的团队单篇论文包含 20 个左右实验已成为标准。30 年来，"大范围首先"理论的证据来自十多种不同的心理科学实验方法，来自从视觉直到意识和情绪的几乎所有认知层次，来自大脑损伤的病例，来自初生婴儿、高龄老人的发展实验，来自蜜蜂、斑马鱼、鼠、猴的进化实验，还来自磁共振成像、脑磁图、脑电图、透颅磁刺激、皮层直接记录、光遗传技术等各种脑成像方法的神经表达实验。陈霖说，"大范围首先"理论的实验证据已使得说它"不对"比说它"对"还要困难。一位海外同行这样评论："陈在过去 20 多年积累的令人印象深刻的实验证据毫无疑问地动摇了我们现在理解视觉过程的基础。"

"大范围首先"理论走的是一条非主流的创新道路。敢为天下先，就必须敢于面对急风暴雨式的学术批评。陈霖说，健康的学术批评是科学文化的重要组成部分，也是发展"大范围首先"理论的重要动力。他举例说，2003 年发现"大范围首先"的脑成像证据的论文在《科学》杂志上发表，仅投稿过程就达 4 年以上，几个补充的更充分的对照实验都是在审稿者的推动下完成的。"我们面对的都是世界上最聪明的人，我们的理论就是在他们一次次的学术批评中完善起来的。"对此，陈霖心怀感激。

如今，"大范围首先"理论依然充满生命力。陈霖团队的成果被《科学》《美国科学院院报》等著名学术刊物多次刊登。2004 年，著名知觉杂志《视觉认知》以专辑的形式刊载了陈霖团队的成果并配发了大量国际著名学者的评论性文章。在与持不同学术观点学者的争论和交流中，他用令人信服的实验不断完善和论证这一假说，使之被越来越多的同行所接受，成为中国学者对认知科学重大基础问题的原创性贡献。陈霖于 2003 年当选中国科学院生物学部院士，2004 年因在认知科学方面的杰出贡献获"求是杰出科学家奖"。（选自吴晶晶，2012）

四、社会知觉

社会知觉是相对于物体知觉的，是对人的知觉。在社会知觉过程中，认知者和被认知者总是处在相互影响和相互作用的状态。因此，在认知他人、形成有关他人的印象的过程中，由于认知主体与认知客体及环境因素的作用，社会知觉往往会发生这样或那样的偏差。从社会心理学的角度来看，这些偏差无非是由于某些特殊的社会心理规律的作用而产生的对人这种社会刺激物的特殊反应。

首因效应

首因即第一印象。在社会心理学中,首因效应指的是在社会知觉过程中,最先的印象对人的认知具有极其重要的影响。如某人在初次会面时给人留下了良好的印象,这种印象就会在很长一段时间内影响人们对他以后的一系列心理与行为特征的解释。由于首因效应的存在,使得人们对他人的社会知觉往往表现出这样的倾向,即刚刚获取了有关他人的少量信息,就力图对他人的另外一些特征进行推理、判断,以期形成有关他人的统一、一致的印象。

阿希(Asch,1946)是最早研究首因效应对认知影响的社会心理学家。他以 7 种描述个人人格特征的词为刺激物,以大学生为被试研究了有关人格印象的形成过程。这 7 种人格修饰语为"精干、坚信、健谈、冷酷/热情、机智、进取、有说服力"。实验分 A、B 两组进行,除第 4 个人格修饰语不同外(A 组为冷酷、B 组为热情),给予两组被试的刺激词没有区别,提示的方式、时间间隔、重复次数也一概相同。实验结果发现,两组被试都很快根据 7 种人格修饰语描述了该人的人格形象,但两组的印象大相径庭。不仅 A 组被试说该人是个"冷型"的人,B 组被试说该人是个"热型"的人,而且两组被试都咬定,在这 7 个修饰语中,最关键的是冷酷或热情。而阿希将这个词抽出后,用另 6 个词进行的实验表明,两组被试此时形成的印象转变为中性了,已不再具有前述褒贬性质。据此,阿希得出这样两条结论:其一,印象形成是所有人格要素综合作用的结果;其二,在这些人格要素中有一种是左右印象形成的主要因素,最早出现的中心词决定第一印象。

另一位社会心理学家卢钦斯(Luchins,1948)对阿希的观点提出了批评。他认为,决定人们对他人认知的关键因素与其说是"中心词",不如说是人们的知觉顺序。换言之,第一印象是由人们先接触的人格修饰语所决定的。在他的实验中,卢钦斯用了两段杜撰的描写一个叫詹姆的学生生活片断的文字做实验材料。这两段文字描写了两种截然相反的人格特征。卢钦斯以不同顺序对这两段材料加以组合:一种是将描写詹姆性格内向的材料放在前面,描写他性格外向的材料放在后面;另一种则正好相反。接着,卢钦斯让两组水平相当的中学生被试阅读材料,并让他们对詹姆的性格进行评价。实验结果表明,先阅读的那段材料对被试进行的性格评价起着决定作用。

可以认为，阿希和卢钦斯的观点并不矛盾。在社会知觉过程中，可能"中心词"和接受"顺序"都在不同程度上左右着人们对他人人格特征的认知。在没有进一步的证据时，我们没有必要在这两者间选择"非此即彼"的答案。

近因效应

近因即最后的印象，近因效应指最后的印象对人的认知具有重要的影响。印象形成中的近因效应，最早是由卢钦斯（Luchins, 1957）在《降低第一印象影响的实验尝试》一文中提出的。在该文中，他以另一种方式重复了前面提到的那个经典实验。具体的做法是，在让被试阅读有关詹姆性格的两段描写文字之间，有一段时间间隔。即先阅读一段后，让被试做数学题或听历史故事，再读第二段。实验结果与前述实验正好相反，这时对被试进行的詹姆性格评价起决定作用的已不是先阅读的那段材料，而恰恰是后阅读的那段材料。

在社会知觉中既存在首因效应，又存在近因效应，那么，如何解释这似乎矛盾的现象呢？换言之，究竟在何种情况下首因效应起作用，何种情况下近因效应起作用呢？社会心理学家对此进行了多种解释。具体说来有这样几种看法：（1）卢钦斯认为，在关于某人的两种信息连续被人感知时，人们总倾向于相信前一种信息，并对其印象较深，即此时起作用的是首因效应；而在关于某人的两种信息断续被人感知时，起作用的则是近因效应；（2）也有人指出，认知者在与陌生人交往时，首因效应起较大作用；与熟人交往时，近因效应则起较大作用；（3）还有人认为，首因效应和近因效应究竟哪一个起作用，取决于认知主体的价值选择和价值评价。

晕轮效应

晕轮效应又称光环效应，它是指当认知者对一个人的某种人格特征形成好或坏的印象之后，人们还倾向于据此推论该人其他方面的特征。这就像刮风天气之前晚上月亮周围的大圆环（即月晕或称晕轮）是月亮光的扩大化或泛化一样，故称之为晕轮效应。平常说的"一好百好""一白遮百丑"就是这个意思。

较早对晕轮效应进行实验研究的是社会心理学家凯利（Kelley, 1950）。实验中，他告诉学生，教经济学的教授有事，暂请一位研究生代课。他先对两组学生介绍说，该研究生是个既好学又有教学经验和判断能力的人。然后对其中一组学生说,此人为人热情;对另一组学生却说,此人比较冷漠。介绍之后,凯利让这位代课教师在两个组分别主持了一次20分钟的课堂讨论,然后再让学生陈述对他的印象。实验结果发现:(1)两个组的学生对代课教师的印象大相径庭:一组认为老师有同情心、体贴人、有社会能力、富有幽默感等,另一组却认为老师严厉、专断。这表明,两个组的学生对老师的印象都夹有自己的推断成分在内,或由热情的特点推断出一系列优点,或由冷漠的特点推断出一系列缺点。(2)两个组的学生对老师的印象进一步影响到他们的发言行为:印象好的那组积极发言者达56%,而印象不好的那组积极发言的只有32%。

晕轮效应实际上就是个人主观推断泛化、扩张和定型的结果。在对人的认知中,由于晕轮效应,一个人的优点一旦变为光圈被夸大,其缺点也就隐退到光的背后被遮挡住了;反之亦然。

社会刻板印象

人们的社会认知偏差不仅发生在对个人的认知中,也发生在对一类人或一群人的认知中。社会刻板印象就是指人们对某个社会群体形成的一种概括而固定的看法。一般说来,生活在同一地域或同一社会文化背景中的人,总会表现出许多心理与行为方面的相似性。同一民族和国家的人有大致相同的风俗习惯、性格特征和行为方式,职业、年龄、性别、党派一样的人在思想、观念、态度和行为等方面也较为接近,如商人大多较为精明,知识分子一般文质彬彬,女性温柔体贴,上海人灵活善于应酬……这些相似的人格特点被概括地反映到人们的认知当中,并被固定化,便产生了社会刻板印象。

人们的社会刻板印象一般是经过两条途径形成的:其一是直接与某些人或某个群体接触,然后将其某些人格特点加以概括化和固定化;其二是依据间接的资料形成,即通过他人的介绍、大众传播媒介的描述而获得。在现实生活中,大多数社会刻板印象是通过后一条途径形成的。

社会刻板印象对人们的社会认知会产生积极和消极两方面的影响:从积极方面来看,刻板印象本身包含了一定的合理的、真实的成分,或多或少反映了认知对象的若干实际状况,因此,刻板印象有助于简化人们的认识过程,为人们迅速适应社会生活环境提供一定的便利。从消极方面来看,由于刻板印象一经形成便具有较高的稳定性,很难随现实的变化而发生变化,因此，往往会阻碍人们接受新事物。

在对人的认知中，刻板印象易导致成见。事实上，种族主义和性别歧视就是分别从国民刻板印象和性别角色刻板印象发展而来的。最早研究国民刻板印象的是美国社会心理学家卡兹和布瑞利（Katz & Braly, 1933），他们调查了 100 位普林斯顿大学学生对各民族成员与国家的国民所持的印象，结果发现被试大学生的看法相当一致：如认为美国人是勤劳的，而实利主义的犹太人是精明的、贪财的等等。我国台湾社会心理学家李本华和杨国枢（1970）也进行过类似的研究，并得出了相应的结果。国民刻板印象在一定程度上反映了不同民族的心理与行为特征，但和其他刻板印象一样，也具有十分稳定和强烈的情绪色彩。由于它的内容通常缺乏理性根据，因此，往往会发展为种族偏见和种族歧视。

性别角色刻板印象是社会生活中为人们广泛接受的对男性和女性的固定看法，比如人们普遍认为男性是有抱负的、有独立精神的、富有竞争性的，而女性则是依赖性强的、温柔的、软弱的。国外的研究发现，即使是那些自诩为思想民主的男女大学生也都认为男女之间存在、而且应该存在心理差异，他们对男性和女性分别赋予了不同的期望特征。我国台湾学者李美枝（1984）以大学生为被试进行了测验，要求被试对测验表中的 30 个男性项目、30 个女性项目和 30 个中性项目（皆由人格特质组成）进行了评定。结果发现，由男女大学生们选出的男性项目基本上由有助于个人事业成就发展的工具性特质组成，而女性项目则由与人际关系和情感发展有关的体态和气质特质组成。根据这项研究，李美枝获得了这样两点结论：（1）虽然社会结构在变迁，男女大学生们仍然存在着相当的男女有别的观念；（2）男女大学生们对男女有别的人格特质有着相当一致的看法，在这一问题上认为男女有别倒并非是男性独特的沙文主义的表现。事实上，有学者通过研究证实，由于在中国传统家庭中性别角色的分化程度（男人是这个家庭的中心）大大高于美国这样的西方国家，中国学生的性别观念中表现出来的刻板印象往往要强于美国的学生。

五、错觉

错觉是指在特定条件下对事物必然会产生的某种固有倾向的歪曲知觉。错觉不同于幻觉，它是在一定条件下必然产生的。早在两千多年前，我国《列子》一书中就载有小儿辩日的故事,所谓"日初出大如车盖而日中则如盘盂",就是错觉的一例。日月错觉是一个十分常见而有趣的例子,即太阳或月亮接近地平线时,看起来比其位于正空时要大约50%,虽然在这两个位置时太阳或月亮的视网膜投像是一样大的。

错觉的种类很多。研究得最多、也最具代表性的是几何图形错觉(图6-9)。常见的有以下一些:(1)方向错觉:一条直线的中部被遮盖住,看起来直线两端向外移动部分不再是直线了;由于背后倾斜线的影响,看起来棒似乎向相反方向转动了;画的是同心圆,看起来却是螺旋形了。(2)线条弯曲错觉:两条平行线看起来中间部分凸了起来;两条平行线看起来中间部分凹了下去。(3)线条长短错觉:垂直线与水平线是等长的,但看起来垂直线比水平线长;左边中间的线段与右边中间的线段是等长的,但看起来左边中间的线段比右边的要长。(4)面积大小错觉:中间的两个圆面积相等,但看起来左边中间的圆大于右边中间的圆;中间的两个三角形面积相等,但看起来左边中间的三角形比右边中间的三角形大。

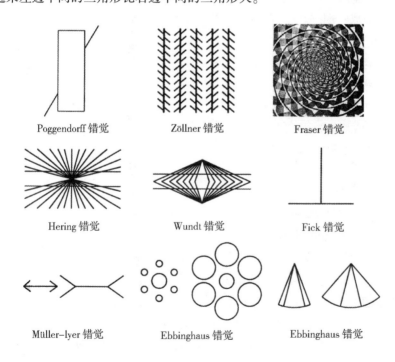

图 6-9　几何图形错觉

除了几何图形错觉外,还有:(1)形重错觉。例如,一斤铁与一斤棉花的物理重量相等,但是,人们用手加以比较时(不用仪器)都会觉得一斤铁比一斤棉花重得多。这是以视觉之"形"而影响到肌肉感觉之"重"的错觉。(2)方位错觉。例如,听报告时,报告人的声音是从扩音器的侧面传来的,但我们却感知为从报告人的正面传来。又如,在海上飞行时,海天一色,找不到地标,海上飞行经验不够丰富的飞行员分不清上下方位,往往产生"倒飞错觉",造成飞入海中的事故。还有前述的运动错觉、时间错觉等。

关于错觉产生的原因虽有多种解释,但迄今都不能完全令人满意。这是一个相当复杂的问题。客观上,错觉的产生大多是在知觉对象所处的客观环境有了某种变化的情况下发生的;主观上,错觉的产生可能与过去经验、情绪以及各种感觉相互作用等因素有关。

【知识点】

感觉阈限 感觉后象 感觉适应 感觉对比 联觉 知觉恒常性 双眼视差首因效应 近因效应 晕轮效应 社会刻板 错觉

【思考题】

1. 感觉的基本规律有哪些?

2. 知觉不同于感觉的特征有哪些?

3. 知觉组织的原则有哪些?

4. 知觉恒常性有哪些表现?

5. 空间知觉有哪些现象?

6. 时间知觉有哪些现象?

7. 运动知觉有哪些现象?

8. 社会知觉常发生哪些偏差?

9. 讨论日月错觉。

【扩展阅读】

1. 王甦、汪安圣:《认知心理学》(重排本),北京大学出版社 2006 年版。

2. 彭聃龄、张必隐:《认知心理学》,浙江教育出版社 2004 年版。

3. 乐国安、韩振华:《认知心理学》,南开大学出版社 2011 年版。

4. 高湘萍:《知觉心理学》,人民教育出版社 2011 年版。

5. 郑全全:《社会认知心理学》,浙江教育出版社 2008 年版。

6.〔美〕罗伯特·L. 索尔所:《认知心理学》(第七版),邵志芳、李林译,上海人民出版社 2008 年版。

7.〔加〕齐瓦·孔达:《社会认知——洞悉人心的科学》,周治金、朱新秤等译,人民邮电出版社 2013 年版。

第七讲

学习与记忆

学习与记忆是我们再熟悉不过的现象了。不过,我们这里要讨论的学习与平常所说的学习有所不同,它是指学习者因经验而引起的行为、能力及心理倾向等的比较持久的变化。这些变化不是因为成熟、疾病或药物引起的,而且也不一定表现出外显的行为。按照传统教育的观点,总是一味强调要"努力学习""用心记忆",以取得好的学习成绩。但是,当代心理学,尤其是认知心理学的进展,已经使我们对学习与记忆的心理机制有了更深刻的理解,也有了很多新的启示。比如,记忆不是单一的过程,而是一个系统;遗忘也不仅仅是消极的,而是有着积极意义的。

一、经典条件作用

上世纪初,俄国生理学家巴甫洛夫用条件作用实验法研究大脑皮质的机能,创立了以条件作用形成为基础的高级神经活动学说。这被称为经典条件作用学说。

条件反射的建立

巴甫洛夫把有机体的反射区分为在种族发生中遗传下来的无条件反射和个体发生中所获得的条件反射两种。无条件反射是与生俱来的反射,是动物在进化过程中适应环境而获得的神经联系。这种反射为数有限。新生儿只有三种无条件反射:(1)食物反射:如奶头放在嘴里就会自动吮吸,食物放在嘴里就会分泌唾液;(2)防御反射:如东西刺激眼睛就眨眼,火烫到手手就缩回;(3)朝向反射:如把眼球和头转向刺激的光源。这些都是动物和人所共有的,是从遗传而来、不学而能的。引起无条件反射的刺激叫无条件刺激。无条件反射的神经通路是与生俱来的固定的神经联系。它是由中枢神经系统的低级部位(脑干和脊髓)来实现的,但高等动物的无条件反射受大脑皮质的支配和调节。

无条件反射只能使动物适应固定的环境,是有机体出生以后生长和发展的先天基础。正因为无条件反射只能对比较少的刺激发生反应,并且具有刻板的、固定的性质,因此就不足以使动物适应异常复杂和经常变化着的生活条件。试想,动物如果只依靠无条件反射生活,例如,只有当食物放到嘴里才会吃,火烧到身上才会逃走,那么就不能维持生命。为了适应变化着的生活条件,使有机体与环境保持动态平衡,在有机体的生活过程中就形成了另一种反射——条件反射。

重大研究:条件反射(巴甫洛夫,1927)

巴甫洛夫(Ivan P. Pavlov,1849—1936,图7-1)出生于俄国一个乡村牧师的家庭,在当地的神学院受教育,后来就读于彼得堡大学,专修动物生理学,1875年获得学位后,成为医学院里生理学的高级研究生,后来又出国去深造,与当时最

图7-1 巴甫洛夫在实验室

杰出的生理学家们一块儿从事研究。回国以后,巴甫洛夫任职于彼得堡军事医学院,将全部身心都投入到了关于消化的研究上,并以其消化方面的杰出研究获得了1904年的诺贝尔生理学奖。在19世纪早期,心理学还是一门十分年轻的科学,很多人认为它不是真正的科学。巴甫洛夫并不愿意做一名心理学家,相反,作为一名严谨的自然科学家,巴甫洛夫十分反对当时的心理学,反对过分强调"心灵""意识"等看不见、摸不着的仅凭主观臆断推测而得的东西。他甚至威胁说,如果有谁胆敢在他的实验室里使用心理学术语,他会毙了他!

然而,一个如此鄙视心理学的人,却在心理学研究方面做出了重大贡献,虽然那并不是他的初衷!巴甫洛夫在心理学界的盛名首先是由于他关于条件反射的研究,而这种研究却始于他的老本行——消化研究。正是狗的消化研究实验将他推向了心理学研究领域,虽然在这一过程中他的内心也充满了激烈的斗争,但严谨的治学态度终于还是使他冒着被同行责难的威胁,将生理学研究引向了当时并不那么光彩的心理学领域。巴甫洛夫

（Pavlov，1927）所创立的经典条件反射实验，是先给狗做一个唾液瘘，使唾液流到体外，以便进行记录和测量。首先使用一个与食物无关的中性刺激，如铃声，动物只注视铃声的方向，但不分泌唾液。铃声单独作用几秒钟后给动物喂食物，并使铃声和食物结合作用10—20秒（即用无条件刺激物强化），引起大量的唾液分泌。这样多次结合后，铃声单独出现，动物也分泌唾液，这时条件反射就形成了。本来与唾液分泌无关的铃声，现在成了喂食的"信号"，即成为信号刺激或条件刺激。

为了直观地体验经典条件反射的过程，你可以在自己身上进行以下实验。你所需要的只是一只铃铛、一面镜子和一间关灯后一片漆黑的房间，这个房间就是你的临时实验室。你的瞳孔会根据灯光亮度的变化而产生扩大和缩小的反应。你无法随意地控制瞳孔，而且也不必去学怎样控制它。如果我对你说"现在请你放大瞳孔"，你是无法做到的。然而当你走进黑暗的剧场，瞳孔会立即扩大。因此，光线的减弱对瞳孔扩大来说是一种无条件刺激，导致无条件反应。请在"实验室"中按铃后随即关上灯。在黑暗中等待大约15秒后再打开灯。再等15秒后重复这一过程：按铃……关灯……等15秒钟……开灯……将中性刺激（铃声）和无条件刺激（黑暗）构成的组合重复20—30次，确定铃声只在突然的黑暗前出现。现在，打开灯，靠近镜子仔细观察自己的眼睛，按铃后你将看到即使没有灯光的变化，你的瞳孔也会有轻微的放大！于是，铃声变成了条件刺激，瞳孔扩大变成了条件反应。

条件反射的建立需要一定的条件，其中最主要的条件是中性刺激（无关刺激）必须与无条件刺激在时间上结合起来。中性刺激与无条件刺激在时间上的结合，称为强化。强化的次数越多，条件反射就越巩固。凡能有效地作用于体内外的各种刺激，包括时间因素以及事物间的关系等，只要得到强化，都可以成为条件刺激，形成条件反射。条件反射的类型主要是由无条件反射决定的，中性刺激与吃食引起唾液分泌反应相结合，形成食物分泌条件反射；与损伤性引起的防御、逃避反应相结合便形成防御条件反射、逃避条件反射。如果一种条件反射已经巩固，再用另一个新的中性刺激与这个条件刺激相结合，还可以形成第二级条件反射。例如，铃声同吃食结合形成巩固的食物分泌条件反射，再用灯光和铃声结合，也可以形成食物分泌条件反射。同样，在已巩固的第二级条件反射的基础上，还可以建立第三级条件反射。在人身上可以建立很多级数的条件反射。

现在，巴甫洛夫的经典条件反射学说已经成了支撑现代心理学发展的基础理论之一,它可以解释和说明许多人类行为,包括恐惧症从何而来,你为何不喜欢某种食物,什么是你情绪的来源,广告是如何发生作用的,为何在面试或考试前你会感到焦虑,是什么引起你的性欲,等等。

巴甫洛夫曾经写下了生理学家在研究大脑时所面临的两难境地:"从逻辑上讲,生理学家对生物的行为分析应该建立在更先进、更精确的科学,即物理和化学的基础上。但是我们如果试着走近心理科学……我们将把我们的上层建筑建立在这门并不精确的学科上……事实上,心理学是否是一门自然科学,或者是否可以被看作一门科学,仍是一个值得探讨的问题。"如此看来,巴甫洛夫的科学发现对于心理学的进步和增进我们对人类行为的理解而言都是一大幸运。到老年的时候,巴甫洛夫对心理学的态度有了松动,他认为:"只要心理学是为了探讨人的主观世界,自然就有理由存在下去。"但这并不表明他愿意把自己当作一位心理学家。直到弥留之际,他都念念不忘声称自己不是心理学家。尽管如此,鉴于他对心理学领域的重大贡献,人们还是违背了他的"遗愿",将他奉为杰出的心理学家。

条件反射的抑制

巴甫洛夫认为,大脑皮质的基本神经过程是兴奋和抑制,以及它们之间的转化。兴奋过程表现为条件反射的建立和出现,即由条件刺激引起机体的积极反应,如分泌反应、运动反应等。抑制过程则表现为条件反射的抑止,即反应不出现或强度减弱。抑制可分为两类:无条件性抑制和条件性抑制。

无条件性抑制与无条件反射一样,是有机体生来就具有的先天性的抑制,包括外抑制和超限抑制。(1)外抑制。任何额外的新异刺激,都可以暂时抑制条件反射的正常出现,这种现象称为外抑制。人们在日常生活中,突然出现一声巨响或一个惊异的消息,便不由自主地终止原来正在进行的工作,这是外抑制的一种表现。(2)超限抑制。当刺激过于强大、过多或作用时间过久时,导致条件反射广泛而长期的抑制,这种现象称为超限抑制。小动物被猛兽追逐时,突然倒地不动,是超限抑制的一种表现。

条件性抑制是后天获得的抑制,也称内抑制。内抑制发生的根本原因是条件刺激不被无条件刺激所强化。内抑制的形成需要经历不强化的过程。这种抑制主要有消退抑制和分化抑制。(1)消退抑制。条件反射建立后,如果多次只给条件刺激而不以无条件刺激加以强化,条件反射的反应强度将逐渐减弱,最后将完全不出现。例如,对以铃声为条件刺激而形成唾液分泌条件反射的狗,只给铃声,不用食物强化,多次以后,则铃声引起的唾液分泌量将逐渐减少,甚至完全不能引起分泌,出现条件反射的消退。消退发生的速度,一般是,条件反射越巩固,消退速度就越慢;条件反射越不巩固,就越容易消退。(2)分化抑制。在条件反射开始建立时,除条件刺激本身外,那些与该刺激相近似的刺激也或多或少地具有条件刺激的效应。例如,用500赫的音调与进食相结合来建立食物分泌条件反射。在实验的初期阶段,许多其他音调同样可以引起唾液分泌条件反射,只不过它们跟500赫的音调差别越大,所能引起的效应就越小。这种现象称为条件反射的泛化,或简称泛化。以后,只对条件刺激(500赫的音调)进行强化,而对近似的刺激不给以强化,这样泛化反应就逐渐消失。动物只对经常受到强化的刺激(500赫的音调)产生食物分泌条件反射,而对其他近似刺激则产生抑制效应。这种现象称为条件反射的分化。

人类的条件反射

根据信号刺激的特点,巴甫洛夫把大脑皮质的功能分为第一信号系统活动和第二信号系统活动。凡是以直接作用于各种感觉器官的具体刺激为信号刺激而建立的条件反射系统,称为第一信号系统活动,这是动物和人类共有的。但对于人类,不仅周围环境中的具体事物可以起信号作用,抽象的词也可以作为信号刺激,引起条件反射活动。词语信号的条件刺激作用,在我们日常生活中是十分普遍的。例如,成语故事中的"望梅止渴"就是一例。一次,曹操在行军途中被断了水源,将士们口渴难耐。曹操心生一计,指着前面说:前有梅林,梅子甘酸,可以解渴。将士闻之,想起梅子的酸味,嘴里流出了口水,于是不再感到口渴了。这里,"梅子"一词代表着具体梅子的形状、颜色、味道等而起信号作用,成为第一信号的信号,所以称为第二信号。由词语作为信号刺激而建立的条件反射系统,称为第二信号系统活动。

作为第二信号系统刺激物的语词,是对现实的具体事物的抽象和概括,具有一定的含义。人的第二信号系统是以语词的意义,而不是以它的物理性质(说话的声音和文字的形象)作为刺激而引起信号活动的。这是人类和动物的条件反射活动的根本区别。虽然人们可以用一些词使动物形成条件反射,但动物对这些词的意义并不理解,而只是对词的声音刺激或视觉刺激的直接作用发生反应。动物没有第二信号系统活动,只有第一信号系统活动。

由于人类有了语言文字,形成了第二信号系统,两种信号系统的活动就密不可分地联系在一起。因而,人的第一信号系统也就在本质上不同于动物的第一信号系统。动物条件反射的形成决定于刺激的生物学意义。人的条件反射的形成决定于刺激的社会意义。正是由于这个特点,人对刺激的反应常与动物有所不同。例如,动物碰到火或看到火,只会发生避火以免受到烧伤的防御无条件反射或条件反射,而人可以在抢救人民的生命财产时表现出冲向火海的英雄主义行为。我们在研究心理活动的生理机制时,必须注意人的高级神经活动这个重要特点,不能把人和动物等同起来,用纯生物学的观点来解释人的行为。

二、操作条件作用

这类条件作用是斯金纳(Burrhus B. Skinner, 1904—1990,图7-2)根据他所设计的实验结果在1930年代提出的。斯金纳将饥饿的动物(老鼠、鸽子)置于斯金纳箱中(Skinner, 1948),开始动物胡乱地碰碰这、碰碰那,偶尔前肢拨弄到了杠杆,这时自动装置就送来食物对它的适宜反应进行强化(奖赏)。如此反复地尝试,凡踩到杠杆,即取得食物,从而形成了条件作用。在此基础上,也可以进一步强化训练动物只有特定的信号如灯光、铃声出现后,才拨弄杠杆取得食物。这类条件作用的特点是动物必须通过自己的某种活动或操作才能得到强化,所以叫操作条件作用。

在操作训练时,强化可以是积极的,也可以是消极的,前者叫奖赏,后者叫惩罚。食物对于饥饿的鸽子,水对于渴了的白鼠,都是积极的强化物。这些刺激物能使动物去做给奖励以前它们正在做的事情。用积极强化物进行条件作用实验,称为奖励的训练程序。动物学会去按一个横棍,以停止对它的爪子的电击,或跳过一个障碍物以避开强烈的气流。按横棍或跳过障碍物的反应之所以被加强,是因为它们停止了惩罚刺激。用消极强化物进行条件作用实验,称为回避的训练程序。

图7-2　斯金纳在实验中

操作条件作用与巴甫洛夫条件反射（也称经典条件作用）有许多类似的地方。它们都是随着强化次数的增多而巩固，随着不强化而消退，也都有泛化、分化以及自然恢复等现象。操作条件作用和经典条件作用的差别在于：第一，在操作条件作用中，有机体的反应是骨骼肌的活动，是一种能控制的、随意的行为；在经典条件作用中，有机体的反应是不随意的，多半是植物性神经系统控制的活动。第二，在经典条件作用中，有机体是被动地接受强化的；在操作条件作用中，有机体要通过操作活动改变环境才能得到强化。

但是，这种差别并不是绝对的。米勒（Miller,1969）在其《内脏和腺体反应的学习》一文中提出了自主神经系统所控制的某些功能可由意识来控制的理论，给出了许多在研究自主神经系统中操作条件作用方面的成功实验，认为这两种条件作用并非是两个根本不同的事物，而是同一事物在不同条件下的不同表现。根据这个设想，运用操作条件作用学习方法会产生任何可能通过经典条件作用学习方法得到的内脏反应。生物反馈就是运用操作条件作用原理，将体内的某一生理活动信息（如肌电活动、皮肤温度、心率、血压、脑电等）检测出来，并对特定方向上的变化给予奖赏，以促进这一方向的变化，达到对这一局部活动的控制。在动物和人身上做的生物反馈实验的大量资料表明：(1)自主神经系统的操作条件作用在心跳加快和减慢、血压变化、胃肠收缩、血管容积、皮肤温度、腺体分泌、尿量形成等方面都是可行的；(2)这些反应是对某一特定的、作为强化物的刺激所做出的反应，也都可以表现出分化、消退、泛化等特征；(3)这些学得的内脏反应有特异性，而非神经系统一般兴奋所出现的反应，也非激活状态的结果；(4)不仅自主神经系统的反应可以通过操作条件作用训练进行调节控制，而且大脑高级中枢本身的某些电活动（脑电波的频率和振幅、脑低级部位某些神经核的电活动）也都能通过训练发生变化。

三、观察学习

按照条件作用的说法，个体行为的学习都是通过奖励或惩罚达到学习目的的。这对于动物来说，也许可以成立，因为动物的学习能力及行为的可变性是有限的。但对人类的学习而言，则未必尽然，因为人类的认知、技能、态度、观念等很多是来自间接经验的。所谓"耳濡目染""见贤思齐""见善则迁"等,都是超越了奖惩的外在控制的。

美国心理学家班杜拉(Bandura,1977)提出的社会学习理论强调观察学习的作用。观察学习是由学习者在社会情境中,通过观察别人的行为表现方式及行为后果(得到奖励或惩罚)间接学到的。间接学习的过程,即是模仿;模仿的对象,称为榜样。学习者在模仿榜样的行为时,也许是由自己的外显行为表现出来,也许只是内在的记取,无论如何,多少总带有认知的性质。"见贤思齐"的"见"与"思"在意义上都是认知。对榜样的行为进行模仿时,学习者为自己的行为订下一个标准,而该标准是以榜样的行为为根据的。学习者有了标准以后,就时常拿来评判自己、改正自己,这叫自我规范。自我规范的结果,如果觉得自己的行为符合了标准,就会感到满足;满足之后自然就加强了自己所模仿的行为。这种心理效应称为自我增强。

观察学习不但可以超越通过赏罚控制学习直接经验的限制,而且可以超越事先设计学习情境的限制,随时随地都可以学习。不过,是否产生观察学习需要具备一定的条件,班杜拉指出以下几点:(1)榜样所表现的行为具有明确的后果(之后受到了奖励或惩罚);(2)学习者对榜样的形象持有正面态度(榜样是学习者的偶像);(3)榜样与学习者之间在人格特质上有相似之处;(4)学习者对榜样的观察模仿能获得外在增强或自我增强;(5)所欲观察模仿的榜样的行为能够明确认定;(6)所欲观察模仿的榜样的行为是学习者力所能及的。

重大研究:"芭比娃娃"(班杜拉,1961)

心理学上有一个被称为"芭比娃娃"的很有名的实验,它阐述了儿童是怎样习得攻击行为的。这项研究是由班杜拉(Albert Bandura, 1925— ,图7-3)和他的助手于1961年在斯坦福大学完成的。班杜拉认为,学习是人格发展的主要因素,并且这种学习发生在与他人的相互作用之中,比如,在你的成长过程中,父母、老师等重要人物强化某一行为而忽视或者惩罚其他行为。班杜拉认为除直接的鼓励和惩罚之外,行为

图7-3　社会学习论的创始人班杜拉

的塑造还有一种重要的方式,即可以通过简单地观察、模仿(或以别人为榜样)其他人的行为而形成。早期研究结果证明,儿童很容易模仿作为榜样的成人的行为。在班杜拉的这项研究中,他想探讨孩子是否会将这种模仿学习泛化到榜样不出现的情境中去(Bandura et al. ,1961)。

研究者计划让儿童分别观察两名成人,一名表现出攻击行为,另一名不表现出攻击行为,随后在没有榜样出现的新情境中对儿童进行测试,以了解儿童在多大程度上模仿他们观察到的成人攻击行为。依照这种实验操作,研究者做出了4种预测:(1)观察到攻击行为的被试不论榜样是否在场,都会模仿成人做出类似的攻击行为。而且这种行为明显不同于观察到非攻击行为或根本没有榜样的被试。(2)对于观察到非攻击行为的儿童,他们的攻击性不仅比观察到攻击行为的儿童更低,而且也明显低于无榜样的控制组儿童。换句话说,非攻击性榜样能起到抑制攻击行为的作用。(3)因为儿童倾向于认同父母或与自己同性别的其他成人,被试模仿同性榜样的行为远远超过模仿异性榜样的行为。(4)由于在社会上,攻击行为主要是一种极典型的男性行为,所以男孩比女孩更倾向于模仿攻击行为,尤其是在向被试呈现男性榜样时差异更明显。

参加这项研究的被试是斯坦福大学附属幼儿园的36名男孩和36名女孩,他们的年龄在3—6岁之间,平均年龄为4岁零4个月。24名儿童被安排在控制组,他们将不接触任何榜样;其余的48名被试先被分成两组:一组接触攻击性榜样,另一组接触非攻击性榜样,随后再按男女分组,最后各组分出一半被试接触同性榜样,另一半接触异性榜样。这样最终得到8个实验组和1个控制组。你可能会问这样一个问题:如果某些儿童原先就比其他人更有攻击性怎么办? 班杜拉通过事先获得每个被试的攻击性评定等级来克服这种潜在的问题。一名实验者和一名教师(都是对这些儿童非常了解的)对这些儿童的身体攻击、语言攻击和对物体的攻击行为进行评定。这些评定结果使实验者可以依据平均攻击水平对各组被试进行匹配。

每个儿童分别单独接触不同的实验程序。首先,实验者把一名儿童带入一间活动室。在路上,实验者假装意外地遇到成人榜样,并邀请他过来"参加一个游戏"。儿童坐在房间的一角,面前的桌子上有很多有趣的东西。随后,成人榜样被带到房间另一角落的一张桌子前,桌子上有一套儿童拼图玩具、一根木槌和一个1.5米高的充气芭比娃娃。实验者解释说这些玩具是给成人玩的,然后便离开房间。无论在攻击情境还是在非攻击情境中,榜样一开始都先装配拼图玩具。一分钟后,攻击性榜样便开始用暴力击打芭比娃娃:榜样把芭比娃娃放在地上,然后坐在它身上,并且反复击打它的鼻子,随后把芭比娃娃竖起来,捡起木槌击打它的头部,之后猛地把它抛向空中,并在房间里踢来踢去。这一攻击行为按以上顺序重复三次,中间伴有攻击性的语言,比如"打它的鼻子……打倒它……把它扔起来……踢它……"和两句没有攻击性的话:"它还没受够""它真是个顽强的家伙"。这样的情况持续将近 10 分钟。在无攻击行为的情境中,榜样只是认真地玩 10 分钟拼图玩具,完全不理芭比娃娃。10 分钟的游戏以后,在各种情境中的所有被试都被带到另一个房间,那里有非常吸引人的玩具,如救火车模型、喷气式飞机、包括多套衣服和玩具车在内的一套娃娃,等等。研究者相信,为了测试被试的攻击性反应,使儿童变得愤怒或有挫折感会令这些行为更可能发生。为了实现这种目的,他们先让被试玩这些有吸引力的玩具,不久以后告诉他这些玩具是为其他儿童准备的,并告诉他可以到另一间房间里去玩别的玩具。

在最后的实验房间内,有各种攻击性和非攻击性的玩具。攻击性玩具包括芭比娃娃、一个木槌、两支掷镖枪和一个上面画有人脸的绳球。非攻击性玩具包括一套茶具、各种蜡笔和纸、一个球、两个娃娃、小汽车和小卡车,以及塑料动物。允许每个被试在这个房间里玩 20 分钟,在这期间,评定者在单向玻璃后依据多条指标对每个被试行为的攻击性进行评定。图 7-4 是当时的一些实验场景。

图 7-4　芭比娃娃实验场景

总共评定了被试行为中的 8 种不同反应。为清楚起见,在此我们只概述 4 种最鲜明的反应。首先,研究者记录所有对榜样攻击行为的模仿,包括坐在芭比娃娃身上,击打它的鼻子,用木槌击打它,用脚踢它,把它抛向空中。第二,评定被试对攻击性语言的模仿,记录他重复"打它,打倒它"等的次数。第三,记录被试用木槌进行的其他攻击行为(也就是用木槌击打娃娃以外的其他东西)。第四,用列表的方式列出成人榜样未做出而被试自发做出的身体或语言的攻击行为。观察者把研究发现概括为表7-1。如果你仔细查看此表,就会发现这些结果支持了班杜拉在实验前提出的4种假设中的3种,只有关于无攻击榜样能对攻击行为产生抑制作用的假设因为矛盾的结果而未获得支持。

表7-1 儿童在不同处理条件下攻击反应的平均数

攻击类型	榜样类型				
	攻击性男性	非攻击性男性	攻击性女性	非攻击性女性	控制组
模仿身体攻击					
男孩	25.8	1.5	12.4	0.2	1.2
女孩	7.2	0.0	5.5	2.5	2.0
模仿言语攻击					
男孩	12.7	0.0	4.3	1.1	1.7
女孩	18.7	0.5	17.2	0.5	13.1
用木槌攻击					
男孩	28.8	6.7	15.5	18.7	13.5
女孩	18.7	0.5	17.2	0.5	13.1
自发攻击					
男孩	36.7	22.3	16.2	26.1	24.66
女孩	8.4	1.4	21.3	7.2	6.1

班杜拉宣称,他们已经证明特定行为(在这里指暴力行为)是怎样通过观察和模仿而习得,即使其中不给榜样或观察者以任何强化物。班杜拉的结论是:成人的行为向儿童传递了这样一个信息,即这种形式的暴力行为是允许的,这样便削弱了儿童对攻击行为的抑制。班杜拉指出,当儿童以后遇到挫折时,他们可能更容易表现出攻击行为。至于为什么攻击性的男性榜样对男孩的影响明显大于女性榜样对女孩的影响,班杜拉解释说,在美国的文化中,也是在世界大部分国家的文化中,攻击行为被看成是典型的男性行为,而不是女性行为。换句话说,它是一种男性化的行为。所以,攻击性的男性榜样带有更大的社会认可度,也因此可能对观察者的影响更大。

在实验进行的时候,班杜拉可能还没想到它将来会产生多大的影响。

1960 年代初期的美国,电视已经成为一种重要力量,消费者们开始逐渐认识到电视暴力对儿童的影响。对于这个问题,一直存在着激烈的争论。两年后,班杜拉和他的那两位助手进行了一项后续研究,目的是考察电视或其他非人类的攻击榜样对被试的影响力。他们使用了类似于"芭比娃娃研究"的实验方法,以比较真人榜样和在电影或卡通片中榜样的相同攻击行为。结果证明,真人榜样影响力最大,电影榜样位居第二,卡通片中的榜样名列第三。但不管怎么说,3 种形式的攻击性榜样对儿童的影响都比非攻击性榜样或无榜样明显得多(Bandura et al.,1963)。

令人振奋的是,班杜拉在后来的研究中发现,在特定的条件下榜样的暴力影响可以被改变。回顾一下他早期的研究,实验者并未对榜样和被试的攻击行为给予奖赏。但你是否想过,当儿童观察到榜样因暴力行为而得到强化或惩罚时又会怎么样? 班杜拉检验了这种观点,并发现当儿童看到暴力行为受奖励时,他们会更多地模仿暴力行为;当榜样的暴力行为受惩罚时,他们会明显减少对攻击行为的模仿(Bandura,1965)。

对班杜拉这些研究的批评指出,对充气娃娃的攻击行为不同于对人的攻击,并且孩子们知道这两者的不同。在班杜拉研究的基础上,其他研究者检验了榜样的暴力行为对真正攻击行为的影响。在一项研究中,研究者使用了班杜拉的芭比娃娃的实验方法,先让孩子们观察成人榜样的暴力行为,然后使他们产生很大的挫折感。此时,孩子们常常会对真人(穿得像小丑的一个真人)产生暴力行为,不论这个人是否是引起挫折感的原因(Hanratty et al.,1972)。

班杜拉的研究对心理学至少有两方面的基本贡献。首先,它在很大程度上说明了儿童的新行为是怎样通过简单地模仿成人而习得的,甚至成人可以并不真正出现。社会学习理论认为,构成一个人人格的许多行为都是通过模仿形成的。第二,这项研究为其后数以百计的关于人或媒体暴力对儿童影响的研究奠定了基础。例如,最近一项探讨设法减少学校暴力的研究指出,学生在学习了解决冲突和调停同龄人矛盾的策略后,每当冲突发生时,他们都会用非暴力和建设性的方法解决问题。而且,由于其他学生开始模仿受过培训的学生的行为,冲突更少发生,需要老师出面干预的矛盾也明显减少(Johnson & Johnson,1996)。(选自 Roger R. Hock 著/白学军等译,2010)

四、记忆系统

记忆是个体对其经验的识记、保持和再现(回忆和再认)的过程。从信息加工的观点来看,记忆就是信息的编码、储存和提取。很多人把记忆比喻为储存信息的仓库,其实不然,记忆是一个活跃的系统,包含三个阶段(图7-5):首先,外部传入的信息在感觉记忆系统中保持1—2秒钟;然后,由注意从中选择出信息,送入短时记忆系统,如果这些临时存储的新信息没有马上被编码或复述,将被遗忘;短时记忆中被编码的信息被送入长时记忆系统后,将相对长久地被保存,但是有些信息在被提取时可能会遇到困难。虽然以上的描述与大脑中实际发生的情况还相距甚远,但这种简明的记忆模型对于帮助我们了解人的记忆系统是很有用的。

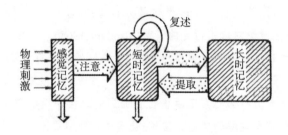

图7-5 记忆系统的工作模型

感觉记忆

感觉记忆也叫感觉登记。当刺激停止后,信息在感觉中会有一个短暂的停留,最多1—2秒钟。由于保持时间很短,又叫瞬时记忆。例如,看一道闪光,光熄了,闪光好像仍然在我们的眼睛里稍微保持了一会儿。瞬时记忆的最明显例子其实就是我们上一讲提到的视觉后象。电影是一组断续的画面,由于瞬时记忆,我们才把它们看成连续不断的活动影像。

瞬时记忆的存在是由斯帕林(Sperling,1960)的首创性实验而得到证实的。最初,他用速示器以50毫秒的极短时间向被试闪现一共3行、每行4个字母的材料,随即要被试回忆这12个字母,也即全部报告法。结果被试一般仅能回忆出其中的四五个字母。他怀疑被试并非没有"记住"当初呈现的所有字母,只不过因为保持时间极短,在进行报告时很快忘掉了不少。于是斯帕林修改了实验程序,将全部报告法改为部分报告法。如表7-2所示,仍然以 50 毫秒的极短时间闪现同样排列的一套字母,但在视觉呈现终止后,向被试随机发出 3 种音调之一:高音表示要回忆上面一行,中音表示回忆中间一行,低音表示回忆下面一行。结果被试基本上能正确地回忆任何一行中的字母。不过,这种部分报告法的成绩优势,若在字母材料呈现 1 秒钟后响起声音,也就不复存在了;如果再延缓一些时间,其结果与延缓 1 秒钟没有多大差异。这是什么原因呢?斯帕林认为,这里有一个感觉储存阶段,外界刺激信息最初是以感觉痕迹的形式被记录下来的。

表 7-2　斯帕林部分报告法的实验安排

12 个字母一套呈现时间 50 毫秒	字母呈现停止后呈现 3 种音调中的一种	被试根据音调指示报告字母
A　D　J　E	高音调	
X　P　S　B	中音调	?
N　L　B　H	低音调	

瞬时记忆的特点是:有鲜明的形象性;保持时间很短,在视觉范围内最多不超过 1 秒钟,在听觉范围内估计约在 0.25—2 秒钟之间;储存的容量受感受器的解剖生理特点决定,感觉形象可能具有大量的潜在信息。在瞬时记忆中登记的材料如果没有受到注意就很快消失,如果受到注意就转入短时记忆。

短时记忆

短时记忆与感觉记忆之间的显著差别是持续时间。感觉记忆的储存最多不超过 2 秒钟,短时记忆的储存明显要长,但最多不超过 1 分钟。例如,当你打电话时查了电话簿,记住了一个 8 位数的电话号码;你一个一个地往下拨,这就需要短时记忆。如果没有打通,隔了一段时间再拨,短时储存消失了,又需要再查。

很早以前,短时记忆就以"领会广度"和"直接记忆广度"等问题而被研究。所谓记忆广度是指某种材料在一次呈现后,被试能正确地复现出多少。典型的实验是用 2 到 12 位数的数字表,让被试跟着主试复述;主试从短到长依次念出表中数字,被试跟着一个个复述,直到被试的能力限度为止,这就是该被试的短时记忆的广度(或记忆容量)。实验表明,短时记忆的容量大约为 7±2。这个数据有两层意思。一是短时记忆的容量有相当稳定的限制，大约在 5—9 个单位之间。二是它的单位是信息"组块"或单元。例如，5437168952，如果你把这个数字读一遍后便进行回忆，那必定要出错。因为它超过了短时记忆的容量，如果你能把这些数字分为 3 组：543-7168-952，并且这 3 组数字又和日常的某些号码如电话号码、门牌号码等相类似，那么你就能把它们回忆起来。因为 3 个单位是在短时记忆的容量之内的。刚参加工作的报务员听到的是分开来的嘀嗒声，通过实践的练习，他可能把这些声音组成字母、词甚至短语。这样他的组块中的信息量就增多了。所以，短时记忆的容量，可以通过增加包含在每一组块中的信息量来增大。

短时记忆的保持时间一般在 0.5—18 秒钟。向被试呈现由 3 个辅音组成的无意义音节，如"XAR"，18 秒钟后他们都能回忆出来，但被试大都默默地进行了复述。彼得森和彼得森（Peterson & Peterson，1959）改变了实验程序，在呈现音节后，立即呈现一个数字，并要求被试做连续的减 3 逆运算，之后再来回忆。结果发现，由于被试无法复述音节，保持迅速减少；在 18 秒钟后回忆的正确率就已下降到 10% 以下。短时记忆的储存，如果不被复述，大约在 1 分钟之内衰退或消失。

处在短时记忆中的信息，好比进入了一个"复述缓冲器"（图 7-6）：如果信息得到持续不断的复述，则可以维持在当前的短时记忆中，并有可能因为更深层的加工而转入长时记忆；反之则会迅速丧失。至于丧失的原因，一种解释是记忆痕迹被动的衰退过程，短时记忆就像一个有漏洞的水桶，进去的水被一滴一滴地漏掉；另一种解释认为，这是主动的干扰过程，因为短时记忆容量有限，新的项目把旧的项目从短时储存的"槽道"中挤了出来。

短时记忆和感觉记忆的差别在于：感觉登记持续时间极短，且是我们意识不到的，但短时记忆中的储存我们是能意识到的。感觉登记的容量可能具有大量的潜在信息，短时储存的容量仅为 7±2 组块。感觉登记如果未被注意，信息大约在 1 秒钟之内消退；如果被注意，就转入短时储存。短时储存如果没复述，信息大约在 1 分钟之内丧失；如果加以复述，则可能转入长时储存。

长时记忆

短时记忆中的信息一旦转入长时记忆，从理论上讲即使不再复述也能长久地保留下来，包括数日、数周、数年、数十年……没有一定的界限。因

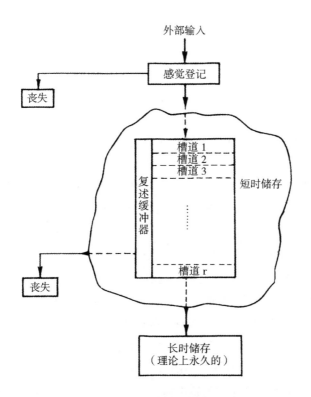

图 7-6　复述缓冲器示意图

此,长时记忆也称永久记忆。除了保持时间上的区别外,短时记忆和长时记忆的差别还表现在:(1)短时记忆中的信息我们是能意识到的,而处在长时记忆中的信息本身我们意识不到。一旦我们意识到长时记忆中的信息,例如,回忆起以往的某件事情时,该信息已经从长时记忆中提取到短时记忆中来了。(2)短时记忆的容量有限,而长时记忆的容量,虽然理论上总有一个限度,但实际上是无限的。(3)短时记忆中的信息一旦受到破坏便不能恢复,而长时记忆中的信息即使一时受到干扰,以后还能恢复。另外,现代生理学的研究表明,瞬时记忆和短时记忆是借助于神经细胞的电活动模式而实现的,长时记忆则可能与脑的生理解剖变化有关。

将材料加以组织能使输入信息有效地储入长时记忆。把新材料纳入已有的知识框架之中或把材料作为合并单元而组合为某个新的知识框架,这些过程称为组织加工。对识记材料可以用多种方式组织加工,下面介绍其中几种加工方式。

(1)类别群集。我们在记一系列项目时总是倾向于将它们按一定的类别来记忆。在一个实验中,向被试呈现 60 个单词。它们分属于动物、人名、职业、蔬菜 4 个类别(不是按每种类别分别呈现,而是随机呈现)。要求被试进行自由回忆。结果发现,被试很容易将属于同一类别的单词集中在一起回忆。词表中的单词如果分属于几个类别,其回忆成绩远优于由无关联的单词所组成的词表(Bousfield,1953)。

(2)联想群集。建立联想把孤立的识记材料建构为一个大的组块,有助于长时记忆。所谓联想就是由一种经验想起另一种经验,或由想起的一种经验又想起另一种经验。亚里士多德曾指出,一种经验的发生必伴以与它一道出现的,或与它相似的或与它相反的经验而发生。这就是被后人认为最主要的 3 条联想定律:接近律(由一种经验而想到在空间上或时间上与之接近的另一种经验)、相似律(由一种经验想到在性质上与之相似的另一种经验)和对比律(由一种经验想到在性质上或特点上与之相反的另一种经验)。在一个实验中,将桌子—椅子、男人—女人等词汇,无论怎样打乱呈现,被试仍出现按接近联想或对比联想等记忆的倾向(Jenkins & Russell,1952)。这说明联想群集是组织加工的一种方式。

(3)主观组织。学习无关联的材料,既不能分类也没有联想意义上的联系,这时被试倾向于主观的组织加工。在一个实验中,以很短的时间向被试呈现 16 个无关联的单词(如帽子、照片、羊、祖父……),让他们自由回忆,然后,令其再次学习相同的词表并再次回忆,如此反复多次。结果发现,随着重复次数增加,成绩逐渐上升。第 1 次学习词表后只能回忆出约 6 个单词,第 16 次学习后已能回忆出 15 个单词。同时还发现,被试在连续各次实验中有以相同顺序回忆单词的倾向。这种以相同顺序回忆单词的倾向就是被试在头脑中把词表中的单词进行主观组织的结果(Tulving,1962)。例如,某个被试由于多次见过祖父的照片,在实验开始时把“祖父”与“照片”联系在一起,随着实验的进程,他不断地向这个基本组合体加进其他的单词,将它们构成一个有联系的整体来记忆,从而提高了记忆效率。

(4)意义编码。学习无意义的材料,如果赋予它一定的意义,进行意义编码,有助于长时记忆。例如,识记 MER 这个无意义音节,如果你想到它与MARE(牝马)有些相似,并联系这个词义来记,就容易记住。又如,要记住下列数字:149162536496481。如果看不出这些数字间的意义联系,就很难记。如果看出了这些数字的一种意义结构:1,4,9,16,25,36,49,64,81,即“从 1 到 9 的整数的平方”,那就容易记了。总之,不要孤立地去记东西,而要找出事物之间的关系,赋予一定的意义,就容易记住。

(5)心象化。对于故事和诗歌或单词,如果能在头脑中形成心象来记忆,其效果远优于机械地重复记忆。一般来说,记忆具体形象或画面比记忆言语要容易些;记忆能引起心象的具体词汇(如苹果、兔子)比记忆抽象的词汇(如和平、正直)要容易些。在一个实验中,向被试呈现诸如"狗—烟卷"之类的对偶词表,要求实验组在心中想出某种形象来描绘两个词之间的联系(如一条狗在吸香烟)来识记,要求对照组多次复述加以识记。结果发现,实验组的成绩约比对照组高两倍(Bower,1972)。

(6)记忆术。为了便于记忆而将信息加以组织的技巧称为记忆术。记忆术的基本原则是使新信息同熟悉的已编码的信息相联系,从而便于回忆。记忆术主要有自然语言媒介法、地点法和视觉心象法。自然语言媒介法是指把要记的材料同长时记忆中已有自然语言的某些成分(如词义、字形、音韵等)相联系以提高记忆的效率。例如,在记对偶的无意义的音节"PAB-LOM"时,把它读成"Pabulum"(食物),在学习"小狗—香烟"时,把它说成"小狗吃香烟",就很容易记住。甚至更为复杂的材料或一串单词,如果把它们编成有韵律的顺口溜或一个故事来记,也很有助于记忆。例如,孤立地去记12对脑神经的名称:第1对叫嗅神经,第2对是视神经……是相当困难的。但如果把它们编成有韵律的顺口溜——"一嗅二视三动眼,四滑五叉六外展,七面八听九舌咽,迷副舌下在后面"就容易记了。我国传统的乘法口诀、珠算口诀等都是借助于自然语言媒介法来帮助记忆的。地点法是指把要记的材料想象为放在自己熟悉地方的不同位置上,回忆时在头脑里借助其位置进行提取。例如,为记住某次开会遇见的几个人的姓名,可以在心里想着将他们按顺序放在卧室的各个位置:门口,左墙边,书桌……回忆时想象着走进卧室的各处找出与之相联系的人的姓名。视觉心象法是指把要记的材料同视觉心象联系起来记忆,视觉心象越清晰,记忆效率越好。在一个实验中,向被试呈现10个无关联单词词表,要求实验组想出心象并编成故事来记(例如,在学习"桌子、电灯、烟灰盒、青蛙……"这一词表时,有些被试编成这样的故事:"厨房里有张桌子,桌子上放着电灯,还有烟灰缸,青蛙在电灯和烟灰缸之间跳来跳去……")。而控制组则按规定孤立地识记。结果发现,隔了一段时间进行回忆,实验组平均能回忆出93%的单词,而控制组平均只能回忆出13%,差异十分显著(Bower & Clark,1969)。

上面我们讨论了习得长时记忆组织加工的若干方式。事实上,识记一种材料,往往并不限于一种组织加工方式,而是可以用多种方式组织加工的。例如,有时可以用材料的已有结构(如本章中的大小标题)组织加工;有时也可以对材料进行圈点,划出重点和次重点,然后组织加工。对于难懂难记的部分,或许用心象化方式加工更有助于记忆。这就要靠人的主观能动性了。

在长时记忆中信息储存的形式是多种多样的,首先就有程序性知识和陈述性知识之分。程序性知识即技能记忆,绝大多数是不能言传的。大多数人都会骑自行车,却不能用言语来表达这种知识。我们都会讲本民族语言,却难以用言语来说明这种语言的规则。程序性知识是通过练习而获得的,开始时很难学,经过多次练习才能学会。除精细的操作外,程序性知识的回忆是不明确的,往往不借助于意识就能很好地操作。陈述性知识即事实记忆,是可以言传的知识。例如,"冯特是科学心理学的创始人",这样一个事实就是一种陈述性知识。陈述性知识的回忆需要意识伴随或意识努力,并依赖于信息在学习时的前后关系。虽然许多陈述性知识可以保持很长的时间,但也有不少极容易遗忘。从个体发展来看,婴儿首先发展起来的是技能记忆,之后才是事实记忆。从神经生理基础上来看,程序性知识被认为是储存在大脑旧皮质,而陈述性知识则被认为是储存在大脑新皮质。

陈述性知识又分为情节记忆和语义记忆两种形式。情节记忆储存个人亲身经历的与特定的时间地点有关的信息。一般说来,像最高兴的生日聚会、参加高考时的情景、刚入大学时的情景、第一次恋爱,由于对人生具有重大的意义或当时激起强烈的情绪体验,往往作为情节记忆而被储存。语义记忆储存与特定的时间地点无关的语言知识。如果说情节记忆储存的是自传式的信息,那么语义记忆储存的是百科全书式的信息。语义记忆储存着对于大家都一样的普遍事实,例如言语符号、单词、语法、概念、公式、科学规则等。情节记忆和语义记忆既有区别又有联系。情节记忆以个人亲身经历的特定时间地点为参照,很容易受各种因素的干扰,因而难以储存。例如,请回忆去年5月1日中餐吃的什么,你也许难以想起来,或者需要做相当大的努力,通常要慢慢仔细地检索才能回忆出来。而语义记忆的信息以意义为参照,不受特定的时间地点限制,因而容易存取,很少受外界因素的干扰,提取时也不需要做明显的努力。但是,很多语义记忆如概念、公式也是部分地按个人当时所处的环境特征而被储存的。例如,在回答某个问题时,你可能记起这些材料来自哪一门课程,是在课堂上听到的还是在讲座中听到的,是否做了笔记,甚至可能在头脑里浮现出哪一个段落或教学公式出现在哪本书的哪一页的心象。另一方面,情节记忆也受语义记忆的影响。在一个实验中,大学生先看关于交通事故的电影,然后向他们提出有关事故的问题:对有些学生使用不定冠词提问(例如,Did you see a broken headlight? ——你看到了一盏打碎的前灯吗?),对另一些学生使用定冠词提问(例如,Did you see the broken headlight? ——你看到了那盏打碎的前灯吗?)。结果发现,虽然实际上电影中车前灯并没有被打碎,但听到以定冠词提问的被试回答"是"的比例非常高,即把实际上未曾发生的现象作错误再认的倾向增强了(Loftus & Zanni, 1975)。这充分说明,个人的语义知识(在这里指使用冠词的知识)对刚刚经验过的事件的情节记忆有着深刻的影响。

储存在我们长时记忆中的信息并不是简单堆砌或杂乱无章的,而是有着一定层次和结构的组织。柯林斯和奎林(Collins & Quillian,1969)提出了"层次网络模型"来说明这种组织。他们认为,在人的头脑中,词的概念对应物是由一些独立的单位来表示的,这些单位以上位—下位关系的形式相互连结成为有逻辑联系的层次网络。图 7-7 是经实验验证这一假设的记忆结构的一部分。其中,概念用节点表示,这些节点由一些连线联结起来;例如"金丝雀"的上位类别是"鸟","鸟"的上位类别是"动物"。此外,该模型还假定,属性是储存在具有这种属性的最高的或最一般的节点上。例如,"会吃"这个属性,只附在动物这个节点上,而没有附在比较低的节点(如鸟)上面。这种处理属性的方法,被称为认知经济假设。

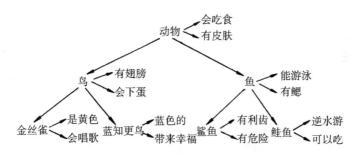

图 7-7　层次网络模型的部分记忆结构

重大研究:保持曲线(艾宾浩斯,1885)

这是一项距今已有一百多年的相当"陈旧"的研究,但在当时的心理学界却引起了不小的轰动。

**图7-8　现代联想主义的
创始人艾宾浩斯**

艾宾浩斯（Hermann Ebbinghaus，1850—1909，图7-8）出生于德国波恩附近，先在波恩大学学习历史与哲学，后进入哈雷大学和柏林大学深造，1873年获哲学博士学位。普法战争时在军队服务。战后，在柏林、英国、法国致力于研究，兴趣转向科学。1867年，艾宾浩斯在巴黎一家书摊上买了一本旧的费希纳的《心理物理学纲要》，这一偶然的事情对他产生了深刻的影响。费希纳研究心理现象的数学方法使年轻的艾宾浩斯顿开茅塞，他决心像费希纳研究心理物理学那样，通过严格的系统的测量来研究记忆。但是，在这之前，冯特曾宣布过学习和记忆等高级心理过程不能用实验研究，加之当时艾宾浩斯既没有大学职位，也没有进行研究的专门设备和实验室，难度可想而知。即便如此，他还是用自己做被试，独自进行实验，完成了一系列有控制的研究。1880年，艾宾浩斯受聘于柏林大学，在那里继续研究记忆，并重复和验证了他的早期研究。1885年，《记忆》一书出版（Ebbinghaus，1885）。这本书是实验心理学史上最为卓越的贡献之一，它开创了全新的研究领域。

艾宾浩斯的研究方法是客观的、实验的、通过细致观察和记录可以量化的。他的程序是把数据基础置于经过时间考验的联想和学习的研究之上。他推想出，对于学习材料的难度，可以用学习材料时所需要重复的次数来测量，而计算出来的这个重复的次数也可以作为完全再现的标准。为使实验有条不紊，他甚至调节了自己的个人习惯，尽量使个人习惯保持常态，按照同样严格的日常做法去工作，学习材料时总是恰在每天的同一时间。艾宾浩斯为记忆材料发明了无意义音节。他发觉，用散文或诗词作为记忆材料存在着一定的困难，因为各人的文化背景和知识经验不同，且理解语言的人容易把意义或联想跟词形成联系，这些已形成的联想有助于材料的学习，这样便不能在意义方面加以控制。为此，艾宾浩斯寻找一些没有形成联想的、完全同类的、对被试来说同样不熟悉的材料，用这些材料做实验就不可能有任何过去的联想。这种材料便是无意义音节。无意义音节是由两个辅音夹一个元音构成，如 lef，bok 或 gat。他把辅音和元音一切可能的组合写在不同的卡片上，得到了2300个音节。

图 7-9 所示的"保持曲线"是其中最有名的一项研究。他以自己为被试,以无意义音节为记忆材料,以再学法的节省率为保持量的指标。用再学法测量保持量时,他先让自己把无意义音节字表学习到一个标准(如百分之百的正确),然后隔 20 分钟、1 小时、9 小时、1 天、2 天、6 天、31 天后,再学习该材料,并求出各阶段的节省率,其结果如图 9—16 所示,学习后的不同时间里保持量是不同的,刚学完时保持量最大,在学后的短时间内保持量急剧下降,然后保持量渐趋稳定地下降,最后接近水平。

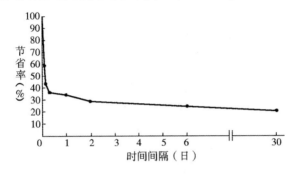

图 7-9　艾宾浩斯保持曲线

该研究激发了大量后续研究。这些研究采用了不同的测量方法、不同的学习程度以及不同性质的记忆材料等。例如,在陆志韦(1922)的一个实验中,用再认、再学、重构材料和书写再现 4 种方法测量被试学习无意义音节后的保持量,结果发现再认法测得的保持量最多,回忆法测得的保持量最少,而再学和重构这两种方法居中。在一个采用不同学习程度的实验中,让3 组被试练习划手指迷宫,第 1 组被试者练习到刚好正确的程度,第 2 组多练习 50%,第 3 组多练习 100%,结果发现保持量不断得到提高,不过 50%的过度学习效率是最佳的(Krueger,1929)。至于记忆材料性质的不同对保持进程的影响,曹日昌(1963)的测定表明,熟练的动作保持得最好;其次是记熟了的形象材料,也比较能长久记住;再者是有意义的语文材料,特别是诗歌,但比起无意义材料,也都明显保持得更好。不过要特别指出的是,虽然这些研究得出了记忆保持量在幅度方面的变化,但也普遍支持了艾宾浩斯曲线"保持量下降速度先快后慢"的发现。

直到今天,记忆心理学家们仍然不敢对这项一百多年前的研究掉以轻心。艾宾浩斯曲线留下的两大疑问至今也没有得到完满的答案:其一,这条曲线最终会与横轴相碰吗?也就是说,究竟有没有"彻底的"遗忘?其二,这条曲线非直线性的推进已经表明,时间不是遗忘的真正或唯一原因,那么,遗忘的原因究竟是什么?

1885 年后,艾宾浩斯没有继续研究记忆,发表的著述也相当少。1886 年他被柏林大学提升为副教授。1890 年,他创建了一个实验室,创办了《感觉器官的心理学和生理学》杂志。然而,由于艾宾浩斯缺少著述,他在柏林大学再也没有得到提升。1894 年,他应聘于布雷斯劳大学担任较为低级的职务,在那里一直工作到 1905 年。期间,他发展了句子填充测验,这也是第一个研究高级心理过程的成功测验,其变式为现今许多普通智力测验所采用。1902 年,艾宾浩斯出版了极为成功的教科书《心理学原理》,1908 年出版了更受人欢迎的教科书《心理学纲要》。两本书都数次再版,艾宾浩斯去世后又由别人修订了几次。1905 年,艾宾浩斯离开布雷斯劳大学去哈雷大学,4 年后突然死于肺炎,享年 59 岁。

艾宾浩斯虽然没有建立学派,也没有形成正式的理论体系,但他在心理学史上的重要地位可由心理学史家波林(E. G. Boring)的评论看出:"艾宾浩斯而不是冯特……在如何研究学习上面闪耀出天才的火花……这是划时代的,不仅由于它所涉及的范围和文章风格的新颖,而且因为它立即被看作是实验心理学突破了研究高级心理过程的障碍。艾宾浩斯开创了一个新的领域……"

重大研究:汉字内隐记忆(杨治良,1994)

内隐记忆是指人们不能够回忆其本身,却能够在行为中证明其事后效应的经验。自 1980 年代开始,内隐记忆研究成为记忆研究的热点之一,国内外许多学者在这方面做了大量研究工作,得出了内隐记忆的操作定义:内隐记忆是在不需要对特定的过去经验进行有意识或外显回忆的测验中表现出来的对先前获得信息的无意识提取(Graf & Schacter,1985)。到 1994 年前后,任务分离范式在内隐记忆的实验研究中应用得较多。任务分离是指内隐和外显测验的实验性分离,即操纵某一实验变量使其在不同的测验任务中表现出不同的效应。有研究者统计了常用的 13 种内隐记忆测验,归纳出内隐记忆测验应该具有两个条件:(1)第一阶段(学习阶段),被试要接触相关的信息;(2)第二阶段(测验阶段),要在强调迅速反应和无意识回忆的指导语下测验被试在第一阶段获得的经验的迁移(Roediger & McDermott,1993)。从所用的研究材料来看,内隐记忆研究主要可分为两类,一类是以语言材料为实验的刺激材料,主要形式有词干补笔、残词补全、词汇确定、词的确认以及偏好判断等,另一类是以非言语材料作为刺激材料。鉴于以往研究中以语言材料为实验材料的很多,但以汉字作为语言材料的则很少,杨治良等以汉字为实验材料率先进行了这方面的研究(杨治良等,1994;杨治良、叶阁蔚,1995;叶阁蔚、杨治良,1997)。

实验中,研究者着重探讨了两个问题:第一,汉字内隐记忆真的存在吗?第二,汉字内隐记忆存在的条件是否有别于外显记忆?对于第一个问题,杨治良等沿用任务分离的逻辑,并对直接测量任务和间接测量任务进行匹配,以确认实验性分离的根本原因在于底层加工过程(内隐记忆或外显记忆)的不同,而不是任务的差别引起的。研究者选用了具有相同反应形式(二择一迫选任务)的偏好判断(用作间接测量)和再认测验(用作直接测量)。具体实验过程符合标准的任务分离实验逻辑:考察直接测验和间接测验对"注意/非注意"变量的反应是否发生分离。对于第二个问题,杨治良等将条件定义在"用怎样的间接测验可以反映"上面,因此从汉字记忆的一些外显编码特征出发,例如汉字的语音、语意、字形等,针对它们设计不同的偏好任务,观察被试的表现。另外,学习阶段的时程因素考虑在实验变量之列,这是因为以往关于内隐记忆的研究中,时间是一个很重要的影响因素。

实验中的自变量是注意程度因素(目标字/非目标字)、测量任务因素(直接测量/间接测量,其中间接测量包括四个方面:汉字的整体、字音、字形及字义)和时程因素(前阶段/后阶段)。在因变量方面,杨治良等采用了非参数信号检测论指标,即再认记忆和启动值,它们的指标都是 A′。控制变量是汉字的选择和分配,都是从《现代汉语常用字表》中选出,汉字的笔画是五画或六画(各100个),并随机地从五划和六划的汉字中各取50个汉字作为测验用的新字。这样做可以控制汉字的熟悉度和联想度。此外,控制变量还有学习阶段汉字呈现时的位置效应(目标字一半在左、一半在右)和笔划效应(五划字和六划字各有一半是目标字、一半是非目标字)。

研究发现,其一,汉字内隐记忆是存在的;其二,汉字内隐记忆在非目标、后阶段、整体偏好判断任务的情况下,能够被间接测验所表现。研究结果提示了整体加工是汉字内隐记忆存在的条件之一。这让人想到了韦特海默等的格式塔学说以及奈文(Navon,1977,1981)对总体特征和局部特征的研究。前者是关于思维的,后者是关于知觉的,而杨治良等的研究是关于记忆的。这些研究合起来,可能意味着在各个心理过程中,整体加工可能都是一种更基础的信息加工形式。它可能会启发后继者们从一个更广博的角度审视和进一步探讨认知心理学中的整体加工模式。此外,在现实生活中,当人们尝试利用汉字的内隐记忆时,该研究所提出的整体加工条件会提示我们应当注重汉字的整体而非局部特征。

五、遗忘

我们都能长时间地记住许多材料,可以回忆起许多儿童时代做游戏时唱过的歌谣和其他很多细节。语义记忆的知识材料比情节记忆保持的材料更多。只要撇开时间地点这个因素,我们仍记得小学时学过的不少自然知识、初中时学过的历史地理知识,虽然可能忘记了教师的姓名和上课时的情景。在语义记忆中,概括化的知识要比细节保持得多、时间更久。然而,尽管是学得很好的材料也会随着时间的推移而产生遗忘。为什么会产生遗忘? 对于遗忘原因的解释,主要有 4 种不同的理论:衰退理论、干扰理论、提取失败理论和动机性遗忘理论。

衰退理论

这一理论认为遗忘是记忆痕迹随着时间的推移而逐渐消退的结果。从信息加工心理学的观点来看,记忆痕迹是指记忆的编码。从巴甫洛夫条件作用理论来看,记忆痕迹是指在感知、思维、情绪和动作等活动时大脑皮质有关部位所形成的暂时神经联系。暂时神经联系的形成使经验得以识记和保持;暂时神经联系的恢复使旧经验以回忆、再认等形式表现出来。可见,"记忆痕迹"只是一种形象的比喻说法。

记忆痕迹随时间的推移而消失的假说接近于常识,容易为人们所接受。因为某些物理的痕迹或化学的痕迹也是随着时间的推移而衰退的。但是,要证明记忆痕迹的衰退是遗忘的原因,就必须证明:在原初学习之前或之后不能有其他心理活动产生,否则,这些心理活动就会对原初学习所留下的痕迹产生干扰;或者,神经组织中的记忆痕迹仅随着时间的推移消退而不受其他因素的影响,否则,这些痕迹就会产生新的神经联系。事实上,这是不可能的。虽然衰退理论接近于常识,但目前我们只能肯定:衰退是感觉记忆和维持性复述被阻断时短时记忆信息丧失的一个重要原因。至于长时记忆的遗忘,衰退理论还没有被科学实验所证明。

尽管不能用实验来证明衰退理论，但也难以驳倒这个理论。因为事物都有发生、发展和衰亡的过程，记忆痕迹可能也不例外，也有一个发生、发展和衰退的过程。记忆的恢复，可能是痕迹的生长过程；随着时间的流逝，回忆量减少或回忆内容越来越不确切、越来越模糊，甚至彻底遗忘，也可能是痕迹衰退在起作用。

干扰理论

干扰理论与衰退理论针锋相对，认为遗忘是因为我们在学习和回忆之间受到其他刺激的干扰，一旦排除了这些干扰，记忆就能够恢复。

干扰理论最早研究的是睡眠对记忆的影响。在一个实验中，让被试识记无意义音节字表，达到一次能正确背诵的标准。一种情况是识记后即行入睡，另一种情况是识记后继续日常工作。然后分别在间隔1、2、4、8小时后，再让被试回忆学习过的材料。结果日常工作的被试的成绩都低于睡眠的被试，表明日常工作干扰了对原先学习材料的回忆（Jenkins & Dallenbach，1924）。还有研究发现，有梦睡眠比无梦睡眠的保持差，似乎也可表明干扰对记忆的影响（Yarouch et al.，1971）。

干扰理论最明显的证据是前摄抑制和倒摄抑制。先学习的材料对回忆后学习的材料的干扰作用，叫前摄抑制；反之，后学习的材料对回忆先学习的材料的干扰作用，叫倒摄抑制。研究表明，先后两种学习材料既相似又不相似，相互间的干扰影响最大；先后两种学习材料很相似或很不相似，干扰的影响较小；先学习的巩固程度越低，倒摄抑制的影响越大；先学习的巩固程度越高，倒摄抑制的影响越小；后学习的材料的难度越大，倒摄抑制的影响越大；后学习的材料越容易，倒摄抑制的影响越小。

在学习中，前摄抑制和倒摄抑制的影响是非常明显的。例如，学习一篇课文，一般总是开头和结尾部分容易记住，而中间部分则容易忘记。其原因是，课文的开始部分只受倒摄抑制的影响，不受前摄抑制的影响；结尾部分只受前摄抑制的影响，不受倒摄抑制的影响；中间部分则受两种抑制的影响，因而最易遗忘。

与干扰有关的典型记忆现象是"记忆歪曲"，即学后所测得的内容与学习材料的事实不符。记忆歪曲是十分常见的现象：学生学的是同样的教材，考试是相同的试题，但每个人在试卷上的作答则各不相同。看完同一部电影，如果在散场后抽样测量观众的记忆，结果也将会有很大的个别差异。一般来说,记忆歪曲不外两种方式:或者将事实简化,将情节减少;或者添枝加叶,甚至无中生有。为什么会发生记忆歪曲现象?这有两种解释:一种观点认为,记忆歪曲不一定是进入长时记忆储存之后才发生的,个体从接受刺激开始,信息处理的方式就是有所选择而非全盘照搬的。另一种观点就是从干扰理论的角度加以解释的,认为储存在长时记忆中的信息既与原有的旧经验交叉,又与新进入的信息互动,新旧信息交流互动的结果产生了认知结构的改变,记忆歪曲现象也就成了一种适应过程中发生的心理现象。

提取失败理论

我们都有这样的经验:不能回忆起某件事,但又知道这件事是知道的。有时我们明明知道某人的姓名或某个字,可就是想不起来,事后却能忆起;有时我们明明知道试题的答案,一时就是想不起来,事后正确的答案不假思索便油然而生。这种明明知道某件事,但就是不能回忆出来的现象称为"舌尖现象"。这种情况说明,遗忘只是暂时的,就像把物品放错了地方,怎么也找不到一样。从信息加工的观点来看,遗忘是一时难以提取出欲求的信息。一旦有了正确的线索,经过搜寻,所要的信息就能被提取出来。这就是遗忘的提取失败理论。

提取失败可能是失去了线索或线索错误所致。例如,黄昏时分,远处站着两个人,既看不清面貌也听不到谈话声;缺乏必要的线索,往往会发生再认错误。回忆科学心理学产生的时代背景,如果误把冯特 1879 年在德国莱比锡大学创立第一个心理实验室的时间当作 1779 年,以这个线索去回忆实验心理学产生的时代背景,就会使回忆发生错误。在一个实验中,向被试呈现 48 个单词(它们分属于 12 类,每类有 4 个单词),让被试识记。提供线索组(提示类别名称)平均回忆出 30 个单词,无线索组(没有提示类别名称)平均回忆出 20 个单词。此后,向无线索组提示类别名称,这时他们的回忆数达 28 个(Tulving & Pearlstone,1966)。显然,这额外回忆出的 8 个词是储存在被试记忆中的,但要把它们提取出来需有适当的提取线索。还有不少实验证明:即使记忆无意义音节,如果提供提取线索,回忆成绩也有明显的提高。

从理论上说,进入长时记忆中的信息是永久性的。虽然这一点很难取得直接的实验证据,但得到一些旁证的有力支持。其一,催眠状态下的旧记忆还原现象。被试在清醒的时候,记不起自己曾经历过的一些事情,但是当他们进入催眠状态后,如果催眠师问到相关的情况,他们却能清清楚楚地讲述出来。在讲述的内容中,多以视觉形象为主,并且非常生动,俨然就像又回到当时的情境中一样;甚至以儿童说话的口吻,描述当时事件发生的经过。其二,潘菲尔德(Penfield,1952)的研究。潘菲尔德在医治癫痫病人时,用电极刺激右侧颞叶,引起患者对往事的鲜明回忆,报告说看到熟悉的人、房屋、狗等,或听到单词、句子、歌曲等。其中很多情景是被试原本以为已经彻底忘了的。所有这些事实都表明,被"遗忘了"的材料仍然被保持着,只是没有被提取出来。

或许,我们可以把记忆比喻为一个巨大的图书馆,保存着成千上万的图书,但如果没有合理的编码和正确的检索线索,就算有再多的图书,也会因为效率低下而无济于事。很多记忆的失败很可能就是提取的失败,而非真正的遗忘。

动机性遗忘理论

动机性遗忘理论是基于精神分析的遗忘理论,并因此独具特色。该理论认为,遗忘是因为我们不想记,而将一些记忆推出意识之外,因为它们太可怕、太痛苦、太有损于自我。弗洛伊德是第一个把记忆和遗忘看作是个体维护自我动态过程的心理学家。他在给精神病人施行催眠术时发现,许多人能回忆起早年生活中的许多琐事,而这些事情平时是回忆不起来的。它们大多与罪恶感、羞耻感相联系,因而不能为自我所接受,故不能回忆。也就是说,遗忘不是保持的消失而是记忆被压抑。这种理论也叫压抑理论。

对成年人回忆儿童时代经验的研究发现,大多数原初经验的共同情绪是与高兴相联系(占30%),其次是害怕(15%),再其次是愤怒、痛苦和激动(Waldvogel,1948)。总之,不愉快的事件较愉快的事件更易于被遗忘。另一个收集早期经验的研究表明,许多被研究者判断为创伤性记忆的被试往往将自己的经验有选择地重新编码为中性的甚至愉快的(Kihlstrom & Harackiewicz,1982)。显然,我们能重新组织自己的童年经验,以便记住过去的"美好时光"。但实际生活并非如此,只是"应当如此"而已。

在一个实验中,让被试学习无意义字表后,立即给予经历不幸的"失败"。后来的测验表明,被试的回忆成绩比未经历失败遭遇的控制组要差得多。接着让这个"失败"组的被试学习新的字表但让其获得成功。结果发现,这个成功使他们的回忆成绩大为提高(Zeller,1950)。这就是说,如果消除了压抑的原因,消除了记忆材料与消极情绪的联系,那么遗忘也能得到克服。

总之,遗忘的原因是多方面的。上述每一种理论都能解释遗忘的部分现象却不能解释所有的遗忘现象。从某种意义上说,衰退理论和干扰理论虽然处在对立关系中,但都认定遗忘是发生在记忆的保持阶段;提取失败理论当然强调遗忘是发生在记忆的提取阶段;动机性遗忘理论则强调遗忘是发生在记忆最初的识记阶段。因此,对于遗忘,应该不仅仅看作保持的方面,而应该看作记忆的反面,并与记忆相反相成。至于遗忘的原因,应当把上述几种理论综合起来加以考虑。

【知识点】

经典条件作用 第二信号系统 操作条件作用 生物反馈 观察学习 感觉记忆 短时记忆 长时记忆 情节记忆 语义记忆 保持曲线 内隐记忆 前摄抑制 倒摄抑制 记忆歪曲

【思考题】

1.条件反射是如何建立的?

2.人类条件反射的特点何在?

3.操作条件作用是何原理?

4.观察学习有什么证据?

5.三种记忆系统关系怎样?

6.感觉记忆是如何得到证实的?

7.短时记忆的工作原理是什么?

8.长时记忆有哪些组织加工方式?

9.讨论遗忘。

【扩展阅读】

1. 杨治良、孙连荣、唐菁华:《记忆心理学》(第三版),华东师范大学出版社2012年版。

2. 鲁忠义、杜建政:《记忆心理学》,人民教育出版社2005年版。

3. 张必隐:《学习心理学》,浙江教育出版社1998年版。

4. 莫雷:《学习的机制——阅读与学习心理的认知研究》,北京师范大学出版社2013年版。

5.〔美〕M. P. 德里斯科尔:《学习心理学——面向教学的取向》(第三版),王小明译,华东师范大学出版社2008年版。

6.〔美〕Eric R. Kandel:《追寻记忆的痕迹》,罗跃嘉等译校,中国轻工业出版社2007年版。

第八讲

思维与创造

人类最伟大的成就,一切的发明与创造都来源于我们处理复杂思想的能力。思维包含着广泛的心理活动。当我们试图解决某个问题时,我们在思维;当我们陷入白日梦时,我们也在思维;当我们决定购买物品、计划度假、写信或者为麻烦事操心时,我们都在思维。思维有多种形式,其中概念形成、推理、问题解决等是认知心理学家研究较多的。在认知心理学中,人的大脑被比喻为计算机,思维则被理解为程序的运行过程。从本质上说,思维是人脑对客观现实的概括的、间接的反应。虽然思维能力并不限于人类才有,但是动物最多只能达到形象思维的水平,只有人才能达到以语词逻辑为基础的抽象思维水平。

一、概念形成

概念是人脑反映事物本质的一种思维形式,是思维的最基本的单位。概念与词关系密切。词是概念的语言形式,概念是词的思想内容。任何概念都是通过词来表达的,不依赖于词的赤裸裸的概念是不存在的。但概念与词也不完全等同。一个词(多义词)可以代表不同的概念,如"杜鹃"既可以表示一种植物的概念,也可以表示一种鸟的概念。相同的概念也可以用不同的词来表示,如"目""眼睛"所表示的是同一个概念。有些词(如虚词)则不表示任何概念。

概念的结构

关于概念的心理结构,目前主要有两种理论:特征表说和原型说。特征表说认为概念是由定义特征和概念规则两个因素构成的。概念规则有肯定、否定、合取、析取、关系等。肯定是指概念中具有某种特征。这类概念叫肯定概念,如"正义战争""无产阶级"。否定是指概念中不具有某种特征。这类概念叫否定概念,如"非正义战争""非无产阶级"。合取是指概念中的每个特征必须同时具备。例如"毛笔"这个概念,只有"用毛制作的"和"写字的工具"这两个特征同时具备,才是完整概念,这两个特征是缺一不可的。析取是指概念中的各个特征可以部分具备,也可兼具。例如"侵权行为"这个概念,非法侵犯他人、社团的利益和权利的行为是侵权行为,非法侵犯国家的利益和权利的行为也是侵权行为,当然以上几种情况兼具时,也是侵权行为。根据事物或事物属性之间的关系,如较大、较小、以前、以后、上方、下方等所形成的概念,即称为关系概念。特征表说认为人们头脑里的概念就是由定义特征和概念规则有机结合而成的。

原型说认为,概念主要以原型即它的最佳实例来表示,我们主要是从最能说明概念的一个典型实例来理解概念的。例如在想到"鸟"的概念时,我们往往会想到麻雀,而不大会想到鸵鸟和企鹅。这说明鸵鸟、企鹅是不能与麻雀在同等程度上代表鸟的概念的,尽管它们也都属于鸟类。因此,人对一个概念的理解不仅包含着原型,而且也包含范畴成员代表性的程度。所谓范畴成员代表性的程度是指属于同一概念的同类个体可容许的变异性,亦即其他实例偏离原型的容许距离。在罗施(Rosch,1975)的实验中,向被试呈现属于不同语义概念的许多语词实例,要求他们就其代表相应概念的程度做出等级评定,结果得出了概念的原型和范畴成员代表性的程度。例如,椅子和沙发是家具概念的原型(或最佳实例),而柜橱和床则是偏离原型距离较远的实例。当然,这里也有文化背景不同的影响。此外,用反应时作指标的实验还发现,被试对语句"椅子是家具"回答"对"所需的时间少于回答语句"床是家具"所需的时间。可见,概念的原型是概念的这样一种实例,与同一概念的其他成员相比,具有它们中更多的共同属性。概念容许其实例在一定范围内发生变异,但原型是核心。原型为各具特点的众多实例组成一个整体提供了基础。概念就是由原型和范畴成员代表性的程度这两个因素构成的。

表面上看,特征表说和原型说是矛盾的,但可能分别有利于说明不同的概念:特征表说对于说明科学概念可能是合理的,但原型说对于说明日常概念或前科学概念显然更加合理。

概念形成的过程

概念形成,也称概念掌握、概念学习等,是指个体从事物的众多特征中选择适当的属性以形成其概念。下面介绍里德(Reed,1972)的一个典型的概念形成实验。该实验采用的材料,如图 8-1 所示,包括 8 个特征各不相同的面孔图形,这些图形有三类特征:一是脸型,分宽脸与长脸两种;二是眼睛位置,分在上与在下两种;三是嘴角表情,分笑与愁两种。如果就这些特征中选出一部分或全部来作为概念的属性,就可形成范围大小不同的概念。例如:(1)如果只把"面孔"作为唯一属性,其概念范围为 8 个图形;(2)如果说"宽面孔",属性就有两个,其概念范围为 4 个图形;(3)如果说"宽而笑的面孔",属性就有三个,其概念范围为 2 个图形;(4)如果说"宽而笑且眼在上的面孔",属性就有四个,其概念范围只有 1 个图形。由以上几个例子我们可以得到两点认识:其一,概念必须靠其属性来界定;没有属性的事物,无法获得概念。其二,概念的属性越少,其所"概"的范围就越大,其所指涉及的事物就越不肯定;概念的属性越多,其所"概"的范围就越小,其所指涉及的事物就越肯定。如只说"学生",虽然成为概念,但所指范围很大;如说成"北大心理系一年级男生",其所指也许只限几个学生而已。当然,概念范围的大小,各有其必要;该大时要大,该小时要小,视需要而定。

图 8-1　概念形成的实验材料

接下来看看该实验的实施程序。在实验开始时,主试与被试两人面前各放置一组画有各种面孔的卡片(各 8 张)。然后由主试说明:他心中持有一个概念,但形成概念的属性暂时保密,让被试按他每次取出的卡片上的图形去猜测,以确定他所持概念的属性,从而获得他心中的概念。表 8-1 是实验进程一例:3 次练习之后,被试即能确定"宽而笑的面孔"就是主试心中所持的概念。在此概念中,属性有 3 个,而"概"的范围只限于最左端的两个图形;图形中其他的特征,诸如长脸孔、愁容、眼位上下等,均未被视为本概念的必要属性。

表 8-1　概念形成实验进程一例

练习	主试出示的图形	被试的推测	主试的反馈
1	宽而笑且眼在上的面孔	是	对
2	长而愁且眼在上的面孔	不是	对
3	宽而愁且眼在下的面孔	是	错
被试的概念已形成	我想你的概念是宽而笑的面孔		对

显然，像上述从众多特征中选取适当属性以形成概念的过程，也正是运用已有知识的思维过程。在日常生活中，与人对话也好，读书也好，凡是遇到不熟悉的新信息，首先就必须通过认知获得清楚的概念。当然，上述实验只说明了简单的概念形成，事实上，在日常生活中我们所处理的概念有些是相当复杂的。

影响概念形成的因素

对个体而言，概念的形成主要有两条途径：一是在日常生活中通过辨别学习、积累经验而形成的概念。例如，在日常生活中，儿童看到麻雀、燕子、喜鹊、老鹰有某种共同性，而它们与闹钟、桌子有所不同，从而形成了"鸟"的概念，虽然他们对"鸟"并不会下科学的定义。成人也有这种情况，人们经常运用"动物""道德""桌子"等概念，却不一定知道其科学定义。二是在教学过程中，通过揭露概念的本质而形成的概念。这类概念，一般属于科学的概念。在教学过程中，学生形成科学概念受多种因素的影响，其中最主要的有：

（1）日常概念对科学概念形成的影响。这种影响可能是积极的，也可能是消极的。当日常概念的含义与科学概念的内涵基本上一致时，日常概念会促进科学概念的掌握。例如学生有了对称现象的生活经验，他对几何中"对称"的概念就比较容易掌握。当日常概念的含义与科学概念的内涵不一致时，就会产生消极作用。例如"垂"在日常概念中总是下垂，是由上而下的。所以，当学生在几何课中接受"自线外一点向直线作垂线"时，就只能理解点在上方、线在下方的情况，而认为点在下方时作垂线是不可能的。在心理学中，诸如"记忆""情绪""动机"等概念与日常概念基本一致，但像"感觉""气质""人格"等概念则与日常概念有很大不同。要克服日常概念的消极影响，必须专门组织新的经验。

（2）提供概念所包括的事物的变式。不充分或不正确的变式,会引起缩小概念或扩大概念的错误。当概念的内涵不仅包括事物的本质特性也包括非本质特性时,就会不合理地缩小了概念。如有的儿童认为昆虫不属于动物,竹笋不属于植物,就是因为把非本质特征(动物要有大的躯体,植物要有绿的叶子)包括到概念的内涵中。消除这种错误的有效方法,是多提供包括非本质特性的变式。当概念的内涵中包含的不是事物的本质而是其他特性时,就有可能不合理地扩大概念。例如有的儿童没有把鸟的本质特征(羽毛等)包括在鸟的概念的内涵中,认为鸟是会飞的动物,因而把蝙蝠、蝴蝶都看成是鸟。要消除这种错误,一方面要多提供具有本质属性但不具有显著属性的正例,另一方面又要提供具有显著属性但不具有本质属性的反例。

（3）下定义。用准确的言语揭露事物的本质,给概念下定义有助于科学概念的形成。对概念形成有积极作用的定义,必须以丰富的感性材料为基础。关于具体事物的概念,其定义可以在演示直观材料时提出,也可以在唤起相应的表象时提出。抽象的概念要熟悉广泛多样的事物才得以形成,学生只能逐渐加以理解,因而这种概念形成的初期,不能提出定义,最好等学生积累了足够的知识经验后提出定义。例如,只有当学生了解了整数、分数和小数等各种数后,给"数"下定义,学生才能掌握"数"的概念。

（4）在实践中运用概念。运用概念于实际,是概念的具体化过程;而概念的每一次具体化,都会使概念进一步丰富和深化,对概念的理解就更加全面,更加深刻。

总之,科学概念主要是在有计划的教学过程中形成的。在这一过程中,学生也不是消极地接纳知识,他们总是根据自己的理解把别人传授的知识纳入自己的经验系统中,从而按照自己的方式掌握概念。

二、推理

推理是从一个或几个已知的判断出发推出另一个新判断的思维形式。在推理中,我们把由其出发进行推理的已知判断叫做前提,把由已知判断所推出的判断叫做结论。要保证推出的结论正确,推理必须具备两个条件:一是前提要真实,即前提应是正确反映客观事实的真实判断;二是推理形式要符合逻辑规则,亦即推理的前提和结论间的关系应有一定的必然联系,而不是偶然的凑合。

推理的种类

推理的种类很多,主要有演绎推理和归纳推理两种。演绎推理是从一般性知识的前提到特殊性知识的结论的推理。例如,从"所有哺乳动物都是以乳哺育幼体的""鲸鱼是哺乳动物"这两个前提出发,推出"鲸鱼也是以乳哺育幼体的"这一结论。演绎推理的前提反映的是一般性知识、蕴涵着结论的知识,因而其结论所断定的知识范围不会超出前提所断定的知识范围。演绎推理的结论具有必然性。只要我们在演绎推理过程中遵循正确推理的两个基本条件,其结论必然是真实的。演绎推理有以下3种形式:

(1)线性系列,由一定关系的句子系列所组成的推论。例如,"黄金的比重比水银大,水银的比重比白银大,这些物质中哪种物质比重最大?哪种物质比重最小?"对于这个问题的推论是根据这些判断句系列有一种线性系列的逻辑关系而做出的。

(2)主题推理,一个主题所建立的一定关系的推理。这种推理在日常生活中随时可见。例如:

①如果明天下雨,则比赛取消。

②如果比赛取消,则我队必然要失掉小旗。

③明天会下雨。

从①和③我们会推论出④:

④比赛将会取消。

从②和④我们会推论出⑤:

⑤我队必然要失掉小旗。

在这个主题推理中,如果前提①到④都是真实的,那么结论⑤必然是真实的。

(3)三段论推理,由两个性质判断作前提而推出另一个性质判断的结论的推理。例如"所有的哺乳动物都是以乳哺育幼体的,而鲸鱼是哺乳动物,所以,鲸鱼是以乳哺育幼体的"。三段论推理只能由三个概念所组成(如例中"哺乳动物""以乳哺育幼体""鲸鱼")。在三段论推理中,把结论中作为主项的概念("鲸鱼")称为"小项",作为谓项的概念("以乳哺育幼体")称为"大项",把在前提中出现而在结论中没有出现的概念("哺乳动物")称为"中项"。中项虽在结论中不出现,但结论中的小项和大项正是由于中项在前提里起了桥梁作用才发生联系,组成了新的判断。在两个前提中,含有大项的称为大前提("哺乳动物都是以乳哺育幼体的"),含有小项的称为小前提("鲸鱼是哺乳动物")。

与演绎推理相反,归纳推理是从特殊性知识的前提到一般性知识的结论的推理。在现实生活环境中,很多时候都有赖于归纳推理。例如,你不小心把自己锁在门外了,该怎么办? 通常你会从记忆中回忆过去曾经奏效的解决办法。这个过程叫做类比,即在当前情形的特征与先前情形的特征之间建立一种类比关系。接下来,你"被锁在外面"的过去经验可能促使你形成"找其他有钥匙的人"这种概括。有了这种概括,你就可以开始想那些人可能是谁以及如何找到他们。这个任务可能要求你提取在室友的下午课上找到他们的方法。如果这个例子对你来说看起来很容易,那是因为你已经习惯了让你的过去告诉你的现在,归纳推理使你找到了曾经尝试过并且正确的方法。

归纳推理和演绎推理是密切联系、互相依赖、互为补充的。因为演绎推理的一般性知识的大前提必须借助于归纳推理从具体的经验中概括出来,从这个意义上来说,没有归纳推理也就没有演绎推理。同时,归纳推理也离不开演绎推理。因为在归纳推理的过程中人们常常需要运用演绎推理对某些归纳的前提或结论加以论证。从这个意义上说,没有演绎推理也就不可能进行正确的归纳。

影响推理的因素

推理的正确性除了受前提的真实性和是否符合逻辑规则影响外,还受到其他很多心理因素的影响。主要有下列一些影响因素:

(1)课题的性质。一般来说,推理的材料具体,推理就比较容易;对于抽象材料,推理比较困难。沃森和约翰—莱尔德(Wason & Johnson-Laird, 1972)的实验可以说明这一点:向被试者呈现 4 张卡片。在一类问题中,每一张卡片的一面为字母,而另一面为数字(图 8-2 的上半部)。被试必须决定翻转哪些卡片,才能推断下述命题是否正确:"如果一张卡片的一面为元音,另一面则为偶数。"虽然大

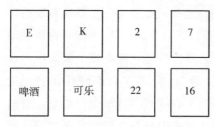

图 8-2　抽象与具体推理

多数被试正确地选择了"E"卡片,但同时正确地选择了"7"卡片的人却不到10%。因为 E 的背面出现奇数,7 的背面出现元音就会使这一命题失效。大约一半的被试翻看了 E 和 2,这种选择是错的。E 是必须翻看的,但 2 却不必翻看,因为它的背面不论是元音或是辅音,都不会使这一命题失效。然而在另一类上述问题中,被试的操作却有了很大的改进。如图 8-2 的下半部,此时的命题是:"如果一个人在喝啤酒,他必定已超过 19 岁。"每一张卡片一面写着一个人的年龄,另一面是他正在喝什么。这一类问题在逻辑上相当于上一类问题(特别是"啤酒"相当于"E","16"相当于"7"),但大多数被试都做出了正确的选择(他们翻转了"啤酒"和"16"的卡片)。可见,与人的某种具体活动情景相联系的课题,推论的正确性就会大为提高。

(2)前提气氛效应。前提的气氛会促使人按照这个气氛来接受或推出不正确的结论,这种现象称为"前提气氛效应"。例如,在一个实验中,用下列一类习题:"如果所有的 X 都是 Y,如果所有的 Z 都是 Y,则所有的 X 都是Z。"让未受过形式逻辑训练的被试对题中的结论表示赞同或不赞同。结果有58%的被试表示赞同。稍微改变习题的性质:"所有的 X 都是 Y;所有的X 都是 Z;所以,YZ?"让被试填出题中的结论,结果78%的被试得出的结论是"所有的 Y 都是 Z"(Woodworth & Sells,1935)。前提中所使用的逻辑术语,诸如"有些""所有""没有""不"等,会产生一种前提气氛,促使被试容易接受包含同样术语的结论。

(3)赌徒谬误。这是作概率推断时的一种常见现象。举例来说,如果以一元硬币为赌具,随便一丢,正面向上的概率是 50%。假如连丢 3 次的结果全是正面向上,无论这 3 次下注的结果是输是赢,在对第 4 次可能结果推理时,赌徒们多不再下正面的赌注。显然,这种只凭经验的概率推理方式是错误的,因为事实上第 4 次出现正面的概率仍然是 50%。再以"六合彩"为例,请看 666666 和 670317 这两组号码哪个更容易中奖?一般人都会不假思索地选择后面一组。但事实上,在允许重复产码的情况下,这两组号码的中奖概率完全相同。

(4)题外知识的介入。题外知识的介入往往会使人偏离逻辑规则产生不正确的推理。此外,不能冷静地估量事实的结果,由数量过少的事例或不典型的情境仓促下结论等,都可能导致推理的错误。

三、决策

决策就是决定，它也是思维的一个重要方面。平常我们就需要做各种各样的决定，例如，买东西时你经常得决定要买哪一个牌子的产品，吃饭时你也得决定要吃什么，天气不好时你得决定要不要带伞，同学要去旅游时你得决定要不要一起去等等。我们的一生也是面临着许多大大小小的决定，我们得决定上哪一所学校、从事什么样的工作、跟谁结婚、买什么房子等等。

早期的经济学家假设人会在充分考虑得失之后选择对自己有最大利益的决定，也就是说人在做决定时是非常理性的。但是，这并不符合我们的常识，生活中莫名其妙的选择还是经常发生。心理学家发现，我们在做判断和决策时会因为考虑的角度不同而做出不同的选择。先看心理学家做的一个有趣的决策问题研究，你不妨也试着做出判断。

假设某个地区出现了一种罕见的疾病，估计会造成 600 人丧生。有人提出两种方案来对付这种疾病，并且对采取这些方案的后果分别进行了评估：

方案一：可以拯救 200 人；

方案二：600 人全部获救的可能性有 1/3，一个也救不了的可能性有 2/3。

如果让你决定，你会选择哪一个方案？

同样的情况，如果这两个方案分别是：

方案一：400 个人会丧生；

方案二：一个都没死的可能性有 1/3，全部死亡的可能性有 2/3。

你会选择哪一个方案？

两种选择情景实际上是一样的，只是表述不同。一个从生还的角度来描述方案，一个从死亡的角度来描述方案。结果发现对这两种情境，参与实验的人反应差异很大。在第一种情景下，72% 的人选择方案一；而在第二种情景下，78% 的人选择方案二。你是怎样选择的呢？

上面的实验，方案一都是比较明确的选择，而方案二则是比较冒险的选择。在两种不同的描述下，大部分人都做出了不同的选择，这是为什么呢？心理学家认为，这是得失角度不同所造成的判断扭曲。当我们考虑到能得到什么时，倾向于选择肯定得到的。当我们考虑会失去什么时，可能愿意冒一定的风险。

下面这个例子或许会让我们看得更清楚点。当你面临两种选择：一是肯定拿到80块，二是有85%的机会拿到100块，你会选择哪一个？大部分人选择拿80块，尽管冒一点点风险就能拿到更多，还是没有多少人愿意冒这个风险。如果面临的是这样两个选择：一是你肯定会失去80块；二是你有85%的可能性失去100块，但也有15%的可能性一分钱都不会赔掉，你选择什么？很多人会选择搏一下，尽管可能会失去更多。

得失的视角差异，不仅仅是造成我们决策失误的可能原因，实际上也是我们每一个人都会有的赌博心理。当你什么东西都没有时，可能会选择搏一搏；当你已经确定有了什么之后，就会小心翼翼地行事。所以这不是我们的决策错误，把它看成是一种生存策略或许更合适一些。

决策的经验法则

不管是否合理，我们在做决策时总是会依照一定的准则和经验。研究表明，这些经验法则可以归为三类，分别是代表性法则、可利用性法则和锚定与调整法则。

（1）代表性法则。在我们的经验中，总有一些特征是你认为与某些事物有比较紧密的联系的。举个例子，在你的印象中，你可能会认为艺术家应该是什么样的，商人又会是什么样子，所以如果我告诉你某人不修边幅、热情但不善与人交往，让你判断他到底是艺术家还是商人，你可能会毫不犹豫地选择艺术家，即使我告诉你他生活在一个商业高度发达的城市，你最初的判断也不大会更改。因为我们的经验或者说是我们的刻板印象告诉我们，不修边幅是很多艺术家的一个特征。我们这类代表性经验很多，比如一说到护士，你就会想到是女的；一说到法官，你就会想到是男的。

（2）可利用性法则。在很多时候，我们判断一件事情或一类事件发生的可能性，往往是以我们能够回想到的这类事件的多寡来决定的。例如，你认识的很多人都感冒了，你会觉得现在感冒在流行。你发现最近电视经常报道地震，就会怀疑今年地壳是不是活动频繁。有时我们会因为事件的熟悉度和影响力而做出错误的判断。比如，我们会因为认识的几个老年人的记忆力不好，就认为所有人一上年纪就会健忘。我们在做出判断时常常会想到身边熟悉的人和物，因为这些比较容易想到。我们常常觉得飞机不安全，实际上飞机比其他交通工具要安全得多。只不过飞机失事时死伤比较惨重,影响较大,给我们的印象较深刻,所以我们很容易就想起来,这就造成了判断错误。

(3)定锚与调整法则。你可能碰到这样的情况:你到商店去买一个皮包,告诉售货员你在找什么,售货员会先推荐给你一种产品,然后你再根据需要和喜好慢慢选出满意的产品。很多时候,我们在对情况不是很明确的时候,往往会先作一个估计,然后再根据我们对情况的逐渐了解不断做出调整。其实中医看病时经常就是这样,先问诊一下,判断可能是什么病,然后开一些药让病人吃,如果病情有所好转,说明判断没错,可以用大剂量了,如果病人还是老样子,或者反而恶化了,说明判断失误,应该采用别的方法治疗。应该说,这种法则最后通常还是能够给我们一个合理的答案。但是,有时我们也会受第一次判断的影响而出现调整不足。比如,前面那个例子,售货员先给你看一件最贵的商品,相当于给你定了一个锚定,你再看其他商品时总难免会跟它比较,这样你先前觉得贵的东西现在就不觉得了,出现了调整不足,买了偏贵的东西。下面就是一个关于定锚调整法则的小实验,如果你感兴趣,可以试试。将两个乘法题分别抄在不同的纸条上,然后找 5 位同学让他们在 5 秒钟内估计第一道题目的结果大概会是多大,另外找 5 位同学估计第二道题目。分别去掉最高和最低的一个数,比较一下平均哪一组做出的估计大。

$$8 \times 7 \times 6 \times 5 \times 4 \times 3 \times 2 \times 1 = ?$$
$$1 \times 2 \times 3 \times 4 \times 5 \times 6 \times 7 \times 8 = ?$$

以上的种种判断错误告诉我们,即使以最大利益为判断标准,我们也不一定能够做出正确的选择。诺贝尔经济学奖获得者、著名心理学家西蒙(Herbert Simon)提出了人的"有限理性"的观点,认为人们的认识是有限的,因此往往会以更简单、更节省脑力的"满意原则"取代"最佳原则"。这很有道理。平常我们的种种判断与决策往往是有时间限制的,很多时候容不得反复斟酌,只能追求让自己满意就行了。

影响决策的因素

(1)参与决策的人数多少。在人多的情况下,每个人所承担的责任小,可能就会认为自己的决策影响不是很大而选择冒险的决定,正所谓天塌下来大家顶着。如果大家都这么想,那么整个决策结果就有可能比一个人单独做出决策更有风险。

（2）局中人与局外人。俗话说，"当局者迷，旁观者清"，局中人和局外人在不确定性决策上存在系统差异。杨治良和李朝旭（2004）使用触棒迷津对在校大学生进行了实验研究，结果发现：局中人比局外人更加冒险，即倾向于选择高风险、高报偿的方案；在决策信息使用上，局中人更偏重客观信息；局中人的反应变异性小于局外人；局外人体验到更大的选择冲突。导致这些差异的原因可能与外在动机、情绪及内隐态度有关。

（3）刻板印象。这里也可以说是偏见。因为日常生活中总会形成某一类人是什么样子或者某一类事物应该是什么样子的固定模式，这对我们迅速把握一个人、一件事情确实是有帮助，但是特例总是存在的，或者说我们的认识总难免有局限性，这时就会出现判断失误。

（4）其他。影响决策的还有其他一些因素，比如年龄、性格、观念等。

四、问题解决

问题解决是思维最突出的表现方式。虽然我们每天都会碰到各种各样的问题，但这里所说的问题，按认知心理学的说法，是指目标指引下的一系列认知性的操作序列。问题解决者的最初状态称为"初始状态"，而所要达到的目标称为"目标状态"，中间必须经过的各种不同状态称为"中间状态"。问题解决就是从初始状态，经过一步一步的中间状态，最后达到目标状态。

问题解决的途径

人在解决问题的时候，可以采取不同的途径或方法。下面讨论其中的几种。

（1）试误。这是美国心理学家桑代克（Thorndike，1898）从事动物学习实验而提出的。他设计了猫逃出迷笼的实验（图8-3）：把饥饿的猫放入迷笼，食物放在笼子外面，笼子的门用几道门闩锁起来。猫为了抓取食物对栏杆咬、抓、踢、挤均无效时，经过多次尝试错误，最后偶然碰巧做出了正确的行为，才得以打开笼门脱逃。人在解决问题的时候也经常

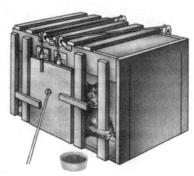

图8-3　桑代克迷笼

采用试误的方法。

(2)顿悟。这是完形心理学家苛勒(Köhler,1925)通过对黑猩猩的学习行为进行实验研究而提出的。根据苛勒的观察发现,黑猩猩在目的受阻的情境中,并不像桑代克所解释的要经过尝试与错误的过程,而是能洞察问题的整个情境,发现情境中各种条件之间的关系,最后才采取行动。苛勒以黑猩猩学习如何取到食物为实验主题,设计过很多不同的实验情境。以著名的"接杆问题"为例:将饥饿的猩猩关在笼子里,笼子外远处放置食物,并在笼子与食物之间放置数条长短不同的木杆,每条木杆限于长度,均不能单独用来取到食物。猩猩必须要解决的问题是:如何将两条木杆接在一起(是可以连接的),延伸其长度以取到食物? 实验发现,黑猩猩面对问题情境,并未表现出紊乱的动作,在几次尝试用木杆取食物失败之后,突然显露出领悟的样子,将两条短杆接在一起,结果达到了目的。图 8-4 左图是猩猩在"接杆",中图是猩猩在建"四层楼",右图是猩猩在"撑竿跳"。苛勒将黑猩猩这种对问题情境经过观察而后采取行动的突发过程称为顿悟。人类的问题解决过程中也常有顿悟现象产生。

图 8-4　苛勒的猩猩们

(3)探试搜索。在问题解决的过程中,如果事先能得到有关如何较好地到达目标的一些信息,人就会根据这些信息选择最有利于到达目标的方向进行搜索。这种搜索称为探试搜索。探试搜索不同于盲目的尝试错误。例如下面的密码算题:

DONALD

+ GERALD

ROBERT

已知:D＝5。任务要求:(1)把字母换成数字。(2)字母换成数字后,下面一行数字答案必须等于第 1 行和第 2 行之和。如果用尝试错误的方法来解决,解这个题共有大约 30 万种可能的尝试。你不妨试试看,凡能够解答这一密码算题的几乎都用了探试搜索法:从事先得到 D ＝ 5 这一信息出发,找出可能性最小的一列,从中获得最多的信息,再利用加法中的某些规则进行推理,一步一步地找到正确答案。

(4)爬山法。如果我们第一次游北京的香山,如何到达香山的顶峰呢?我们实际遇到的许多问题就像如何到达香山顶峰。人在爬山时要考察指定的起始点,然后选取与起始点邻接的未被访问的任一节点,向目标方向运动,并且在爬山过程中对每一节点下面的可能路程进行排序,逐步逼近目标,这种方法称为爬山法。用爬山法解决问题并不总是有效的。最麻烦的问题可能是小丘、山脊和平台问题。每一个小丘都可能是个陷阱。在山脊上的每一点,由于在所有试探方向上的移动都是下降的,它们可能被当成最高点,其实并不是真正的最高点。宽广的平地则可能导致无目标的漫游。在经典的爬山法中,总是由上一个决策点通过看来是最佳路径向前移动的。这是局部性的最佳节点。最佳优选法是从全局的最佳节点出发,而不管它所处位置如何。其工作方式就像一群在山区中寻找最高峰的协同工作的登山队,队员之间保持无线电联系,每一次都有一个分队移动至最高点,并且在每个分岔口把分队分成一些更小的分队。这样探索的效率就会大为提高。

(5)手段目的分析。手段目的分析就是人认识到问题解决的目标与自己当前的状态之间存在着差别,于是进行分析,想出某种活动来缩小这种差异,从而达到目标的方法。例如,我在重庆,要到武汉去开会。这时我首先想到重庆与武汉之间有什么差异:这个差异主要是距离上的差异。我用什么操作手段去缩短这一空间的距离呢? 我可以乘火车去,也可以乘轮船去,还可以乘飞机去,运用任何可行的操作方法去缩短这个距离。如果时间紧迫,我决定乘飞机去,但还要考虑怎样才能购到机票。这里又产生了一个"距离",要缩短这个差异,我得根据现有的条件,再决定是打电话还是步行去售票处订票。总之,解决问题的手段目的分析的关键是把大目标分为下一级的子目标。这种分析有两种方式:一种方式是把当前状态转化为目标状态;另一种方式是找出消除差异的操作手段。

（6）反推法。反推法就是从目标出发向反方向推导。在求解数学证明题时,反推法常常成为特别有用的探索方法。反推法与手段目的分析法都要考虑目标并且确定运用何种操作去达到目标。但手段目的分析要考虑目标状态与当前状态之间的差别,而反推法却不用考虑这一点。因此,手段目的分析在搜索问题空间时受到的约束较大。如果通向目标状态的途径很多,假途径也较少,这是一种很有用的搜寻方法。当从初始状态可以引出许多途径而从目标状态返回到初始状态的途径相对较少时,用反推法就相对容易些。

总之,解决问题的思维过程是很复杂的。人是通过搜索来解决问题的。搜索就是选择解决所面临问题的途径。他可以选择不同的解决问题的途径。但人们一般不去寻求最优的途径,而只要求找到一个满意的途径。因为即使是解决最简单的问题,要想得到次数最少、效能最高的解决途径也是很困难的。人们可以通过调整自己的抱负水平来调节对问题解决的满意度。

重大研究:通用问题解决者(纽厄尔和西蒙,1972)

美国心理学家、人工智能专家纽厄尔(Alan Newell,1927—)和西蒙(Herbert A. Simon, 1916—2001)(图 8-5)把心理学与计算机科学结合起来,开创了人工智能的研究,并致力于人类思维的计算机模拟。在 1950 年代,他们首先设计了计算机模拟下象棋的程序,这一工作在当时被认为是开创性的。西蒙知识渊

图 8-5　人工智能的创始人西蒙(右)和
纽厄尔

博,研究领域广泛,曾于 1978 年获诺贝尔经济学奖。1970 年代以来,他多次到中国访问。1983—1987 年间任美中学术交流委员会主席。

纽厄尔和西蒙把出声思考用于问题解决的研究,并提出了问题行为图的概念。问题行为图能使人们直接地看到在问题解决过程中所进行的各种操作的序列。他们认为,认知系统是一种模块化的结构,它由许多模块组成,每个模块负责解决不同类型的问题,不同功能的模块相互结合,采用和解决简单问题一样的解题策略,就能解决复杂的问题。

通用问题解决者(GPS)就是他们对河内塔问题解决的计算机模拟(Newell & Simon, 1972)。所谓河内塔问题,如图8-6所示,在一块木板上有3个立柱,在1柱上串放着3个圆盘,小的在上面,大的在下面(初始状态)。让被试将1柱上的3个圆盘移到3柱(目标状态)。条件是:每次只能移动任何一个柱子上面的1个圆盘,但大的圆盘不能放在小的圆盘上。通用问题解决者的解决过程是这样的:

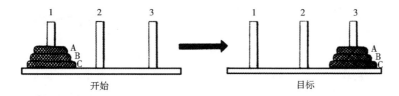

图8-6　三个圆盘的河内塔问题

①目的:移动 A、B、C 到桩 3

②差异是 C 不在 3 上

③子目的:放 C 到 3

④操作是移 C 到 3

⑤差异是 A 和 B 在 C 上

⑥子目的:从 C 移走 B

⑦操作是移 B 到 2

⑧差异是 A 在 B 上

⑨子目的:从 B 移走 A

⑩操作是移 A 到 3

……

"通用问题解决者"是世界上第一个问题解决的人工智能程序。今天,人工智能已经取得了长足的进步,并在需要速度、大容量记忆和较长时间的智力活动情境中充分体现出其价值,在某些任务中比人类做得更好。

1997 年,一场国际象棋比赛令全世界瞩目,计算机"深蓝"挑战国际象棋世界冠军卡斯帕罗夫。"深蓝"是世界上国际象棋下得最棒的一台计算机,能够在 1 秒钟内计算 2 亿步棋,而且每走一步棋之前能够核查下一步棋的数十亿个可能的棋局。图 8-7 是当时双方对阵的情形:一边是卡斯帕罗夫,一边是计算机专家,他负责将卡斯帕罗夫走的每一步棋输入计算机,并

按照计算机给出的对策在棋盘中
挪动棋子。卡斯帕罗夫一直拼到
最后一局，最终还是输了，他心悦
诚服地称"深蓝"为"巨人"。

卡斯帕罗夫棋风凌厉、招数多
变，常令对手在开局不久就阵脚大
乱。而这次的挑战者"深蓝"看起
来丝毫没有惧怕他的意思，卡斯帕

图 8-7　计算机"深蓝"与卡斯帕罗夫对阵

罗夫遇到了真正的对手。看着"深蓝"走出最后制胜的一步棋，卡斯帕罗夫
万般无奈，这是他自 1985 年成为世界冠军以来第一次在比赛中输给对手。
与此同时，"深蓝"成为在真正的国际象棋比赛中击败世界冠军的第一台电
脑。假如卡斯帕罗夫能赢得这场比赛，他会获得 30 万美元的奖金。

"深蓝"的胜利似乎使人类思维的能力黯然失色。然而，这实际上恰恰
证明了人类智慧的巨大能量。仅一个卡斯帕罗夫，仅为了对付他思维能力
中用于象棋比赛的有限部分，居然需要动用 500 名程序设计者花费如此大
量的时间编写程序才能达到目的！实际上，正是由于有了人类的思维，才有
了计算机的诞生。"深蓝"能写小说吗？能创作打击乐曲吗？能主动地去
思考有关意识起源的问题吗？不能。无论计算机的功能将来会有怎样的发
展，电脑在适应能力、推理能力和创造思维能力等方面是不可能超过人
脑的。

影响问题解决的因素

问题解决的思维过程受多种心理因素的影响。有些因素能促进思维活
动对问题的解决，有些因素则妨碍思维活动对问题的解决。下面讨论其中
主要的几种。

（1）问题表征。要解决一个问题，不仅有赖于我们分解该问题的策略，
也有赖于我们对该问题如何进行表征。如图 8-8 左图所示，请你用铅笔划
出 4 条直线，不能倒退，也不能中断，要把图上 9 个点全部连接上。在解决
这个问题时，你也许感到有点困难。其原因是问题表征受到知觉整体性的
影响：这 9 个点很容易被组织起来，看成一个正方形，从而限制了你的铅笔
划出正方形的边界。事实上，这个问题的条件并没有限制你的铅笔划出边
界，答案见图 8-7 右图。

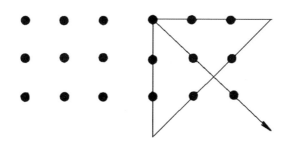

图 8-8　九点图及其解法

不妨再举一个"和尚难题"的例子（Adams，1974）：一天早晨，太阳刚刚升起，一个和尚开始爬山，沿着一条一两尺宽的小路蜿蜒而上，直达山顶上的一座庙宇。和尚爬山的速度时快时慢，中途停下来休息了好几次，终于在太阳落山时抵达山顶庙宇。他在庙中停留几天以后，又开始沿原路下山。日出时动身，速度也是时快时慢，沿途也休息了好几次。当然，他的下山平均速度要比爬山平均速度快得多。试证明沿途必定有一点是和尚在两次行程中，于当天同一时间到达的。在试图解决这个问题时，许多人都是从一个命题表征开始。他们甚至试图写出一套等式来，但结果很快就弄得越发糊涂。这个问题以视觉表征来解决就容易多了。你所需要的只是想象出和尚的上山行程和下山行程的重叠。可想象一个和尚从山下开始往上走，另一个和尚开始从山上往下走。不管速度如何，两个和尚总会在山路的某一点相遇。因此，在这段途中必定有一点是这个和尚在两次行程中恰恰在当天同一时间到达的地方（注意该问题并没有问你这个地点在哪里）。

（2）定势。定势有时有助于问题的解决，有时会妨碍问题的解决。最初研究定势在解决问题中作用的是迈尔（Maier，1930，1931）。在他的实验中，对部分被试利用指导语给以指向性的暗示，对另一些被试不给指向性暗示。结果，前者绝大多数能解决问题，而后者则几乎没有一个能解决问题。

定势对问题解决的妨碍作用可以从陆钦斯（Luchins，1942）的实验中看到。在实验中，告诉被试有 3 个大小不同的杯子，要求他利用这 3 个杯子量出一定量的水。其实验程序见表 8-2。实验结果表明，通过序列 1—5 的实验，由于被试形成了利用 B－A－2C 这个公式的定势，结果，对序列 6 和序列 7，也大都用同样方式加以解决，竟然没有发现原本应该显而易见的简单办法（即 A－C 和 A＋C）。在这个例子中，定势使问题解决的思维活动刻板化。

表 8-2　陆钦斯的量水问题实验序列

序列	三个杯的容量			要求量出水的容量
	A	B	C	
1	21	127	3	100
2	14	163	25	99
3	18	43	10	5
4	9	42	6	21
5	20	59	4	31
6	23	49	3	20
7	15	39	3	18

（3）功能固着。"功能固着"是一种特殊类型的定势。这个概念是德国心理学家邓克（Duncker,1935）首先提出的。它是指一个人看到某个物品有一种惯常的用途后，就很难看出它的其他新用途；初次看到的物品的用途越重要，也就越难看出它的其他用途。他做了一个简明的实验来阐述这个问题。实验任务是让学生们想办法在一块垂直的木板上放置蜡烛，并使蜡烛能够正常地燃烧。邓克给每个学生 3 支蜡烛，以及火柴、纸盒、图钉和其他东西。被试中有一半人分到的是放在纸盒里的材料，另一半人分到的东西都散放在桌面上。邓克发现，把东西放在盒子里提供给被试，会使问题解决变得更困难，因为此时盒子被看作是容器，而不是能够参与解决问题的物体。在这个实验中，解决问题的方法是要先将盒子钉在木板上，把它当烛台用。

再举一个实验（Hiling & Scheerer,1963）。如图 8-9 所示，让被试站在一间小房子的白线后面，把两个铁环放在垂直的木钉上。他可以在室内自由走动，运用任何物品帮助他解决此问题，但不允许把铁环拾起来直接放在

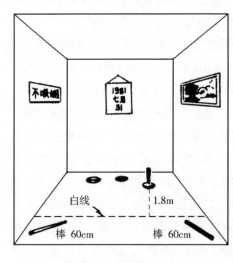

图 8-9　功能固着实验

木钉上。房间里有两根木棒,单独用一根够不到铁环,两根木棒用绳子接起来就能顺利地解决问题。对于一组被试,绳子挂在墙上的一枚钉子上,它没有固定的用途;这时被试很顺利地用这根绳子解决了问题。对于另一组被试,绳子也挂在那枚钉子上,但它用来挂日历或其他别的东西;这时大多数被试没有发现绳子能用来解决问题。虽然他们都知道室内的任何物品均可用来解决问题,但绳子挂了日历,它的用途似乎"固定了",因而就看不出它还能用来捆木棒。

"功能固着"也是思维活动刻板化现象。在日常生活中经常碰到,硬币好像只有一种用途,很少想到它还能用于导电;衣服好像也只有一种用途,很少想到它可用于扑灭烈火。这类现象使我们趋向于以习惯的方式使用物品,从而妨碍以新的方式去使用它来解决问题。

(4)酝酿效应。当反复探索一个问题的解决而毫无结果时,把问题暂时搁置一段时间,几小时、几天或几个星期,然后再回过头来解决,反而可能很快找到解决办法。这种现象称为酝酿效应。美国化学家普拉特和贝克、法国数学家彭加勒就报告过这类例子:"我摆脱了有关这个问题的一切思绪,快步走到街上,突然,在街上的一个地方——我至今还能指出这个地方——一个想法仿佛从天而降,来到脑中,其清晰明确犹如有一个声音在大声喊叫。""我决心放下工作,放下有关工作的一切思想。第二天,我在做一件性质完全不同的事情时,好像电光一闪,突然在头脑中出现了一个思想,这就是解决的办法……简单到使我奇怪怎么先前竟然没有想到。"

有人用实验说明了这种效应:给被试提出项链问题(见图8-10),指导语如下:"你面前有4条小链子,每条链子有3个环。打开1个环要花2分钱,封合1个环要花3分钱。开始时所有的环都是封合的。你的任务是要把这

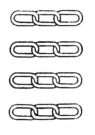

图8-10　经济项圈问题

12个环全部连接成一个大链子,但花钱不能超过15分。"(这个问题的解法是:把1条小链的3个环都打开,用这3个环把剩下的3个小链连接起来。)实验中的3组被试都用半小时来解决问题,第1组半小时中有55%的人解决了问题;第2组在半小时解决问题中间插入半小时做其他事情,结果有

64%的人解决了问题;第3组在半小时中间插入4个小时做其他事情,结果有85%的人解决了问题。在这个实验中,主试要求被试大声说出解决问题的过程,结果发现第2、3组被试回过头来解决项链问题时并不是接着已经完成的解法去做,而是像原先那样从头做起(Silveira,1971)。因此,可以认为,酝酿效应打破了解决问题不恰当思路的定势,从而促进了新思路的产生。

(5)专家知识。专家在本专业领域内是解决问题的能手,但是在其他领域并不特别聪明,有时还显得笨拙。那么,专家知识为什么能促进问题的解决呢?西蒙等对这个问题做过研究。他们把具有25个棋子的国际象棋盘以5秒钟的时间向国际象棋大师和棋艺不太好的一般棋手呈现(5秒钟时间被试完全能看清棋盘,但却不能存入长时记忆)。分两种实验条件:第一种是把象棋好手下到一半的真实棋盘布局呈现给这两组,第二种是在棋盘上随机摆上25个棋子的布局呈现给这两组。呈现棋盘撤走后,要求被试把刚才看过的棋盘布局在另一棋盘上摆出来。结果发现,对于真实的棋盘布局,象棋大师能恢复25个棋子中的23个,而一般棋手则只能恢复6个左右;对于随机排列的棋盘布局,象棋大师和一般棋手能恢复的数量是相等的,都是6个。研究还表明,专家在看棋盘上有规律的25个棋子时,并不是看25个孤立的东西,而是以组块为单元,加上组块之间的关系来看的。根据对国际象棋大师的研究,西蒙认为,任何一个专家必须储存5—10万个组块的知识,而要获得这些知识不得少于10年。由于专家储存有大量的知识以及具有把这些知识运用于各种不同情况的丰富经验,因而能熟练地解决本领域所遇到的各种问题。需要新手冥思苦想才能解决的问题,对专家来说也许只要检查一下储存的解法就可以了。

五、创造思维

创造思维就是创造活动中的一种思维。创造活动是一种提供独特的、具有社会价值产物的活动。科学中新概念、新理论的提出,新机器的发明,文学艺术作品的创作等等,都是不同实践领域中的创造活动。所谓独特性是指与众不同或前所未有的意思。但是,即使是独特性的产物也不一定都是创造。因为独特的东西也可能是毫无社会价值、与客观规律相违背的。例如,精神病人的胡言乱语是独特的,却不能把这些东西说成是创造的。因此,某种产物是创造,不仅要具有独特性,而且必须符合客观规律,具有社会价值。

创造思维的过程

创造思维伴随着创造过程。对于创造过程的分析,最有影响的理论是沃拉斯(Wallas,1926)提出的四阶段理论,即准备期、酝酿期、豁朗期和验证期这四个阶段。

(1)准备期。创造思维从收集对创造活动的必需信息、掌握有关技术等准备工作开始。在这一阶段,最重要的是明确创造目的、掌握丰富的经验、收集广泛的信息和掌握必要的技能。创造活动中的准备,分一般性的基础准备和为了某一特定目的准备。为了发展创造性思维,不能将准备工作只局限于狭窄的专门领域,而应当有相当广博的知识和技术准备。这一阶段的时间往往是相当长的。

(2)酝酿期。这一阶段指准备期所收集到的资料经过深入的探索和思考难以产生有价值的想法之后,不是靠自己的努力,而是等待有价值的想法、心象自然酝酿成熟而产生出来。例如,把对该问题的思考从心中抛开,转而想别的事情,或可以去散步、读其他的书、干别的事等。这个阶段是摆脱了长期的精神紧张之后经验的再加工阶段。头脑中收集到的资料是不会消极地储存在那里的,它也许按照一种我们所不知道或很少意识到的方式进行着加工和重新组织,进而产生了新的思想、新的心象。

(3)豁朗期,也称产生灵感阶段。在这一阶段中,由于某种机遇突然使新思想、新心象浮现了出来,使百思不得其解的问题一下子便迎刃而解。这种现象称为灵感。

(4)验证期。灵感产生的新观念并不一定是正确的。验证期就是对豁朗期提出的思想、心象给以评价、检验或修正。通过逻辑推理把提出来的思想观点确定下来,完善假设,并通过实验或调查加以验证。或者根据这些思想观点,用绘画、音乐、小说、诗歌、发明等等作品或产品的形式具体表现出来。在验证期,不仅要运用已有的信息,而且也需要获得新的信息。

创造思维的特点

吉尔福特(Guiford,1950)主要依据发散思维的特征,认为高创造力的人的思维具有以下几大特点:(1)思维的流畅性,也叫思维的丰富性,是指在限定时间内产生观念数量的多少。在短时间内产生的观念多,思维流畅性大;反之,则思维缺乏流畅性。思维流畅性又可分为用词的流畅性、联想的流畅性、表达的流畅性和观念的流畅性;前三种流畅必须依靠语言,后一种既可借助语言也可借助动作。(2)思维的变通性,也叫思维的灵活性,是指摈弃旧的习惯思维方法开创不同方向的那种能力。富有创造力的人的思维比一般人的思维出现的想法散布的方面广、范围大,而缺乏创造力的人的思维通常只想到一个方面而缺乏灵活性。(3)思维的新颖性,也叫思维的独特性,是指产生不寻常的反应和不落常规的那种能力,此外还有重新定义或按新的方式对我们的所见所闻加以组织的能力。

创造性测验

发散思维测验被广泛用于创造性测验:(1)在物品的非常规性用途测验中,要求被试尽可能多地想出使用某一物品的方式,例如:"旧轮胎能有哪些用途?"(2)在推论测验中,要求被试说出如果世界上发生了某种变化,可能产生的后果。例如:"如果每个人都突然失去平衡感且不能再直立,将会产生什么样的后果?"被试要尽可能多地列出各种可能的后果。(3)组字测验中,给被试看一些单词,如 creativity,要求被试用单词中的字母尽可能多地组出新的词。此外,还有其他一些发散思维测验(图8-11)。每种测验都是根据思维的流畅性、变通性和独创性来评分的。

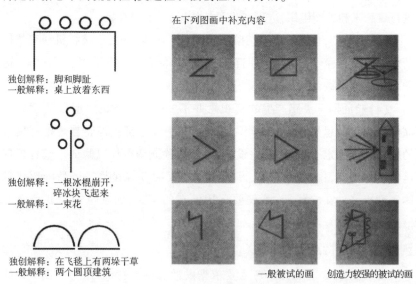

图8-11　发散思维测验题例

但是,创造力的研究者通常认为,发散思维测验与传统的智力测验太过接近,还不足以说明真正的创造力。另一种判断某人是否有创造力的方法是,要求他们提供有创造力的作品,包括绘画、写诗和写短故事等,然后评判者对每一件作品进行创造力的评价。假定要给世贸中心拍一张尽可能好的照片,这里有两张图片(图8-12),你认为哪一张更有创造力?你可以解释一下为什么会这样想吗?你认为你的朋友是否同意你的观点?研究发现,当评判创造力的等级时,其一致性相当高,人们可以被可靠地确定为高创造力者或低创造力者。

图8-12　谁更有创造力?

创造力

"创新是一个民族的灵魂。"自1950年代吉尔福特和托兰斯(E. P. Torrance)等人开始对创造力进行心理学研究以来,这方面的研究工作越来越丰富。这些研究不仅触及个体因素,如创造性人格、创造性思维过程和阶段等问题,也已逐渐扩展到文化和社会因素。

加德纳(Gardner,1993)曾对做出杰出创造性成就的个体进行个案研究,总结出他们的家庭关系在家庭收入、阶层、父母受教育程度和教养方式等方面的共性。谢光辉和张庆林(1995)曾对32名中国大学生实用科技发明大奖赛获奖者的人格特征进行研究,发现了低乐群性、高敏感性、高独立性和高自律性的特征。最近,李金珍等(2004)以9—16岁的中小学生为研究对象,采用实用创造力测验任务,探查了儿童创造力的发展特点。结果发现:儿童的创造力随年龄的增长逐渐提高,但创造力新颖性、流畅性和变通性三个维度的发展并不均衡,流畅性和变通性在9—11岁期间比其他年龄阶段发展得更快。另外,家庭环境对于儿童的创造力有直接影响也有间接影响,其间接影响是通过影响创造性态度得以实现的。胡卫平等(2004)将中学生科学创造力测验施测于英国6所中学的1190名青少年及中国2所中学的1087名青少年,对中英青少年科学创造力的发展进行了比较研究。结果发现：第一，青少年的科学创造力存在显著的年龄差异。随着年龄的增大，青少年的科学创造力呈持续上升趋势，但在 14 岁时下降；11—13岁、14—16 岁是青少年的科学创造力迅速发展的关键时期。第二，青少年的科学创造力存在性别差异。英国女生的科学创造力比男生强，差异显著；中国男生的科学创造力比女生强，差异不显著。第三，中英青少年的科学创造力存在显著的差异。在创造性的问题解决能力方面，中国青少年明显高于英国青少年，但中国青少年在其他方面的科学创造力及总成绩则明显低于英国青少年。第四，中国青少年的科学创造力存在显著的学校类型差异。重点中学学生的科学创造力显著高于普通中学学生的科学创造力。

在研究儿童的创造力发展时，有许多心理学家试图将创造性活动纳入认知活动的范畴，把创造性活动看成是智力活动的一个维度。但是，又有越来越多的研究者认识到活动主体的个性因素在创造性活动中起着关键的作用。例如，斯滕伯格（Sternberg，1988a）认为，个性中兴趣和动机是人们从事创造性活动的重要驱力，可以驱使个体集中精力于所从事的作业。施建农（1995）认为，个体对创造性作业的态度对个体的智力导入量起到了一种开关作用。一个人的创造性态度越高，越容易投入更多的智力和精力，从而表现出更高的创造性。关于创造力的研究，还有人提出，普通人的创造力与天才的创造力是一个连续的整体，任何具有正常认知能力的人都有可能在某个领域有所创造，或者说常人都具有一定的创造力；另外，所有的个体工作中都包含着某种程度的创造力；同时，虽然在每个领域中都存在着创造力的个体差异，但这种差异不是一成不变的，可以通过一定途径使人的创造力得到培养和提高（Amabile，1983）。

灵感

灵感是人类创造性认识活动中最神妙的精神现象。在最深奥的科学创造活动中，有灵感之光的闪耀：爱因斯坦在回忆他 1905 年 6 月写作狭义相对论论文的情景时对好友贝索说，在这之前，他已经进行了好几年的思考和研究，然而那个决定一切的观念却是突然在脑子里闪现的。一天晚上，他躺在床上，对于那个折磨着他的谜，心里充满了毫无解答希望的感觉。他的眼前，似乎没有一线光明。但是，突然黑暗里透出了光亮，答案出现了，他马上起来执笔工作。5 个星期后，他的论文写成了。他说："这几个星期里，我在自己身上观察到各种精神失常现象。我好像处在狂态里一样。"在最复杂的文艺创作活动中,有灵感之翅的跃动:1873年一个春天的夜晚,列夫·托尔斯泰不停地在书房里徘徊着,他在苦苦地思索长篇小说《安娜·卡列尼娜》的开头。这部小说的内容和情节,他在前一年就想好了,但是苦于找不到一个好的开头,一直没有动笔。现在他仍然苦无思绪。这时,他偶尔走进大儿子赛尔该的屋子里。赛尔该正在读普希金的《别尔金小说集》给他的老姑母听。托尔斯泰拿起这本书,随便翻了一下。他翻到后面一章的第一句:"在节日的前夕客人们开始到了。"他兴奋地喊起来:"真好! 就应当这样开头。别的人开头一定要描写客人如何,屋子如何,可是他马上跳到动作上去了。"托尔斯泰立即走进书房,坐下来写了《安娜·卡列尼娜》的头一句:"奥布浪斯基家里一切都乱了。"在最平凡最普通的劳动中,也有灵感之花的盛开:林清达原是台北一家医院的园丁,1958年的一天,他在再次修修剪剪的时候,头脑里突然闪过一个念头:"干嘛光是把它剪小呢? 如果能把这玩意弄成个鸟呀什么的,不更有意思吗?"这样,他就试着把它剪成一只鸟的形状。自此,林清达的想象力就像他的处女作"鸟儿"一样,展开双翼,在园林艺术的长空中任意翱翔,诞生了各种各样的绿色雕塑。哪里有人类的创造活动,哪里就会有令人神往的灵感闪烁。

千百年来,人们对灵感现象的理论解释众说纷纭,有的强调灵感的独创性,有的强调灵感的非自觉性;有的强调灵感是一种艺术能力,有的强调灵感是一种精神状态;有的强调灵感的实践基础,有的强调灵感的飞跃形式;有的强调心灵的闪光,有的强调外来的启示。由于灵感现象十分复杂,内在机制难以把握,因而人们对灵感问题的研究往往停留在经验描述和特征归纳阶段,不易上升为理论。美国科学哲学家库恩(Kuhn,1962)在其名著《科学革命的结构》中指出:"新的规范,或者以后环节容许的充分暗示,有时是在午夜,在深深地处于危机中的一个人的思想里突然出现的。那最后阶段的性质是什么? 一个人是怎样发明(或者发现他已经发明了)一种新方法的,它给予那时聚集起来的全部资料以秩序? 这一切在这里仍然是不可思议的,也许永远是这样。"

一般而言,获得灵感是指创作者在丰富实践的基础上进行酝酿思考的紧张阶段,由于有关事物的启发,促使创造活动中所探索的重要环节得到明确的解决。灵感尽管在各个不同的领域有各不相同的表现,但就认识活动的一般要素来讲,都具有连创造者本人都感到迷惑不解的三大奇异性:

(1)突发性。灵感来无踪,去无影,不能确切预期,难以人为寻觅,它的降临是突如其来的。马卡连柯用13年的功夫，搜集积累了大量创作材料，却难以下笔。高尔基来访时的一席话，使他茅塞顿开，马上开始写作《教育诗》。达尔文回忆说："我能记得路上的那个地方，当时我坐在马车里，突然想到了一个问题的答案，高兴极了。"数学家高斯也兴高采烈地说，一个难题他求证数年而未解，"终于在两天以前我成功了……像闪电一样，谜一下解开了。我自己也说不清是什么导线把我原先的知识和使我成功的东西连接了起来"。

（2）突变性。人的认识质变有两种形式：一种随感性认识的积累，经反复思考，渐进式地上升为理性认识；一种是突变式的急剧飞跃。灵感就是这种突变式的认识飞跃形式。它一旦触发，就会像突然加了催化剂一样，使感性材料迅速升华为理性认识。德国化学家凯库勒曾谈到过他在睡梦状态中得到灵感的情境："但事情进行得不顺利，我的心想着别的事了。我把座椅转向炉边，进入半睡眠状态。原子在我眼前飞动：长长的队伍，变化多姿，靠近了，连结起来了，一个个扭动着，回转着，像蛇一样。看那是什么？一条蛇咬住了自己的尾巴，在我眼前轻蔑地旋转。我如从电掣中惊醒。那晚我为这个假设的结果工作了整夜。"这个蛇形结构被证实是苯的分子结构，梦中的心象为一个重要的科学难题提供了答案。

（3）突破性。灵感能打破人的常规思路，为人类创造性思维活动突然开辟一个新的境界。它是科学创造、艺术创作神奇的催生婆。爱因斯坦回忆说："一天，我坐在伯尔尼专利局的椅子上突然想到：假设一个人自由落体时，他决不会感到自身的重量。我吃了一惊，这个简单的思想实验给我打上了一个深深的烙印，这是我创立引力论的灵感。"我国的侯振挺教授一次到车站去送人，在候车室里看着排队上车的旅客，突然眼睛一亮，一下子解决了他久思不解的排队论中巴尔姆断言的证明。

突发性、突变性、突破性综合在一起，就会使灵感这一复杂的心理过程在当事人的自我心理体验上显得十分奇特。柴可夫斯基写道："当一种新的思想孕育，开始采取决定的形状时，那种无边无际的欢欣是难以说明的。这时简直会忘记一切，变成一个狂人，每一个器官都在战栗，几乎连写出个大概来的时间也没有，就一个思想接着一个思想的迅速发展着……如果艺术家的这种精神状态（即称为灵感的求西）继续下去，永不中断，那么这个艺术家会活不了一天的。弦线会断，琴也会裂成碎片。然而有一桩事情却是很宝贵的，即一个乐曲的主要乐章连同各个部分的总轮廓，必须不是硬找来,而是涌现的——这就是被称为灵感的那种超自然的、不可理解的、从来没有分析过的力量的结果。"康·巴乌斯托夫斯基在其《金蔷薇》一书中则细致入微地描写了灵感的神妙:灵感来时,正如绚丽的夏日的清晨来临,它驱散静夜的轻雾,向我们吹来清凉的微风。灵感,恰似初恋,人在那个时候预感到神奇的邂逅、难以言说的迷人的眸子、娇笑和半吞半吐的隐情,心灵强烈地跳动着。在这个时候,我们的内心世界像一种魅人的乐器般微妙、精确,对一切,甚至对生活的最隐秘、最细微的声音都能共鸣。因此,创造者常常把灵感视若自己的生命,为它的降临而祈祷,为它的出现而欢呼,为它的衰退而苦恼,为它的枯竭而悲伤。

【知识点】

特征表说　原型说　演绎推理　归纳推理　代表性法则　可利用性法则　定锚与调整法则　试误　顿悟　探试搜索　爬山法　手段目的分析　反推法　定势　功能固着　酝酿效应　创造思维　灵感

【思考题】

1. 影响概念形成的因素有哪些?

2. 影响推理的因素有哪些?

3. 影响决策的因素有哪些?

4. 影响问题解决的因素有哪些?

5. 创造思维的过程和特点怎样?

6. 如何认识创造力?

7. 讨论灵感。

【扩展阅读】

1. 张庆林、邱江主编:《思维心理学》,西南师范大学出版社 2007 年版。

2. 邵志芳:《思维心理学》,华东师范大学出版社 2001 年版。

3. 林崇德:《教育与发展:创新人才的心理学整合研究》,北京师范大学出版社 2004 年版。

4. 〔美〕奇凯岑特·米哈伊:《创造性:发现和发明的心理学》,夏镇平译,上海译文出版社 2001 年版。

5. 〔美〕Ronald A. Beghetto、James C. Kaufman 主编:《培养学生的创造力》,陈菲、周晔晗、李娴译,华东师范大学出版社 2013 年版。

第九讲

言语与交往

语言是人所特有的心理现象,也是人类最重要的交际工具。言语则是人们运用语言进行交际的过程和产物,平常我们进行交谈、演讲、作报告、写文章等都是不同方式的言语活动。除了言语交流外,我们还有个人空间、体态、目光接触等非言语交流方式。人与人之间的交往是复杂而多变的,受到个人不同的社会归因、人际沟通网络、人际吸引等多种因素的影响。在各种交往现象中,喜欢与爱是我们要特别加以讨论的。

一、言语交流

从心理语言学的观点看,人们使用语言以达到人际沟通目的的言语交流,是由言语理解和言语产出两个相反相成的方面所构成的。

言语理解

言语的理解就是根据语音或书面文字来建立意义的过程。例如,当你听到"车子"这个词的语音时,你知道这是指陆地上有轮子的交通工具,像汽车、马车等。这表明你理解了这个词的意义。又如,当你听到"请打开窗子吧"这句话的语音时,你知道这是一个开窗的请求。这表明你理解了这句话。言语的理解也就是建立语义的过程。

言语的理解有不同的水平。词是言语材料最小的意义单位,各种复杂的语义都是借助于词来表达的。言语的理解必须以正确理解词的意义为基础。因此,对单词的理解是言语理解的初级水平。如果对单词都不理解,就谈不上言语的理解。但是,对各个单词的理解并不意味着能理解由个别单词所构成的短语和句子。例如,小学低年级学生可能已经知道"一""针""见""血"这几个字的意思,却不懂得这个成语的意义。因为成语不是个别单词的简单堆积,它在言语交际中是作为一个整体的意义而被使用的。句子的理解,情况更为复杂。它有一定的语法关系,语法关系不同,语义也不同;同样一句话,在不同的语境中有不同的意义。因此,对短语和句子的理解是言语理解的较高水平。言语理解的第三级水平是对说话人的意图或动机的理解。例如上述请求打开窗户这句话,有人不这样说,而是说"这房子里闷热!"这时你也懂得这句话不仅是对室内气温的评论,其言外之意是表达开窗户的请求。与前述两种理解水平相比较,听出言外之意,难度要大得多。影响言语理解的因素主要有:

(1)语境。在言语交流时,语境提供了各种背景的知识,因而能帮助人们迅速、准确地理解语言。有人曾经让被试等候在实验室内,并用录音机录制下他们之间的谈话。随后,将谈话中的个别单词播放给他们听,结果发现,被试只能确认其中的大约一半(Pollack & Pickett,1963)。这说明,脱离了具体的语境,即使是对自己说过的话,也难以理解。在汉语的语境研究中,彭聃龄和谭立海(1987)研究了语境对双字词识别的影响。他们按照语境与目标词语义联系的程度分成强语境(如牢房—监狱)、弱语境(如田野—碧绿)和无关语境(如软禁—细菌),被试的任务是词汇判断。结果发现,语境对高频目标词的促进作用不明显,对低频目标词的促进作用非常显著。朱晓平(1992)对汉语句子语境的研究也发现,句子语境能够促进词汇的识别。

(2)推理。推理可以在已有语言信息的基础上增加信息,或者在语言的不同成分间建立联结,因此在言语理解中具有重要作用。例如,下面一段话:"自从石油危机以来,商业变得呆滞了。好像没有人再需要那些高级的东西。突然,门开了,一个衣着讲究的人走进了展览室。约翰带着他的真诚、友好的表情朝这个人走去。"这段话,虽然是话语的一个片断,但我们读完后不可避免地会做出一系列的推理:约翰是个商人,当时商业正处于不景气的状态,他可能卖高级轿车,一个人想买轿车,约翰想做这笔买卖,等等。这些推理弥补了话语中未出现的信息,使人更完整地理解了上面这段话。再如,下面这一课文情景:"玛丽听到卖冰淇淋的车声,她想起了生日零用钱,急忙冲进屋里。"读完后,如果我问你玛丽的生日零用钱在哪里,你自然会知道钱在屋里。她为什么跑进屋里,为了取钱。玛丽有多大年纪,她可能是个小女孩。这些答案其实并未明确地出现在话语中,但经过推理,我们很快理解了话语情景的含义。

(3)图式。图式是知识的心理组织形式。它说明了一组信息在头脑中最一般的排列或可以预期的排列方式。也有人把图式看作是有组织的知识单元。图式在言语理解的过程中也有着重要的作用。例如，我们平时所听到或看到的故事，都是按照故事图式组织起来的。它一般包括事件发生的背景、主题、情节和结局等内容。背景交代故事发生的时间、地点和人物；主题提出主人公试图达到的目标；情节指达到目标的一系列活动；结局指故事的最后结果。研究表明，当故事按故事图式组成时，人们较易理解；相反，如果将故事的图式打乱，例如，故事的主题不是出现在情节前而是出现在情节后，被试只有读完故事的情节和结局，才能得知故事的主题，这时他们对故事的理解就困难一些。因此，当语言材料的结构与故事图式一致时，故事图式能提高理解语言的速度与质量；相反，当语言材料的结构与故事图式不一致时，人们对故事图式的预期会使理解的速度缓慢下来。

总之，言语理解不仅依赖于对语言材料的正确感知，而且还依赖于人们已有的认知结构和各种形式的知识经验。人们根据自己的知识经验去接受、加工所获得的语言信息，通过推理建立材料之间的联系，补充所缺少的信息，最后达到对语言材料的合理解释。因此，言语理解过程是一种积极的思维过程，是一种自下而上的加工和自上而下的加工相互作用的过程，是根据所获得的语言材料去建构意义的过程。

言语产出

言语产出也叫言语表达，是指人们把所要表达的思想说出或写出来，包括说话和书写两种形式。言语活动是受目标指引的一种活动。在正常情况下，人们由于交际或交流思想的需要，才要说话或写作。当你在大街上迷了路，需要向人问路时，这就产生了说话的目的与动机；你和朋友相对不语，觉得很尴尬，为了打破沉默，你主动与朋友搭话，这也是一种说话的目的与动机。一个人在工作中有了经验，希望把自己的经验交流出去，因而产生了写作的动机。总之，无论说话或书写，人的言语活动都是在一定动机的支配下产生的。说话的目的和动机不同，语言表达的内容和方式也不同。

言语活动又是受认知系统直接支配和调节的活动。言语的产出不仅取决于说话者的说话目的与动机，而且取决于说话者对情境的分析和对听话者的正确了解。所谓"一种场合说一种话""看对象讲话"，指的就是这个意思。比如，有人问："你今天干了些什么？"你的回答是和你对问话者问话意图的了解分不开的。如果你认为问话者仅仅出于客套，可能只是随口说一句"没干什么，哪里也没去"；如果问话者是你的好友，你认为他非常关心自己的活动,你的回答必然是认真而仔细的。言语产出和记忆也有密切关系。人们必须从记忆系统中搜索所需要的思想,才能用口语或文字的形式把它表达出来。在回答"你今天干了些什么"时,人们将根据自己对情境的理解,从记忆中主动搜集所需要的材料,并决定说什么和怎么说。很明显,思维和决策在人的言语产出中也有很大的作用。

对言语失误的研究,是探索言语产出过程的一种重要方法。言语失误包括停顿——无声或有声的停顿(词与词之间夹杂"嗯""啊"等)、重复(对句中一个或多个词的重复)、开始失误(一开始说话就错)、改正(在改正时往往加上"我的意思是"或者说得确切些"等插入语)以及多加感叹词、口吃、失言等。布默(Boomer,1965)收集和分析了一些自发性言语的样本,发现人们的话语停顿常常发生在语法上的连接处;在这些地方的停顿时间比别处的停顿时间长。例如,在子句间的平均停顿时间为 1.03 秒,而子句内的平均停顿时间为 0.75 秒。这说明短语可能是言语产出的基本单位。对言语失误的研究表明,言语产出受下列因素的制约:

(1)话题。有人给被试看诸如汽车、快乐、万花筒、优势等词,让他们以一个词为题目说出一句话,结果发现,以具体词(如汽车、万花筒)为题目产生语句比以抽象词(如快乐、优势)为题目产生语句要快。还有人发现,自然的独白言语是按圆周式的周期来发展的,每一圆周式周期出现一些新的言语内容,而每一圆周式周期开始时总有些停顿、口吃和速度放慢等现象,说明自然的独白言语的产生有其自身的特点。

(2)记忆。在前面的章节我们已经讨论过舌尖现象,说明了提取困难对言语产生的影响。此外,短时记忆对于把握复杂的句法结构,使其组成成分听任调遣是必不可少的。研究表明,句法结构包含的环节越多,对短时记忆容量的要求越大,言语失误也越多。

(3)情绪。人在紧张、焦虑、激动、暴怒等情绪状态下,言语中会出现无声的停顿或其他言语失误。弗洛伊德把失言、笔误看成是无意识动机的泄露,也说明了动机对言语产生的影响。

(4)语境。例如,交谈时人们交替充当着说话者。如果一个人说完一段话后觉得意犹未尽,想继续说下去,就应让听话者知道其意图。如果他的意图未被了解,而又停顿较长,听话者就要说话了。因此,说话者为了让人知道其意图,往往自觉或不自觉地说完一句话后马上说另一句话,以免别人把话接过去。在这样的语境下,像"嗯""呃"等有声停顿就相当的多。

总之，言语的产出是受话题、记忆、情绪、动机以及语境等许多因素制约的。人们的言语失误也有差异，有的人爱用有声的停顿，有的人常用无声的停顿；有的人喜欢重复，有的人常犯"开始失误"。这些也反映了人们言语风格上的个别差异。

重大研究：转换生成语法（乔姆斯基，1957）

20世纪中叶之前，心理学与语言学几乎互不往来。但随着认知革命的到来，一些认知心理学家和语言学家开始朦胧地感到，若想使自己的学科得到全新的发展，必须要借助对方的解释。比如，语言学中有关语法运行机制的某些新的理论意味着，思维在处理概念时会执行某些行为主义心理学不能解释的复杂操作。1953年，一群心理学家和语言学家在康奈尔大学举行了一次学术会议，讨论他们共同感兴趣的领域，同时采用"心理语言学"这个名字，并将其确定为研究语言的心理学的名称。

图9-1 转换生成语法的创立者乔姆斯基

心理语言学当时还是一个不大为外人所知的新兴学科。4年之后，年仅29岁的乔姆斯基（Noam Chomsky，1928— ，图9-1）出版了《句法结构》一书，提出了转换生成语法的理论（Chomsky，1957）。他主张语言学家的研究对象应从语言转为语法，研究范围应从语言使用转为语言能力，研究目标应从观察现象转为描写和解释现象，从而在语言学界掀起了一场革命。

根据乔姆斯基的转换生成语法理论，任何一个语句都包含两个层次的结构：表层结构和深层结构。表层结构是指我们实际上所听到或看到的语句形式，或说话时所发出的声音以及书写时所采用的书面形式；而深层结构是指说话者试图表达的句子的意思。表层结构决定句子的形式，深层结构决定句子的意义。同一个深层结构可以用不同的表层结构来体现，也就是说，我们在表达同一意义时，可以采用不同的表达方式。一个表层结构也可包含两个或更多的深层结构。在这种情况下，语句就出现歧义。歧义是语言的一种普遍现象，一般可以通过设置语境来排除。

从深层结构到表层结构的转换,要通过一定的规则来实现。这些规则包括短语结构规则和转换规则等。按照短语结构规则,一个句子(S)可以转换为名词短语(NP)+动词短语(VP)(规则1);然后,一个名词短语又可转换成冠词(Art)+名词(N)(规则2);一个动词短语可转换成动词(V)+名词短语(NP)(规则3)……按照这些规则,可以将句子"The boy will hit the ball"构成一个树形图,如图9-2所示。

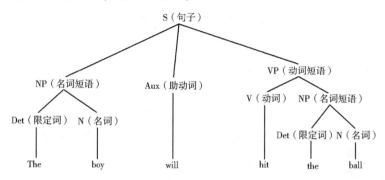

图9-2　短语结构规则的树形图

运用短语结构规则可以把某些表面结构相同而深层结构不同的句子区别开来。例如,歧义句"They are cooking apples",可以用不同的树形图来表示。在图9-3a中,cooking是一个分词,它和系词are联系在一起,因而,整句的意思是"他们正在烹调苹果"。而在图9-3b中,cooking是形容词,它修饰后面的名词,因此,整句的意思是"它们是正在烹调中的苹果"。

转换规则是说明句子的深层结构与表层结构转换关系的规则。例如,我们可以把句子"The boy hit the ball"转换成"The ball was hit by the boy"。这种转换关系可用被动的转换规则来描写:NP1 + V + NP2→NP2 + Was + V + by + NP1。通过转换,相同的深层结构就可用不同的表层结构表达出来了。

乔姆斯基的语言学理论,特别是他的句法结构理论加深了人们对语言实质的理解。当前,各种语言学理论大都以乔姆斯基的理论为参照点,乔姆斯基的理论对语言学、哲学、心理学等产生了深远的影响。此外,乔姆斯基还长期以左翼言论、反对美国政府政策而著称。

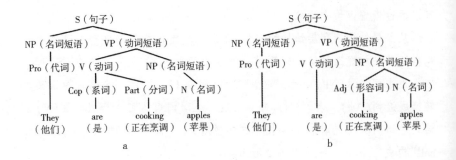

图9-3　歧义句的成分分析

二、非言语交流

虽然在人与人的交往过程中,言语交流是很重要而突出的,但是非言语交流也不容忽视。这不仅因为非言语交流本身也是非常普遍的,而且因为现实生活中人们出于种种考虑经常撒谎,非言语交流所传递的信息反而更为可靠。

个人空间

空间也会说话。在社会生活中,任何一个人都需要在自己周围有一个自己能把握的自我空间,虽然这个空间会随情境、单位空间内的人员密度、文化背景、个人性格等因素而发生变化。美国人类学家霍尔(Hall,1963)将人们互动时的人际空间由近及远分为四个层次:亲昵区(3—12英寸),是夫妻、恋人的空间距离;个人区(12—36英寸),是朋友之间人际交往的空间;社会区(4.5—8英尺),是熟人(如公司经理、同事)交往的空间距离;公众区(8英尺以上),是一个公共地带。个人空间能够给人们提供交往的重要线索。一是个体空间距离与交往者的感情亲疏有密切的关系。一般来说,空间距离的接近与情感的接纳水平成正比例关系,即情感上接纳水平越高,能够与别人分享的自我空间越多,对空间距离接近的容忍性也越高。所以,一个人的自我空间只允许已经在心理上建立了安全感、情感上已经被接纳的人来分享。如果没有情感上的相应接纳,则任何人闯入一个人的自我空间都会被认为是严重侵犯,使人在心理上感受到很大压力,并产生强烈的焦虑体验。二是通过人际空间距离的大小,可以推测一个人的性格特征。在同样亲密的关系下,性格内向的人与性格外向的人相比保持稍远的距离。

三是通过人际空间距离状况,可反映出交往者之间的地位关系。通常,社会地位相差较大时交往者的空间距离比较大,而社会地位相近时交往者的沟通距离就比较小。在我国传统文化中,有以东为首、以西为从,主位在东、宾位在西的说法。四是通过人际交往的空间距离,可以了解交往者的文化背景。不同国家、不同民族,甚至在同一国家的不同地域,个体空间往往是不同的。如欧美国家的人在人际交往时距离较近,中国人异性间进行交谈时彼此的距离要大于欧美人。五是通过观察人们所选择的空间位置,可以把握人们彼此之间的交往愿望。空间有"情的空间"和"知的空间"之分。肩并肩的、坐在身边的横向空间就是"情的空间";而面对面而坐的纵向空间就是"知的空间"。前者使人感到有合作、进行情感交流的需要,后者使人觉得有竞争、压迫之感觉,没有可容情意进入的余地。六是个体所拥有的个人空间,在一定程度上反映了个体所处环境的状况。影响人们自我空间大小的最重要因素,是单位空间内的人员密度。在单位空间密度很低的情况下,人的自我空间很大,需要与别人保持相当大的距离。

体态语

体态语是由人体发出的具有表情达意功能的一套图像性符号,包括人的面部表情、身体姿势、肢体动作和身体位置的变化。在人际交往中,人的体态不仅反映一个人的外表,而且反映一个人内在的品格和素养。古希腊哲学家苏格拉底说:"高贵和尊严,自卑和好强,精明和机敏,傲慢和粗俗,都能从静止或者运动的面部表情和身体姿势上反映出来。"我国社会心理学家沙莲香(1987)将体态分为静态和动态两种。静体态是一个人恒常的、相对稳定的外在状态,包括形体和附着于固有形体的装饰、体魄、相貌、风度、做派等。所有静体态因素都有一定的含义,表示一定的意义。而动体态是一个人通过动作表现出来、随时随地改变着的躯体外在形态,包括点头、姿势、手势、步子、握手、拍肩、拥抱等。无论静态的还是动态的体态,都意在表达心态。

心理学家萨宾(Sarbin,1954)通过对生活的细致观察,对一些经常使用的姿势作了总结。图9-4是其中的一些示意图。你可以看看自己的理解与研究得出的结果是否一致。这些示意图及其定义都来自西方,但我们会发现,与我们的解释大多是一致的。这就说明,通过姿势实现的沟通,有着广泛的适应范围,全然不像不同语言间交流那样不可逾越。虽然也有一定的文化差异,但很多姿势都是世界性的。事实上,也正因为不同文化中存在着如此众多共通的沟通方式,跨文化、跨国度的人际交流才成为可能。

| 好奇 | 疑惑 | 不感兴趣 | 拒绝 | 观察 |

| 自我满足 | 欢迎 | 果断 | 隐秘 | 探究 |

| 专注 | 暴怒 | 激动 | 舒展 |

| 奇怪、支配、怀疑 | 鬼鬼祟祟 | 羞怯 | 思索 | 做作 |

图9-4　各种身体姿势及其意义

目光接触

眼睛是心灵的窗户。眼神在人们的交流中起着极其重要的作用,人类几乎所有的交流都需要眼神的相互沟通。眼睛的动作可以表达惊讶、引诱、警告、不同意等;用强烈的目光注视、头朝下和反复点头,可以表明十分感兴趣等。和其他非言语交流形式一样,目光接触所表达的含义受当时所处环境的制约。但是,目光接触确实是在表达着某种信息。泰戈尔曾说过,一个人"一旦学会了眼睛的语言,表情的变化将是无穷无尽的"。目光接触在人际交流中的作用主要表现在以下几个方面:第一,目光接触直接表示对他人的注意，使交流得以实现。也就是说，眼神交流能表示我们注意倾听他人的话语，而且对听到的内容感兴趣。如目光接触经常用于调整谈话，使交流得以继续进行；如果在谈话过程中没有或只有极少的目光接触，谈话就会终止。第二，目光接触可以实现各种情感的交流。如人们常用"眉开眼笑"表示高兴的情绪，用"怒目而视"表达愤怒的情绪。国外有实验研究证明，延长的目光接触可以解释为威胁、恐吓，并且会促使人们逃脱或者做出调和的样子。当然，在交谈时把目光长时间转向其他地方或走神，同样也是在表达某种情绪。第三，目光接触可以直接调整和控制沟通者之间的相互作用水平。一个人在不能充分地表现自己或者不适应于某种环境时常常避开众人的目光，将自己的视线收缩回来，隐藏在内。如在非常拥挤的公共汽车上或商店里，人们无法回避这样的环境，但可以控制自己的视线。所以，通过目光接触的次数和每一次保持的时间，人们就能够判断个体间的关系。第四，目光接触可以传达肯定或否定、提醒、监督等信息。目光在表达这些方面的意思时，常常会伴随着轻微的点头或摇头。第五，目光接触能够反映人们彼此之间的关系。如长时间的、温和的目光接触，能够传达积极的情感，而目光支配则是高地位的人常用的一种方式。目光接触之所以具有这样一些功能，其奥秘就在瞳孔上。瞳孔大小的变化既与光线的强弱有关，也与心理活动机制有关，而且瞳孔的变化是个体无法有意识控制的，即人的瞳孔是根据个体的情绪、情感、态度自动发生变化的。因此，瞳孔大小的变化就如实地反映了人们当前的某种心理状态。

三、社会归因

在社会交往活动中，人们常常要推断对方行为发生的原因，探究对方行为产生的动机，或者思考自己为什么会做出这样一种反应，为什么要采取这样的应对方式。个体诸如此类的表现就是归因。归因应该是一个理性的过程，但实际上在归因过程中，常常因为某些原因而出现归因错误和归因偏差的问题。产生归因偏差现象，或是由认识上的不足造成的，或是动机上的原因，也可能二者兼而有之。

重大研究:归因(海德,1958)

图9-5 归因论的创始人海德

社会心理学家最早涉及归因现象是在1940年代。当时,海德(Fritz Heider,1896—1988,图9-5)在一个有关外显行为的实验研究中发现,"行动者做出判断的方式与这种对于活动起因的归属密切相关"。他并且富有远见地指出,"这种方法是一种研究一个人如何知觉他人行为的有效方法"。从那以后,海德在研究其人际知觉理论的同时一直关注于归因的研究。1958年,海德在其代表作《人际关系心理学》一书中,正式谈到了归因现象和他的归因理论(Heider,1958)。

归因,从本质上说是一种社会判断过程,它指的是根据所获取的各种信息对他人的外在行为表现进行分析,从而推论其原因的过程。换言之,归因就是对自己或他人的外在行为表现的因果关系做出解释和推论的过程。这里所说的外在行为表现意指通过感官可以直接观察到的行为表现,包括一个人的某种行为活动及其存在状态。

从归因理论家海德的常识心理学的角度来看,人们的外在行为表现,究其原因不外乎内因和外因两种。内因指内在原因,即个体自身具有的、导致其外在行为表现的品性或特征,包括个体的人格、情绪、心境、动机、欲求、能力、付出的努力等。这些都是存在和表现于个体自身之中的,是难以通过肉眼而直接观察到的。外因则指外在原因,即个体自身以外的,导致其外在行为表现的条件和影响,包括环境条件、情境特征、他人的影响等。这些都是存在和表现于个体自身之外的,是可以通过肉眼观察到的。用海德的话来说,"一个人喜欢某个对象,可能是这个对象讨人喜欢,要不就是这个人本身的原因"。也就是说,"愿望有时归因为人本身,有时则归因为环境"。不过,内因和外因对人们行为表现所起的作用是各不相同的,但两者相辅相成,共同制约着人的外在行为表现的发生和变化。因此,在人的行为表现的原因中总是既包含着内因又包含着外因的,两者之间不存在有无之别,而只有主次之分。根据原因源本身是否具有稳定性,还可以将行为的原因区分为稳定原因和非稳定原因两种。稳定原因指导致行为表现相对稳定、不易发生变化的各种因素、条件、个体自身的品性和特征,如个体的能力、人格、品质、活动的难易程度等。非稳定原因指容易发生变化、较不稳定的各种因素、条件及个体自身的品性和特征,如个体的情绪、心境、努力程度、机遇及环境的影响等。稳定原因和非稳定原因两者与内因和外因两者是互相交叉的,稳定原因中既有外在原因亦有内在原因,同样,非稳定原因中也包含有内因和外因两种成分。

行为归因是人的社会认知活动的一个重要组成部分,标志着对他人进行的深层认知的开始,也意味着根据感知获取的表面的、外在的特征和属性来进一步对他人的社会行为进行判断和推论。只是这里的社会判断和推论是关于行为原因的(如对他人面部表情的判断或对他人连续一致的某种行为活动的推论),而不是泛指对他人认知中所包含的各种判断和推论。归因虽然是人的认知活动,是一判断或推论过程,但不同的归因会对行为产生不同的影响,因此,它又具有动机的作用。这种动机的作用产生于归因中所包含的评价成分,换句话说,归因不仅意味着对外在行为表现的解释和说明,也还意味着对行为者的评价,由此才对行为者产生了动机作用,或者是使其积极努力,或者是使其消极泄气。

在海德的具有开拓意义但相对浅显的研究的基础上,琼斯和戴维斯(Jones & Davis,1965)提出的一致性推论理论和凯利(Kelley,1971)提出的三维理论对归因过程有了更为系统和深入的研究。琼斯和戴维斯的一致性推断理论关心的不是归因本身,而是归因过程。其主要观点如下:(1)由于我们可以非常有把握地将人的行为看成是其意图的直接反映,因此,我们对他人行为的推理过程必须符合一致性标准,也就是说,所知觉到的外显行为与通过归因对这种行为的定性必须一致。换句话说,行为与对这种行为的主观解释不能相互矛盾。(2)人们的每一行为都会产生许多效应,即后果。同一件事、同一问题或同一个人都可以用多种不同的行为去对待。将不同的行为各自所产生的效应进行比较,有些是相同的,称作共同效应;有些是不同的,称作非共同效应。对行为的归因则是根据行为的非共同效果进行的。(3)行为所产生的各种效应,对于社会或周围其他人来说,有些是为社会和他人所赞赏、提倡和期望的,有些则是为社会和他人所否定、拒绝和反对的。因此,行为所产生的各种效应又都具有程度不同的社会赞誉性。(4)人们对他人行为进行归因时,是根据非共同效应的多少和有无以及所具有的社会赞誉性的高低来进行的。当非共同效果较少时,据此由外向内做出的推断的一致程度就高,反之就低;而一种非共同效果的社会赞誉性越低,则据此由外向内做出的推断的一致程度就越高,反之就越低。较少的非共同效应和较低的社会赞誉性相结合会产生较高的一致推断,也即能够较准确地推断出外在行为的内在原因。

凯利的三维归因理论又称共变理论或方差分析归因模式,是现在各种归因理论中较有代表性和引人注目的一种归因理论。这一理论遵循的基本原则是共变原则。在凯利看来,人们在接受行为的原因和结果的共变信息时,信息有可能来自三个方面,即行为者自身、行为所指对象和行为产生时的环境因素,而行为的归因就是要在这三者中寻找出能够说明和解释行为的那一个因素。凯利认为,人们在实际的归因过程中,主要是通过根据上述三方面的可能原因进行的比较来寻找和判断行为的真实原因的。由此他提出了在比较的基础上进行归因所应遵循的三条原则:(1)差别性原则。如果将"结果归因于那样一种事物,只有当它出现时结果才出现,它不存在,结果便不出现",此时,可以认为差异性高;反之,则差异性低。(2)一贯性原则。"行为者的反应必须前后一贯",不因时因地而异,此时一贯性高;反之,则一贯性低。(3)一致性原则。在"所有的认知者都以同样的方式做出反应"时,一致性高;反之,则一致性低。这三条原则实际上体现了行为所具有的三种特征,这三种特征又是与行为的原因紧密联系在一起的,三种特征的组合不同即意味着导致行为的原因不同。根据凯利的观点,导致行为的原因只可能出自三个方面,因此与行为原因相联系的三种特征的组合也只可能是这样三种:其一,一致性低,一贯性高,差异性低,即与众不同,总是如此,不因人而异,此时行为的原因在行为者自身;其二,一致性高,一贯性高,差异性高,即与众相同,总是如此,因人而异,此时行为的原因在行为所指对象的身上;其三,一致性低,一贯性低,差异性高,即与众不同,偶尔如此,因人而异,此时行为的原因在行为发生时的环境之中。

目前,归因与人际知觉不仅理所当然地成为社会心理学家研究的课题,而且关于归因的研究已被引用或融合到关于人的情绪、动机等其他多方面的研究之中。

基本归因错误

假如你和朋友7点有个约会。现在已经7:30了,可对方还没到。你会如何就这件事情给自己一个说法呢? 一种是:"我敢肯定一定发生了什么真的很重要的事情,这使得他不能准时来这儿。"另一种是:"这个笨蛋! 他就不能多上心一些吗?"你究竟是做情境性归因还是倾向性归因? 研究表明,人们更愿意选择第二种原因,即倾向性解释(Ross & Nisbett,1991)。事实上,这种倾向非常强烈,以至于社会心理学家罗斯(Ross et al.,1977)将它标注为基本归因错误。基本归因错误描绘人们在考察某些行为或后果的原因时高估倾向性因素(谴责或赞誉人)、低估情境性因素(谴责或赞誉环境)的双重倾向。

这种错误得到了实验支持。罗斯等(Ross et al.,1977)创造了一种实验用的问答游戏,参与游戏的人通过投掷硬币成为提问者或者竞赛者。要求提问者问一些他们知道答案的难题。竞赛者尝试回答这些问题,但往往白费力气。活动结束后,提问者、竞赛者和观察者对提问者和竞赛者双方的才学打分,结果提问者似乎觉得自己和竞赛者都很一般,但竞赛者和观察者给提问者打的分都高很多,他们觉得提问者的知识要比竞赛者渊博得多——竞赛者对自己的评价甚至还略低于平均值! 这显然是不公平的。我们必须清楚,该情境对提问者极为有利。是情境使得一方智慧光芒四射,一方愚不可及,而竞赛者和观察者的评分显然无视这一点。这就是基本归因错误。

有证据表明,基本归因错误部分是由于文化的差异造成的(Miller,1984)。一般认为,多数西方文化具有独立的自我观,而多数东方文化体现的是依赖的自我观。研究显示,作为依赖性文化的函数,非西方文化的成员不那么关注情境中的单个行动者。让我们看看这种文化差异如何影响对新闻事件的报道。研究者分别从美国的《纽约时报》和日本的《朝日新闻》选择了一些报道英国最古老的巴林银行1995年倒闭的新闻。一位不清楚研究目的的研究助手研读每篇文章,提取提供原因说明的部分。对于每份原因说明,另外一对不知情的研究助手判断所给出的解释是倾向性的还是情境性的,即归咎于个人还是归咎于组织。结果发现,两种来源的文章归因模式有巨大的差异:美国作者倾向于做出强烈的倾向性归因,而日本作者的情境性归因更为明显(Menon et al.,1999)。这一研究给人印象深刻之处就在于它捕捉到了新闻报刊文章写作中的文化归因风格。

自利性偏差

问答游戏研究最令人惊讶的发现之一是,竞赛者对他们自身的能力评价消极。可是,在很多情形下,人们的所作所为恰恰相反——他们按照对自我有利的方向来为错误寻找原因。自利性偏差引导人们将成功归结于自己,否认或者推托自己失误的责任。在很多情境中,人们倾向于对成功做倾向性归因,对失败做情境性归因:"我之所以获奖是因为我的能力""我败下阵来是因为有人做了手脚"。

生活当中凡是涉及要评判自己的表现的时候,你都应该注意自利性偏差。考虑一下你在课堂上是如何做的。如果你获得优秀成绩,你如何归因呢？如果你获得及格成绩,你又会如何归因呢？研究显示,大学生倾向于把高分归因于他们自己的努力,而把低分归因于自身以外的因素(McAllister, 1996)。事实上,教授也表现出同样的模式——他们把学生的成功而不是失败归因于自己。请注意这种归因模式可能对你产生什么样的影响:如果你不认为你的成功是外部原因(例如,"第一次考试很容易"),你下一次可能就不会努力学习了;如果你不认为失败是倾向性原因(例如,"我不应该在那个晚会上浪费那么长时间"),你可能照样不去努力地学习。我们前面强调过,当你考虑其他人的行为的时候,你应该努力避免基本归因错误。同样道理,对自己的行为你也应该小心谨慎,消除自利性偏差。

当自己属于群体一员时,人们也容易出现自利性偏差:他们很容易将群体的成功归因于自己,将失败归因于其他群体成员。但是,友谊会限制这种效应。在一个实验中,要求参与实验的人要么与朋友一起,要么与陌生人一起承担一项测量创造性的任务。任务完成之后,每个参与者获得反馈,了解自己的成绩在一个较大的标准样本中到底处在什么样的位置。同他们的实际表现无关,有一半被试获得"成功"的反馈(例如,他们被告知,他们的表现处于第93个百分位);另一半获得"失败"的反馈(例如,他们被告知,他们的表现处于第31个百分位)。随后再要求所有被试在一个从1(另一个被试)到10(我自己)的尺度上评定谁应该对测验结果承担较大的责任。结果显示,对于成功,与陌生人一起承担任务的被试显然更多地归因于自己;当被试与朋友一起合作时,他们在成功和失败情形下的归因是比较一致的(Campbell et al. ,2000)。

行动者—观察者偏差

上述问答游戏还说明了行动者与观察者之间的归因偏差。研究表明,对于一个人的行为,行动者本人与观察者的归因之间常常有很大的差别,甚至完全相反;人们习惯将他人的行为归因于较为稳定的人格因素,却倾向于将自己的行为归因于外部因素。为什么会出现这种现象呢？心理学家对此有两种解释:第一种解释是行为者和观察者的特点,也就是他们当时认识上的不同倾向,即行动者着眼于周围的情境,观察者着眼于行动者。因此,行动者认为他的行为是对这些情境线索的一种反应,也就是说,是由它们引起的。然而,对于观察者来说,不是情境的线索那么招人耳目,而是行动者的行为引人注意。第二种解释是行动者和观察者所拥有的信息不同,自然会得出不一样的结论。一般情况下,观察者对行动者的过去了解是有限的,只是关注行动者的现在情形,并且往往假定行动者行为的一致性是由个人的特质决定的,所以常做内部归因。而行动者对于自己的过去是了解的,知道自己在不同情境下将会如何反应,因此,在对自己的行为进行归因时,更多地关注情境因素,容易做出外部归因。

四、人际沟通与吸引

人与人之间的交往有着十分复杂的表现。从信息交流的角度看,是人际沟通的问题;从情感交流的角度看,则是人际吸引的问题。

人际沟通

沟通,即信息的交流,这里指群体内部成员之间、群体与个体之间以及群体与群体之间的信息交流。沟通是人际交往的重要形式。沟通主要是以讲与听,也包括写与读,以及姿势、目光、点头或摇头、拍拍背、皱皱眉、爱抚、瞪眼,或一个人能够向另一个人传达意思并返回信息的其他形式进行的。沟通的方式很多,可以按不同的标准进行分类:(1)正式沟通和非正式沟通。前者是通过组织明文规定的渠道进行信息传递和交流,例如组织规定的汇报制度、定期或不定期的会议制度等,后者是在正式沟通渠道之外的信息传递和交流,例如私人间的交换意见。(2)上行沟通、下行沟通和平行沟通。上行沟通是指下级向上级反映意见,下行沟通是指上级向下级传达意见,平行沟通是指同一级组织人员间的信息交流。(3)单向沟通和双向沟通。前者只传递信息而无反馈信息,后者传递信息又有反馈信息。

在一个特定的群体间,沟通的展开通常由上述几种沟通方式的结合而形成某种结构。里维特(Leavitt,1951)的研究发现,有5种基本的沟通网络:链型、轮型、圆型、Y型和全通道型(图9-6),不同的沟通网络与沟通的速度、正确性、领导、团体士气和组织结构密切相关。例如，圆型的沟通速度最慢，正确性也低，轮型的领导特征最为明显，链型的士气容易涣散，组织结构还有待稳定等。

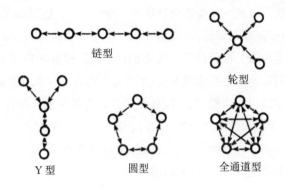

图9-6　5种沟通网络

可能影响沟通效能的因素有：(1)信息的真实性和个人动机是影响沟通效果的决定性因素。缺乏实事求是的态度会造成意见沟通的障碍。与个人利害相关的事比无关痛痒的事要容易沟通。(2)传递的信息与个人隶属团体和参照团体的价值观相一致，沟通效果高；相反，会造成意见沟通中的障碍。(3)意见的内容影响沟通效果。有前因后果的事比孤立事件容易沟通。一般人的特点是对人的问题有兴趣，其次是事，再其次是理论，因而也影响沟通的效果。(4)意见沟通往往欲速则不达，重复有助于沟通效果。(5)词简言赅、生动诚恳的语态有助于沟通的生动性和说服力。(6)希望改变他人的态度时，口头沟通比书面沟通更为有效。(7)沟通很难在短时间内改变一个人内心根深蒂固的态度和信念，长期沟通可能有效。

人际吸引

人际吸引是指人与人之间彼此注意、欣赏、倾慕，进而彼此接近以建立感情关系的心理历程。显然，人际吸引是人与人之间建立感情关系的基础。一个人如果毫无吸引别人之处，就不能引起别人的注意；如果两人之间不能彼此吸引，也建立不起亲密的人际关系。根据多年来心理学家们的研究，构成人际吸引的因素主要有：

(1)接近且相纳。俗话说，"近水楼台先得月""远亲不如近邻"。这说明时空距离是形成密切的人际关系的一个重要条件。因接近机会多而相识，因相识而彼此吸引，最终建立友谊，甚至彼此相爱，是最寻常的事。这种由空间上的接近而影响人际吸引的现象称为接近性。费斯汀格等(Festinger et al. ,1950)曾以麻省理工学院已婚学生宿舍的居民为对象,研究他们之间的邻居友谊与空间远近的关系。结果发现,从互不相识到入住一段时间后所结交的新朋友,几乎离不开4个接近性特征:是他们的邻居、是他们同楼层的人、是他们信箱靠近的人、是走同一个楼道的人。由此看来,经常见面是友谊形成的一个重要因素。

当然,时空接近性仅是密切人际关系的一个必要条件,不能看作充分条件。在接近的条件下要想进一步与人建立良好的人际关系,彼此相互接纳无疑是另一个重要因素。所谓接纳,是指接纳对方的态度与意见,接纳对方的观念与思想;对他的为人处世不但感兴趣,而且表示适度的赞许。只有在接近的条件上彼此接纳,才会继续来往沟通;有沟通,才会彼此相知;彼此相知,才会成为情投意合的莫逆之交。黄希庭和徐凤姝(1988)的研究表明,接近性吸引与年级差别有着密切的关系,一年级小团体的形成以接近性吸引为主,随着年级的升高,接近性吸引的小团体明显减少。

(2)相似或互补。有两个成语"惺惺相惜"与"刚柔相济",前者指才智相似的人会彼此爱怜,后者指两个性情极端不同的人却能和谐相处。这两种人际吸引的原因,分别称为相似性和互补性。先说相似性。正所谓"物以类聚,人以群分",对某种事物或事件具有相同或相似的态度,具有共同的理想、信念和价值观,感情上就容易产生共鸣,形成密切的人际关系。有人向自愿参加研究的大学新生提供免费住宿16周。在住进宿舍前,研究者先给这些彼此不认识的被试者实施态度、价值观和个性特征等的测验,将态度、价值和个性特征相似或不相似的大学生安排在一间房子里住。然后,定期测验他们对一些事情的态度、看法,以及对同房室友的喜欢程度。住宿初期,空间距离是决定彼此交往多少的重要因素;但到了后期,彼此间态度、价值观和个性特征的相似性超过空间距离的重要性而成为密切的人际关系的基础。在研究的最后阶段,让这些大学生自由选择房间时,结果表明,相同意见和态度者喜欢选择住同一个房间(Newcomb,1961)。态度相似性之所以能密切人际关系,可能是由于彼此观点一致,争辩机会较少,人与人之间互相支持,从而使友谊得到发展。

再说互补性。除两性之间男刚女柔的自然互补之外,在个人兴趣、专业、特殊才能等方面,多数人都会有期望他人来弥补自身缺陷的心理倾向。因为人在追寻成长的过程中,不可能发展得面面俱到,总难免有顾此失彼的遗憾。因此,遇到自身所缺而对方所擅长的某种特征时,就会不期而然地表示好感。例如,学理工的人,可能爱好文艺但失去了机会,如能交到长于文艺的朋友,分享其在文艺上的心得与快乐,就可使他失去的缺憾得到某种补偿,自然也密切了彼此的关系。相似与互补看似矛盾,其实是针对不同的方面:前者多含有价值取向的意味,后者则多表现为现实的需求。

(3)个人魅力。相貌、名声、性格与能力等个人魅力因素,也是引人注意、令人欣赏的重要条件。最显而易见的是相貌。这方面很早的一项研究中,研究者将明尼苏达大学刚入学的新生随机安排成男女对子,以参加一个大型舞会的盲目派对约会。研究人员收集了大量有关每位学生智力、人格等方面的信息。在舞会那个晚上以及随后的跟踪研究期间,要求那些大学生评价他们的约会对象,指出在多大程度上愿意再看到对方。结果非常明朗,而且男女生的结果非常相似。美貌比高智商、良好的社会技能、好的人品都来得重要。只有那些碰巧是英俊配漂亮的男女对子才愿意寻求进一步的关系(Walster et al.,1966)。有人在对 70 多个有关研究做了元分析后指出,身体魅力在影响人们对于社会能力的判断方面效果最为明显,人们相信有魅力的人也更友善、更外向,但在判断人的智力或者预测职业生涯成功方面,魅力的影响就要小得多了(Eagly et al.,1991)。很多文化中似乎都存在一种明显的刻板印象:身体有魅力的人在其他方面也很优秀。只不过,各个文化关于身体美丽的标准不尽相同,有些甚至大相径庭。

名声是社会上流传的评价。或者说,名声是一个人为别人所知的一面,是在他人眼中的形象。一般情况下,人们会认为那些具有较大名声的人具有更多积极的特质。有人曾做过一个实验,以了解被知觉者的名声对我们认知的影响。将被试(大学生)分为 4 个组,让原来的教师告诉他们,将请一个人来给大家上课,但分别告知来上课的教师身份是剑桥大学的教授、高级讲师、讲师、学生。课后,请被试估计讲课者的身高。令人意外的是,身份竟然会对身高的认知发生影响,4 组被试估计的平均结果分别是 182.9 厘米、180.3 厘米、177.8 厘米和 175.3 厘米(Wilson,1968)。名声影响人们的认知,主要是受到暗示的心理机制的影响。暗示是用含蓄的、间接的方式对别人的心理和行为产生影响,其作用往往会使他人不自觉地按照一定的方式行动,或者不加批判地接受一定的意见或信念。当人们通过某种途径感知到他人的名声时,暗示就开始发生作用了。

性格与能力也是引人注意和令人欣赏的重要条件。在人际交往中,一般说来，一个人如果具有诚恳、坦率、幽默等性格，是比较能够吸引别人注意、获得别人赞赏的。至于能力，按一般的看法，能力是人的优越条件，能力越高，成就越大，他获得的评价自然也就越好。这种常识性的看法，在"就事论事"时可能是对的。例如运动比赛的冠军、高考的榜首，大家都会表示衷心的赞赏。但在"就人论人"时，却未必尽然。有人做过这样一项实验。将不同的4卷访谈录像，分别播放给4组被试观看，然后让他们凭主观感受评分，以表示对被访者的喜欢程度。4卷录像中的人物都是一样的，被访者的身份是大学生，只是访谈员事先的介绍以及访谈过程各不相同：第1卷录像中，访谈员在介绍被访者的时候，将他描述成一个能力杰出的大学生，他是荣誉学生，是校刊编辑，是运动健将。在访谈过程中尤其表现杰出，对访谈员提出的所有问题，能毫不费力地答对92%。这样，被访者给人的印象是完美无缺的人。第2卷录像的内容与第1卷大同小异。访谈员的介绍相同，被访者回答的方式及表现也相同。唯一的不同是在访谈过程中加了一段小插曲，被访者表现得有点紧张，不小心将面前的咖啡杯打翻，弄脏了一身新衣服，场面相当尴尬。第3卷录像中，访谈员将被访者说成是一个普通大学生。在访谈过程中被访者也表现一般。第4卷录像与第3卷相仿，小异之处与第2卷中的插曲相同。结果发现，大家最喜欢的是第2卷中的被访者，其次是第1卷，再次是第3卷，最不喜欢的是第4卷中的被访者（Aronson，1980）。这一研究发现所显示的意义是：才能平庸的人固然不会受人倾慕，但全然没有缺点的人也未必让人喜欢；最讨人喜欢的人物是精明而带有小缺点的人。为什么在行为表现上略带瑕疵的人反而会讨人喜欢？心理学上将这种现象称为"出丑效应"，意思是精明人不经意间犯点小错，不仅瑕不掩瑜，反而成了优点，因为这样的人比起"全能"的人来，会让人觉得更有亲和力。

五、喜欢与爱

社会心理学家研究人际关系时，特别感兴趣于人与人之间建立感情关系的心理历程。人与人之间由彼此吸引，而后建立友谊，进而发生爱情，终而成为眷属，这只是人际关系发展中随感情加深而发展的大致历程。这个过程复杂而奇妙，下面仅就喜欢与爱的问题从心理学的角度加以讨论。

友谊的形成

在整个人际关系发展过程中，按人际间彼此吸引的过程来看大致可分为5个阶段（Levinger & Snoek，1972），如图9-7所示。第1阶段：彼此陌生，互不相识，甚至均未注意到对方的存在。第2阶段：单方（或双方）注意到对方的存在，单方（或双方）也可能知道对方是谁（如同校同学），但从未有过接触。第三阶段：单方（或双方）受对方的吸引，与之（或彼此）接近，构成表面接触。在表面接触时，作为他们彼此间媒介物的，往往是学业或工作上的往来，即使当时单方（或双方）心存情意，但也只是很表面化的人际关系。不过这一阶段所获得的第一印象对于人际关系的发展很重要。如单方（或双方）对对方的第一印象不深，可能他们之间的人际关系即到此为止。很多人同学、同事多年，彼此交往泛泛，就是因为他们间的关系只停留在第3阶段的缘故。一个人在日常生活中，与很多人维持着这种关系。第4阶段：双方交感互动，开始了友谊关系。在此阶段，双方在心理上有一个重要的改变，开始将对方视为知己，愿意与对方分享心得、意见和感情。这种对人开放自我的心理历程，称为"自我表露"。人际关系发展到彼此都能自我表露的程度，那就到了友谊的阶段。通常，能让一个人自我表露的人并不太多，因此，一个人同学、同事虽然很多，但其中难得有几个知己。第5阶段：朋友之间的感觉也有程度深浅之分。就朋友间自我表露的程度而言，有的朋友间重在信息与意见的交换，而在感情上则表露得较少。这是以事业或学业为基础的友谊关系。如果在信息与意见之外，更重视感情的表露，在感情上达到相互依赖的地步，特别是当自己处在或痛苦或快乐等激动的情绪状态时，立即就会渴望对方在身边，则友谊已经发展到了"你中有我、我中有你"的地步。人际关系发展到第5阶段时，通常同性之间会成为莫逆之交，而异性之间，如果在感情上又添加了性的需求、奉献与满足的心理成分，那就成为爱情。

爱情理论

鲁宾（Rubin，1970，1973，1974）对喜欢与爱情的关系进行了系统研究。他确认，喜欢与爱情是两种既密切关联又各不相同的情感。喜欢的两个最主要因素，一是人际吸引的双方有共同的理解，二是喜欢的主体对所喜欢的对象有积极的评价和尊重。而爱情有如下三个最重要的因素：（1）依恋。卷入爱情的恋人在感到孤独时，会高度特意地去寻求自己恋人的陪伴和宽慰,而别人不能有同样的慰藉作用。(2)关怀与奉献。恋人之间会彼此高度关怀对方的情感状态,感到使对方快乐和幸福是自己的责任,并对对方的不足表现出高度宽容。在爱情关系没有受到他人威胁时,表现关怀与奉献的一方对自己的行为往往有纯粹无私的崇高感。(3)亲密。卷入爱情的恋人不仅有着对对方的高度信赖,而且有特殊的身体接触的需要。虽然这种身体接触最终会自然地卷入性的意味,但是恋爱之初,这种身体接触需要却是泛化的高度依恋需要的反映。在一定意义上,它很像高度依恋母亲的幼儿对母亲爱抚的需要。通常情况下,一个成熟的人可以明确区别自己对别人的喜欢与爱情之间的区别。但对于刚刚进入青春萌动时期的少年男女,由于依赖、尊重、喜欢与新出现的性意味还没有出现高度分化,因而常常会把对自己偶像的崇敬、尊重,对长者的依赖与喜欢情感以及爱情相混淆。

迄今为止,最受重视的爱情心理学理论是由斯滕伯格(Sternberg,1988b)提出的"爱情三元论"。该理论认为,人类的爱情虽然复杂多变,但基本上包含了三种基本的成分:(1)激情。这是一种强烈地渴望跟对方结合的状态,和对方相处有一种兴奋的体验。性的需要是引起激情的主导形式,其他自尊、照顾、归属、支配、服从也是唤醒激情体验的源泉。(2)亲密。这是两人之间感觉亲近、温馨的一种体验。简单来说,就是能够给人带来一种温暖的感觉体验。(3)承诺。主要指个人内心或口头对爱的预期,包括对爱情的忠诚、责任心,是爱情中最理性的成分。爱情三元论的原理与颜色三元论相似,如同红、绿、蓝3种原色按不同比例混合即可产生所有不同的颜色一样,爱情是人类心理上的色彩,是由激情、亲密和承诺3种成分按不同比例混合而成的。

进一步,根据激情、亲密和承诺3大要素可以组成7种不同类型的爱情:(1)喜欢式爱情。只有亲密,在一起感觉很舒服,但是觉得缺少激情,也不一定愿意厮守终生。没有激情和承诺,正如友谊。显然,友谊并不是爱情,喜欢并不等于爱情。不过友谊还是有可能发展成爱情的,尽管有人因为恋爱不成连友谊都丢了。(2)迷恋式爱情。只有激情体验,认为对方有强烈的吸引力,除此之外,对对方了解不多,也没有想过将来。初恋往往就是充满了激情,却少了成熟与稳重,是一种受到本能牵引和导向的青涩爱情。(3)空洞式爱情。只有承诺,缺乏亲密和激情,如纯粹为了结婚的爱情。此类爱情看上去丰满,却缺少必要的内容,金玉其外,败絮其中。(4)浪漫式爱情。有亲密关系和激情体验,没有承诺。这种爱情崇尚过程,不在乎结果。（5）伴侣式爱情。有亲密关系和承诺，缺乏激情。跟空洞式爱情差不多，没有激情的爱情还能叫爱情吗？这里指的是四平八稳的婚姻，只有权利、义务却没有感觉。（6）愚蠢式爱情。只有激情和承诺，没有亲密关系。没有亲密的激情顶多是生理上的冲动，而没有亲密的承诺不过是空头支票。（7）完美爱情。同时具备三要素，包含激情、承诺和亲密。只有在这一类型中我们才能看到真正的爱情。在斯滕伯格看来，前面列举的6种爱情前面都加了一个"式"字，都只是类爱情或非爱情，在本质上并不是爱情，只有第7种才是爱情。而我们在现实生活中碰到的类爱情和非爱情的情形实在太多，以致把具备三要素的爱情基本当作一种超现实的理想状态。

爱的体验

关于爱的体验，近些年来心理学家们的注意力往往集中在成人依恋风格上。在前面第四讲中已经指出，儿童对父母的依恋关系的好坏对于儿童社会性的发展是否顺利非常重要，并且已经区别出安全型、回避型和矛盾型等不同的依恋风格。现在，心理学家开始考虑早期依恋对以后的人生，包括孩子长大成人之后建立需要承担责任的关系，以及对待他们自己的孩子等方面的影响到底有多大。

请看下面三种有关亲密关系的说法哪一种最适合你：（1）我感到接近其他人是相对容易的事情；依靠他们我觉得很自在。我不经常担心被抛弃或者有人跟我太过接近。（2）接近其他人我觉得有些不自在；我感到很难完全信赖他们，很难让我自己去依靠他们。任何人过于接近我都会让我变得紧张，爱侣经常与我更亲近一些，但这种亲近让我感到不舒服。（3）我感到其他人有些疏远我，不如我期望的那样亲近。我经常担心我的伴侣并非真的爱我或者不愿意与我在一起；我想与我的伴侣关系十分密切，但有时这会把人吓跑。研究表明，当要求人们指出最能描述他们状态的说法时，多数人选择了第一种说法，这是一种安全型依恋风格；其次是选择第二种说法的回避型风格和选择第三种说法的焦虑矛盾型风格（Hazan & Shaver，1987）。有研究证明，依恋风格能准确地预测亲密关系的质量，安全型依恋风格的个体成人恋爱关系最为持久（Feeney & Noller，1990；Tidwell et al.，1996）。依恋风格还能预测恋爱中的个体体验嫉妒的方式，例如焦虑型风格的人比安全型风格的人的嫉妒体验更为频繁和强烈（Sharpsteen & Kirkpatrick，1997）。

爱的体验不是一成不变的。很多爱的关系开始时都有一个极其强烈、专注的阶段,通常这被称为"情欲型爱"。随着时间推移,关系双方倾向于转变成一种强度降低但亲密加深的状态,这被称为"伴侣型爱"。曾有心理学家对200多对自称计划结婚的大学生进行了两年的追踪研究,结果发现中途分手者超过半数,而日久生厌是分手的首要原因(Hill et al.,1976)。尽管如此,情欲型爱的消退可能没有那么快,不像那些老夫老妻凭印象说的那样会急速地消失。研究发现,相处30年后依然可以有相当水平的情欲型爱(Aron & Aron,1994)。当你恋爱的时候,你可以满怀信心地期望情欲会经久不衰,即使双方的关系中已经越来越多地包含了其他需要,但情欲仍会以某种形式存在。无论如何,对于开始恋爱的人来说,预见情欲型爱向伴侣型爱的这种转折能使其更好地处理恋爱关系,不会误将这种自然的变化看成是"情已逝"。

重大研究:爱(哈洛,1958)

图9-7　因猴子实验而闻名的哈洛

有时候真是感叹,心理学家似乎走得太远了,像"爱"这类问题怎么可能用科学的方法进行研究呢? 在1950年代,心理学家们喜欢使用诸如顺从、一致、认知、刺激这样的词汇,但哈洛(Harry F. Harlow,1905—1981,图9-7)却更喜欢谈论爱。一天,在一次研讨会上,每当他使用"爱"这个词的时候,另外一位心理学家总是打断他,说:"你的意思是'亲近'吗?"最后,哈洛忍无可忍了,他回击道:"可能你所理解的'爱'就是'亲近',感谢上帝,我还不至于这么弱智。"这就是典型的哈利·哈洛风格——说话刻薄,完全不给其他人面子,所以讨厌他的人和喜欢他的人一样多。

哈洛1905年出生在爱荷华州,父亲是一位不太成功的发明家,母亲也不是那么和蔼可亲。在学校,他不合群,所以在10岁之前,他把他所有的业余时间都用来画画。哈洛在斯坦福大学跟随著名的智商研究专家推孟(L. M. Terman)念完了本科和研究生。后来,他和推孟的女儿、智商高达155的克拉拉·米尔斯结了婚。推孟为此特地写了一封贺信,他在信中写道:"我很高兴看见克拉拉卓越的遗传物质和哈利作为一个心理学家的生产率的结合。"这听起来不像是恭贺一段婚事,倒像是在描述两个良种动物的成功交配。

1930 年,哈洛在威斯康星麦迪逊大学找到一份工作。他本来计划研究老鼠,但随后转而研究恒河猴。一开始的时候,他设计了一个研究猴子智商的实验,但很快又开始对其他的东西产生了兴趣。哈洛将刚出生的婴猴和母猴及其他猴子隔离开,结果发现小猴对盖在笼子地板上的绒布产生了极大的依恋。它们躺在上面,用自己的小爪子紧紧地抓着绒布,如果把绒布拿走的话,它们就会发脾气,就像人类的婴儿喜欢破毯子和填充熊玩具。小猴为什么喜欢这些毛巾呢?依恋一直被认为是对于获得营养物质的一种回报:我们爱我们的母亲是因为我们爱她们的奶水。但哈洛开始对此提出了质疑。当他把奶瓶从婴猴的嘴边拿走的时候,小猴只是吧唧吧唧嘴唇,或者用爪子擦去它们毛茸茸的下巴上滴落的奶水。但当哈洛把毛巾拿走的时候,小猴就开始尖叫,在笼子里滚来滚去。哈洛对此产生了极其强烈的兴趣。了解内心的最好办法就是将其打碎,哈洛备受赞誉但充满残忍的猴子研究生涯就此开始了,他因此还获得了一个"猴子先生"的外号。恒河猴94%的基因与人类相同,但对于这些与人类从某种程度上有着亲戚关系的实验对象,哈洛没有表现出丝毫的怜悯。他说:"我只关心这些猴子是否能帮助我完成可以发表的论文,我对它们毫无感情,从来就没有过。我压根就不喜欢动物,我讨厌猫,讨厌狗,我怎么会去喜欢猴子呢?"

哈洛(Harlow,1958)用铁丝做了一个代母,它胸前有一个可以提供奶水的装置;然后,哈洛又用绒布做了一个代母。他写道:"一个是柔软、温暖的母亲,一个是有着无限耐心、可以 24 小时提供奶水的母亲……"一开始,哈洛把一群婴猴和两个代母关在笼子里,很快,令人惊讶的事情发生了。在几天之内,婴猴把对母亲的依恋转向了用绒布做成的那个代母。由于绒布代母不能提供奶水,所以婴猴只在饥饿的时候才到铁丝代母那里喝几口奶水,然后又跑回来紧紧抱住绒布代母。这是一个意义极其重大的发现。当时一些著名的儿科专家都建议应该根据时间喂奶,还说不要溺爱宝宝,比如不要在睡觉前亲吻他们,正确的做法应该是弯下腰握握他们的手,然后关灯离开云云。但哈洛认为,千万不要跟宝宝握手,而应该毫不犹豫地拥抱他。哈洛的研究证明了:"接触所带来的安慰感"是爱最重要的元素。

哈洛进一步猜测,脸是爱的另外一个变数。他让他的助手做一个逼真的猴面具,看看会产生什么样的后果。但是,在面具完工之前,婴猴就已经出生了,所以哈洛把婴猴与一个脸部没有任何特征的绒布代母关在一起。婴猴爱上了无脸代母,吻它,轻轻地咬它。而当逼真的猴面具做好之后,小猴一看见这张脸就吓得连声惊叫,并躲到笼子的一角,全身哆嗦。许多人都认为哈洛的实验对于那些实验对象来说太过残忍,但也有许多人认为他的实验提供了一些对于我们来说非常有价值的东西:我们的需求远不止饥饿,我们努力与他人建立连接关系,我们所见到的第一张脸在我们心中是最可爱的脸。

尽管哈洛研究爱,但他的爱情生活却并不如意。他的妻子克拉拉带着他们的两个孩子离开了他,而他也有了另外一个"女人"——铁娘子。铁娘子是哈洛设计的一种特殊的代母,她会向小猴发射锋利的铁钉,并且向它们吹出强力冷气,把小猴吹得只能紧贴笼子的栏杆,并且不停尖叫。哈洛声称,这是一个邪恶的母亲,他想看看这会导致什么结果。正是因为这个实验,使得哈洛的名声更糟了。他制作了各种邪恶的铁娘子,它们有的会对着小猴发出怪声,有的会刺伤小猴。令人吃惊的是,无论是什么样的邪恶母亲,哈洛发现小猴都不会离去,反而更加紧紧地抱住它们。

在1958年,作为新当选的美国心理学会主席,哈洛发表了一场叫做"爱的本性"的演讲。在演讲的最后,他提出了他的研究所具备的实践价值。他说,美国女性正在职场中取代男性,但是美国的男性在一些辅助设备的帮助下,完全可以在抚育后代方面和女性竞争。一时间,哈洛频频出现在各种媒体上,哥伦比亚广播公司还专门为他拍摄了纪录片。哈洛曾提到一位妇女,这位妇女听完了他的研究报告后,来到他面前说:"现在我知道我的问题到底出在哪儿了,我就像是那只铁丝母猴。"

在演讲后不久,哈洛立即开始了一项新的研究,以证明用布料做的代母比保姆更重要,甚至和真实的母亲同样重要。但哈洛的实验结果出现了一些问题。他发现那些由用布料做的代母抚育大的猴子不能和其他猴子一起玩耍,不能交配,它们的性格极其孤僻,有些甚至出现了孤独症的症状。哈洛于是对实验进行了改进,他制作了一个可以摇摆的代母。这样哺育大的猴子基本上正常,它们每天都会有一个半小时的时间和真正的猴子在一起玩耍。用哈洛的学生、后来成为著名猴类研究专家的罗辛布林(L. Rosenblum)的话说:"这证明了爱存在三个变量:触摸、运动和玩耍。如果你能提供这三个变量,你就能满足一个灵长类动物的全部需求。"他继续强调说：
"真是令人惊讶,我们的神经系统仅仅需要这三样就能保持正常。"

1960年代,生物精神医学兴起,出现了通过药物减轻精神状况的可能,
而这引起了哈洛的极大兴趣,他再次开始在恒河猴身上进行实验。他建造
了一个黑屋子,把一只猴子头朝下在里面吊了两年。哈洛把这叫做"绝望
之井"。那只猴子后来出现了严重的、持久的、抑郁性的精神病理学行为,
即使在放出来9个月之后,还是抱着胳臂呆呆坐着,而不像一般的猴子东张
西望探索周遭。1981年,哈洛死于帕金森综合症。有人说,哈洛之所以名
声不好,就是因为他言语不慎。罗辛布林说："哈洛的问题出在他描述事物
的方式上。比如他不会说猴子的生命'终结'了,而是说'被杀死了'。他为
什么一定要把强迫不能性交的母猴与公猴交配的装置叫做'强暴架'呢？
如果不是这样的话,也就不会有今天对他的这种毁誉参半的评价了。"

哈洛的研究不断为许多研究接触、依赖和依恋对情感健康的作用的论
文所引用。一项跨文化研究比较了英国母亲和西班牙母亲与其孩子之间的
身体接触,结果发现,西班牙母亲与婴儿接触频率更高,对孩子更充满感情,
肌肤的接触也更多(Franco et al. ,1996)。另一项研究证明,母婴之间的肌
肤接触(有人将这形象地比喻为袋鼠式的照顾)对早产婴儿的存活和发展
以及母婴之间亲密关系的建立是至关重要的(Feldman & Eidelman,1998)。
无疑,哈洛的发现改变了我们对于母婴之间关系的看法,且能够对育儿产生
积极的影响。再有一点,不知是否也要感谢哈洛,正是他的实验唤起了人们
对动物权益保护的重视。曾有动物保护组织在威斯康星大学的猿类研究中
心举行示威游行,以悼念数千只在实验中死亡的猴子。

【知识点】

言语理解　言语产出　转换生成语法　个人空间　体态语　归因　基本归因
错误　自利性偏差　行动者—观察者偏差　人际沟通　人际吸引

【思考题】

1.影响言语理解的因素有哪些？

2.影响言语产出的因素有哪些？

3.常用的非言语交流有哪些形式？

4.常见的归因偏差有哪些表现？

5. 影响人际沟通效能的因素有哪些?

6. 构成人际吸引的因素有哪些?

7. 哈洛的研究有什么启发?

8. 讨论喜欢与爱。

【扩展阅读】

1. 陈永明:《言语与智能——心智活动的探索》,北京师范大学出版社 2013 年版。

2. 〔美〕D. W. 卡罗尔:《语言心理学》(第四版),缪小春等译,华东师范大学出版社 2007 年版。

3. 〔美〕罗兰·米勒、丹尼尔·珀尔曼:《亲密关系》(第五版),王伟平译,人民邮电出版社 2011 年版。

4. 〔美〕罗伯特·J. 斯滕伯格、凯琳·斯滕伯格:《爱情心理学》(最新版),李朝旭等译,世界图书出版公司 2010 年版。

第十讲

动机、情绪与意志

　　人的活动是有目的的，无论这个目的是否被意识到。动机与情绪是指引起和激发行为的心理动力成分，而意志是人为了达到一定的目的，自觉地组织自己的行为，并与克服困难相联系的心理过程。生活中，凡是能满足需要的事物，便引起肯定的情绪，如满意、愉快、喜爱、赞叹等；相反，凡是不能满足需要的事物，便引起否定的情绪，如不满意、苦闷、哀伤、憎恨等。情绪与动机具有连带关系，因为情绪总是伴随动机性行为产生的，而且有时情绪本身即可视为动机。意志是人所特有的，是意识的能动作用的集中体现，人为了达到一定的目的，往往需要克服不同种类和程度的困难。小到克服睡意完成必须完成的工作，大到为了实现远大抱负而不懈奋斗，这些行动中都有意志活动。无论动机、情绪还是意志，对人而言，价值观都在其中起着十分重要的判断、评价和调节作用。

一、原发性动机

　　原发性动机也称生物性动机，是以有机体自身的生物性需要为基础的，例如，饥、渴、缺氧、疼痛、好奇、母性、性欲、排泄等动机都可视为原发性动机。一般而言，这类动机对于满足有机体的生存或种族繁衍的需要是必不可少的。

进食动机

　　我们都有这样的经验：如果把平时进食的时间延后，就会产生饥饿感，当饥饿达到某种程度时就会产生进食动机。空胃运动和血糖水平的降低是引起饥饿的实际刺激。下丘脑在进食调节中起着重要的作用。现已查明，下丘脑中有两个部位调节着有机体的摄食反应。下丘脑外侧核是进食中枢。如果用弱电流刺激该部位的细胞，动物甚至在刚吃完它所必需的全部食物后，还要大吃；如果完全损坏了该部位，动物表现为无食欲，拒绝进食，直至饿死。下丘脑腹内侧核是厌食中枢。如果用弱电流刺激该部位的细胞，动物会从给它的食物面前走开；如果损坏该部位，动物产生旺盛的食欲，从而使体重大增。进食中枢与厌食中枢具有交互抑制的关系，其中进食中枢是最基本的。下丘脑对摄食行为的控制可分为短期控制和长期控制两种作用系统。短期控制是指控制每餐或每天的进食量。影响下丘脑短期控制食欲的变量主要是血糖浓度、胃充实与否和体温。在血糖浓度低、胃壁运动增强、大脑温度降低时下丘脑外侧核细胞发生反应，产生进食行为；相反，在血糖浓度高、胃部膨胀、大脑温度升高时，下丘脑腹内侧核细胞发生反应，导致停止进食。长期控制是指在相当长的时期内控制食量以保持体重的恒定。下丘脑腹内侧核和外侧核对体重的"标准点"具有相反的效应：腹内侧核受损会提高体重的标准点；外侧核受损会降低体重的标准点。可以设想，如果小心地同时损坏这两个区域等量的组织，则动物既不超食，也不拒食，仍保持手术前的体重水平。另外，除了上述因素的控制外，许多外部因素也会影响食欲的产生和存在。例如，食物的色、香、味，进食的习惯时间，对食物的好恶习惯以及社会文化等因素都会影响人们的进食动机。

饮水动机

体内的水分通过泌尿、出汗、呼吸等途径不断丢失，如不及时补充，体液量就会减少，细胞外液的渗透压就会升高，细胞内液的水分也会向外渗出而减少。这种缺水的信息或者被中枢的某些细胞直接感受到，或者通过外周感受器（口腔及喉头的干涸）将信息传至中枢，进而通过增加饮水量和减少排尿量来进行调节。控制饮水行为的中枢也在下丘脑。下丘脑中有两种特殊的神经细胞：渗透压感受器和测量容量感受器。渗透压感受器是专门对细胞脱水起反应的。这些细胞脱水后会略为变形，这种物理变化可能触发神经冲动传至大脑皮质，产生饮水动机；同时它们也刺激脑垂体 ADH（抗利尿激素）的释放，以指使肾脏从尿中重新吸收水分进入血管。此外，血液容量的减少会引起肾脏分泌高压蛋白酶原释放血管紧张素。当血管紧张素到达下丘脑，测量容量感受器的兴奋也会产生饮水动机。当然，除了下丘脑和内分泌对饮水动机进行控制外，个人的饮食习惯、情绪和社会风俗等也影响着人们对饮料的取舍和饮用量的多少。

好奇动机

一旦有机体满足了自己的生理需要，似乎就该选择安静的状态了，但这种观点是错误的。人类和动物都倾向于寻求刺激,主动探索环境。我们给婴儿玩具,因为知道他们喜欢抓握、摇动和牵拉玩具。猴子也喜欢同样的活动。许多实验表明,猴子确实喜欢"乱动"。如果笼里放进各种机械设备,猴子会将把它们拆开,而且随着不断地练习,它们的技巧会不断提高。除了操弄活动本身带来的满足之外,它们没有得到任何明显的奖赏。如果每当猴子解开难题之后就被喂食,它的行为将发生变化:它失去了操弄的兴趣,并把解题看作获取食物的手段(Harlow et al. ,1950)。皮亚杰(Piaget,1952)对人类婴儿早期的探究反应做了许多观察。在生命的最初几个月内,婴儿学会拉绳子以触动一个挂着的拨浪鼓,这被看作是一种仅仅为了快乐的操弄形式。在5—7个月间,婴儿会把蒙在脸上的布拿下来,玩捉迷藏游戏。在8—10个月间,婴儿会寻找其他物体后面或下面的东西。11个月时,婴儿开始用玩具做实验,改变玩具的地方或位置。这种好奇或探究的行为是儿童成长中的一种典型行为,它似乎正是人类一切发明与创造的内在动力的本源所在。

性动机

性动机是由性激素分泌的刺激所引起的。两性在性成熟时(青春期),雄性的睾丸内分泌一种雄激素,雌性的卵巢内分泌一种雌激素。由于性激素分泌的刺激,促使个体产生性动机和性行为,同时也促使其附性器官(雄性的附睾、输精管、前列腺、精囊等;雌性的输卵管、子宫、阴道等)和副性征(男性表现为胡须、突出的喉头、高大的体格和低沉的声音等;女性表现为发达的乳房、宽大的骨盆、丰富的皮下脂肪和高调的声音等)的发育。如果阉割幼年个体的睾丸,就使得附性器官的发育不能成熟,副性征不能出现,性动机和性行为也就丧失了。但如果个体成熟后被阉割,则视个体种属的不同,对其性行为的影响程度也不同。阉割后的雄鼠,其性行为完全丧失;阉割后的雄狗,其性行为仍能延续一段时期;大多数灵长目动物被阉割后,其性行为很少受影响。由于情绪和社会因素,人类成年男性施行睾丸切除术后,对其性需要并无多大影响。雌性个体的性行为受性激素的影响较大,雌性动物卵巢割除后,便完全丧失了性动机;但人类女性卵巢切除后,其性动机不受影响。

性行为的神经控制是复杂的,并且不同种属动物的性行为控制机制也有相当大的差异。某些基本反射(如雄性的勃起、射精)受脊髓的控制而不受大脑的影响。当大脑受伤,切断脊髓与大脑的联系(半身不遂)时,男人仍有这类反射。虽然不同种属动物的性调节中枢不同,但大多在下丘脑。随着动物种系的进化层次越高,大脑皮质对性动机和性行为的控制起着越来越重要的作用。人类的性动机和性行为表现是受意识控制的。

环境对成人性行为也有巨大的影响,其中决定因素之一是早期经验。经验对低等动物的交配行为几乎没有影响,没有经验的老鼠将像有经验的老鼠一样有效地进行交配;但经验是高等哺乳动物性行为的主要决定因素。经验能影响具体的性反应。例如,小猴子在游戏中常表现出许多后来交配所必要的姿势。这些性前反应早在它们出生后60天就出现了,并且随着成长变得更频繁,也更准确。经验也影响性的交互关系。在部分隔离中长大的猴子(在分离的笼子里,它们能看见其他的猴子但不能与它们接触)成年时通常不能交配。灵长类正常的异性性爱行为不仅依靠激素和特定性反应的发展,而且依靠两性间的感情联系。感情联系是在和母亲及同伴间的相互作用中发展起来的,通过这些相互作用,幼猴学会信赖,学会暴露自己的敏感部位而不怕受到伤害,学会接受和欣赏与别的猴子的身体接触,学会具备寻求其他猴子做伴的动机(Harlow,1971)。尽管我们必须小心谨慎地把对猴子的研究成果推广到人类的性发展,但对人类婴儿的临床观察表明,二者之间存在某些类似性。人类婴儿通过与母亲或主要照顾人的温暖和爱的关系,首先发展了他们的信任感和爱的感觉。这种基本信任感是与同伴良好交往的先决条件,与同龄两性青少年的感情关系为成年异性亲密关系的发展奠定了基础。

母性动机

母性动机的产生,是由于母体怀孕及产后哺乳期间内分泌改变的作用。有人抽取刚生产不久的雌性白鼠的血浆,注射到从未怀孕也无性经验的雌性白鼠身上,结果发现注射后不到一天,后者即自行表现出爱护婴鼠的母爱行为(Terkel & Rosenblatt,1972)。第三讲中曾提到"狼孩"事例,母狼收留人类的婴儿显然与母性动机有关。人不仅是自然人,更是社会人,在人的许多原发生理性动机中都有社会的烙印。母性动机也是这样,一方面它是母性的天性,另一方面也受社会文化、道德规范的影响和约束,已不是纯粹的本能了。图10-1中的这位新西兰女士用母乳喂养爱犬,而她的女儿据说吃的是奶粉。这样的事例虽与母性动机有关,但在社会上可能引发广泛争议。

哈洛（Harlow，1971）的研究观察总结出母猴表达母爱的三个时期：第一个时期是婴猴出生不久的一段时期，婴猴完全无助，必须靠母亲保护，称为母爱的安全保护期。这一时期母猴表现的特征是：对婴猴极度需要，只有与其亲近、哺乳、舔舐才能得到满足。如果将它的初生婴儿拿走，它会哭叫、发怒，甚至向人攻击。如果用一只婴猫将婴猴调换，母猴的反应是，先是照样对其亲近爱护，等到发现婴猫动作奇特时，才将其放弃。因此哈洛认为，像猴子之类的动物，其母性动机基本上是本能性的。由此

图 10-1　哺乳爱犬惹争议

也可以说，动物的母爱是天生的。恒河猴表达母爱的第二个时期是母爱的收放管教期。这一时期母猴表现的特征是：它一方面放开幼猴自由行动，探索周围环境，另一方面又因为安全顾虑，随时将其召回。至于哈洛所发现的恒河猴母爱的第三个时期，是指幼猴长大逐渐独立，但仍留在族群中时的母子关系。

在灵长类动物中，母性行为主要受经验和学习的影响。如果母猴在隔离环境中长大，当它们后来成为母亲时，将不会表现出正常的母性行为。它们似乎对幼猴没有爱心，一般忽视幼猴；当注意到幼猴时，它们有时残酷地虐待它们，一只母猴可能殴打幼猴的头部，在极端情况下，甚至会把幼猴咬死（Suomi et al.，1972）。一开始就在隔离环境中长大的母猴所表现的可怕的教养方式，与某些大人对小孩的虐待是相似的，这些大人从小没有得到父母的爱心和关怀，长大后很可能会把冷酷转移到自己后代身上。

二、习得性动机

习得性动机也称社会性动机，是指与人的社会生活相联系的、后天习得的动机。显然，人类的习得性行为远比生物性行为多。诸如求学、求知、求胜、避败等，是社会性行为；交友、恋爱、求婚、成家等，是社会性行为；求名、求利、争权力、保地位等，也是社会性行为。每一种社会性行为的背后，均有其产生的内在动机。这里介绍心理学家们关注的三大类习得性动机。

成就动机

　　成就动机是指个人追求进步以期达成希望目标的内在动力。人们的成就动机不仅内容不同,而且强度也因人而异。心理学家阿特金森认为,成就动机是"希望成功"与"恐惧失败"这两种心理作用彼此抵消的结果(Atkinson & Birch,1964)。从这个意义上说,成就动机高的人一定是希望成功的动机远强于恐惧失败的动机,因而敢于选择比较困难的工作,以期获得成功后的快乐。反之,成就动机低的人一定是对失败的恐惧大于对成功的期望,因而只能选择轻而易举的工作,以避免事后失败的痛苦。

　　但实际情况更为复杂。麦克里兰(McClelland,1961)在各种实验条件下对不同年龄、不同特征的被试的成就动机做了大量的研究。其中一个实验是用5岁儿童来当被试的。让一个孩子走进一间屋子,手里拿着许多绳圈,让他用绳圈去套房间中间的一个木桩。孩子们可以自由选择自己站立的位置,让他们预测他们能够套中多少绳圈。结果发现:追求成功的学生选择了距离木缸适中的位置,然而避免失败的孩子却选择了要么距离木桩非常近,要么距离木桩非常远的地方。麦克里兰这样解释道:追求成功的孩子选择了具有一定挑战性的任务,但同时也保证了具有一定的成功可能性。因此,他选择了与木桩距离适中的位置。这个发现在不同年龄、不同的任务中取得了一致的结果,避免失败的孩子关注的不是成功与失败的取舍,而是尽力避免失败和与此有关的消极情绪。因此,要么距离木桩很近,轻易成功,要么距离木桩很远,几乎没有成功的可能,这是任何人都达不到的,因此也不会带来消极情绪。由此,心理学家们对成就动机的概念提出了修正的看法,认为单凭个人所选择的工作的难度,并不足以推断其成就动机的高低,还必须考虑到每个人的目标取向(Dweck,1986)。

　　个人成就动机的强弱,还与个体对取得成功的概率的估计有着密切的关系。在阿特金森的一个成就动机实验中,把80名大学生分成4组,每组20人,给他们一项同样的任务。对第1组学生说,只有成绩最好者能得到奖励(成功概率是1/20);对第2组学生说,成绩前5名将会得到奖励(1/4);对第3组学生说,成绩前10名者可以得到奖励(1/2);对第4组学生说,成绩前15名者都能得到奖励(3/4)。结果是成功可能性适中的两个组成绩最好;成功概率太高或太低时成绩下降。第1组学生大多认为,即便自己尽最大努力也极少有可能成为第1名;而第4组学生一般都认为自己肯定在前 15 名之列。于是这两组学生都认为无需努力了（Atkinson et al.，1987）。研究表明，最佳的成功概率是二分之一左右。因为在这种情况下，被试大多认为，如果尽自己努力，很有希望获得成功；如果不努力的话，也有可能会失败。这种现象在日常生活中很普遍。例如在教学活动中就很典型，如果学生认为不论怎样努力也肯定会不及格，或者以为轻而易举就能获得好成绩，他的学习动机就会处于极低的水平。再如在恋爱中，最令你心动的对象，往往是有可能追求成功但又不是轻而易举能追到的。

成就动机一直是动机心理学研究的一个热点。最近，谢晓非等（2004）采用计算机模拟和问卷的方法，研究不同成就动机的个体在动态情境下的冒险行为。结果发现，在动态情境的初期，可以看到不同成就动机的被试有稳定的偏好：成就动机高的个体偏爱中等难度的任务，成就动机低的个体偏爱较易或者是较难难度的任务。随着行为的动态进行，个体的冒险行为呈现出与静态情境中不同的规律性：成就动机高的个体在初期选择的中等难度基础上逐渐选择更难的任务；成就动机低的个体在初期选择较易难度任务的基础上也逐渐选择更难的任务；相对于成就动机低的个体，成就动机高的个体会更慢地选择难度高的任务。

亲和动机

亲和动机是指个体在社会情境中希望与他人亲近的内在动力。需要别人关心，需要友谊，需要爱情，需要别人的认可支持与合作等，均可视为亲和动机。至于亲和动机形成的原因，从学习的过程看，因为人类的幼稚期较长，在出生后靠人养育的一段时间内，就与他人建立了亲密的关系。而个人目标无法达到而求助，遇到危险情境而求人保护，以及对事物不了解而求教等等情况，都需要维持和强化亲和动机。此外，人类自古就是群居动物，凡是群居的动物，促使他们群居行为的内在原因均可视为亲和动机。

心理学家沙赫特（Schachter，1959）曾做过这样的一个实验：他以每小时15 美元的酬金聘人到一间没有窗户但有空调的房间去住。房内有一桌、一椅、一床、一灯，此外别无他物。三餐由人送至门底下的小洞口，住在里面的人伸手就可拿进食物。一个人住进这房间后即与外界完全隔绝。有 5 名大学生应征参加实验。其中一人只待了 20 分钟就要求出来，放弃了实验；3人待了 2 天；最长的待了 8 天。这个实验说明，人是很难忍受长时间与他人隔绝的。同期沙赫特还有一个实验,研究女大学生在不同焦虑情境下亲和动机的差异。该实验先与被试约定时间,到实验室听取研究者的说明。对实验组的被试,研究者先让她们看到一些外形丑陋甚至令人望而生畏的仪器,并告之将使用该仪器在她们身上实施一种只有痛苦但无伤害的电击。对控制组的被试,则既不让他们看到仪器,也不告以电击的事。研究者如此处理的原因,是藉由不同的情境,使两组受试者在心理上产生不同的焦虑程度;预计实验组的焦虑高,控制组的焦虑低。之后,分别告诉两组被试,实验之前必须提前到达实验室等候。结果发现,实验组的被试 32 人中有 20 人选择了与人结伴,而控制组 30 人中只有 10 人如此。这一结果表明,在引起较高焦虑的情境下,个体与他人亲近的亲和动机就会增强。

权力动机

麦克里兰(McClelland,1975)在其多年的研究中发现了一个奇怪的现象,凡是对工作成就动机高的人,对人事问题就没什么兴趣。换言之,对工作成就动机高者没有领袖欲。这表明,虽然一般人将社会上追求权力而且位居要职也视为一种成就,但在这种行为背后,并非心理学家所说的成就动机,而是权力动机。所谓权力动机,就是指个体意图影响他人或支配他人的内在动力。凡是对社会事务有浓厚兴趣,而且极愿以其作为影响大众的人,其行为背后均有强烈的权力动机。

研究发现,权力动机可分为"个人化权力动机"和"社会化权力动机"两种(Lynn & Oldenquist,1986)。个人化权力动机强的人,在行为表现上有三种类型:(1)喜欢参与社会活动,尽量利用机会表现自己,在团体中如有才能相当或胜于自己的人,就会将其视为假想敌,若不能将其击败,绝不罢休。表面看来,这种人热心社会事务,事实上是利用社会形象达到满足私欲的目的。(2)热衷追求权位,甚至不惜以卑劣手段达到目的。这种人多热衷政治活动,但其参政的取向是做官,而不是为民做事。(3)视物质条件为最高价值,不仅尽情享受物质生活,而且也竭尽所能去聚积财富,并企图凭借优于他人的财富条件,炫耀自己的社会地位,从而达到影响他人甚至控制社会的目的。在当今社会,怀有这种个人化权力动机的人为数不少。但据心理学家研究发现,这种企图以财富或物质条件来满足其权力动机的人,在如愿拥有财富之后,并不能得到心理上的充实与满足。

社会化权力动机强的人,在行为表现上也有三种类型:(1)关心社会,但并不实际参与社会事务,而是凭借个人的专长,以传播知识观念的方式,力图影响他人、有益社会。这种人在社会上相当多,教师、作家、编辑、记者、画家、音乐家中都不乏其人。(2)关心社会也走入社会,以自己的专长服务大众,或是解除别人的痛苦,或是维护社会安全,从而达到影响他人和有益社会的目的。社会上凡是不专以营利为目的的服务人员都属于这种类型。(3)以服务为目的的团体领袖,爱人类,爱社会,对社会公益与人民福祉怀有很深的使命感,力图以其才能领导大众,从事改革,以此来达到影响他人和造福社会的目的。像这种公而忘私的领袖人物,不仅政府机关需要,其他公私团体也都需要。在他们居于团体领袖地位时,虽然也拥有支配别人的权力,但并不重视行使权力时得到的个人满足,而是重视在行使权力之后所产生的积极的社会效果,以此来实现自己的理想。

重大研究:需要层次(马斯洛,1943)

人类的动机是一个有机的系统。在这一点上,人本主义心理学家马斯洛(Maslow,1943)提出的需要层次学说最为有名。该理论认为,人类动机的发展和需要的满足有密切的关系,需要的层次有高低的不同,低层次的需要是生理需要,向上依次是安全、爱与归属、尊重和自我实现的需要。其中,越是基础的需要,对人的影响力越大,只有在基本动机被满足后,才能够出现更高层次的需要。"自我实现"是人的潜能充分发展的最高阶段,属于发展需要,其发展方向具体可表现为 14 种元需要(图 10-2)。

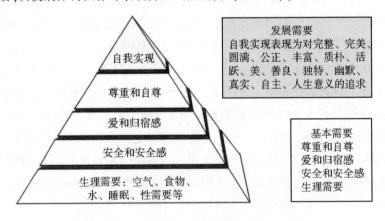

图 10-2　马斯洛提出的需要层次金字塔模型

现在,你不妨结合马斯洛所划分的需要层次想一想:你自己的行为受哪个层次的动机影响最大?或者说,你的大部分时间和精力用来满足哪些需要?金字塔底层的生理需要是生存所必需的,所以它们的影响力最强,决定着其他高层次的需要。根据马斯洛的理论,人只有在占优势的生理需要得到满足后才会表现出更高层次的需要。当一个人饥渴难熬时,他是不可能有兴趣去吟诗作画的。马斯洛把生理需要、安全和安全感、爱和归属感(包括对家庭、友谊和关怀的需要)及得到尊重和自尊这四个水平的需要都划为基本需要。由基本需要产生的行为动机被称为"缺乏性动机",因为那些动机是由于对食物、水、安全、爱、尊重等的基本需要没有得到满足而被激发出来的。自我实现的需要性质不同,它们不是因为"缺乏"什么而产生的,而是一种积极的、使人的生命更有价值的发展动力。这些需要虽然生物性能量较小,但对于人类非常重要。根据马斯洛的观点,人有一种沿着需要层次的上升向自我实现发展的倾向。仅仅达到不愁吃穿或小康生活的水平,还不是一种充实的、能够令人心满意足的生活,更高层次的追求能够促进人的进步。如果一个人的生存需要得到满足后没有更高层次的追求,就会出现"衰变综合症",最后陷入麻木、绝望和精神错乱。研究者发现,与那些更注重个人的外表及他人对自己的评价、希望自己将来能够挣大钱的学生相比,更关注社会变革和人类发展、追求自我实现的学生在考试中的平均分数更高。马斯洛估计,大部分人更注重安全、爱或尊重水平的需要,每10个人中最多只有1个人真正以追求自我实现作为生活的主导动机。这可能是因为我们的社会要求人们首先考虑自己在学校、工作单位或人际关系中的安全性、确定性和一致性,而不是提倡和奖励自我实现的行为。自我实现指创造潜能的充分发挥,追求自我实现是人的最高动机,它的特征是对某一事业的忘我献身。高层次的自我实现具有超越自我的特征,具有很高的社会价值。健全社会的职能在于促进普遍的自我实现。他相信,生物进化所赋予人的本性基本上是好的,邪恶和神经症是由于环境所造成的。越是成熟的人,越富有创造的能力。

马斯洛提出需要层次学说及创立人本主义心理学,与其自身经历有很密切的关系。马斯洛1908年生于纽约。作为犹太移民的后裔,他的童年生活似有诸多不幸。马斯洛最早的儿时记忆是关于他母亲的。他们之间相处得很不愉快。虽然家里没有什么要遵守的犹太人的宗教礼节,但她是一个迷信的女人,经常为一些小小的过失就冲着孩子们说:"上帝将严厉惩罚你!"正是在这种从幼年的心灵折磨到科学探索的发展中,年轻的马斯洛逐渐产生了对宗教的强烈怀疑和对无神论的尊重。马斯洛从 5 岁起就是一个读书迷,他经常到街区图书馆浏览书籍,一待就是几个小时,以此来躲避家中的紧张气氛。他后来回忆道:"那时,我经常比家里其他人起得更早,一出门就到图书馆去,站在门口等待开门。"当他在低年级学习美国历史时,托马斯·杰斐逊和亚伯拉罕·林肯就成了他心中的英雄。几十年以后,当他开始发展自我实现理论时,这些人则成了他所研究的自我实现者的基本

范例。像许多出身于经历过大屠杀和遭受过迫害的移民家庭的孩子一样,马斯洛对美国革命的奠基人以及他们的梦想怀有深深的敬意。马斯洛的表妹贝莎·古德曼于1922 年 3 月从俄国来到纽约,那时她 13 岁,比马斯洛小一岁。马斯洛被她的美貌所吸引,由于贝莎几乎不会讲英语,他就主动去做她的老师。从那时起,马斯洛几乎每周都要去拜访贝莎,同她聊天。在青少年时期,马斯洛从来不和其他同龄的女孩交往,贝莎是唯一的例外。后来贝莎成了他的妻子。

图 10-3 马斯洛和贝莎

图 10-3 摄于 1928 年 5 月,即他们结婚之前 7 个月。

1926 年马斯洛进入纽约市立学院学习法律,但由于缺乏对法律的兴趣,不久便退学进入威斯康星大学学习心理学,在 26 岁时取得哲学博士学位。在威斯康星学习期间,他最早接触到的是铁钦纳的构造主义心理学,但不久就厌倦了构造主义心理学的元素论方法。他发现华生的行为主义方法较之构造主义更合理一些,因此,开始对华生的学说产生兴趣。但当他的第一个孩子出生后(这是一个非常愚笨的孩子),他用行为主义方法教育这个孩子,毫无成效,就对行为主义感到失望,从而抛弃了行为主义理论。1943年马斯洛到布兰克林学院任职,开始接触到霍妮(K. Horney)的社会文化精神分析理论、弗洛姆(E. Fromm)的人本主义精神分析理论以及韦特海默的格式塔心理学。这些理论对马斯洛的思想产生了深刻影响,促使他彻底摒弃行为主义的简单化观点,而形成一种动力的、整体的人格观。

当美国介入第二次世界大战,国际局势日渐紧张、险恶时,马斯洛却看到了一条实现他的和平幻想的途径,那就是发展一个完整的人类动机理论。

他觉得,关于人性的关键问题实际上并不多:人们在生活中到底想要什么?满足什么才能感到幸福?是什么原因使人们要追求某种目标?1951年秋,马斯洛来到布兰戴斯大学,担任心理学系主任,并于1954年完成了《动机与人格》。该书最初的几章包括他的需要层次理论和自我实现理论的精华部分,特别是关于爱、认知、动机等的具体表现形式。最后几章则不仅形式新颖,内容上也锐意革新。他提出了把传统心理学研究转变为兼有科学与伦理意义研究的令人振奋的设想。最使人感到鼓舞的大概是这本书的附录"积极的心理学所要研究的问题"。在这一附录中,马斯洛提出了一百多个人本心理学的研究项目,例如:人们怎样才能变得聪明、成熟、仁慈?人们怎样才能具有良好的趣味、性格以及创造力?人们怎样才能学会使自己适应新情况?人们怎样才能学会发现善、识别美、寻求真?《动机与人格》很快引起了人们的注意,使马斯洛一下子在全美国出了名。这部著作被公认为1950年代心理学领域最重要的成就。更有意义的是,它富有说服力的思想开始渗透到其他领域,包括企业管理、市场销售、教育、心理辅导以及心理治疗等。对许多关注心理学以及心理学应用的人来说,马斯洛的名字开始成为一种深入探索人性的象征。他的心理学理论体现了一种独特的美国式的激进、创新和乐观。

1966年,马斯洛当选美国心理学会主席,还被美国人道主义协会评选为当年的"人道主义者"。他的《关于科学的心理学:一种探索》一书也在这一年出版了,此书成了扩大他的新影响的催化剂。这本书篇幅不长,却很有分量,极具启发性。他在书中以实验心理学为范例,对传统科学进行了有力的批评。他继续发展了以前在《动机与人格》等著作中的观点,认为主流科学由于回避价值问题,对统计学和方法学过分依赖,从而使人性及其巨大的可能性以一种可怜的片面的形象出现。但是,马斯洛并不是一个以一厢情愿的主观善良愿望看待事物的人,在他生命的最后几个月里,他更加意识到,任何关于人性的理论都应该承认我们自身的不完善性,但也不要陷于绝望。马斯洛看到,即使是最优秀的人,包括他怀着崇敬心情研究了很长时候的"自我实现的人",也同样是不完善的。对于人与人之间的关系,任何完美的期望都是错误的,甚至是危险的。他在日记中坦率地写道:"一个美满的婚姻是不可能的,除非你愿意接纳对方的丑陋与缺陷。"

1970年6月8日,星期一,马斯洛像往常一样从房间出来,贝莎跟随在离他几尺远的地方。因为有心脏病,他小心翼翼地按照大夫对他的嘱咐,看着秒表开始跑步。突然,在加利福尼亚的阳光下,他倒下去了,没有一点儿声音。刚满 62 岁的马斯洛永远离开了这个世界。

马斯洛的需要层次理论并没有得到实验研究的充分证实。人们可以对他的观点提出很多疑问,例如,如何解释用绝食作为手段进行社会性抗议的行为?"追求公正"的元需要是如何战胜更基本的对食物的生理需要的?尽管有反对的观点,但这一理论对于人们理解和预测人类动机之间的各种相互作用有着很大的影响。因此,马斯洛的需要层次学说更多地被视为一种哲学观点。尽管如此,要列举有史以来著名的心理学家,马斯洛是绝对不能遗漏的。在今天,他的一些基本的理念不少人已耳熟能详,如需要层次、自我实现、高峰体验、潜能发挥等等,他的有些思想已经成了当今世界公众意识的一部分。1980 年代的中国曾出现过"马斯洛热",它所表达的也许是正处在计划经济向市场经济模式转轨中的年轻一代渴望发挥自身潜能的意向。而今天,马斯洛的心理学不仅与科研或管理有关,也将有助于每个普通人对自我的重新认识和定位。

三、情绪体验与表情

人们追求许多目标,是因为达到那些目标会让人愉快;人们避免许多活动,是因为那些活动使人感到痛苦。通常,成功伴随着愉快的情绪,失败伴随着不愉快的情绪。由此可见,人类活动的动机与情绪是不可分的。下面我们就讨论情绪过程。

动机与唤醒

唤醒是指身体和神经系统被激活。唤醒理论认为,不同活动需要不同的适度唤醒水平:人在情绪激动或慌乱状态下唤醒水平较高,在日常活动中保持在中等水平,睡眠中很低,死时为零。人在唤醒水平太低或太高时都会感到不舒服,如感到乏味、害怕、焦虑或慌乱。前面讲到的好奇动机可以理解为在唤醒水平太低时,一种提高唤醒水平的尝试。人们为了保持适度的唤醒水平,会经常变换自己的活动,如听音乐、聚会、运动、谈话和睡眠等,以避免过度单调或过度刺激。

人体的唤醒水平具有周期性变化的特征,这是由"生物钟"所控制的每 24 小时完成一次的循环。人的体温、血压、尿量和氨基酸水平在一天中发生着很大的变化,同时,肝、肾和内分泌腺的活动也受到生物节律的影响。人体内部的许多活动都会在一天的某个时候达到高峰。肾上腺素具有激活作用,在生物节律循环的高峰期,人体肾上腺素的分泌量为平时的3—5倍,此时也是我们精力最旺盛的时候。人的睡眠与觉醒模式是由人体的生物节律调节的,当人们跨时区旅行、倒班、出现抑郁或疾病的时候,就会造成人体基础节律与平时睡眠模式之间的不协调,使体内平衡受到破坏。人的活动特点也会因生物节律不同而不同,我们大部分人都是白天精神好,但也有一些人是夜里精神好,这是由于两类人的生物节律循环达到高峰的时间不同。如果一个"白天活动型"的学生和一个"夜晚活动型"的学生同住一个寝室,到了晚上,一个人昏昏欲睡,另一个却精神抖擞,两人由于"生物钟"的差别恐怕就得闹意见了。

　　一般而言,人在中等唤醒水平状态下表现最好。考试时就是最好的例子:如果你的唤醒水平太低,感到困倦或提不起精神,很难考好;如果你过于焦虑,唤醒水平太高,也很难正常发挥。图10-4显示了唤醒同绩效之间的关系。有些任务在高唤醒水平下操作最好,有些则需要较为平和的唤醒水平,还有的任务在唤醒水平较低时才能达到最高绩效。决定最佳唤醒水平的关键是作业难度。越是困难或复杂的工作,成功完成它的唤醒水平越是位于连续体较低的一端;越是简单的工作,最佳唤醒水平就越高。这一关系很早就在动物实验中被发现了,被称为耶克斯—多德森定律(Yerkes & Dodson,1908)。可见情绪在激励着你向目标迈进,但你不能让自己的情绪过于强烈,那样反而会降低你的工作绩效;对于不同的任务,你应该可以有意识地对自己的唤醒水平加以调整。

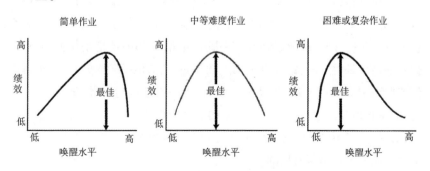

图10-4　耶克斯—多德森定律

情绪分类

我们都知道,人类的情绪丰富多彩。其实各种情绪的复杂程度是很不一样的。有的情绪很单纯,有的则较为复杂,还有的情绪甚至很难用言语来描述它到底是一种什么样的体验。从生物进化的角度看,人的情绪可分为基本情绪和复合情绪。基本情绪是人与动物所共有的,在发生上有着共通的原型或模式,它们是先天的、不学而能的,每一种基本情绪都具有独立的神经生理机制、内部体验和外部表现,并有不同的适应功能。复合情绪则是由基本情绪的不同组合派生出来的。心理学上一般把快乐、悲哀、愤怒和恐惧看作4种基本情绪:(1)快乐是盼望的目的达到紧张解除后继之而来的情绪体验。快乐的程度,取决于愿望满足的意外程度。目的无足轻重,只能引起些微的满足;目的极为重要,并且是意外达到,则会引起极大的快乐。(2)悲哀是失去所盼望的、所追求的东西或有价值的东西而引起的情绪体验。悲哀的强度依存于失去的事物的价值。(3)愤怒是由于目的和愿望不能达到或顽固地一再受到妨碍,逐渐积累而成的。挫折如果是由于不合理的原因或被人恶意造成时,最容易产生愤怒。(4)与愤怒导致攻击不同,恐惧是企图摆脱、逃避某种可怕的情景。恐惧往往是由于缺乏处理或摆脱可怕的情景(事物)的力量和能力所造成的,比其他任何情绪都更具有感染性。上述4种最基本的情绪在体验上是单纯的、不复杂的,在此基础上,可以派生出许多不同情绪的组合型式,也可以赋予其不同含义的社会内容。例如,由疼痛引起的不愉快是比较单纯的情绪;而悔恨、羞耻这些情绪则包含着不愉快、痛苦、怨恨、悲伤等复杂因素,是复杂的情绪体验。

普拉契克(Plutchik,1980)提出的情绪三维模型主张情绪具有强度、相似性和两极性3个维度,并用一个倒锥体来说明3个维度之间的关系(图10-5左)。锥体截面划分为8种基本情绪,相邻的情绪是相似的,对角位置的情绪是对立的,锥体自下而上表明情绪由弱到强的变化。8种基本情绪两两配对形成4组:快乐—悲伤、接纳—厌恶、惧怕—愤怒、惊奇—期待;而从相似性上还可界定一些复杂的混合情绪(图10-5右)。这个模型的特色是描述了不同情绪之间的相似性及对立性特征,这在情绪实验研究中对于情绪的界定是很有用的。

罗素(Russell,1980)提出了情绪分类的环状模型。他认为情绪可划分

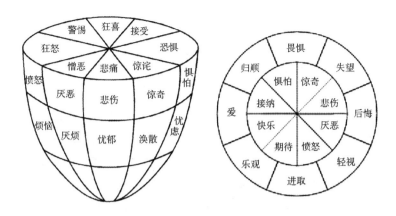

图 10-5　普拉契克的情绪三维模型

为 2 个维度:愉悦度和唤起度,由此可以组合成 4 个类型:愉快—高唤起是
高兴,愉快—中等唤起是轻松,不愉快—中等唤起是厌烦,不愉快—高唤起
是惊恐。这种分类用评价情绪词或归类的方法,构成情绪的环状模型
(图 10-6)。这种结构在不同的语言和文化如爱沙尼亚、希腊、波兰、中国等
都得到了一致的研究结果(Russell et al. ,1989)。

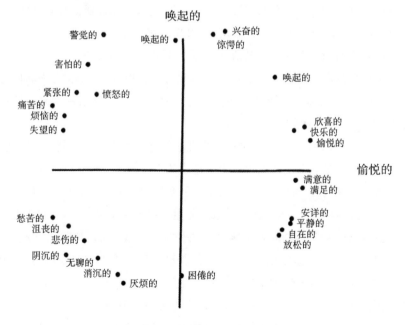

图 10-6　罗素的情绪环状模型

情绪状态

我们平常总是处在某种心境之中,这是一种持续的、带有渲染性的情绪状态,也是各种情绪最弱的表现形式。心境是以一种微妙的情绪流方式影响我们的。例如,在心烦意乱的心境状态下,别人说什么你都会感到不耐烦;而在轻松愉快的心境状态下,别人即使出言不逊,你也可能一笑了之。一般的情绪反应持续时间短则几秒钟,长则几小时,但一种心境可以持续很多个小时甚至很多天。人的心境跟生物节律有密切关系。当体温处于一天中的低点时,人也倾向于感到情绪低落;当体温处于高峰时,即使你一夜没睡觉,也可能有积极的心境。心境还可以表现出周期。对于那些正常上班或上学的人来说,星期一大概是他们心境的最低点,而最高点会在周末。

与心境相反,激情是一种强烈的、爆发性的、为时短促的情绪状态。这种情绪状态通常是由对个人有重大意义的事件引起的。重大成功之后的狂喜、惨遭失败后的绝望、亲人亡故引起的极度悲哀、突如其来的危险所带来的异常恐惧等等,都是激情状态。激情状态往往伴随着强烈的生理变化和明显的外部行为表现,例如,盛怒时拍案大叫,暴跳如雷;狂喜时眉开眼笑,手舞足蹈;极度恐惧、悲痛和愤怒之后,可能导致精神衰竭、晕倒、发呆,甚至出现所谓的激情休克现象。激情状态下人往往出现"意识狭窄"现象,即认识活动的范围缩小,理智分析能力受到抑制,自我控制能力减弱,进而使行为失去控制,甚至做出一些鲁莽的行为或动作。有人用激情爆发来原谅自己的错误,认为"激情时完全失去理智,自己无法控制",这种说法是不对的。人能够意识到自己的激情状态,也能够有意识地调节和控制它。因此,任何人对在激情状态下的失控行为所造成的不良后果都是要负责任的。

还有一种情绪状态是应激。这是出乎意料的紧张情况下所引起的情绪状态。在应激状态下,人会产生一系列的生理反应变化、情绪体验和心理反应。生理反应主要是释放肾上腺素和去甲肾上腺素,从而增加通向脑、心脏、骨骼肌等的血流量,提高机体对紧张刺激的警戒能力和感受能力,做出适应性反应。在这些生理变化的同时往往还伴有如焦虑、烦躁等情绪体验。由于精神紧张,一些人常表现出注意力不集中、思维中断、记忆不佳、对外界事物过于敏感和难以做出决策等。应激影响健康的研究,已受到研究者的重视,第十三讲再作介绍。

表情

有相当多的证据表明,图 10-7 中的 6 种表情是可以在全世界被识别并做出来的,它们分别是高兴、惊奇、生气、悲伤、厌恶和害怕。埃克曼和弗里森(Ekman & Friesen,1986)要求来自不同文化的人们对标准化照片中的表情所表达的情绪进行界定,结果发现人们通常可以识别这些基本情绪相应的表情。

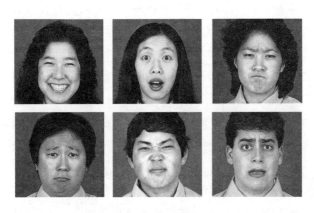

图 10-7　几种基本表情

达尔文在其《人和动物的表情》(1872)一书中认为,人类的情绪表达是从其他动物的类似表达进化而来的。如图 10-8 所示,我们的情绪表达有着许多原始的印记,显示了某些生存价值的遗传模式。达尔文仔细观察了自己的孩子,比较了世界上各种隔离文化中人们的表情,以论证自己的论点。他的推理逻辑是,如果全世界的人,不论相互多么隔离,都表现出相同情绪

图 10-8　表情的原始意义

的面部表情,那么这种表情一定是遗传的,而不是习得的。例如,相互隔离的不同文化就发展了不同的语言,因此,语言是人为的产物,是习得的。而不同文化的人表达相同情绪的表情相同,这说明表情是遗传的。情绪表现确实具有某种先天遗传模式。世界上所有的儿童受伤或悲哀时都哭泣,快乐时都发笑。刚出生就双目失明的盲童不可能通过学习来模仿别人的表情,对他们的研究表明,随着其成熟,与不同情绪有关的面部表情、姿势和手势就会自然显现出来。我国心理学家孟昭兰(1989)的研究也表明,成人基本情绪的面部表情在很大程度上保持了自儿童时期以来的原始模式,人们的面部表情具有一致性和继承性。最近的一项跨文化研究比较了在匈牙利、日本、波兰、苏门答腊、美国和越南的个体对于面部表情的判定,结果在这一多样性人群中发现了很高的一致性(Biehl et al.,1997)。一个普遍的结论是,全世界的人们,不管文化差异、种族、性别或教育如何,都会以相同的方式表达基本情绪;同时,可以根据他人的面部表情来推断其正在体验的情绪。

虽然基本情绪的表现具有先天遗传性,但它们的具体表露却是受社会文化因素的制约的,特别是复杂情绪的表露更是如此。由于我们的情绪表现能被别人识别,而情绪表现又具有一定的社会价值,因此,在什么情况下表示何种情绪是人们后天学会的。有时人们力图掩盖自己的真正情绪,有时甚至故意表现与内心情绪不一致的表情,有时则力图夸大或修饰自己的表情。这些现象称为情绪"表露规则"。尽管伴随特定情绪的面部肌肉运动模式是由生理决定的,但这种运动显然是受"表露规则"控制、受社会文化因素制约的。埃克曼等人(Ekman et al.,1972)让美国和日本的大学生观看一部悲伤的影片,单独看或与一位来访者(被告知是一位科学家)一起看,在看到电影最悲伤的情节时隐蔽地摄下被试的表情。结果表明,单独看时,日、美大学生的表情没有差别;但与他人一起看时,日本学生较少表露不良情绪,往往以礼貌的微笑掩盖真实情绪,这是因为日本文化不鼓励人公开表露自己的情绪。当然,人们想掩盖自己强烈的情绪体验往往难以完全做到。埃克曼和弗里森(Ekman & Friesen,1974)研究过这一现象。他们让被试观看一位女生截肢的不愉快影片。接着要求一部分被试在交谈时假装看了一部愉快的影片,同时录制被试交谈时的表情(面部或身体)。然后要求另外的人判断录像中的人哪些是诚实的、哪些是欺骗的。结果是,观察身体姿势比观察面部表情更能判断出谁是欺骗的、谁是诚实的。他们的研究表明,面部是言语信息的最好传送者,脚和腿是最坏的传送者,手和手臂处于两者之间。这可能是人们平常更多地注意和学习面部表情的控制,而对脚和腿的运动控制很少注意的缘故。

情绪识别是一种复杂的认知过程,包含观察、分析、判断、推理等等。情绪识别的准确度受多种因素的影响。一般说来,快乐和愤怒最容易识别,而对恐惧、哀痛、厌恶等的识别较困难。有些情绪甚至可能以同样的方式表达出来,如失望、悲痛、悔恨和内疚的表情看起来很相似,这使得情绪的准确识别有时是很困难的。研究表明,从情绪行为的前后关系中识别情绪准确度高,而孤立地识别情绪准确度低,具体情景中的信息是我们理解别人心情的重要线索。儿童对情绪的识别,准确度不及成人,随年龄增长,准确度提高,似乎在12—14岁左右有一个急剧发展变化时期。面部表情的识别如果能和身段表情结合起来,就更有利于准确地判断情绪状态。识别身段表情,其中双手的表情占着很重要的地位,识别双手表达情绪的准确度甚至可以达到和识别面部表情一样的水平。言语表情的重要性也不可低估,同样一句话,由于说话者语气腔调的不同,往往可以使人对说话人的情绪做出相当准确的识别。最近一项很有意思的研究发现,人们对于他人处在高峰情绪时的情绪效价的判断,是通过他人的身体线索而非面部表情做出的,但人们在主观上却认为自己主要是根据面部表情做出的判断(Aviezer et al.,2012)。

四、意志控制与失控

人的活动是有目的的。意志就是人为了达到一定的目的,自觉地组织自己的行为,并与克服困难相联系的心理过程。这一过程大致可以分为两个阶段:采取决定阶段和执行决定阶段。前者是意志行动的开始阶段,它决定意志行动的方向,是意志行动的动因;后者是意志行动的完成阶段,它使内心世界的期望、计划付诸实施,以达到某种目的。意志的心理结构是很复杂的,这里主要讨论其中的几种主要心理成分。

期望

期望是主观上希望发生某一事件的心理状态,是一种与将来有关的动机。期望的结果就是意志行动所要达到的目的。由于期望的结果会带来需要的满足和情绪上的好感,因而促使人产生要达到目的的动机。一个人在现实生活中会有各种期望,同时行为的结果和期望之间也会发生矛盾。这样,人在行动中就要选择目标,或对奋斗目标做出安排,制订出符合自己的近期目标、中期目标和长远目标。

重大研究:期望效应(罗森塔尔,1966)

你想成为什么样的人,最终你就会成为什么样的人;你想别人怎样对你,最终别人就会怎样对你;甚至你想别人怎么发展,最终他真的就发生了这样的变化……这一切听上去似乎蛮不讲理,但是对"期望效应"的心理学研究已经证明,在某些领域、某种程度上这的确是事实。期望效应的意思是,如果我们预期某一事物将以某种方式发生,我们的期望就会倾向于让它变为现实。

这听起来有些神奇,但在心理学研究中是早已被留意到的现象。实验者可能总是期望经过其科学处理,被试与其他人相比会产生某种特殊的行为。实际上,这只不过是实验者自己有倾向性的期望所导致的结果。如果事情真是如此,那么实验便是无效的。这种对心理学实验效度的影响被称为"实验者期望效应"。罗森塔尔和弗德(Rosenthal & Fode,1963)用心理学实验证明了实验者期望效应的存在。他们利用正在学习条件反射课程的心理系学生进行了这项实验研究,期间这些学生并不知道自己已经成了被试。罗森塔尔告诉其中的一部分学生他们将要使用的是经过特殊方式喂养的有较高智力水平的"聪明鼠",它们能快速学会走迷津;而告诉另一些学生他们将要使用的老鼠在学习迷津时比较迟钝。然后,学生们开始训练老鼠完成各种技能,其中包括走迷津。与得到愚笨鼠的被试相比,得到聪明鼠的被试所报告的他们的老鼠所需学习时间明显较短。事实上,分配给两组学生的那些老鼠是随机的。这些学生并不是在说谎或是故意歪曲实验结果。他们在训练动物时对动物施加的影响显然是无意识的。一系列的实验结果说明,实验者期望效应对科学研究的威胁显然已经成立。训练有素的研究者会使用更严谨的实验程序来避免类似的期望效应,如使用"双盲"实验,在这种实验中与被试接触的实验者并不知道研究假设。

当这种期望效应出现在实验室以外的人与人之间的自然交往中时,罗森塔尔称之为"皮格马利翁效应"。在希腊神话中,雕塑家皮格马利翁爱上了他创作的女雕像,朝思暮想地一直观赏,结果雕像变成了活人,美梦成真,有情人终成眷属。为了检验这种效应的存在,罗森塔尔和雅各布森

（Rosenthal & Jacobson,1966）先是对一所小学1—6年级的所有学生进行了IQ测验（一般能力测验,简称TOGA）。选择这个测验的原因在于,它属于非文字测验,学生的分数不依赖于先前接受的阅读、写作和算术技能等方面的训练。而且,该校教师对此项测验并不熟悉。研究者告诉教师,学生们所接受的是"哈佛应变能力测验",该测验的成绩可以对一名学生未来在学术上是否会有成就做出预测。换句话说,他们是要让教师相信在测验中获得高分的学生,其学习能力在未来的这个学年中将有所提高。实际上,这个测验并不具备这种预测能力。该校总共有6个年级,每个年级有3个班,每班有1名班主任,共18人（16女,2男）。每位班主任都得到了一份名单,上面记录着本班在哈佛测验上得分最高的前20%的学生,以便教师们了解在本学年里哪些学生有发展潜力。但是,下面才是本研究的关键:教师所得名单中的前10名学生是被完全随机地分配到这种实验条件下的。这些学生和其他学生（控制组）的唯一区别就是,教师以为他们（实验组学生）会有不同寻常的智力发展表现。接近学年结束时,研究者对所有学生再进行了相同的IQ测验,并计算出每个学生IQ的变化程度。结果显示,那些被教师以为智力发展会有显著进步的学生,其IQ平均提高幅度显著高于控制组的学生（分别为12.2个百分点和8.2个百分点）,这种差异又主要是由1、2年级的巨大差异引起的。

在这项研究中,得到了两个主要的研究发现:一是已在正式实验室情境中被证明了的期望效应,也会在非正式的现实生活情境中起作用。正如罗森塔尔所猜测的,教师对学生行为的期望转化成了学生的自我实现预言。"当教师期望某个孩子会表现出较大程度的智力提高时,这名学生就真的出现了较大程度的智力提高。"二是这些作用在低年级中表现得更明显,而在高年级中几乎不存在。这又都意味着什么呢? 罗森塔尔和雅各布森对此提出了如下几种可能的解释:（1）低龄儿童的可塑性一般较高年级儿童更强。（2）小学低年级学生还未能在教师的心目中形成牢固的印象。（3）在教师把对学生表现的期望传递给学生时,他们在不经意间使用的微妙方式更容易影响和带动低年级学生。"根据这种解释,如果教师相信某些学生能获得智力上的提高,那么她对待各年级的这种学生的方式可能是相同的。但也许只有低年级儿童的成绩会受到教师对待他们的特殊方式的影响;这些方式包括她对他们所说的一些话,说话时特殊的语气,她的眼神、姿势和与学生的身体接触等。"（4）低年级教师向学生传递期望的方式与高年级教师不同。

由于罗森塔尔的研究工作,教师期望效应对学生表现的影响已经成为我们理解教育过程时一个必不可少的部分。人们也将这种影响称为"罗森塔尔效应"。此外,这种效应理论还在除教育以外的其他领域产生了巨大影响。(选自 Roger R. Hock 著/白学军等译,2010)

抱负水平

目标的确定和选择还与一个人的抱负水平密切相关。所谓抱负水平是指个人在做某件实际工作之前估计自己所能达到的成就目标。例如,一个人在打靶前估计自己能打中 5 环,但实际上只打中 4 环,这时就会产生失败感;如果继续打靶击中 6 环,这时就会产生成功感。所以成败感实际上是个人的抱负水平与实际成就之间产生"负差"(成就高于抱负)与"正差"(成就低于抱负)时的主观体验。抱负水平制约着对行动目标的追求。

个人的抱负水平是后天形成的。下列因素会影响一个人的抱负水平:(1)个体成败经验。成功的经验一般能导致抱负水平的提高;成功的经验越强烈,以后的抱负水平就提得越高。而失败的经验一般则导致抱负水平的降低,失败得越厉害,以后的抱负水平就会降得越低,并且变化也很大。(2)自信心。自信心是过去获得很多成功经验的结晶。有自信心的人通常会选定既符合实际又较困难的作业,其抱负水平也较高。(3)团体成败经验。个人的抱负水平不仅受个人直接的成败经验的影响,而且也受团体的成败经验的影响。当个人从事他未曾做过的工作时,确定自己的抱负水平往往以他人或团体的成败经验为"定位点"。在一个实验中,将同等程度的大学生分为 4 组,让他们完成一套由 50 道文学知识多项选择测验题组成的考卷,测验的满分为 50 分,无时间限制。对第一组只告知测验的做法;对其余 3 个组除告知测验的做法外,告知第二组有文学专长者在该测验上的分数;告知第三组一般大学生在该测验上的分数;告知第四组一般工人在该测验上的分数。接着,要求他们自定自己的抱负水平(即自己估计自己在该测验上的得分数)。结果各组的抱负水平有明显差异:第四组抱负水平最高,平均值为 33.05;第二组最低,平均值为 23.09;未受暗示的控制组的平均值为 26.95(Chapman & Volkman,1939)。这种差异显然是参照了他人成败经验之故。后来的实验者又增加第五组,在告知他人成绩之前,先让其接受一种类似的测验并告知所得分数(即既具备直接经验也具备间接经验)。

结果发现,第五组的抱负水平受自己直接经验的影响大于他人的经验。这说明,在确定抱负水平的过程中,自己缺乏直接的成败经验时才倾向于以他人或团体的经验为定位点。

动机冲突

意志行动中常常伴随动机冲突。在确定目的时会产生动机冲突。例如,一个大学毕业生,是到有风险的岗位迎接挑战,还是留在稳妥的单位安享生活?在制定计划时也会产生动机冲突。例如,有的方式方法对达到目的是容易的,但不符合道德标准,有损于他人的利益;有的方式方法符合道德标准但要花很大力气,何去何从?在执行决定阶段仍然有动机冲突。例如,遇到困难是知难而进还是放弃预定目标确定新的目标呢?

动机冲突的情况是很复杂的。从形式上看,大致可以分为以下 4 类:(1)双趋冲突。有时,一个人以同样强度的两个动机追求同样并存的两个目的,但又不能同时达到。像这种从两所爱或两趋向中仅择其一的矛盾心理状态,称为双趋冲突。孟子曰:"鱼,吾所欲也;熊掌,亦吾所欲也;二者不可得兼,舍鱼而取熊掌也。生,吾所欲也;义,亦吾所欲也;二者不可得兼,舍生而取义也。"这是双趋冲突的一种解决办法。一个大学生在开学之初期望选修两门喜爱的学科但只被允许选修一门时也会产生双趋冲突。(2)双避冲突。有时,一个人同时遇到两个具威胁性而都想躲避的目的,但又必须接受其一始能避免其二。像这种从两所恶或两躲避中必须择其一的困扰心理状态,称为双避冲突。例如,品学均差的学生既怕学习又怕受处分,因为在他看来,两者对他都是一种威胁,都想逃避,但他必须选择其一。(3)趋避冲突。有时,一个人对同一目的同时产生两种动机:一方面好而趋之,另一方面恶而避之。像这种对同一目的兼具好恶的矛盾心理状态,称为趋避冲突。例如,学生想参加校足球队为学校争光,又怕耽误时间影响自己的学习成绩;青年人想为社会做好事又怕别人不理解,等等。这类矛盾心理就是趋避冲突。(4)多重趋避冲突。有时,一个人面对两个或两个以上的目的,而每一个目的又分别具有趋避两方面的作用。像这种对几个目的兼具好恶的复杂矛盾心理状态,称为多重趋避冲突。例如,开学之初一个大学生想选修一些有吸引力的课程,但又害怕考试失败;想参加校足球队为学校争光,但又害怕耽误太多时间;想参加学校的公关协会学习公关知识,但又怕不被接受面子上不好看。这种复杂的矛盾心理就是多重趋避冲突。从内容上来看,动机冲突可分为原则性的和非原则性的。凡是涉及个人期望与社会道德标准、法律相矛盾的动机冲突,属于原则性的动机冲突,往往会引起激烈的思想斗争。凡是不与社会道德标准相矛盾仅属个人兴趣爱好的动机冲突,属于非原则性的动机冲突,通常不会引起激烈的思想斗争。

在动机冲突时怎样来衡量一个人的意志品质呢？对于原则性的动机冲突,意志坚强者能坚定不移地使自己的行动服从于社会道德标准、服从于集体的和国家的需要；而对于非原则性的动机冲突,也能根据当时的需要果断取舍。如果一个人遇到原则性的动机冲突时不能使自己的行动服从于社会道德标准,或者对待非原则性的动机冲突经常犹豫不决、摇摆不定,则是意志薄弱的表现。

决断

无论是确定目的、制定计划,还是执行决定,意志都表现出选择的基本特征。而要选择,就要有决断。广义地讲,如果一个人看到至少有两种行动的可能,并且根据某种标准选择其中之一,力求设法加以实现,我们就说这个人在做出一项决断。只有一种可能性的行动或者在多种选择之间无需仔细思考的行动,都谈不上决断。决断过程中的意志力表现在目标追求时的执著、选择和做决定时的信心和勇气以及执行和监督时的毅力等。

重大研究:横渡大西洋(林德曼,1956)

图10-9　首次成功驾舟横渡
大西洋的林德曼

在本书中,这项"研究"非同寻常。严格说来这不能算是一项心理实验,但它比任何一项心理实验都激动人心,因为"实验者"预备付出的代价是自己的生命！

1956 年 10 月 20 日,一位叫林德曼(Hannes Lindemann,图 10-9)的精神病学家独自一人架着一叶小舟驶进了波涛汹涌的大西洋。在这之前,已经有不少勇士相继驾舟横渡大西洋,结果均遭失败,遇难者众。林德曼认为,这些死难者首先不是从肉体上败下阵来的,主要是死于精神上的崩溃,死于恐怖和绝望。一个人只要对自己抱有信心,就能保持精神和机体的健康。为了验证自己的观点,他要亲自进行"实验"。

林德曼驾驶的船只有 5 米长,是目前所知载人横渡大西洋的最小的船。它设计得适合湖泊、没有急流的河流、平静的沿海水域,有一点像远洋航行的帆船。虽然如此,林德曼的小船顽强地抵抗了大西洋的浪涛,尽管曾两次倾覆,仍数次在飓风中死里逃生。出发前,林德曼装了 60 罐食物、96 罐牛奶和 72 罐啤酒在这个 27 公斤的小船上。食物和装备把船塞得太满了,没地方放得下一个炉子。旅程中食物不够时,他就只好抓鱼来生吃。在海上航行期间,他的体重减轻了 50 磅。最终林德曼用了 72 天成功横渡大西洋。

林德曼驾着这艘弱不禁风的小船横渡大西洋的时候没有做任何记录。他感兴趣的是我们应对极限条件下的精神紧张的方式。他靠自我催眠和他发明的一种"心理卫生"系统来克服恐慌和想要自杀的绝望。独自在波涛中拼搏了两个半月,不充足的食物,仅能伸直双腿的空间,这些给了林德曼一个机会去试验和改进他的方法。在航行中,林德曼遇到了难以想象的困难,多次濒临死亡,他的眼前甚至出现了幻觉,运动感也处于麻木状态,有时真有绝望之感。但只要这个念头一升起,他马上就大声自责:"懦夫,你想重蹈覆辙,葬身此地吗? 不,我一定能够成功!"生的希望支持着林德曼,最后他终于成功了。他在回顾成功的体会时说:"我从内心深处相信一定会成功,这个信念在艰难中与我自身融为一体,它充满了周围的每一个细胞。"

世界健康组织(WHO)给航海民族的忠告就部分地基于林德曼横渡大西洋得到的知识。美国国家航空和宇宙航行局(NASA)的医学专家也对林德曼的经历感兴趣:人类可能比他所使用的装备更快"出问题",不管是小船还是太空船。林德曼的经历表明,人只要对自己不失望,自己充满信心,精神就不会崩溃,就可能战胜困难而存活下来,并取得成功。

失控

意志控制是指个人能左右事件的进程和结果,使之与期望的目的相一致的过程。意志的控制作用表现在两个方面:一方面是外向的,即按照主体的期望和目的来改变自然环境和社会环境。例如,我们改造荒漠土地使其焕发绿色生机,采取改革措施使濒临破产的企业起死回生等。另一方面是内向的,即按照主体的期望和目的来改变或塑造自身的生理素质和心理素质。例如,我们坚持锻炼加强身体素质,按照内化了的社会期望把自己培养成有着健全人格的人,等等。意志对环境的控制和对自身的控制是密切联系的。

意志的控制作用是通过对行动的激励和克制来实现的。激励表现为推动人为达到目的而积极行动起来。例如,为了掌握外语,意志推动着人去听外语广播、背单词、寻找资料、从事翻译等等。克制则表现为制止与预定的目的相矛盾的行动。例如,为了掌握外语,意志促进人克制一些不良的生活习惯或放弃某些妨碍学习的活动等。因此,在具体的活动中意志对行动控制的激励和克制是互相联系的。为达到预定的目的所采取的行动越有力,就越能克制与预定的目的相矛盾的行动;反之,越能克制与预定的目的相矛盾的行动,为达到预定目的而采取的行动就越有力。正是通过这种激励与克制的作用,意志实现着人对自身、对环境的控制作用。

意志控制必然要消除实现目的过程中的内部障碍和外部障碍。内部障碍是指与实现目的相冲突的内心干扰,如对实现目的缺乏信心、决心以及疲劳、分心等。外部障碍是指外界的干扰,如资金不足、材料缺乏、工具陈旧落后、天气恶劣等,或来自他人的阻挠、讥讽和打击等精神压力。只有克服了这些障碍,意志的控制作用才能贯彻到底,实现预定的目的。当人遇到有威胁性的情况而自己又无力应付时就会觉得对事件失去了控制能力,这就叫失控。自然环境、社会环境以及人世间的生、老、病、死等都有可能成为威胁性的因素使我们失去对事件的控制能力。例如,山洪暴发、交通中断耽误了既定的约会,恋爱中的男女因受家长的反对而不能结合,等等。失控的时间有长有短。像考试失利这种失控,时间较短,经过努力可能很快会消除。而监狱中的死囚,他的失控时间可能就长了。失控时,人们的反应虽各不相同,但一般都有下列行为反应:

(1)寻求信息。一个人失控后最先产生的反应是渴望得到更多的信息,以形成对所处困境的合适的认识。对更多信息的需求往往会带来两个后果:一是对环境影响更加敏感;二是对所获信息的加工更加粗糙。例如,一个人患重病时,往往想方设法寻找相关信息来认识疾病,他对医生和周围人关于疾病的谈话会特别敏感,但是对所获信息的理解往往是片面的。如果失控者获得了更多信息,对所处困境可能会有较全面的认识,也可能会找到摆脱困境的出路,从而恢复对事件的控制。

（2）对困境反应加剧。人在失控时都有恢复控制的倾向。在一个实验中，让被试做简单的作业，如堆积木、数珠子、做黏土手工等，中途主试把被试叫出室外中断作业。等一会儿他们回到了室内，这时所有被试无一例外地都自动重新开始作业（Ovsiankina，1928）。失控后，如果人对困境事先没有预料到，其消极影响会更大。实验证明，给被试以电击、噪音等困扰物，如果他们不能获得关于困扰物的信息，不能控制这些困扰物，其消极反应就会加剧，如肾上腺素分泌增多、心率加快，出现紧张焦虑等反应。在另一个实验中，让3组被试分别在无噪音、被试不可控制的噪音和被试可以控制的噪音实验条件下完成一项作业，然后让2组被试在无噪音条件下再完成一项作业，结果发现，不可控制的噪音不仅干扰了第一项任务的完成，而且也降低了后一项任务的完成水平；而可控制噪音则不影响后一项任务的完成水平（Glass & Singer，1972）。这说明，失控在困境消失之后，仍会对以后的行为产生不良的影响。

（3）抗争或消沉。失控后的挫折行为反应是多种多样的，最突出的是抗争和消沉两种挫折反应。当人已有的控制能力或将具有的控制能力被强行取消或受到威胁时就有可能产生抗争反应。引起抗争的主要因素是对结果进行自由选择受到了威胁，本来可以做的选择被外力取消，或者自己将要做出选择时受到外界的压力，这时人们就会抗争或反抗。在失控时，人对选择自由的期望越大（认为结果的价值越大）则引起抗争的强度就越大。消沉是失控的另一种反应。在很多方面，它正好与抗争相反。抗争会产生愤怒和敌意，并努力挽回失去的自由，而消沉则自认失败并放弃改变困境的努力。消沉常产生于试图努力改变某种不利情形屡遭失败的时候。如果屡次挽回控制力都没有成功，人就有可能停止努力，陷于消沉。

五、价值观

价值观是人们的观念系统，但它与一般的看法和意见不同。因为看法、意见不一定带有情感成分，而价值观则表现为人想要得到的、所追求的。例如，对于有些事情我们认为应该"有所为"，而对于另一些事情则认为应该"有所不为"。这里，我们从心理学的角度，将价值观定义为人们用来区分好坏、美丑、益损、正确或错误、符合或违背自己意愿等的心理倾向系统，它通常是充满情感的，并为个人自认的正当行为提供充分的理由。人不同于动物,动物只能适应环境,人不仅能认识世界是什么、怎么样和为什么,而且知道应该做什么、要什么和选择什么,能发现事物对自己的意义、设计自己,确定并实现奋斗目标。这些都是由每个人的价值观所支配的。

从价值观与动机和情绪的关系看,价值观主要是通过对外在诱因的价值评判而起作用的。价值观的作用常见于兴趣、信念和理想这三种表现形式。兴趣是人的认识需要的心理表现,它使人对某些事物优先予以注意,带有积极的情绪色彩。兴趣是价值观的初级形式,稳定性较差,甚至人们都意识不到其中所包含的价值评判。信念是人对于生活准则的某些观念抱有坚定的确信感和深刻的信任感的意识倾向。信念是价值观的核心层次,稳定性强,指引着人的思想和行为,是一种被意识到的具有理论性的价值取向。与信念相类似的一个概念是信仰,这是指能调动人的全部身心力量去为之奋斗的一种信念。理想是符合客观规律并同奋斗目标相联系的想象。理想是价值观指向未来的表现形式,因而更具有情感意志上的号召力。

价值观的特征

价值观具有下列基本特征:(1)主观性。人们区分好与坏的标准,包括区分得与失、荣与辱、成与败、福与祸、善与恶的标准,都可以称为价值观,是根据个人自己内心的尺度来进行评价的。虽然客体是客观存在的,但个人对客体意义的认识、对其好坏的评价却取决于主体自身的需要。(2)选择性。个人的价值观是人出生后在社会生活实践中逐渐萌发和形成的。儿童时期的“价值观”是模仿和吸取父母和亲近的人的言行而形成的。这时的“价值观”是照搬成人的价值观,具有明显的感性形式。儿童期的“价值观”可称为价值感,还不能称为价值观。只有到了青年期,随着自我意识的成熟,个体才开始主观地、有意识地选择符合自己的评价标准,形成个人特有的价值观。(3)稳定性。个人的价值观形成之后具有相当的稳定性,往往不易改变,并在人的兴趣、愿望、目标、理想、信念和行为上表现出来。(4)社会历史性。处于不同的历史时代、不同的社会生活环境里的人们的价值观是不同的。

价值观的结构

价值观是一个复杂的多维度多层次的心理倾向系统。佩里(Perry,1926)最先把价值观分为6类,即认知的、道德的、经济的、政治的、审美的和宗教的。这种分类方法曾被不少学者修改后加以采用。例如,斯普兰格

（Spranger，1928）去掉其中的认知的和道德的，增加了理论的和社会的，即分为经济的、理论的、审美的、社会的、政治的和宗教的 6 类价值观。文崇一（1989）在《中国传统价值的稳定与变迁》一文中也采用佩里的分类法，将价值观分为 7 种，即认知的、经济的、政治的、社会的、宗教的、道德的、成就的。价值观不同，生活方式也不同。莫里斯（Morris，1956）将人们的价值观归纳为 13 种生活方式：保存人类最好的成就，培养人和物的独立性，对他人表示同情和关怀，轮流体验欢乐与孤独，通过参加团体活动来实践与享受人生，经常控制变化不定的环境，将行动、享乐和沉思结合起来，在无忧而卫生的环境中享受生活，在安静的接纳中等待，坚忍地控制着自己，静观内心的生活，从事冒险活动，服从宇宙的旨意。后来有人将其简化命名为：中庸型、达观型、慈爱型、享乐型、协作型、努力型、多彩型、安乐型、接受型、克己型、冥想型、行动型、服务型。此外，有人将价值观分为终极性价值观和工具性价值观（Rokeach，1968）；有人将价值观分为个人取向价值观、集体取向价值观和社会取向价值观（Porsons & Shils，1951）；还有人认为人们的价值取向有 5 种：对人类本性天赋特征的概念（恶的、中性的或善恶混合的，可变的或不变的），对人和自然及超自然关系的概念（人类服从自然、人与自然和谐相处或人统治自然），人类生命的时间取向（重点在过去、现在或未来），对自我性质的看法（强调现存、变化、或行动），对他人关系的观点（直线式的、合作的或个人主义的）（Kluckhohn & Strodtbeck，1961）等等。

当代中国青年价值观

在我国，价值观研究长期以来被看作哲学、伦理学、品德学的范畴，没有形成自己独立的概念、理论和方法学体系。近年来，随着心理学学科的迅猛发展以及社会转型期青年价值观问题的日益突出，对价值观的心理学研究受到越来越广泛的重视。其中，黄希庭、张进辅、李红等的《当代中国青年价值观与教育》（1994）一书的出版，被认为是国内首次全方位、实证性、系统化探讨青年价值观问题的专著。该书参照前人的分类方法，并结合我国的实际情况及研究的需要，把价值观分为 10 大类，即人生价值观、政治价值观、道德价值观、人际价值观、职业价值观、审美价值观、宗教价值观、自我价值观、婚恋价值观和幸福价值观。该研究历时 6 年，在全国各地大规模取样，力图紧密联系我国改革开放的实际，用实证材料来阐述我国当代青年价值观的特点。在研究方法上，除了大量地翻译、修订及自编问卷外，还辅以投射法、文献分析法、个案法等多种方法。该研究集中反映了当代中国青年价值观的几个突出特点：（1）传统性与现代性。传统性与现代性是有关当代青年价值观特点研究中最具争议性的问题。该研究发现，几乎在价值观的每一个方面，当代中国青年都在经历着一场深刻而巨大的变动。但在理解这种变动时，既要强调其中所体现出的现时代精神，也要从这种巨变的背后找到蕴藏很深的源于传统的某种稳定力量。（2）多元性与整合性。当代青年的价值观继续呈现多元化特点，但也有整合的趋势。（3）开放性或世界性。这是改革开放带给青年价值观的一个突出特征。当代青年正是伴随改革开放成长起来的一代，他们乐于接受新事物，以紧跟时代潮流为荣，因而当今世界各种流行风潮、时尚、观念都会迅即对我国青年的价值观产生影响。在切实把握当代中国青年价值观各方面具体特点的基础上，该研究还有针对性地提出了一些青年价值观教育对策。

这些年来，由于我国正处在社会转型这样一个相对不稳定的时期，价值观问题普遍引人关注，并形成了几个研究热点：（1）社会转型。社会转型是当代中国社会发展的一个突出特征。社会转型带来了社会价值观念的巨大转变，造成了激烈的价值矛盾与价值冲突。改革开放使中国青年价值观念的变化呈现出一些新的特点：价值目标由理想转为现实，价值取向由群体偏向个体，价值选择由单一趋向多元，价值评价由严厉转向宽容，思想观念从保守走向现代。自主自立、竞争、能力、公正、法制、开放、科技等价值观念，已构成与我国社会主义市场经济相适应的一般价值观。坚持和倡导这些价值观，对于建构和完善我国新时期社会价值体系，促进我国社会主义市场经济的发展具有重要的理论和现实意义。（2）文化差异。文化差异问题一直是价值观研究的一个热点问题。近年来，随着国门开放和国际间学术交流的日益频繁，文化与价值观研究越来越多。这类研究不仅涉及不同国家和地区间的差异，也涉及不同民族间的差异。例如，吴锋针（2003）从不同的价值观取向看中美民族性格的差异，指出中美两国在价值观的取向上存在不同，其中最突出的是群体主义和个体主义。这一不同取向的价值观导致了中美两个民族在性格上的某些差异。价值观和民族性格差异可直接影响到交际模式和策略的不同。童志锋（2003）通过对东西部8所大学的调查，描述了东西部大学生文化价值观的差异性，并从区域文化、区域社会积极、社会交往背景、家庭教育4个方面分析了造成差异性的原因。（3）传统性与现代性。对传统文化及其价值观的总体特征进行准确把握，是社会转型期文化建设和价值重建的必要前提。中国传统文化和价值观重伦理政治、重和谐、重整体、重直觉、重实用、重人格追求等总体性特征,对中国思想文化的发展特别是人文和社会科学的发展产生的影响是积极的;但与此同时,对中国社会法制的建设、物质文明的发展以及科学技术的兴起也产生了严重的抑制作用。如何解除封建的、中心性的价值指向,克服传统的历史局限,进而超越传统,是摆在我们面前的一项迫切而艰巨的任务。纵观各国现代化进程,伴随现代化过程的价值观大体要实现 5 个转变:从"尊神"价值观转向"尊人"价值观,从重"虚"价值观转向重"实"价值观,从重"义"价值观转向重"利"价值观,从"一元"价值观转向"多元"价值观,从"个人本位"价值观转向"社会本位"价值观。(4)全球化与本土化。经济、文化全球化的冲击是引起当代青年价值观嬗变的根本社会原因,价值取向多元化、思维方式多样化和价值理念丰富化是当代青年价值观嬗变的具体表现。当代青年在实现自我的过程中,出现了更加实务的判断标准和理想现实化的趋向;又由于当代青年不断地调适自身利益与社会整体利益的矛盾和冲突,因而他们的价值观与社会主导价值观之间的互动、趋近与整合的态势将更加明显。在这样的背景下,价值观的本土化研究就显得尤为重要。从已有的文献资料看,有关人情与面子、缘、孝道等的研究已相当活跃,很有参考价值。

金盛华和辛志勇(2003)总结了我国心理学领域的价值观研究的几个显著特点:(1)在价值观的理解上,研究者倾向于采用借鉴西方和吸收哲学界定义两种方法,没有形成心理学领域共同认同的界定;(2)在研究取向方面,与社会层面和个体层面的价值观研究相比,文化层面的价值观研究占主流地位且影响较大;(3)在研究方法的选择上,除理论研究外,实证研究主要以问卷法为主,研究对象多取自青年群体尤其是大学生和中学生群体,研究地区也多局限在几个主要的大城市,并且共时性现状研究明显多于历时性追踪研究;(4)在研究内容方面,综合性研究要多于某单一价值观的纵深探讨。进而指出,中国人价值观研究的进一步走向将是建立概念共识、强调方法的多元化和历时性追踪研究,并重视探讨价值观和行为的关系及价值观教育问题。

价值观研究的资料有着很强的时效性,在社会迅猛变化的当今中国尤其如此,因此价值观研究必须顺应时代,及时开展调查和总结。在距离《当代中国青年价值观与教育》一书出版整整 10 年之后,黄希庭和郑涌等(2005)又完成了《当代中国青年价值观研究》一书。价值观的心理学研究,不仅在理论上深化和丰富了价值观问题,而且在实践上对于克服价值观教育的泛道德化倾向、建立科学的价值观教育体系意义重大。

【知识点】

进食动机　饮水动机　好奇动机　性动机　母性动机　成就动机　亲和动机　权利动机　耶克斯—多德森定律　基本情绪　心境　激情　应激　表情　期望效应　抱负水平　动机冲突　失控　价值观

【思考题】

1. 原发性动机有哪些?

2. 习得性动机有哪些?

3. 评述马斯洛的需要层次理论。

4. 如何对情绪进行分类?

5. 如何看待表情?

6. 期望效应是如何实现的?

7. 动机冲突有哪些表现形式?

8. 失控状态下有哪些行为反应?

9. 讨论当代中国青年价值观。

【扩展阅读】

1. 孟昭兰主编:《情绪心理学》,北京大学出版社 2005 年版。

2. 黄希庭、郑涌等:《当代中国青年价值观研究》,人民教育出版社 2005 年版。

3. 〔英〕H. 蔼理士:《性心理学》,潘光旦译,商务印书馆 2004 年版。

4. 〔美〕D. M. 巴斯:《进化心理学:心理的新科学》(第二版),熊哲宏译,华东师范大学出版社 2007 年版。

5. 〔新〕K. T. Strongman:《情绪心理学——从日常生活到理论》,王力译,中国轻工业出版社 2011 年版。

6. 〔美〕萨姆·哈里斯:《自由意志:用科学为善恶做了断》,欧阳明亮译,浙江人民出版社 2013 年版。

7. 〔美〕罗伊·鲍迈斯特、约翰·蒂尔尼:《意志力:关于专注、自控与效率的心理学》,丁丹译,中信出版社 2012 年版。

第十一讲

智力与智力测验

"人心不同,各如其面。"正如世上没有纹理完全相同的两片树叶,也没有心理完全相同的两个人。尽管如此,差异不等于杂乱无章,其中也是有规律可循的。也就是说,差异也有自身的规律。个别差异现象表现在很多方面,如果从个体身心所表现的特征来看,但凡年龄、性别、容貌、体能、能力、兴趣、态度、观念等等,个体之间都会有明显的差异。不过,在心理学家看来,人与人之间的差异主要体现在两大方面:一是智力差异,它反映了人们在活动效率方面的差异,这种差异通常可以用高低来表示。平常我们说某某村民、某某愚笨,就是在这个意义上说的。二是人格差异,它反映了人们在活动风格上的差异,这种差异通常是用类型来加以描述的。平常我们说某某内向、某某外向,就是一个很基本的人格维度。

一、智力界说

"智力"一词虽然在心理学上备受重视,心理学研究上对智力测验的编制和应用迄今也已有百年历史,然而有意思的是,对智力的界说一直未能达成共识。考察历来心理学家们对智力的定义,主要有两个取向:其一是描述性定义,对智力作抽象的或概括性的描述,如认为智力是抽象思维能力、智力是学习能力、智力是解决问题的能力、智力是适应环境的能力等。其二是操作性定义,指采用具体的或操作性的方法或程序来界定智力,如将智力定义成根据智力测验所测得的能力。如果单从测定个别智力的观点看,智力的操作性定义是有其实用价值的,因为这样可以避免回答"智力是什么?"的困扰。但如果从智力测验编制的观点看,操作性定义就缺少理论上的价值,因为不指出智力是什么,又怎能选择适当的试题来编制智力测验呢? 无法编制智力测验,又怎能按测验结果评定智力的高低呢?

那么,智力究竟指什么呢? 除了专家的看法,其实一般人对智力也多少有所认识,结果莫衷一是。美国心理学家斯滕伯格等(Sternberg et al.,1981)曾对专门研究智力的心理学家和外行的智力概念做了对比的调查研究。结果发现,虽然外行对智力只表达了常识性看法,但在他们的看法中,有相当多的成分与心理学家的意见相吻合。大致而言,专家的看法认为主要包括言语、问题解决、实用能力等方面,外行的看法认为包括实际问题解决、言语、社会能力等方面。值得注意的是,外行所表示的某些不同于心理学家的看法,居然是智力理论中新近出现的先进理念。

我国心理学家张厚粲和吴正(1994)也曾对城市普通居民的智力观念和高智力者重要特征的评定情况作了调查。结果表明,公众对儿童的智力特征的前10项看法是:好奇心强、爱思考和提问、富有想象力、反应快、富有创造性、观察能力强、记忆力强、动手操作能力强、模仿能力强和兴趣广泛;对成人的前10项看法是:逻辑思维好、接受新事物能力强、适应能力强、有洞察力、富有创造性、富于想象、自信、独立性强、富有好奇心和记忆力好。其中,有5项是共通的,体现出高智力者的共有特征;对儿童特征和成人特征重要性次序的评定不同,表现出对两者智力活动要求的不同。总体而言,公众对智力的理解与心理学家的看法有颇多相似之处,并且与现代认知心理学的智力观相当一致。

一般而言,智力就是指个人有目的地行动、合理地思考、有效地应付环境的一种综合能力。尽管历来心理学家对智力的解释有不同的意见,但在基本理念上仍有两点共识:其一,智力是一种综合的或一般的能力,而非某种单一的或特殊的能力;其二,个体智力的高低,是先天遗传与后天环境两类因素交互作用的综合表现。

二、智力测验

智力测验的历史根源虽无从考究,但中国人最早使用测验,也最重视测验,这一点是举世公认的。距今一千四百多年前,我国北齐时代的刘昼就提出了"使左手画方,右手画圆,令一时俱成"的双手并用的分心实验,这实际上是世界上有记载的最早的单项特殊能力测验。公元6世纪以前,我国民间就已盛行"周岁试儿",是在儿童1周岁时,"男则弓矢纸笔,女则刀尺针缕,并加饮食之物及珍宝服饰,置之儿前,观其发意所取以验贪廉智愚"。这种测试实际上是以实物为材料,对儿童的感觉—运动发展的特点进行考察,估计儿童的"智愚",评判儿童的"贪廉"情况。我国清朝后期出现的七巧板(又名益智图),由形状不同的七块小板组成,能够错综分合、纵横排列出近百种图形。七巧板的操作属于典型的发散式思维活动。另外,流行于民间的九连环,也可以和现代的魔方、魔棍媲美。在西方,多年来智力测验的观念已几经演变,大致经历了以下几个阶段。

生理计量法

在 1880 年代,英国生物学家高尔登(F. Galton)的行为个别差异研究可以看作西方智力测验工作的开端。高尔登的主要兴趣是从亲属间智力的相似程度来研究遗传的问题。因受 17 世纪英国哲学家洛克的经验主义的影响,高尔登相信,人类的一切知识来自感觉器官。因此,他以感官敏锐度为指标,以线条长短(视觉)与声音强弱(听觉)的判断为试题,从而测量并推估智力的高低。这种偏重感官的生理计量法虽然可以作为个别差异评定的工具,但测量结果没有教育上的实用价值。因此,到 19 世纪末科学心理学兴起之后,心理学家们理所当然地放弃了高尔登的生理功能取向,转而从心理取向来鉴别人类的智力。

心理年龄

世界上第一个实用的智力测验量表发表于 1905 年,是法国教育部为了设计一种鉴别儿童学习能力的工具而聘请心理学家比内(A. Binet)和西蒙(T. Simon)编制的。该量表含有 30 个题目,按照难度由浅而深排列,以通过的题数的多少作为鉴别智力高低的标准。后来 1908 年作首次修订,增为 58 个题目,并按年龄分组,适用于 3—13 岁的儿童。比西量表奠定了智力测验编制的科学基础,其贡献主要有两点:第一,放弃了以前高尔登采用的生理计量法,改为作业计量法,让被试根据语文、算术、常识等题目实际作业,从作业的结果来判定智力的高低。如此将智力视为学习、思维、求知的能力,不但符合一般的看法,而且也具有教育上的实质意义。第二,首创心理年龄的观念来计算测量结果。就题目的难度按年龄分组,3 岁儿童平均能通过的题目归在一起,作为适用于 3 岁组的题目;5 岁儿童平均能通过的题目归在一起,作为适用于 5 岁组的题目。以此类推,直到 13 岁。如此设计,各年龄儿童在量表上通过的题目层次及题目数,即代表他的心理年龄。心理年龄的观念,在心理测验编制上一直沿用至今。

重大研究:智力测验(比内,1905)

比内(Alfred Binet, 1857—1911, 图 11-1)的心理学之路充满曲折。他 1857 年出生在法国的尼斯,父亲是位医生,母亲则具有艺术天赋。他尚在年幼时,父母离异,他跟着母亲长大。可能由于这一在当时尚不多见的境遇,也可能由于他是家中唯一的孩子,抑或出于他的天性,长大之后,他成为一个相当内向的人。在学生时代,他曾拿到法律学位,可又认为科学更有趣味,因而转而学医。后来又放弃学医,转而研究心理学,因为他在多年前已深深地迷恋于这门学科。在走向心理学这门学科时,比内并未接受正规培训,而

图 11-1　智力测验的创始人比内

是埋头于图书馆浩如烟海的书籍之中。他做过催眠实验,写过戏剧,还兴高采烈地花费大量时间来观察自己的两个孩子的思维发展过程。直到 37 岁那年,他才获得姗姗来迟的博士学位。尽管该学位的方向是自然科学,而不是心理学,但由于他当时在一所大学担任生理心理学实验室主任,加上所发表的作品的影响,此时的他已成为法国心理学界的知名人士。再加上络腮胡须、夹鼻眼镜和一头艺术地散布于前额上的卷发,他看上去也的确有那么一股子学究气。然而,他最大的愿望是做一名心理学教授,却从未实现,这与他不严谨的催眠实验的臭名声、所受的不正规教育及博士学位的错位有关。

接下来,比内又冒出了一种奇怪的热情:他想证明,智力直接与大脑的体积相关,并可通过"测颅术"进行测量。他在 1898—1901 年间发表了 9 篇论文,以论述在这一问题上的发现。这些论文全部发表在《心理学年刊》上。该杂志是他创办的,也由他做编辑。他再次走到了歧途上。在这一系列活动的初期,他宣布说,大脑尺寸与智力相关,这是"毋庸置疑的"事实。后来,他请老师将自己认为的班上智力最佳的学生和智力最差的学生挑选出来,一一对其头颅进行测量,结果发现,头颅大小的差别几乎没有任何意义。他迅速对这些学生进行重新测量,并对得出的数据进行反思,而后得出

结论说，大脑尺寸的确存在有规律的差别，但差别的程度非常微小，而且，这些差别只存在于每组最聪明和最不聪明的 5 个学生之中。于是，他抛弃了以测颅术测量智力的方法。到此时为止，人们很难想象出，已届中年的比内会很快获得一项相当具有学术内涵的成就，而且该成就对全世界来说影响巨大。

比内仍然保持着对智力测量的兴趣。他认为，智力不是高尔登所设想的可用感觉和运动能力进行认识，而是认知能力的综合体现。比内与实验室的一位同事开始在巴黎的一些儿童身上进行实验，并发明一系列测试方法测验他们的能力，包括记忆测试（对词汇、音乐符号、颜色和数字的记忆）、词汇联想测试、语句完形测试等。他们的发现说明，如果知道如何统计这些数据，这一系列的相关测试可以测出智力。

一系列有利的事件进一步刺激比内从事他的这项研究。1881 年，法国实行强制性儿童普及教育。作为一个专业组织，比内身为其中一员的儿童心理学研究自由协会于 1889 年敦促公共教育部，要求其设法帮助那些学校里心理迟钝、难以跟上正常班级的儿童。1904 年，公共教育部指定成立一个委员会，研究这一问题，比内亦为成员之一。该委员会一致认为，可以通过考试确定出心理迟钝的儿童，并将其放在特殊的班级或学校里，让他们在那里接受合适的教育。至于如何考试，委员会未置一词。

比内和西蒙自觉地承担了这份工作，试图编制一份考题出来。他们首先汇集了大量试题，这些试题来自不同的研究和实验项目，以及他们自己的设计。然后，他们来到一些小学，让 3—12 岁的学生试做这些试题。这些学生中，有老师认为一般的，也有认为中下等的。他们还测试了在医院住院的有障碍儿童，大多是白痴、低能或弱智。他们煞费苦心地指导了几百名儿童进行这些考试，然后删去或修改一些不合适的题目，最后形成了著名的"智力量表"。1905 年，他们在《心理学年刊》里将该表描述为"一系列越来越难的测试题，开始于可观察到的最低难度水平，结束于普通的智力标准。系列中的每组试题对应于某种不同的智力水平"。

在测定孩子们是正常还是心理迟钝时，比内与西蒙萌生了一个了不起的创见：心理迟钝儿童的智力与正常儿童的智力并不是不同的智力，而是没有完全发育到该年龄段应有水平的智力；他们以小于自己的儿童的回答方式来回答这些问题，因此，智力可以这样确定：测量某个孩子的表现是否与其所在年龄段的正常孩子的平均能力相符。正如比内和西蒙所言:"因此,我们将能知道……一个孩子的水平在正常孩子的平均水平之上还是之下。如果能够理解正常人的智力发育的正常过程,我们就能确定一个人超前或落后多少年。一句话,我们将能确定出白痴、低能和弱智对应于这个表的哪一个等级。"按照年龄确定智力,汇集一套认知试题以测量心理年龄,就此替代了高尔登的人体测量法,从而构成了智力测验运动的基础。

比内和西蒙在发表该项成果之后,进一步考虑了自己所发现的一些缺点及别人提出的批评意见,先后于1908、1911年对这套量表进行了大幅度的修订,包括给出一定的评分信息,如某一年龄的孩子应该回答的问题或完成任务的标准。如果该年龄组60%—90%的孩子都能通过某项测试,他们就认为该项测试适合于该年龄组的正常儿童。1911年修订后的量表包含下列项目:

3 岁:

指点鼻子、眼睛和嘴。

重复两位数字。

列举图画中的物体。

说出自己的姓氏。

重复一个由 6 个音节组成的句子。

6 岁:

区别早晨和晚上。

通过用途定义一个词。(例如:"叉子是用来吃东西的。")

照样子画一个菱形。

数出 13 便士。

在图画中指出画得丑的脸和好看的脸。

9 岁:

从 20 苏中找出零钱。

高于用途定义词汇。(例如:"叉子是一种进餐的工具。")

分出 9 种钱币的价值。

按顺序报出月份的名字。

回答简单的"理解问题"。(例如:问:"错过火车后怎么办?"答:"等下一趟车。")

12 岁:

抵抗暗示。(例如:让孩子看四对不同长度的线条,然后问每对中哪一根长些;最后一对线条的长度是一样的。)

用 3 个给定的词汇组成一个句子。

3 分钟内说出 60 个单词。

对 3 个抽象词进行定义(例如:慈善、公正、善良)。

根据一个顺序打乱的句子,说出它的意义。

比内和西蒙在选择测试材料时,尝试测量的是"天生智力"而不是后天死记硬背的学习,但比内并不是高尔登那样执著的遗传论者。他明确地宣称,该量表丝毫没有涉及这个孩子的过去或将来,而只是对其目前状况的一种评估。比内提醒人们注意,这些测试结果,如果生硬地进行解释,则可能给一些孩子贴上错误的标签,或彻底地毁灭这些孩子的生活,因为他们在特别的帮助或培训下,有可能提高智力水平。他还骄傲地引用了一些例子。在他所创立的一所实验学校里,有许多智力低于正常水平的孩子在特殊班级里,智力水平已大大提高了。

比西量表是一个巨大的成功。在很短的时间内,该量表就在美国、加拿大、英国、澳大利亚、新西兰、南非、德国、瑞士、意大利、俄国和中国得到广泛应用,并被翻译成日语和土耳其语。在工业社会里显然需要这样一个测量标准。心理学家哥达德(H. H. Goddard)于 1910 年将此标准介绍给美国的心理学家,并于 1916 年写道:"如果说整个世界都在谈论比内—西蒙标准,也根本算不上夸张。它不过是一个开始。"比内卒于 1911 年,享年 54 岁,未能活到亲眼目睹自己胜利的这一天。然而,即使真的活到这一天,他可能会悲伤地发现,这个标准虽为许多国家所采用,在法国却不受欢迎,更不被采用。直到 1920 年代,法国才开始使用这项标准,而且是一位法国社会工作者从美国带回来的。直到 1971 年,比内本人才开始在法国受到人们的尊敬,有人在他对心理迟钝儿童进行教育实验的那所学校里举行仪式,以纪念他和西蒙。(选自 M. 亨特著/李斯、王月瑞译,1999)

比率智商

比西量表问世后迅即传至世界各国,尤其是在美国的改进使其更为适用。其中最著名的,当推斯坦福大学教授推孟在 1916 年发表的斯坦福版本,通常被称为斯比量表(Terman, 1916)。新的斯比量表很快成为临床心理学、精神病学和教育咨询中的标准工具。斯比量表包括一系列的分测验，每一个分测验适合一个特定的心理年龄。比西量表修订为斯比量表后，最大的改变是将原来表示智力高低的心理年龄改用智力商数（简称智商，IQ）来表示。智商是一个人的心理年龄（简称 MA）与其实足年龄（简称 CA）的比值，故也称为比率智商：

$$智商（IQ）= \frac{心理年龄（MA）}{实足年龄（CA）} \times 100$$

公式内乘以 100 的目的是消去小数，以整数值表示智商的高低。由比率智商的计算方式看，仍沿用了早期比内的心理年龄观念，但这种量化的表示更具科学意义。

按智力测验的原理来说，个人智力的高低，不是绝对的，而是相对的，是跟同辈人或同龄人相比而显示出来的。平常用"出类拔萃"或"杰出"表示人的优秀，也就是这个意思。根据概率分布的理论，人类智力从最高到最低的一切差异如能全部计算出来，IQ 数值的分散情形将成为常态分配的钟形曲线形式。如图 11-2 所示，横轴的数值代表智商分数，纵轴代表属于每一智商层次的人数；智商极高与极低者均为少数，中等者居大多数。

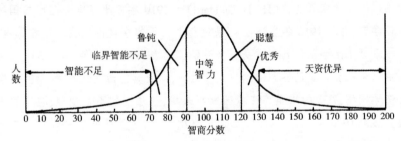

图 11-2　人类智商的理论分布

离差智商

斯比量表所创用的比率智商方法一直沿用了很多年。用这种智商表示个人智力的高低，在观念上普遍为心理学界和教育学界所接受。但在施测后对结果作解释时，必须了解智商是相对的，只有在同年龄的群体中才有意义。为了解决这一问题，心理测验学家韦克斯勒（David Wechsler, 1896—1981）又创用了一种离差智商。它是采用统计学上标准差的概念来表示智商的高低。标准差是用来表示一组量数分配的分散情形,标准差的数值越大,量数中的分散性或变异性也越大。标准差的计算方法是,以全部量数中的每一个量数与平均数相比,将所得差数平方之后求平方和并求其均数,最后开方得到的平方根,即标准差。在解释智力测验结果时,韦克斯勒的办法是,先把测验结果的原始分数转换为标准分数(即用标准差表示的分数),使其平均智商分数变为100,标准差定为15。这样,任何年龄的任何被测者,只要在智力测验上得到智商为115,自然就表示他在群体中优于84%的人。在此分配下,平均数上下1个标准差之间,包括了全部被测者的68.26%;平均数上下2个标准差之间,包括了全部被测者的95.44%;平均数上下3个标准差之间,包括了全部被测者的99.72%。这样,任何一个被测者,只要将他在智力测验上得到的原始分数转换成标准分数,就可以按照他所在标准差的位置,推算出他的智商居于群体中的什么位置。由于离差智商在使用上优于比率智商,因此,斯比量表自1960年第三次修订版起,就一直改用离差智商。

韦克斯勒还努力使智力测验不再依赖于语词项目。他在1939年发表了以他所在医院名称命名的韦克斯勒—贝尔维尤智力测验。该测验包括语词和非语词(操作)测验。这样,除了总的 IQ 值,人们还可以分别估计语词和非语词的 IQ 值。几经修订之后,现在韦氏智力量表分为三种:韦氏成人智力量表(简称 WAIS),测定16岁以上成人的智力;韦氏儿童智力量表(简称 WISC),测定6—16岁少年儿童的智力发展水平;韦氏学前儿童智力量表(简称 WPPSI),测定4—6岁半儿童的智力。这三种量表各包括11或12个分测验,分为言语测验和操作测验,可以分别测量个体的言语能力和操作能力。三种量表国内都有修订本,它们的项目类别大同小异,差别仅在于内容的难度。以 WISC 为例,言语分量表包含的测验项目有:常识、理解问题、算术、发现两物的相似性和词汇等;操作分量表包含的测验项目有:整理图片、积木、图像组合、译码和迷津等(项目举例见表11-1)。近年来对 WISC 和 WPPSI 这两个量表的修订使得测验材料更有色彩,更有现代气息,对儿童更有吸引力(Little,1992)。WAIS、WISC、WPPSI 组成了智力测验家族,它们可以提供所有年龄段的语词 IQ 值、操作 IQ 值和总的 IQ 值。它们还提供了可比较的分测验值,这样研究者可以追踪特定智力能力的发展。由于这一原因,在对同一被试的不同年龄施测时,韦氏量表具有特别的价值。

表 11-1　WISC 测验项目举例

言语分量表	操作分量表
1. 常识：太阳落在什么方向？油为什么浮在水面上？	7. 整理图片：把次序打乱了的图片，按事件的意义顺序，如"野餐"，把图片排成一个合理的故事。
2. 理解：如果你把朋友的皮球丢了，你应该怎么办？用砖或石头盖的房子比起用木头造的房子有哪些好处？	8. 积木：看图案，用积木把图案重造出来。
3. 数学：每一块糖 8 分钱，3 块糖值多少钱？如果你买两打铅笔，每打 4 角 5 分，你应从付出的 1 元钱中找回多少？	9. 图像组合：把一套拆开并打乱了的图像（如女孩）组合板，拼成一个完整的图。
4. 找出相似性：苹果和香蕉有何相似？猫和老鼠有何相似？	10. 译码：给一些物体配上各种规定的符号，或给 1—9 的每个自然数配上各种无意义的符号。
5. 词汇："小刀""帽子""勇敢"等词是什么意思？	
6. 复述数字：按顺序复述以下的数：3-6-1-4-2-5；倒着复述以下的数：1-7-3-5-8-2。	

文化公平问题

虽然多年来心理学家们致力于用智力测验这个工具来鉴别个体间或团体间的智力差异，但问题成堆。文化公平就是其中一个突出的问题。诚然，智力有高低之分，但智力高低的真相，难道仅靠用文字和数字编制的测验就能揭示出来？文字和数字大都偏于习得的知识，这对不同文化或不同社会阶层的人来说，显然是不够公平的。因此，一些心理学家尝试编制免文化影响的测验，用以解决上述问题。免文化影响测验的构想是以图形作为智力测验的题目，以此来排除习得知识的影响。然而，个体智力的高低乃是其遗传与环境交互作用的结果，而文化就是环境中的重要因素。完全排除了与文化有关的题目，很可能智力的高低就无从测量。以圆圈为例，它只是一个简单图形,对此图形的认识是否有文化的影响?曾有心理学家发现,不同文化下的儿童,对圆圈有不同的联想:有的想到太阳,有的想到风车,有的想到洞口,有的想到钱币。不同的联想反应,显然是受不同文化的影响所致。因此,晚近的学者不再用"免文化影响"的字样,改以文化公平测验的名称来代替。图11-3即是一例。该例选自英国学者瑞文(J. C. Raven)所编的非文字推理测验,被测者按上图缺口的特征,从下列的若干小块中选出合适的作答。

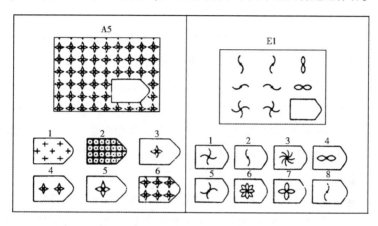

图11-3 文化公平测验题目示例

文化公平的尝试在智力测验编制的取向上也许是正确的,然而为迁就所谓公平,只能在选题上遵守"大家都有机会学到的"或者"大家都未学过的"两个原则,又可能因为追求公平而失却本质。因为,符合公平原则的题目,其所测量的是否足以代表智力仍是问题。

三、智力结构

在很大程度上,人们对智力结构的认识是伴随智力测验的发展而不断深化的。当然,有关智力结构的理论也促使人们对智力测验进行反思和改进。

智力结构的因素分析

因素分析是可以在很多独立变量中,检测出一些小的维度、聚类或因素的统计方法。如在WAIS的11个分测验中寻找统计相关,然后基于这些关系得出有关人类智力本质的结论。因素分析的目的是为研究的概念寻找基本的心理维度。当然，统计程序只能找出统计规则，需要由心理学家来对这些规则做出解释。

斯皮尔曼（Spearman，1927）在智力领域中较早地应用了因素分析，对后人的影响较大。他发现个体在不同智力测验上的成绩高度相关，由此得出结论，认为存在一般智力因素，或称为 g 因素，这是所有智力操作的基础。至于与特殊智力相关联的因素，他称之为 s 因素。例如，人们在语词或算术中的操作都依赖于其一般智力和特定范围的能力。

卡特尔（Cattell，1963）采用更为先进的因素分析方法，将一般智力分为两个相对独立的成分，他称之为晶态智力和液态智力。晶态智力包括一个人所获得的知识以及获得知识的能力，它由语词、算术和一般知识测验来测定。液态智力是发现复杂关系和解决问题的能力，它由木块图、空间视觉等测验来测定，在这些测验中，所需要的背景信息是很明确的。晶态智力使得人们很好地面对自己的生活和具体问题，而液态智力帮助人们处理新的复杂的问题。

吉尔福特（Guilford，1961）采用因素分析方法检验了许多与智力相关的任务，提出了智力三维结构模型。这三个维度是：内容或信息类型、产品或信息表征的形式、操作或心理活动表现的类型。如图 11-4 所示，该模型中

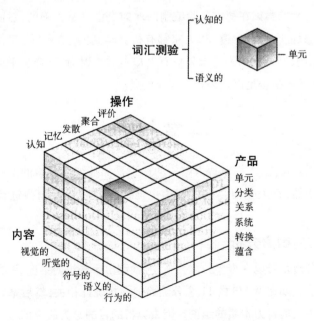

图 11-4　智力的三维结构模型

有 5 种内容:视觉、听觉、符号、语义和行为;6 种产品:单元、分类、关系、系统、转换和蕴含;5 种操作:评价、聚合、发散、记忆和认知。每一智力任务都包含这三个维度。而且,吉尔福特相信,每一个内容—产品—操作的结合(模型中的每一个小立方体)代表一种独立的心理能力。如图 12-4 所示,词汇测验可以测定语义内容的认知单元。而如果是学习一个舞蹈动作,则需要行为系统的记忆。这样,一共可构成 $5 \times 6 \times 5 = 150$ 种智力。这一理论模型与化学的周期元素相似。根据这一系统框架,智力因素可以像化学元素一样,在它们被发现之前就被假定。当吉尔福特 1961 年提出这一模型时,有近 40 种智力能力已经被确认。现在研究者已经发现了超过 100 种智力(Guilford,1985)。余下的少量小方块虽仍未找到适当的测验手段,但这给智力问题的研究提供了设想和方向,研究者相信,最终会设计出相应的测验来测量每一种智力。

智力结构理论及其相伴相随的 IQ 测验几乎主宰智力领域达半个世纪之久,至今影响深远。但它存在许多不足,如果一味强调技术,脱离研究对象的整体文化背景和社会实践,最终难免走向没落。自吉尔福特以来,许多心理学家已扩展了智力的概念,加入了许多传统 IQ 测验没有的操作。接下来是一些超出 IQ 概念的理论。

斯滕伯格的智力三元论

斯滕伯格(Sternberg,1988c)的智力理论强调在问题解决中认知过程的重要性,他认为智力包括三个部分——成分、经验和情境,它们代表了智力操作的不同方面。他的智力理论也因此被称为智力三元论。

成分智力是指思维和问题解决等所依赖的心理过程。斯滕伯格认为,有三种成分对信息加工是至关重要的:(1)知识获得成分,可以用于学习新的事实;(2)操作成分,作为问题解决的策略和技巧;(3)元认知成分,用于选择策略、监控认知过程以达到成功。通过将许多任务分解为不同的成分,研究者就可以找出区分不同 IQ 个体的操作过程。例如,研究者发现,与低 IQ 学生相比,高 IQ 学生的元认知成分使得他们可以选择不同的策略来解决特定的问题。这种策略选择上的不同,可以说明为什么高 IQ 学生有较高的问题解决能力。

经验智力是指人们在两种极端情况下处理问题的能力:新异的或常规的问题。例如,让我们假定一组人在发生事故之后陷入了困境,你会认为那个能最快帮助人们安全脱身的人很聪明。但在另一种情境下，你会认为能够自动完成常规任务的人聪明。例如，如果一组人日复一日地重复同一种工作，你会对那些能够成功完成任务且毫无怨言的人印象最为深刻。

情境智力反映在对日常事物的处理上。它包括个体对新的和不同环境的适应，选择合适的环境以及有效地改变环境以适应自己的需要。情境智力有时被人们称为小聪明或商业头脑。研究表明，没有较高 IQ 值的人，也可以具有较高的情境智力。

斯滕伯格的三元智力理论试图从主体的内部世界、现实的外部世界以及联系内外世界的主体经验世界这三个方面来分析、描述智力，超越了传统的 IQ 概念，从一个全新的视角来阐释智力，将智力理论的发展提升到了一个新的高度。他认为，IQ 测验并不能涵盖智力行为的全部内容，希望不仅仅将个体以高 IQ 或低 IQ 进行归类。例如，假定研究者认识到，"不聪明"的人是因为不能编码相关信息以致在完成特定的任务时有困难，那么，如果他们对特定的成分进行练习，就可能会以一种"聪明"的方式来进行操作。在斯滕伯格看来，人们的成分智力、经验智力和情境智力都是可以得到加强或提高的。通过对智力行为的充分理解，研究者能够采用一些技巧，使每个人的操作都"看起来聪明"。

加德纳的多元智力观

加德纳（Gardner，1999）也提出了一个超出 IQ 测验定义的观点，他确定了涵盖人类经验范围的许多智力。每一种能力的价值依据某一社会对它的需要、奖赏以及它对社会的作用而定，在不同的人类社会中也不同。如表 11-2 所示，加德纳归纳了八种智力。

表 11-2　加德纳提出的八种智力

智力	终端站	中心成分
逻辑—数学	科学家 数学家	洞悉能力和灵敏性，逻辑或数学模式；把握较为复杂的推理。
语言	诗人	对词的声音、节奏和意义的灵敏性；对不同语言功能的灵敏性。
自然主义	新闻记者 生物学家 环保主义者	对种属不同的灵敏性，与生物敏锐交往的能力。

智力	终端站	中心成分
音乐	作曲家 小提琴家	产生和欣赏节奏、音高和颤音的能力，对不同音乐表达形式的欣赏。
空间	航海家 雕刻家	觉察视觉—空间世界和对人的最初知觉进行转换的能力。
身体运动	舞蹈家 运动员	控制身体运动和有技巧地运用物体的能力。
人际(社交)	心理治疗师 推销员	对他人的情绪、气质、动机和期望的辨别和恰当反应的能力。
内心(自知)	有着详细、准确的自我知识的人	对自己情绪的感知、区分，并以此指导行为的能力；对自己的力量、弱点、期望和智力的了解。

　　加德纳认为，西方社会促进了前两种智力的发展，而非西方社会对其他智力更为注重。例如，在西太平洋岛群的卡罗琳岛，船员们必须能够在没有地图的情况下，仅仅依靠他们的空间智力和身体运动智力航行很长一段距离。在那个社会中，这种能力比写出一篇论文更重要。在巴厘岛，艺术表现是日常生活的一部分，因而流淌在优美舞步中的音乐智力和潜力更为宝贵。与美国等个性化的社会相比，日本这样的群体社会更强调合作行为和公众生活，因而人际智力更为重要。而要评价这些智力，仅有纸笔测验和简单定量测量是远远不够的，应该对个体在许多生活情境下的行为进行观察和评价。

情绪智力

　　近年来，研究者开始热衷于探讨另外一种智力——情绪智力，它与加德纳的人际智力和内心智力有关。迈耶等（Mayer & Salovey, 1997；Mayer et al., 2000）将情绪智力定义为四个主要成分：(1)准确和适当地知觉、评价和表达情感的能力。(2)运用情感、促进思考的能力。(3)理解和分析情感、有效地运用情感知识的能力。(4)调节情绪以促进情感和智力发展的能力。这一定义反映了情感在智力功能中起积极作用的新观点，即情感可以使思维更聪明，人们也可以聪明地思考他们自己和他人的情感。

　　设想这样一种情境，老师在班上提问："伊斯坦布尔的原名是什么？"甲生虽然看到乙生举起了手，他还是将答案脱中而出："君士坦丁堡。"你会理解乙生为什么会生气,因为甲生夺走了他的荣誉。我们可以给甲生一个高IQ分,但不会给他高EQ分——情商。而我们对乙生情感的理解也是EQ的一种表现。目前,研究者已编制了一些测验EQ的工具。迈耶等(Mayer et al.,1999)对一组503名成年人和229名青少年完成了多因素情绪智力量表的测定。该量表要求被试对一系列情感问题提出解决办法,如确定一种情境会产生何种情绪。参加者的回答由专家和所有完成量表的人来评价。结果表明,EQ值与IQ值只是略有相关,这表明EQ所测的是与传统IQ不同的能力。而且成年人的EQ得分较年轻人高,说明EQ有重要的环境成分。另外,女性的情绪知觉显著优于男性。

通过以上对智力理论的讨论,可以看到,心理学家们关于智力问题的意见是很不一致的。这是一个争论不休的问题。无论如何,智力因为心理学的深入研究才具有现今丰富的涵义。

重大研究:三棱智力结构模型(林崇德,1983)

早在1979年,"文革"后我国的第一次心理学学术大会上,林崇德就指出:"智力是成功地解决某种问题(或完成任务)所表现的良好适应性的个性心理特征,思维是智力的核心成分。"从这个定义出发,林崇德(1983)提出了智力(思维)结构模型,并在一系列著作中做了论述,引起了学界的高度重视,被同行称作"三棱智力结构模型"(图11-5)。这个模型的基础是研究者13年中学教学加智力研究的实践,是研究者从1978—1982年对50位心理学家和50位中小学特级教师访谈的结果。

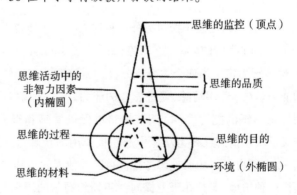

图11-5 三棱智力结构模型

此模式可以作如下解释:一是智力的目的,强调智力是人类特有的成功地解决问题的有目的的活动。智力的目的性是智力的根本特点,反映了智力的自觉性、有意性、方向性和能动性。二是智力过程,强调智力活动的框架:确定目标——接受信息——加工编码——概括抽象——操作运用——获得成功。三是智力的材料或内容,强调两种材料或内容,即感性的材料:感觉、知觉、表象;理性的材料:主要指概念,即用语言对数和形的各种状态、各种组合和各种特征加以概括。四是智力的反思或监控,强调智力结构中的监控结构,实质是智力活动的自我意识。自我监控有三种功能:定向、控制、调节。自我监控是智力结构中的顶点或最高形式。五是智力的品质,强调表现在知觉上,有选择性、整体性、理解性、恒常性;表现在记忆上,有意识性、理解性、持久性、再现性;表现在思维上,有敏捷性、灵活性、创造性、批判性和深刻性。研究者特别重视思维品质,并认为培养思维品质是发展智力的突破口。六是智力中的认知因素与非认知因素,强调智力的认知(智力)因素与非认知(非智力)因素之间存在着密切的关系,智力在人的心理现象大系统中,带有浓厚的非认知(非智力)因素的色彩,非认知(非智力)因素具有动力作用、定型作用和补偿作用。研究者以这六种因素为基础,来组合智力较难穷尽的多元结构。

多年来,林崇德的智力研究坚持了中国特色。2003年,林崇德在国际《理论与心理学》杂志上发表了一篇既表达自己二十多年来对智力研究的感受,又带有质疑加德纳的多元智力观色彩的文章,题目叫《多元智力与思维结构》(Lin & Li,2003)。文中指出,加德纳的"多元智力"与中国3500年前的"六艺"智力观具有惊人的相似之处,然而多元智力又不及"六艺"智力观全面与深刻。接着他指出,智力是一个难以穷尽组合的多元结构,并提出四条理由:(1)智力的先天与后天的关系,给智力结构的发生发展条件或机制带来了复杂性;(2)智力的认知与社会认知的关系,给智力结构的类型或要素带来了复杂性;(3)智力的内容与形式的关系,特别是学科能力给智力结构的范围或领域带来了复杂性;(4)智力的表层与深层的关系,给智力结构的层次或水平带来了复杂性。文章中赞扬了吉尔福特的智力三维结构模型,指出三维结构证明智力是一个难以穷尽的多元结构。而多元智力理论是没法穷尽智力的多元结构的,如加德纳的多元智力有语言智力、数学逻辑智力,却没有科学智力,这让人如何去发展理、化、生等科学智力呢? 有音乐智力、运动智力,为什么就没有同样属于表演能力的美术智力呢? 在这些论述的基础上,林崇德提出了自己以六种因素为基础来组合智力的理论观点。这在国际心理学界引起了一定的反响。

林崇德不仅在理论上提出了智力(思维)结构,而且还探索了中小学生智力发展的脑机制。学界对脑与智力(认知)的关系研究通常持有生理学的和行为科学的两种研究范式,但都有偏颇之处。近十几年来,林崇德以其智力结构为出发点,从脑功能定位、关键期和可塑性三个方面,以脑电图为指标,对正常中小学生的脑与智力问题进行了研究,首次发现了中小学生的脑波功率的空间分布及其发展特点;他又对小学生的信息加工速度与脑 α 波的关系、中学生的表象能力与脑波功率的关系等进行了探索研究,发现中小学生被试的脑功能都明显超过了 1960 年代的同期水平。

此外,林崇德率先且长期在全国大面积开展中小学生智力促进的研究,有力地推动了基础教育改革,提高了教育质量。基于他的智力结构理论,他一直坚持把培养学生的思维品质作为促进其智力发展的突破口,并强调:(1)智力属于个性心理特征,思维是智力的核心,抓住思维个性特征的思维品质,就抓住了智力培养的关键;(2)敏捷性、灵活性、创造性、批判性、深刻性五种思维品质指标客观、易确定和好操作,是区分学生智能超常、正常和低常的可靠指标;(3)思维品质是构成学科能力的重要维度,基于思维品质教学有利于因材施教,有效提高学生的智力。可见,思维品质既是促进智力发展的有效手段,又是评价智力的可靠工具(林崇德,2008)。

四、智力发展

智力发展的一般趋势

智力是随着年龄的增长而变化的。美国心理学家贝利(Baylay,1956)用贝利婴儿量表、斯比量表和韦氏成人智力量表等为工具,对同一群被试从其出生开始做了长达 36 年的追踪测量,把测得的分数转化为可以互相比较的"心理能力分数",绘制成了图 11-6 所示的智力发展曲线。从中可见,智力在 11、12 岁以前是快速发展的,其后发展放缓,到 20 岁前后达到了顶峰,随后即保持一种相当长的水平状态直至 30 多岁,之后开始出现衰退迹象。

另有研究者根据 5 种主要能力对成人进行测,发现一般人的智力到 35 岁左右发展到顶峰,以后缓慢下降,到 60 岁左右迅速衰退,如图 11-7(Schaie & Strother,1968)。另外,研究显示,智力优异者不仅发展速度快,而且延续发展的时间也长;而智力落后者不仅发展缓慢,而且有提前停止发展的倾向。不过,以上所述只是智力发展的一般趋势,实际上个体在智力表现的早晚及智力结构等方面的差异都是很显著的。

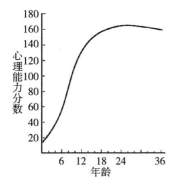

图 11-6　智力的发展曲线

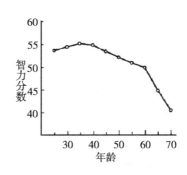

图 11-7　智力的年龄变化

遗传限

关于智力发展的影响因素,遗传与环境的争议由来已久。现在,心理学家们大多认为,关键不再是遗传或环境二者选一的问题,而是这两个因素在交互作用中各自扮演什么样的角色,或者说,遗传与环境这两方面的因素对决定个人智力商数的高低分别起什么作用。为此,一些心理学家提出了遗传限的概念,用以解释遗传与环境两个因素在决定个体智力高低时分别发生的影响作用。所谓遗传限,是指个体的智力高低在基本上是受制于遗传因素的,但遗传因素所确定的并非是一个定点,而是一段阈限,是从下限到上限之间的一段距离。如果改用智商的概念来解释,遗传对于个体智商高低所能确定的,并非是其在智力测验上实际表现的 IQ 分数,而是他可能表现的最低到最高的 IQ 距离。这种说法类似于大家熟知的潜能的概念。每个人的潜能大小是不一样的,而原因正在于各人遗传限大小不同。有心理学家估计,除极少数天才与低能之外,一般人的遗传限,如用 IQ 分数来表示,大约在 20—30 分点之间(Scarr & Carter-Saltzman,1982)。换言之,在个体的遗传限之内,由下限到上限之间的距离,可能包含着 20—30 分变化的可能。影响遗传限内 IQ 分数变化的因素,就是环境。试举一中等潜力者在普通环境生长为例,假如他在智力测验上测到的 IQ = 100,他的遗传限可能是在 90—100 之间,也可能是在 90—115 之间。当然,个体的遗传限是无法观察到的,只能由测到的 IQ 去推测估计。可供估算的参考资料,就是个体生活的环境。

种族差异问题

自从 20 世纪初法国心理学家比内首创智力测验以来,智力在不同种族文化上的差异一直是争议不休的问题。这一争议不仅限于心理学家们的学术研究,而且扩及政治意识,甚至被利用成种族歧视的工具。比西量表传入美国之初,在斯比量表尚未问世之前(即 1916 年以前),曾有学者用以测量当时移民到美国的不同种族,结果发现,在智力上被列入低能者,在意大利人中有 79%,在匈牙利人中有 80%,在犹太人中有 83%。现在看来,上述结果显然不可信。然而,问题的争议并未结束,所不同的只是种族文化的对象有所改变而已。最具代表性的就是针对美国的黑人。根据智力测验结果比较美国黑白两种族智力的差异,多年来已公认黑人的智商平均比白人要低 10—15 个分点。这一事实可由图 11-8 显示出来(Anastasi,1958)。对此,心理学家们有以下三种不同的解释(张春兴,2009):

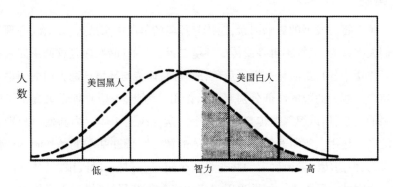

图 11-8　美国黑人与白人的智力差异

其一,遗传决定观。认为美国黑人智力之所以低于白人,完全是遗传因素决定的。坚持这种看法的心理学家以金森(Jensen,1980,1985)为代表。金森根据对美国黑人与白人实际实施智力测验的结果,提出以下几个论点:(1)采用同一智力测验测出智商的高低,对黑人与白人而言是公平的,因此,不能将黑人平均智商低于白人的事实,刻意解释为测验本身的效度问题。(2)在美国境内有很多少数民族,其中黑人的平均智商最低。因此,不能将黑人平均智商低于白人的事实,归为社会与文化的因素。(3)根据研究发现,同一种族内的个体之间的智商差异主要是由于遗传造成的,那么,不同种族之间的智商差异自然更与遗传有关。(4)黑人与白人智商的差异,主要显示在普通能力方面,而普通能力一向被认为主要是遗传有关的。

其二,文化贫乏观。社会心理学与教育心理学家们虽然承认黑人平均智商低于白人的事实,但反对上述遗传决定论的观点。他们以黑人多数自幼生长于文化贫乏环境中的观点来解释黑人智商较低的原因。持这种观点的可以布劳(Blau,1981)和渥尔夫(Wolf,1974)为代表。他们的理由如下:(1)遗传因素对人类智力发展的影响固然是肯定的,但遗传因素所产生的决定作用主要显现在同种族内的个体之间,而非特别显现在不同种族之间。如果说黑人遗传因子异于白人致使其智力降低,那么黑人中有相当部分智商高于白人的平均智商(见图12-9中的深色重叠部分),又将如何解释呢?(2)美国的黑人表面上虽在同一国境,但文化背景毕竟不同。黑人自身的生活传统以及多年遭受的不平等待遇,致使其在政治、经济、教育、宗教以及实际生活水准等各方面的条件均不如白人。(3)生长在黑人家庭的孩子自幼接受的家庭教育,在文化刺激方面远较白人家庭贫乏,不但儿童玩具与儿童读物的数量、品质较少较低,而且语言环境贫乏。尤其重要的是,一般黑人儿童不易在家庭中养成努力奋斗力争上游的精神。这些才可能是黑人儿童在接受智力测验时得分较低的根本原因。以文化贫乏的观点来解释美国黑人平均智商低于白人的事实,近年来在心理学上获得较多的支持。例如,日本战后几十年来儿童智商的普遍提升,就成了以文化论点来解释种族间智力差异的观点的有力佐证。美国心理学家李恩(Lynn,1982)曾分析比较日本6—16岁在校学生与欧美发达国家同年龄学生的智力。结果发现,欧美各国的学生,在智力发展上与其前辈人大致相同,平均智商仍在100左右,而日本学生的平均智商则已提升到了111。此外,再从天资优异(IQ在130以上)者的出现率来看,在欧美的学生中,一般都是2%—3%,而在日本的学生中,则高达10%。显然,这应归功于几十年来日本经济的快速发展,使人民生活改善,学校教育进步,综合多种因素形成丰富的文化环境。

其三,测验效度观。对智力在不同种族间的差异现象,除上述两种不同的论点之外,另外有些心理学家从智力测验效度的角度,提出黑白两种人用同一测验有欠公平的观点。持这种观点的以希利德（Hiliard,1984）和梅赛（Mercer,1984）为代表。他们的看法是：(1)在美国,绝大多数的心理学家都是白人。在面对面的情境下实施个别智力测验时,白人施测者与黑白两种被测者之间的语言沟通与情绪气氛不尽相同。因为施测者必须随时观察被测者的反应评分,如果施测情境有不利于黑人儿童的因素,自然将影响其答题的动机与情绪,从而降低了测验成绩。(2)既然绝大多数的心理学家都是白人,他们在编制智力测验时,自然难免在测验题的选择上倾向于符合白人中产阶级的经验。例如,有的智力测验有这样一个题目：钢琴与小提琴有何相似之处？这显然就是一个以白人中产阶级为假设对象的题目。像这类题目,对多数居于中下阶层的黑人儿童来说是不公平的。测验本身如果失去公平性,测验结果分数的高低当然不足以真正代表被测者的智力。就测验的基本条件而言,只适用于白人儿童的智力测验,对黑人儿童施测当然就欠缺效度。(3)智力测验的内容很多是语文题目,而语文本身以及语文所传达的知识显然都对白人儿童有利。黑人儿童往往因语言基础不够而影响其测验分数。从理论上讲,这类测验分数只能代表该儿童的语文能力,是不足以代表他的智力的。

事实上,企图用智力量表来论定智力的民族差异几乎是不可能的。虽然西方心理学家尽力设法编制所谓文化公平智力量表,即尽力使题目内容对不同民族来说有同等经验机会,但经验机会均等这一点在不同民族间比在同民族内更难办到。所以无论这些研究所发现的民族之间的智力差异如何,均不能表明民族之间有无先天性差异,因而也就绝对不能作为民族歧视的借口。但这类研究作为不同民族间的文化交流,以及针对民族差异而在教育和有关工作上采取一些适应性的措施,特别是在我们这样的多民族国家,还是有一定的实际意义的。这就应该对不同民族的智力结构做一些比较,不是着眼于民族之间智力高低的差异,而是着眼于生活经验不同所产生的智力结构内容上的差异。

重大研究：出生顺序与智力发展（扎伊翁茨和马库斯,1975）

你有兄弟姐妹吗？你在家中排行第几？最大,最小,还是处在中间呢？你或许曾听说过一些有关出生顺序会影响人的发展的理论。一个经常为人引用的例子是,在美国首批23名宇航员中,有21名在家中排行老大。虽然现在我国城镇的孩子基本上都是独生子女了,这仍然是一个饶有兴趣的问题。在继续这个话题之前,有一点很重要,那就是请记住研究结果只显示趋势,并不完全适用于所有的家庭中的所有成员。

这一领域的研究得出了不少一致公认的结果,其中之一涉及出生顺序与智力的关系问题。多数研究发现先出生的孩子在智力和潜能测验中的得分要比后出生的孩子高。如果这是真的,那么为什么会出现这样的结果呢?这是社会学家和行为科学家最感兴趣的问题。一个可能的回答是,出生顺序的不同导致诸如母亲的年龄、母亲体内的化学成分等生物因素的变化,致使我们的基因组合各不相同。然而,科学家都反对这种倾向于"先天"的解释,而更赞同建立在"后天"基础上的环境理论。毫无疑问,孩子成长的环境可以对其智力和能力产生巨大的影响。

在所有孩子的发展过程中都会出现的一个环境因素就是出生顺序。要理解这一因素的作用,请先想一想第一个孩子的情况,他所来到的是由两个成人组成的环境(通常是这样);现在,再将第一个孩子的环境与第二个孩子的环境进行比较,后者处在由两个大人和另一个孩子(一般情况下)组成的环境中。即使其他所有条件都完全相同,第二个孩子的发展环境也会因第一个孩子的存在而有明显的差异。这些差异会随着不同孩子的出生顺序不同而发生变化。

以此观点为基础,扎伊翁茨和马库斯(Zajonc & Markus,1975)首创了一种理论,进一步对出生顺序与智力的关系进行解释。在研究出生顺序的领域里,他们的论文无论在过去还是在现在都起着里程碑式的作用。他们的这项研究不同寻常:研究人员不接触任何被试,不观察被试,也未要求被试做任何事情。事实上可以说,他们没有被试。他们用自己的理论去解释其他科研人员所收集的整套数据资料,或者更准确地说,他们是把其他科研人员的数据运用于他们的理论。这类研究在心理学上属于资料研究。

1960 年代末到 1970 年代初,在荷兰进行了一项规模宏大的研究,以考察营养不良对在二战末出生的孩子的智力有何影响。其中一项研究是对年满 19 岁的 35 万名荷兰男子进行智力测验(所用测验是瑞文测验)。在此过程中,两名参与该项研究的研究人员贝尔蒙特和马罗拉(Belmont & Marolla,1973)报告了一个意外的发现,即数据显示,出生顺序与被试在瑞文测验上的得分有显著相关。具体内容是,测验得分随家庭人员的增多而减少,且随着出生顺序的推进而下降。图 11-9 显示了该项研究的数据。

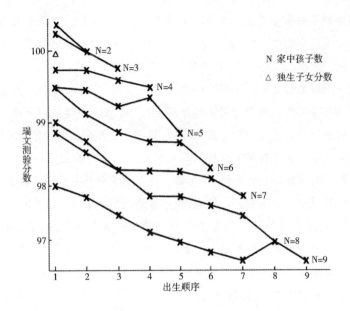

图 11-9　出生顺序与瑞文测验分数

扎伊翁茨和马库斯写道："贝尔蒙特和马罗拉凭借他们的大量数据资料排除了社会经济地位作为出生顺序效应中重要因素的可能性，但是他们没有提出可以用来解释这些有趣结果的因素或过程。"作者提出的理论观点是，如果孩子生活在一个能提供较多智力刺激的环境中，那么他们就能获得较高的智能。这种刺激有一部分来源于父母及孩子之间相互的智力影响（这种影响可称之为集合）。其理论的关键在于，他们认为一个家庭的智力环境能通过家庭所有成员的平均智力贡献来计算。另外，这个平均值必然会随着孩子的发育成长以及另一个孩子的出生而变化。你也许会认为，家庭成员越多，智力环境越好，从而后出生的孩子应该拥有更多的智慧技能。然而，荷兰研究的结果恰恰与此相反。为了对这一现象做出合理的解释，扎伊翁茨和马库斯提出了这样的理论，即随着家庭成员的增多，家庭的平均智力环境水平呈下降趋势。更确切地说，他们的推理是这样的：当一对夫妇有第一个孩子时，智力环境是由两个成人和一个婴儿所组成的。为了衡量这个家庭的实际集合分数，我们可以给每位家庭成员分配一个"智力值"。如果给每个成人分配的智力值是 100，那么新生儿所得的智力值就是 0，家庭的平均智力环境水平是 67[（100＋100＋0＝200）÷3＝67]。记住，这不是指 IQ 分数，它仅仅是一个任意值。现在，我们假设，每个孩子每年能给家庭的智力环境贡献 5 分。如果这个家庭在第一个孩子出生两年后又有一个孩子，那么第一个孩子现在可贡献 10 分，但家庭的平均智力环境水平却下降到 52.5[（100 + 100 + 10 + 0 = 210）÷4 = 52.5]。如果再过两年，又有一个孩子出生，家庭的平均智力环境水平就降到了 46[（100 + 100 + 20 + 10 + 0 = 230）÷5 = 46]。作者认为，运用这个理论我们就能解释贝尔蒙特和马罗拉的研究数据。

以扎伊翁茨和马库斯建立的集合模型为依据，假定有一个由一对夫妻和 10 个孩子组成的大家庭，这个家庭每两年增加一个孩子，表 11-3 显示了其智力环境随孩子数增多而变化的情况。通过表中的第三列内容，我们可以看到，平均智力环境水平先是持续下降，自第五个孩子出生后，又开始缓慢地回升。把这些数据与图 11-9 进行比较，我们就会发现，在一个较大的家庭中，家庭环境得分趋平，或者对出生较晚的孩子而言，家庭环境得分甚至有所提高。但最后一个出生的孩子是个例外，他的分值明显下降。

表 11-3　每两年增加一个孩子的大家庭的智力环境水平

孩子数	计算公式	计算结果
1	母亲（100）+ 父亲（100）+ 婴儿（0）= 200 ÷ 3 =	67.0
2	母亲（100）+ 父亲（100）+ 2 岁的孩子（10）+ 婴儿（0）= 210 ÷ 4 =	52.5
3	230 ÷ 5 =	46.0
4	260 ÷ 6 =	43.3
5	300 ÷ 7 =	42.9
6	360 ÷ 8 =	45.0
7	480 ÷ 9 =	53.3
8	560 ÷ 10 =	56.0
9	650 ÷ 11 =	59.1
10	750 ÷ 12 =	62.5

注：成人 = 100 分，儿童 = 5 分/岁

研究者得出的结论是，他们的理论模型解释了在贝尔蒙特和马罗拉的数据中反映出的出生顺序效应与家庭规模效应。他们的基本观点是家庭中每出生一个孩子，他所进入的智力环境水平就比前一个要低。两个孩子出生间隔时间越短，这种效应就越明显。对于自第五个孩子以后平均得分开

始上升,并且随孩子的增多而继续增长(虽然它不可能增加到第一个孩子所达到的水平)的现象,他们认为原因是先出生的孩子成长到一定程度后,他们成为提高家庭智力环境水平的力量,而不像新生儿那样会降低家庭智力环境水平,且提高量大于新生儿所导致的降低量。换句话说,在大家庭中,晚出生的孩子会从他们的哥哥、姐姐对智力的贡献中获益。此外,大的年龄间隔有助于使年龄小的孩子的智力超过年龄大的孩子,并且这可能会引起在智力与出生顺序关系中的一个反常现象。假设在一个大家庭里,孩子出生的间隔时间是 4 年。当然,这样的话,家庭的总体规模就相对较小,因为父母会受到生育年龄的限制;但每个孩子出生时平均智力环境水平的下降量将大大减少,且从第三个孩子开始平均智力环境又重新上升。如果你把这种情况极端化,假设一对夫妇生完一个孩子之后再过 15 年才要了第二个孩子,那么这第二个孩子所处的环境将会优于大多数排行老大的孩子所处的智力环境。但是,荷兰研究所得数据中有两项发现似乎对扎伊翁茨和马库斯的模型所基于的逻辑和模式提出了质疑。其一是把独生子女与有4 个孩子以下的家庭中的老大相比,结果独生子女测验得分较差。独生子女也是第一个孩子,平均智力环境水平也较高(67),并且按照这个理论,独生子女的得分应该是所有孩子中最高的。然而,事实显然并非如此。另外一项意料之外的发现是,无论家庭规模如何,最后出生的孩子在得分上与前几个相比下降幅度很大,而倒数第二或倒数第三个孩子的得分会与前面的孩子持平,甚至有所上升。扎伊翁茨和马库斯必须对这些反常的现象做出解释。为了走出这进退两难的境地,他们努力寻找独生子女和最后出生的孩子所拥有的相似智力环境因素。乍看上去,二者似乎没有实质性的相似之处;从智力集合这个角度看,独生子女所处的环境与大家庭中最后一个孩子所处的环境完全不同。然而研究者却发现了一个他们与别的孩子之间存在的重要差异,那就是他们永远都不可能成为"老师"。最后,值得注意的是,扎伊翁茨和马库斯并没有断言家庭规模与出生顺序是智力发展的唯一决定因素。很显然,还有许多其他因素,如基因遗传、养育孩子的经验、胎教等等都会对智力的发展产生影响。

对扎伊翁茨和马库斯模型提出的最重要的批评大概是,第一个出生的孩子与后来出生的孩子在智力测验上所得分数的差异是否达到了显著性水平。在有 2 个孩子的家庭中,第一个孩子在瑞文测验中所得的平均分数仅仅比在有 9 个孩子的家庭中最后出生孩子的平均分数高 5 分,这一差异在他们实际的生活能力中简直是无足轻重的。有一种叫做资源稀释的理论颇具挑战性。这一理论并不反对扎伊翁茨和其他人关于智能下降与出生顺序、家庭规模相关的观点,但它反对用"平均智力环境水平"来解释这些结果,并提出了自己的观点:随着家庭规模的扩大,孩子们从父母那里获得的人际关系和经济方面的资源越来越少,所以,后出生的孩子从父母那里获得的智力增长的机会也就越来越少(Downey,1995)。虽然有这些批评和评价的存在,扎伊翁茨和马库斯的工作仍对行为科学家对智能差异的理解产生了影响。事实上,这种争论至今仍然很活跃。

顺便说一句,在你因为自己是后面出生的孩子而有些沮丧或因为自己是第一个出生的孩子而幸灾乐祸前,有一点是很重要的,即要明白在一个家庭当中,老大也有一些不足之处,而后面出生的孩子也有不少优势。研究表明,虽然第一个出生的孩子在智力方面有优势倾向,但他们比家里较后出生的孩子有更高的焦虑性、妒忌性、保守性和攻击性。此外,还发现后面出生的孩子更具有叛逆性,在社会情景中乐意接受经验,喜好交际,令人愉快。所以,他们常受到同龄人的欢迎,在与陌生人交往时更轻松自在。最后,在家庭中较小的孩子比老大在思维方面更具有独创性,更能产生创造性突破(Paulhus et al.,1999)。(选自 Roger R. Hock 著/白学军等译,2010)

五、智能特殊者

前已述及,在全人口中智商呈常态分配。智商高于 130 或低于 70 的人在全人口中只有极少数,大约各占 2%—3%,分别称为天资优异和智能不足。从心理学史的观点看,智能不足的研究较早,20 世纪初比内首创的智力测验,其目的就在于从常态儿童中区别出智能不足予以特殊教育。天资优异虽然一向在教育上受到重视,但实际上有计划的研究并正式列入特殊教育的措施,则始自美国 1957 年受到苏联领先发射人造卫星的震撼之后。

超常儿童

超常儿童是指智力发展突出优异或具有某方面特殊才能的儿童。在古代,这类儿童被称为神童,以为他们是天降神赐的。20 世纪前,在西方学者中,天才遗传决定论占优势,这类儿童被称为天才。20 世纪初推孟把智商达到或超过 140 的儿童称为天才儿童。此后在相当长的时期内,天才儿童的概念主要是由智商分数来说明的。1950 年代后吉尔福特提出智力的三维结构模型,并指出智力测验不能鉴别儿童的创造力。之后学者们还认为天才儿童的概念里不仅包括创造力,还应包括像卓越的领导能力、数学能力等特殊才能。1970 年代末伦朱利(J. S. Renzulli)提出"三圆圈天才儿童"的概念,认为天才儿童是由中等以上的智力(包括一般智力和特殊能力)、对任务的承诺(包括强烈的动机、责任心等)和较高的创造力这 3 种心理成分相互作用、高度发展的结果。我国心理学界和教育界把这类儿童称为超常儿童,认为超常儿童的心理结构中不仅包含智力和创造力,也包含一些非智力个性特征。

我国心理学家查子秀(1990)对全国 29 名超常儿童的调查和追踪研究表明,这些儿童能力超常的表现是多种多样的。他们有鲜明的个性,并且各个年龄阶段都有。有的较早地显示出数学才能,有的很小就能大量识字阅读,有的长于外语,有的擅长绘画,有的会作诗对歌……尽管他们在性格和能力类型上有很大的差异,但也表现出一些共同的心理特点:(1)有浓厚的认识兴趣和旺盛的求知欲。这类儿童一般较早表现出强烈的好奇心,爱问这问那,并追根究底。他们很早就对知识产生了浓厚的学习兴趣,并且兴趣相当广泛。例如有些 2、3 岁儿童,不满足于看图画书、听故事,已对识字读书产生了兴趣。有个 4 岁儿童去动物园时,不满足于看看动物的样子,还要逐个去看关于动物的介绍,了解动物的产地、习性等等。(2)注意集中,记忆力强。这类儿童的注意既广又能高度集中,特别是他们感兴趣的事情,注意力能集中几小时而不受外界干扰。他们的短时记忆明显超过同龄一般儿童的均值,识记快,保持久。例如一个 5 岁儿童,对一列 13 位数字小声念三遍能够顺背,再念一遍能够倒背,时隔半年后仍能正确顺背无误。(3)感知敏锐,观察仔细。例如在感知实验中,他们明显地优于同年龄儿童,有的在反应速度和进行方式上还优于比他们大 2、3 岁的同班儿童。又如,有的 3、4 岁的幼儿能分辨大小、长短和左右方位。他们的视、听觉辨别力发展突出,主要表现在能清楚分辨汉字音、形的细微差别上。(4)思维敏捷,理解力强,有独创性。例如,在概括和推理水平上,他们不仅明显超过同龄儿童,而且超过比他们大 2、3 岁的同班儿童,特别在解决难度大的课题时,这种差异尤为明显。一个 5 岁半儿童在十几分钟内算出 6 位乘 6 位的数,并能在 3—6 分钟内正确解答鸡兔同笼一类的应用题,思维非常敏捷。他们的理解能力强,有独创性,例如有个儿童,2岁时玩积木,每次都要花样翻新,5岁半时造句不因袭老师示范的句型,做数学题也不满足于老师的解题方法而试着自己另找解法,等等。(5)自信,好胜,能坚持。这类儿童一般比较自信、有进取心,他们爱和别人比,不但和同龄儿童比,有的甚至还要和成人比,比做题、比下棋、比成绩等,处处不甘落后。他们有主见,不易受暗示,干一件事一般能坚持,不受外界干扰坚持完成学习任务。

超常儿童被一些人称为"神童",其实并不神秘。优越的自然素质是超常儿童发展的物质基础。前已述及,遗传素质对智力的影响是不可忽视的因素。儿童的智力发展速度是不均衡的。早在1920年代,平特纳(R. Pintner)的研究认为,儿童从初生到5岁是智力发展最快的时期。这一论断与1960年代布鲁姆(B. S. Bloom)在《人类特性的稳定与变化》一书中的结论是一致的。布鲁姆认为,如果以17岁所达到的普通智力水平作为100,那么儿童从出生到4岁就已获得了50%,4—8岁获得30%,而最后的20%则是在8—12岁获得的。根据这些研究,可以认为,在儿童的早期阶段智力发展快,并且对以后的发展有很大的影响。理想的早期教育是超常儿童成长的主要条件。当然,这种教育绝不能是拔苗助长式、违反儿童成长天性的。

有人认为,超常儿童的优异发展是以身体的不健康或个性的不适应为补偿的。这种看法是缺乏科学依据的。推孟在1921—1927年间,用斯比量表对从幼儿园到8年级的儿童进行了测查,发现了1,528名天才儿童(他们的平均智商达150),并对他们进行了长达30年的追踪研究。结果表明,在他的被试中,死亡、不健康、精神错乱、酒精中毒等情况都低于相应年龄的成人,绝大多数人社会适应良好。他还分别在1939—1940年和1951—1952年对追踪对象进行两种测验,发现不仅他们的平均得分远远超过一般成人,而且这两项测验相隔12年,两次成绩相比有90%的被试智力增加了。可见,"早熟早衰"的看法也是不正确的。

当然,超常儿童今后能否在事业上有不一般的成就,还依存于许多条件。在1950年时,推孟的800名男性被试中,有78人得到博士学位,48人得到医科学位,85人得到法律学位,74人正在或曾在大学任教,51人在自然科学或工程学方面进行基础理论研究,104人担任工程师,科学家中有47人编入1949年版《美国科学家年鉴》。所有以上数字和从总人口中任意选取800个相应年龄的人相比较,几乎大10—20倍甚至30倍。但他也发现全体被试中约有20%的人没有超出一般人的成就,只有不到一半的妇女参加了工作。他对 800 名男性被试中成就最大的 20% 与成就最小的 20% 人做了比较研究，发现在这两组人中，最明显的差异是个性特点不同。成就最大者在谨慎、自信、不屈不挠、进取心、坚持、不自卑等个性品质上明显地优于成就最小者。其次是家庭背景不同，前者 50% 的家长大学毕业，家中有许多书籍，家长重视教育；后者只有 15% 的家长大学毕业。可见，超常儿童能否在事业上有所成就，在很大程度上取决于社会生活条件及其个性特点。

智能不足者

智商在 70 以下者为智能不足。智能不足并不是某一种心理过程的破坏，而是各种心理能力的低下，其明显特征是智力低下和社会适应不良。智能不足可分为 3 个等级：轻度：智商 70—50，生活能自理，能从事简单劳动，但应付新奇复杂的环境有困难，学习有困难，很难领会学校中抽象的科目。中度：智商 50—25，生活能半自理，动作基本可以或部分有障碍，只会说简单的字或极少的生活用语。重度：智商 25 以下，生活不能自理，动作、说话都有困难。

造成智能不足的原因很多。大多数智能不足者都不是生理疾病所致，过去也未有过脑损伤的病史。他们大多健康良好，智能不足的程度也较轻微。这些人的父母智力水平往往也较低，家庭中缺乏良好的学习环境，或者在成长过程中营养条件较差，这些可能是造成这一类型智力落后的原因。比较严重的智能不足大多是疾病、中毒、内分泌失调和母体疾病所致。较典型的智力落后疾病如唐氏综合症、苯酮尿症等。唐氏综合症患者脑袋小而圆，面宽扁，眼睛狭斜，鼻梁塌扁，舌尖厚且突出在外，身材矮小，五指短小，智力大多低下。唐氏症患者通常为年龄大的母亲所生。20 多岁的母亲生出的婴儿患此病的概率为 1/2000，40 岁以上的母亲生出的婴儿患此病的概率高达 1/50。唐氏症不是遗传病，而是母体内的卵子长期暴露在体内环境中受到损害，出现额外的染色体（47 个染色体）之故。患苯酮尿症的智力落后者是由于苯酮尿新陈代谢失常而引起，其特征是头发和皮肤缺乏色素而呈白色，大多数属重度智能不足者。如果早期发现，喂以低苯丙氨酸食物可防止其恶化。

在甄别智能不足儿童时，必须用可靠的智力测验工具，以确定其是否是真正的智能不足以及低能的程度。智能不足儿童由于心理缺陷，无法与正常儿童随班上课，必须设置特殊教育机构。

【知识点】

　　智力　心理年龄　比率智商　离差智商　智力三维结构模型　智力三元论
多元智力　三棱智力结构模型　情绪智力　遗传限　超常儿童　智能不足者

【思考题】

　　1.如何理解智力的内涵？

　　2.智力测验的发展经历了哪些阶段？

　　3.智商是如何计算得出的？

　　4.如何看待文化公平测验？

　　5.智力发展的一般趋势怎样？

　　6.如何看待智力的种族差异问题？

　　7.如何看待出生顺序对智力的影响？

　　8.讨论进行智力测验的利弊。

【扩展阅读】

　　1. 蔡笑岳、刑强等：《智力心理学》，暨南大学出版社 2012 年版。

　　2. 〔美〕R. J. 斯滕伯格：《超越 IQ：人类智力的三元理论》，俞晓琳等译，华东师
范大学出版社 2001 年版。

　　3. 〔英〕克里斯汀·韦尔丁：《情商》，尧俊芳译，天津教育出版社 2009 年版。

　　4. 〔美〕D. 帕金斯：《出类拔萃的 IQ：一门可习得智力的新兴科学》，王晓辰、李
清译，华东师范大学出版社 2009 年版。

第十二讲

人格与人格评估

　　心理学上的人格类似于我们平常所说的个性，它既有先天的气质基础，又是后天性格刻画的结果。人格是心理学研究个别差异时除智力外的另一个重要方面。从心理学的角度说，智力与人格是决定人生成败的两大因素，但在现代社会两者功能不同：智力助人获得机会，但最终使人成功的往往是人格。所谓"性格即命运"，正是在这个意义上说的。在心理学上，人格是一个复杂、困难而又重要的主题。

一、人格界说

　　从字源上看，我国古代汉语中没有"人格"这个词，但是有"人性""人品""品格"等相关的词。例如，最早讲到人性的孔子曾说过"性相近也，习相远也"（《论语·阳货》），认为素质是基础，个体差异来自环境和教育。中文中的"人格"这个术语是近代从日文中引入的。而日文中的"人格"一词则来自对英文 personality 一词的意译。英文中的 personality 一词源于拉丁文的 persona，本意是指面具。所谓面具，就是演戏时应剧情的需要所戴的脸谱，它表现剧中人物的角色和身份。例如，我国京剧有大花脸、小花脸等各种脸谱，表现各种性格和角色（图 12-1）。把面具指义为人格，实际上包含着两层意思：一是指个人在生活舞台上表演出的各种行为，表现于外给人印象的特点或公开的自我；二是指个人蕴藏于内、外部未表露的特点，即被遮蔽起来的真实的自我。因此，从字源上来看，人格就是我国古代学者所说

图 12-1　京剧脸谱

的"蕴蓄于中,形诸于外"。

在心理学上,人格是一个有着颇多歧义、颇多界说的概念。有人把人格看作是习惯化的行为模式,有人则把人格看作是一种控制行为的内部机制(如自我、特质等),还有人把人格看作是个人在社会中所扮演的角色,等等。迄今为止,没有一个人格定义是为学者们一致认可的。综合各家的定义,可以认为,人格是个体适应环境时在需要、动机、价值观、情绪、气质、性格和体质等方面的整合,是具有动力一致性和连续性的自我,是给人以特色的心身组织。在这个定义中,我们强调了人格的 4 个主要方面:整体的人,稳定的自我,独特性的个人,具有心身组织的社会化的对象。

人格的整体性

人格的整体性是指人格虽有多种成分和特质,但在真实的人身上它们并不是孤立存在的,而是密切联系,综合成一个有机组织。人的行为不仅是某个特定部分运作的结果,而且总是与其他部分紧密联系、协调一致进行活动的结果。精神分裂症是一种最常见的精神病,早在布莱勒(Bleuler,1911)提出"精神分裂症"这个术语时便认为,精神分裂症是精神内部的分裂,将统一性的丧失、精神的内部分裂视为此病的本质。可以将精神分裂症患者的心理和行为比喻为一个失去指挥的管弦乐团,得了这种病,患者的感觉、记忆、思维和习惯这类心理机能虽然不至于丧失,但已是乱七八糟的了。由此可见正常人的心理是多样性的统一,是有机的整体。

人格的稳定性

人格的稳定性表现为两个方面:一是人格的跨时间的持续性。在人生的不同时期,人格持续性首先表现为"自我"的持久性。每个人的自我,即这一个"我",在世界上不会存在于其他地方,也不会变成其他东西。昨天的我是今天的我,也是明天的我。一个人可以失去一部分肉体,改变自己的职业,变穷或变富,幸福或不幸,但是他仍然认为自己是同一个人。这就是自我的持续性。持续的自我是人格稳定性的一个重要方面。二是人格的跨情境的一致性。所谓人格特征是指一个人经常表现出来的稳定的心理和行为特征,那些暂时的、偶尔表现出来的行为不属于人格特征。例如,一个外倾的学生不仅在学校里善于交往,喜欢结识朋友,在校外活动中也喜欢交际,喜欢聚会,虽然他偶尔也会表现安静,与他人保持一定距离。

人格的稳定性源于孕育期,经历出生、婴儿期、童年期、青少年期、成人以至老年。随着年龄的增长，儿童时期的人格特征变得日益巩固。一般而言，人在 20 岁时人格的"模子"就开始定型，到了 30 岁时便十分稳定。由于人格的持续性，我们可以从一个人儿童时期的人格特征来推测其成人时的人格特征以及将来的适应情况，同样也可以从成人的人格表现来推论其早年的人格特征。

人格的稳定性并不排除其发展和变化。人格的稳定性并不意味着人格是一成不变的，而是指较为持久、一再出现的定型的东西。人格变化有两种情况：第一，人格特征随着年龄增长，其表现方式也有所不同。例如同是特质焦虑，在少年时表现为对即将参加考试或即将考入新学校心神不定，忧心忡忡；在成年时表现为对即将从事一项新工作忧虑烦恼，缺乏信心；在老年时则表现为对死亡的极度恐惧。也就是说，人格特征以不同行为方式表现出来的内在秉性的持续性是有其年龄特点的。第二，对个人有重大影响的环境因素和机体因素，例如移民异地、严重疾病等，都有可能造成人格的某些特征，如自我观念、价值观、信仰等的改变。不过要注意，人格改变与行为改变是有区别的：行为改变往往是表面的变化，是由不同情境引起的，不一定都是人格改变的表现；人格的改变则是比行为更深层的内在特质的改变。

人格的独特性

人格的独特性是指人与人之间的心理和行为是各不相同的。由于人格结构组合的多样性，每个人的人格都有其自己的特点。在日常生活中，我们随时随地可以观察到每个人的行动都异于他人，各有其爱好、认知方式、情绪表现和价值观。

我们强调人格的独特性，并不排除人们之间在心理和行为上的共同性。人类文化造就了人性。同一民族、同一阶层、同一群体的人们具有相似的人格特征。文化人类学家把同一种文化陶冶出的共同的人格特征称为群体人格或众数人格。例如，许多研究表明，由于受传统儒家文化的影响，不论是大陆的华人还是台湾、新加坡等地的华人，都有不少相同的人格特征。但是，人格心理学家更重视的是人的独特性，虽然他们也研究人的共同性。

人格的社会性

人格的社会性是指社会化把人这样的动物变成社会的成员，人格是社会的人所特有的。所谓社会化，是个人在与他人交往中掌握社会经验和行为规范、获得自我的过程。社会化的内容,就像人类社会本身那样复杂多样。爱斯基摩人要学习对付北极严寒的生活方式,而布须曼人要学习应付非洲沙漠酷暑的生活方式。社会化与个人所处的文化传统、社会制度、种族、民族、阶层地位、家庭有密切的关系。通过社会化,个人获得了从装饰习惯到价值观和自我观念等人格特征。人格既是社会化的对象,也是社会化的结果。

人格的社会性并不排除人格的自然性,即人格受个体生物特性的制约。人格是在个体的遗传和生物基础上形成的。从这个意义上也可以说,人格是个体的自然性和社会性的综合。但是人的本质并不是所有属性相加的混合物,或者是几种属性相加的混合物。构成人的本质的东西,是那种为人所特有的,失去了它人就不能成其为人的因素,而这种因素就是人的社会性。即使是人的生物性需要和本能,也是受人的社会性制约的。例如,人满足食物需要的内容和方式也是受具体的社会历史条件制约的。

因此,可以做这样的概括:人格是个人各种稳定特征或特质的综合体,它显示出个人的思想、情绪和行为的独特模式。这种独特模式是个体社会化的产物,同时又影响着他与环境的交互作用。

二、气质类型

气质是个人生来就具有的心理活动的动力特征,是人格的先天基础。气质这一概念与我们平常说的"禀性""脾气"相似。在日常生活中,我们可以看到,有的人总是活泼好动,反应灵活;有的人总是安静稳重,反应缓慢;有的人不论做什么事总显得十分急躁;有的人情绪总是那么细腻深刻。人与人在这些心理特性等方面的差异,称为气质的不同。气质不是动机,它本身并不是推动活动进行的心理原因,但它使人的心理活动具有某种稳定的动力特征,包括心理过程的强度(例如情绪体验的强度、意志努力的程度)、心理过程的速度和稳定性(例如知觉的速度、思维的灵活程度、注意力集中时间的长短)以及心理活动的指向性(有的人倾向于外部事物,从外界获得新印象;有的人倾向于内心世界,经常体验自己的情绪,分析自己的思想和印象)等特征。个体一出生,就具有由生理机制决定的某种气质。我们可以观察到,新生儿有的爱哭闹,四肢活动量大;有的则比较安静,较少啼哭,活动量小。这种先天的生理机制构成了个体气质的最初基础,随后在儿童的游戏、作业和交往活动中表现出来。一个人的气质具有极大的稳定性,虽然也有一定的可塑性,但那主要是在性格刻画的意义上说的。

几种气质学说

气质是一个很古老的概念。早在古希腊医学家恩培多克勒(Empedocles,约前483—前423)的"四根说"中,就已经有了气质和神经类型学说的萌芽。恩培多克勒认为,人的身体由四根(土、水、火、空气)构成:固体的部分是土根,液体的部分是水根,维持生命的呼吸是空气根,血液主要是火根;思维是血液的作用。火根离开了身体,血液变冷些,人就入眠。火根全部离开身体,血液就全变冷,人就死亡。他还认为,人的心理特性依赖身体的特殊构造,各人心理上的不同是由于身体上四根配合比例的不同。演说家是舌头的四根配合最好的人,艺术家是手的四根配合最好的人。这可以说是后来的气质概念的萌芽。

(1)体液说。希波克拉底(Hippocrates,约前460—前377)把"四根说"进一步发展为"四液说"。他在《论人类的自然性》中写道:"人的身体内部有血液、粘液、黄胆汁和黑胆汁,所谓人的自然性就是指这些东西,而且人就是靠这些东西而感到痛苦或保持健康的。"他还根据哪一种体液在人体内占优势,把人分为四种类型:多血质、粘液质、胆汁质和抑郁质,分别指在体液的混合比例中血液、粘液、黄胆汁和黑胆汁占优势的人。他认为,每一种体液都是由寒、热、湿、干4种性能中的2种性能混合而成,血液具有热—湿的性能,多血质的人温而润,如春天一般;粘液具有寒—湿的性能,粘液质的人冷酷无情,如冬天一般;黄胆汁具有热—干的性能,黄胆汁的人热而躁,如夏天一般;黑胆汁具有寒—干的性能,抑郁质的人冷而躁,如秋天一般。在希波克拉底看来,这四种体液配合恰当时,身体便健康;配合异常时,身体便生病。按希波克拉底的原意,他所谓的四种气质类型含义是很广的,决定了人的整个体质(也包括气质),而不是单指现在心理学上的所谓气质。希波克拉底的体液学说,在500年后为罗马医生盖仑(C. Galen,约130—200)所发展。他将4种体液作种种配合而产生出13种气质类型,并用拉丁语 temperameteum 一词来表示气质这个概念,这便是气质(temperament)概念的来源。希波克拉底关于4种气质类型的学说本身是缺乏科学依据的,但它所描述的现象很有代表性,因而一直沿用至今。

(2)阴阳五行说。我国古代也有人提出过类似气质的分类。例如孔子把人分为"狂""狷""中庸"。他说:"不得中行而与之,必也狂狷乎? 狂者进取,狷者有所不为也。"《子路》中孔子所说的"狂者"相当于多血质的人,"狷者"相当于粘液质的人,"中庸"一类人相当于"中间型"。《黄帝内经·灵枢》中根据阴阳五行学说把人的某些心理特点与生理解剖特点联系起来:按阴阳的强弱,分为太阴、少阴、太阳、少阳、阴阳平和五类人,每种类型具有不同的体质形态和心理特点;又根据五行法,分为金、木、水、土五种类型,也各有不同的肤色、毛发、筋骨特点和情感特点,用来说明人的个别差异。

(3)体型说。德国精神病学家克瑞奇米尔(Kretschmer,1925)根据他对精神病患者的临床观察,提出按体型划分人的气质类型的理论。他认为人的身体结构与气质特点以及可能患的精神病种类有一定的关系,如肥胖型属躁郁性气质,易患躁狂抑郁症;瘦长型属分裂性气质,易患精神分裂症;斗士型属粘着性气质,易患癫痫症。以后,美国心理学家谢尔登(Shelden,1942)在胚胎发育的意义上把人的体型分为 3 类:内胚叶型:柔软、丰满、肥胖;中胚叶型:肌肉骨骼发达、结实强壮、体态呈长方形;外胚叶型:虚弱、瘦长。他认为体型与气质之间有密切的关系。据他所收集的资料,内胚叶型的人图舒服、闲适、乐群,称为内脏气质型;中胚叶型的人好活动、自信、独立性强、爱冒险、不太谨慎,称为肌肉气质型;外胚叶型的人爱思考、压抑、约束、好孤独,称为脑髓气质型。在一段时间里,谢尔登使用成千上万的诸如耶鲁和韦尔兹利大学学生的裸体照片进行了体型和生活因素之间关系的研究,使得该理论在当时很有影响力。但是,体型的差异受社会态度的影响大,不能简单说体型与气质之间存在因果关系。而且,已有研究证实,体型与个体行为几乎不相关(Tyler,1965)。

(4)血型说。人的血型有 A 型、B 型、AB 型和 O 型。有些心理学家认为,人的气质是由不同的血型决定的。这方面的工作,日本学者做得最多。例如,古川竹二(1927)根据血型把人区别为 4 种气质:A 型气质的特点是温和、老实稳妥、多疑、怕羞、依赖他人、受斥责就丧气;B 型气质的特点是感觉灵敏、恬静、不怕羞、喜社交、好管事;AB 型的气质特点是上述两者的混合;O 型气质的特点是志向坚强、好胜、霸道、不听指挥、喜欢指使别人、有胆识、不愿吃亏。但是,这种理论是没有科学依据的。

(5)星座说。星象学理论认为:有三种力量可以影响人的气质,最强大的力量是太阳的位置,以此衍生出来的是太阳星座;其次是月亮的位置(即月亮星座)和上升星座(即个体出生时在东边地平线上升起的黄道带上的星座)。而且,太阳被认为是男性的支配力量,月亮是女性的支配力量。最流行的星象学是以太阳星座为依据,将人分为12大类,每一个星座的人具有不同的气质特征,常见的描述是:白羊座:热情、活力、好斗;金牛座:稳健、固执、可靠;双子座:花心、多变、聪明;巨蟹座:敏感、柔情、依赖;狮子座:高傲、自信、宽宏大量;处女座:严谨、理智、谦虚;天秤座:公正、和谐、摇摆不定;天蝎座:顽强、坚韧、极端;人马座:热情、乐观、冲动;摩羯座:严肃、执著、宿命;宝瓶座:自由、博爱、理性;双鱼座:浪漫、梦幻、善良。虽然正统的人格心理学不大关注这样的问题,但西方的一些人格心理学家们自20世纪中叶起,开始利用具有信度和效度的心理学问卷来检验星象学的人格理论是否有效。结果有些混乱,多数的研究对星象学予以全盘否定,也有一些研究部分支持了星象学的观点(Eysenck & Nias,1982)。最近,国内也有心理学的实证研究对此提出了质疑(苏丹、郑涌,2005)。

(6)出生顺序说。近些年,沙洛威(Sulloway,1996)热衷于基于出生顺序的人格类型理论。按照他的观点,头生儿可以很明确地直接要求父母的爱与关注,通过认同和遵从父母来寻求保持最初的依恋;后出生的孩子的情况就不同了,沙洛威将其特征化为"天生的反叛":他们要在先前出生的孩子还没有占到主导地位的领域里占有优势,通常被培养成对经验持开放性态度。为了验证后出生的孩子喜爱创新而头生儿安于现状这一假设,沙洛威对23项科学创新以及支持这些创新的1,218名科学家的出生顺序进行了研究,结果在所有的同胞规模中,后出生的孩子比头生儿都更倾向于支持创新理论。但是应该注意,这种差异显然是后天环境作用的结果。

高级神经活动类型与气质

我国心理学界一般认为,气质的生理基础主要是神经类型。高级神经活动类型的概念是巴甫洛夫在1909—1910年间首次提出的。1935年巴甫洛夫在其《人和动物的高级神经活动的一般类型》一文中详细论述了高级神经活动的各种特性和判定方法。他指出,大脑皮质的神经过程(兴奋和抑制)具有强度、均衡性和灵活性3个基本特性。其中,神经过程的强度是指神经细胞和整个神经系统的工作能力和界限。在一定的限度内,神经细胞的兴奋能力符合于刺激的强度:强的刺激引起强的兴奋,弱的刺激引起弱的兴奋。兴奋过程强的动物对于强烈刺激仍能形成条件反射,已经形成的条件反射也能继续保持;而兴奋过程弱的动物对于强烈的刺激就难以形成条件反射,已形成的条件反射当刺激强度增加到一定限度时,会出现超限抑制。抑制过程较强的动物对于要求持续较久的抑制过程能够忍受;而抑制过程较弱的动物在这种情况下就可能导致抑制过程的破坏,甚至引起中枢神经系统的病理性变化。神经过程的均衡性是指兴奋和抑制两种神经过程间的相对关系。均衡的动物的兴奋过程和抑制过程的强度是相近的。不均衡的动物表现为或兴奋过程相对占优势,抑制过程较弱,或抑制过程相对占优势,兴奋过程较弱。神经过程的灵活性是指兴奋过程或抑制过程更迭的速率。它保证有机体适应外界环境的迅速变化,表现在各种条件反射的更替是迅速还是缓慢、是容易还是困难等方面。根据神经过程的强度、均衡性和灵活性,巴甫洛夫把动物和人类的高级神经活动类型划分为 4 种,如表12-1 所示。

表 12-1　高级神经活动类型及特征

神经类型	强度	均衡性	灵活性	行为特点
兴奋型	强	不均衡		攻击性强,易兴奋,不易约束,不可抑制
活泼型	强	均衡	灵活	活泼好动,反应灵活,好交际
安静型	强	均衡	惰性	安静,坚定,迟缓,有节制,不好交际
抑制型	弱			胆小畏缩,消极防御反应强

巴甫洛夫在《神经系统类型的生理学说,即气质的生理学说》一文中,把气质和神经系统类型看成是同一个东西。他说:"我们有充分的权利把在狗身上已经确立的神经系统类型……应用于人类。显然,这些类型在人身上就是我们称之为气质的东西。气质的每个个别的人的最一般的特征,是他的神经系统的最基本的特征,而这种最基本的特征就给每个个体的所有活动都打上这样或那样的烙印。"巴甫洛夫认为,兴奋型相当于胆汁质,活泼型相当于多血质,安静型相当于粘液质,抑制型相当于抑郁质。他说:"抑郁质是明显的抑制型,对抑郁质的人说来,很明显,生活中每一个现象都是抑制性动因,因为这种人无所信仰,无所希望,感到一切都是不好的,危险的。胆汁质是明显的战斗型,热情的易兴奋型。……粘液质是镇静的、一向平稳的、顽强的劳动者。多血质是当他对工作感兴趣时,也即有经常的兴

奋时,他是热情、工作效率高的;但在对工作没有兴趣时,他便精神不振,感到寂寞。"

后来的研究表明,神经类型并不总是与气质类型相吻合的。气质是心理特征,神经类型是气质的生理基础,气质不仅与大脑皮质的活动有关,而且与皮质下活动有关,还与内分泌腺的活动有关。因此可以说整个个体的身体组织都影响着一个人的气质。气质是神经类型的心理表现,所以,气质心理特征和神经类型生理特性之间并不存在着一对一的关系。有时,几种不同的气质特征依赖于同一神经过程的特性;有时,一种气质特征依赖于神经过程的几种不同的特性。例如,情绪的兴奋性、注意集中的程度等是气质的不同心理特征,但是,它们都依赖于兴奋过程的强度。自制力这种气质的心理特征,不仅取决于兴奋过程的强度,同时也取决于抑制过程的强度以及兴奋和抑制的均衡性。

三、人格特质

特质是持久的品质或特征,这些品质或特征使个体在各种情况下的行为具有一致性。比如说,某一天你可能会通过归还捡到的钱包来证明你的诚实,而另一天你可能会通过在考试中不作弊来证明你的诚实。由此,特质被视为人格的一个最有效的分析单元。

奥尔波特的特质论

特质论的提出是在 1930 年代。人本主义心理学的创始人之一、美国心理学家奥尔波特采用以个案研究法,从很多人的书信、日记、自传中,分析出各种具有代表性的人格特质。他认为特质是人格的基础,而人格特质是每个人以其生理为基础的一些持久不变的性格特征。根据奥尔波特的理论,特质使行为具有一致性,这是因为它们将一个人对于各种刺激的反应联系并统一起来。特质可能作为一个中介变量,使一系列刺激和反应产生联系,而这些刺激和反应最初看起来可能彼此间几乎没有联系。

奥尔波特确定了三种特质:首要特质、核心特质和次要特质。首要特质影响一个人如何组织生活,但并不是所有的人都会发展出这样明显的首要特质。核心特质是代表一个人主要特征的特质,如诚实和乐观。次要特质是有助于预测个人行为的特定的、个人的特征,但次要特质对于理解个体人格的帮助要小得多。对于食物和衣着的偏好是次要特质的例子。按照这种理解，人们会认为马丁·路德·金具有公正的首要特质，诚实是亚伯拉罕·林肯的核心特质，而麦当娜的时尚是一种次要特质(图12-2)。奥尔波特感兴趣的是探索使一个人成为独立个体的这三种特质的独特组合。

图12-2　名人的人格特质

奥尔波特将人格结构作为个体行为的关键决定因素，而不认为是环境条件决定个体行为。"使黄油融化的火会使鸡蛋变硬"，奥尔波特引用这句话来说明相同的刺激对于不同的个体可能会有不同的影响。

重大研究:特质(奥尔波特,1937)

奥尔波特(Gordon W. Allport,1897—1967,图12-3)是美国印第安纳州一个乡村医生的孩子,而且是4个孩子中最小的一个。其父所在的家族世代居住在英格兰,母亲则是德国人和

图12-3　人格特质论的创始人奥尔波特

苏格兰人的后裔。奥尔波特的幼年生活,如他多年后所回忆的那样,"只有朴素的、新教式的诚实和勤奋"。在他生活的那个地区,没有医疗设施可言,他的家里总是住着许多病人和护士。奥尔波特自小就开始分担家中的工作,如照应门诊室、洗瓶子、照顾病人等。他承继了父亲的人道主义世界观和价值观,在以后的岁月里,经常引用父亲的座右铭:"如果每

个人都尽最大努力工作,只取家中所需的最低经济回报,那么,就会有足够的财富随心所欲地支配。"态度谦和、面容苍白的奥尔波特工作勤奋,研究兴趣非常广泛,包括偏见、沟通和价值观等,但毕生致力的却是人格研究,尤其是特质理论的研究。在哈佛,奥尔波特除了进行自己的研究之外,还抽出时间从事许多社会服务的志愿性工作,从而满足了帮助困难者的深层需要,就像他在自传中所说的那样,"使我产生一种胜任感(以纠正普遍意义上的自卑感)"。他的两大兴趣,即心理学研究和社会服务工作最终融为一体,因为他确信,"若想有效地做好社会服务工作,人们必须对他人的人格进行充分的理解"。

20 世纪初期,对人格理论的最大贡献是心理分析学家做出的。弗洛伊德对人格做出了解释,认为人格是自我致力于控制本能冲动并把其转换成可接受的行为形式的结果。阿德勒(A. Adler)的兴趣却集中于社会力量对人格产生的影响,比如出生顺序在中间的孩子由于位置的关系容易产生自卑感。荣格(C. G. Jung)对人格的描述是,它在很大程度上是由针对决断与被动、内向性与外向性的互为对立的内在倾向的交互作用,是由经验与"集体无意识"(他认为是与生俱来而非学习得来的、祖辈相传下来的概念、神话和符号)形成的。心理动力学概念虽然如此这般地揭示了人格的发展,但并没有提供像测定智力那样快速而准确地衡量人格的方法。

对于奥尔波特来说,人格研究总是常识意义上的事情。他的兴趣只在有意识部分,也即易于进入的部分,而不是无意识那难以确定的深层。他经常谈到与弗洛伊德的唯一一次见面,因为这次会晤对他影响深远。当时,他是一个22岁的小伙子,在访学维也纳时给弗洛伊德写信说他本人就在城里,很想见一见他。弗洛伊德慷慨地接待了他,但只是一声不响地坐那里,等他先开口说话。奥尔波特试图打开话匣子,于是说,在来弗洛伊德工作室的路上,他听到一个 4 岁的小孩告诉母亲说,他想躲避脏东西,从而可以看出他对脏物具有一种真正的恐惧。奥尔波特描述说,那位母亲穿戴整齐,衣领浆过,气势不凡。他认为,显而易见,这种对脏物的恐惧心理与母亲大有关联。然而,如他所回忆的:"弗洛伊德用他那双仁慈的、治病救人的眼神看着我说,'那个男孩子是你本人吗?'"奥尔波特目瞪口呆,只好转换话题。他后来回忆说:"这次经验告诉我,深层心理学研究尽管有种种好处,但易于落入过深的研究圈子里,而心理学家在杀入无意识的世界之前,只要能将动机等解释清楚,也可以获得承认。"

他对行为主义者也不敢苟同。他认为,行为主义把人描述为纯粹的"反应"机体,只对外部的刺激做出反应,而事实上,人类是"更为积极的",在很大程度上是由其自身的目标、目的、意图、计划和道德价值观等驱动的。

在研究生阶段,奥尔波特即开始自行设计客观的纸笔人格测验。为测量他提出的"支配—顺从",他不会直接问被试是如何支配或顺从的,而是会问其在涉及该维度的具体情境下通常作何反应,如在排队时有人企图插到你前面时的反应:规劝这位插队者;对插队者怒目而视或与周围的人大声非议这位插队者;决定不再等待,径直走开;什么也不干。对一批被试进行测试后,奥尔波特得出结论说,对任何一个具有挑战性的情境做出支配或顺从反应的人,他们在其他类似情境里多半会做出同样的反应。大多数人在从支配到顺从的连续统一体中,都倾向于占据一个给定的位置。对他们来说,似乎已确立了特质的真实存在,也即在类似情境中会做出类似反应。一切如奥尔波特后来在《人格的心理学解释》(Allport, 1937)中所言:"如果可证明一种行动通常与另一种行动关联,那就证明两种行动之下有种东西,即某种特质……也即是,某种神经心理学上的结构,它具有将许多刺激变成在功能上相等的能力,还可启动并指导相同(意义上一致)形式的适应和表达行为。"

既如此,为何人们会有前后不一的表现呢?奥尔波特从完形理论中找到了答案。每个人的特质都以层次的方式集合在一起构成一个独特的结构:在顶层是首要特质;下面是核心特质,也即其生活中的日常聚焦点(奥尔波特称之为我们在写推荐信时有可能提到的品质);最下层是一大批次要特质,所有次要特质均由少数特别刺激引起。因此,一个人的行为在具体方式上有可能不一,但在较大的层面上仍保持一致——奥尔波特更喜欢称其为"协调"。例如,他认为,如果你观察某人先是慢行,后又见其匆匆忙忙地拿着一本书回到图书馆,你可能判断他前后不一致,因为在一种情境之下他轻松自在,而在另一种情境之下他又急步如飞。然而,这些只是次要级别的特质行为。另一个更重要的特质是弹性。如果你请他在黑板上写较大的字,又在纸上写较小的字,他也这么做了,你可以判断他富有弹性。他在两种活动中的行为均显示出弹性,因而也是协调的,尽管不一定前后完全一致。奥尔波特也用此观点回答了下面这一问题:为什么一个人常常会表现出互不兼容的特质？转瞬即逝的情绪或状态经常构成似乎不连贯的东西，紧急的情境有可能在人的心中产生暂时的焦虑，即使他平素心静如水。

奥尔波特后来不断地修正自己的人格理论，但始终认为，特质是人格中最基本且相对稳定的单位。他的特质研究为他赢得了广泛的声誉，事实上，今天的人格心理学在很大程度上就是特质研究的同义词。

卡特尔的特质因素分析

奥尔波特和奥波特(Allport & Odbert,1936)通过对字典的检索,发现在英语中有超过 18,000 个形容词被用来描述个体的差异。自那以后,研究者一直试图在浩如烟海的特质词汇中确定基本的维度。他们希望弄清有多少维度存在,哪些维度有助于心理学家给出一个对于所有个体都可用的、普遍的特征。美国心理学家卡特尔(Cattell,1965)运用因素分析技术,开创性地完成了这项工作。卡特尔最初在伦敦大学攻读化学和物理,后来投入心理学的研究,在斯皮尔曼门下工作,学习因素分析的专门技术。在智力理论上,卡特尔曾因提出液态智力和晶态智力而著名。卡特尔使用奥尔波特和奥波特的形容词表作为他的研究起点,在如此大量的特质变量中,通过因素分析,最终确定了 16 种人格因素。卡特尔将这 16 种因素称为根源特质,因为他相信这 16 种因素是表面行为的潜在根源,而这一根源就是我们通常所说的人格。例如,乐群性是一种根源特质,一个人身上的乐群性的量影响着他的各个方面,如朋友的多寡、与什么人做朋友、交往的技能。乐群性这一根源特质的外部表现是表面特质。每一种表面特质都来自一种或多种根源特质,而一种根源特质却能影响多种表面特质。因此,根源特质是构成人格的基本要素。这 16 种人格因素中,每一种都是两极化的,例如,感情稳定性,从一端的"易感情用事"到另一端的"情绪稳定";疑虑,从"信任"到"多疑"不等。卡特尔的 16 因素包含了重要的行为范畴,如保守的和开放的、信赖的和怀疑的以及放松的和紧张的。虽然这样,现代特质理论倾向于认为,比 16 个更少的维度也可以包括人格中最重要的特性。

艾森克的人格维度

艾森克(Eysenck,1973)根据人格测验的数据推出 3 个范围很广的维度:外向性(内源导向性的或外源导向性的)、神经质(情绪稳定的或情绪不稳定的)和精神质(善良的、体贴的或有攻击性的、反社会的)。如图 12-4 所示,艾森克将外向性和神经质这两个维度组合起来建立起一个环状图形。他指出,这个图形中的每一个象限代表了希波克拉底所提出的 4 种气质类型中的 1 种,"在早期的思想家与超现代的研究当中,似乎的确存在某种相似"。不过,与传统的 4 种气质类型划分不同的是,艾森克的特质理论允许这些分类中的个体有变异。个体可以落到这个圆圈中的任何一点上,从非常内向的到非常外向的,从非常不稳定的(神经质的)到非常稳定的。圆圈上所列出的特质描述了两个维度的组合。例如,一个非常外向并有些不稳定的人可能是冲动的。艾森克理论的许多观点得到了研究证据的支持。

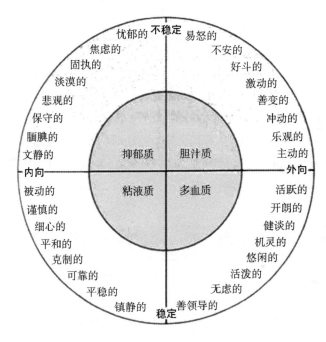

图 12-4   艾森克人格环的四个象限

"大五"

近年来,多数人认为 5 个因素可以最好地描述人格结构,即"大五"。这 5 个因素列于表 12-2。这 5 个维度是非常宽泛的,因为在每一个维度中都包含许多特质,这些特质有着各自独特的内涵,但又有一个共同的主题。虽然这 5 个因素并不能很好地与艾森克的 3 个维度重叠,也并非为所有的人格研究者所认同,但它无疑是当前最为流行的人格分类。

表 12-2 "大五"

因素	双极定义
外向性	健谈的、精力充沛的、果断的←→安静的、有保留的、害羞的
和悦性	有同情心的、善良的、亲切的←→冷淡的、好争吵的、残酷的
公正性	有组织的、负责的、谨慎的←→马虎的、轻率的、不负责任的
情绪性	稳定的、冷静的、满足的←→焦虑的、不稳定的、喜怒无常的
创造性	有创造性的、聪明的、开放的←→简单的、肤浅的、不聪明的

"大五"是从 1960 年代所收集的评分中得出的，当时使用了许多套形容词、许多不同的被试样本及评分任务。自那以后，人格问卷、访谈提纲和其他一些数据都得到了非常相似的结果（Costa & McCrae, 1992；Digman, 1990；Wiggins & Pincus, 1992）。为了证明"大五"的普遍性，研究者将他们的研究扩展到英语之外，发现"大五"结构在许多语种中都可得到重复，包括德语、葡萄牙语、希伯来语、汉语、朝鲜语和日语（McCrae & Costa, 1997）。王登峰等（1995）对中国人人格的词汇研究也基本支持这个结构。当然，"大五"并不是要取代那些带有词义细微差别的特定的特质项目，它们只是试图抓住人与人之间相互区别的最重要的维度，勾画出一个分类的方法，从而对人格进行基本的描述。

重大研究："大七"（王登峰, 1995）

西方的人格理论模型能否反映中国人的人格？在面对这个问题时虽然不同学者都有自己的看法，但现实的情况却是，我们很多研究者都不加批判地全盘接受了西方的人格理论和人格结构模式。目前国内大量修订的西方人格量表都是完全接受了西方理论的结构，只在个别项目上做了"修订"。实际上，要回答这个问题的唯一途径就是首先探索中国人的人格结构，只有了解了中国人的人格"是什么"，才能回答中国人的人格是否与西方的理论一致。

按照人格研究的词汇学假设，如果将所有用于描写人类行为特点的中文人格特质形容词选出，通过被试评定和统计分析，应能揭示出中国人的人格结构。王登峰等（1995）首先从《现代汉语词典》及其《补编》（商务印书馆 1988 年版)、中小学语文课本、报纸、杂志、小说,以及从大学生描述他们自己及其所熟悉的人时所用的词中共抽取出 7794 个人格特质形容词(其中从词典中获得的词共 6156 个)。之后,王登峰将他的词表与我国台湾杨国枢收集的词表合并,经过筛选、评定后,采用 410 个形容词进行自我和他人评定,经过因素分析得到了中国人人格的七因素结构(杨国枢、王登峰,1999)。随后,王登峰和崔红(2004)又经过更大样本的因素分析确认了这一七因素结构,并在此基础上采用内容效度与实证效度结合的方式编制了测量中国人人格结构的量表 QZPS,包括问卷和形容词评定量表的不同版本(王登峰、崔红,2004)。这一系列研究表明,中国人的人格结构无论在维度数量和内容上都与西方的"大五"人格结构存在显著的差异,西方的人格理论和测量工具无法完整测量中国人的人格。中国人人格的 7 个因素及其含义为:

(1)WX(外向性)。反映人际情境中活跃、主动、积极和易沟通、轻松、温和的特点,以及个人的乐观和积极心态,是外在表现与内在特点的结合。包括活跃、合群、乐观三个小因素。

(2)SL(善良)。中国文化中"好人"的总体特点,包括对人真诚、宽容、关心他人以及诚信、正直和重视感情生活等内在品质。包括利他、诚信和重感情 3 个小因素。

(3)XF(行事风格)。个体的行事方式和态度,反映的是做事踏实认真、谨慎、思虑周密或做事浮躁、不切实际的程度。包括严谨、自制和沉稳 3 个小因素。

(4)CG(才干)。个体的能力和对待工作任务的态度,反映的是敢作敢为、坚持不懈、肯动脑筋或犹豫不决和回避困难。包括决断、坚韧和机敏 3 个小因素。

(5)QX(情绪性)。人际或工作情境中的情绪性特点,反映的是急躁、冲动,对情绪不加掩饰和难以控制或情绪稳定、平和的特点。包括耐性和爽直 2 个小因素。

(6)RG(人际关系)。对待人际关系的基本态度,反映待人友好、与人为善并乐于沟通或把人际交往看作是达到个人目的的手段、计较和拖沓等特点。包括宽和与热情 2 个小因素。

(7)CT(处世态度)。个体对人生和事业的基本态度,反映目标明确、坚定和追求卓越或安于现状、不思进取的特点。包括自信和淡泊 2 个小因素。

四、人格形成

人格的遗传生物基础

人格的形成离不开个体的遗传生物基础。个体的神经系统(特别是脑)的特性、体内的生化物质是人格形成的基础;身体外貌对人格形成也有一定影响。

(1)脑与人格。一个人的人格和行为,无论多么复杂,都是脑工作的产物。个人的大脑是人格的主要物质基础。巴甫洛夫学派认为,神经系统的类型特点是人格的生物学基础。人格特征与个体的大脑皮质细胞群的配置特点,以及细胞层结构的个体特点有关。这些特点既影响个体的高级神经活动特点,也影响个体的气质、性格和能力的特点。艾森克(Eysenck,1967)则认为,外倾者与内倾者的神经系统是不相同的,神经质的人与正常人的神经系统也不相同,其理由是他发现外倾者的大脑皮质的觉醒水平较低,因而比内倾者的抑制速度慢一些。

(2)生化物质与人格。人体内的生物化学物质的变化,例如内分泌腺分泌的激素过多或过少、神经介质分泌的异常都会影响一个人的行为模式或人格特征。临床上因幼年时患脑垂体疾病生长激素分泌过多或缺乏,成年后变成异常高大的巨人或异常矮小的侏儒。甲状腺素分泌亢进,会导致神经系统兴奋性增高,表现为易紧张、失眠、烦躁、多言、情绪不稳定;而甲状腺素分泌缺乏则导致智力减退、记忆力下降、联想和言语活动减少、嗜睡、性欲减退。如果胰腺分泌胰岛素的过程受到干扰,则导致精神状态的混乱。有研究表明,精神分裂症是由于神经介质多巴胺分泌过多所致,某种治疗精神分裂症的有效药可以降低多巴胺的分泌;而过低的多巴胺的分泌量则会引起帕金森氏综合症(或震颤麻痹),其特征是严重的肌肉颤抖和行动失调等。接受多巴胺治疗的精神分裂症患者也常出现帕金森氏综合症的副作用(Davison & Neale,1990)。这些都表明生化物质会影响人格。不过,人体内的生化物质是否会直接导致某种人格特征呢? 这种因果关系式的推论应该谨慎。

(3)身体外貌与人格。身体外貌与人格特征的联系,古今中外都有人做过推测。成书于春秋战国时期的《内经》就对身体外形与人格特征的联系做过描述,把人分为金、木、水、火、土 5 种类型。前述气质的体型说也把人格特征与体型联系起来。现在看来,这些猜测是缺乏科学依据的。不过,肤色、脸形、身高、体重等身体外貌的特点,具有社会适应的意义,有的符合文化的社会价值,有的则不符合,并经常受到人们的品评,因而也会影响一个人的人格。例如,符合社会期望的身体外貌可能使人形成自信、自尊的特点,而有生理缺陷的人往往被人们讥笑或怜悯,容易产生自卑感。但是生理缺陷也可能激发人去追求卓越,以补偿身体的缺陷。因此,身体外貌与人格特征的联系主要是依据个人如何对待自己的身体特点而定的。

人格的环境基础

人格的形成和表现,离不开个体生存的环境。有些环境因素影响着所有个体,有些则仅影响特定的个体或某些个体。

(1)胎内环境的影响。每一个婴儿都是遗传与环境的共同产物。从受孕的那一刻起,环境因素就对人格的形成起作用。最早的环境是子宫,婴儿生长在充满羊水的胎盘里,通过脐带从母亲那里得到养料。不同母体的子宫环境是不一样的,从而影响新生儿的某些特征。例如,母亲血清中的锌含量严重偏低会导致婴儿患各种先天性畸形;有毒瘾的孕妇会使婴儿天生染有毒瘾。这些特征虽然出生时便已存在,但却不是由遗传决定的。

(2)家庭环境的影响。出生后,个体最早接触的环境是家庭。家庭的各种因素,例如家庭结构的类型(残缺家庭、寄养家庭等)、家庭的气氛、父母的教养方式、家庭子女的多少等都会对儿童人格的形成起着重要的作用。有研究比较过育婴院的婴儿和在自己家中的婴儿,发现 1 岁时育婴院的孩子与成人的关系有障碍,很少对成人有依附,并且言语落后,情绪冷漠等(Provence & Lipton,1962)。还有研究发现,弃儿有更多的心理疾病,较可能变得攻击、反叛和难以处理(Burnstein,1981)。孩子生活在残缺或寄养家庭中往往得不到父(母)爱,很可能对人格的早期发展产生许多负面的影响。不少研究表明,体贴、温暖的家庭环境能促进儿童成熟、独立、友好、自控和自主等特征的发展。家庭气氛近乎无形,却能从各种不同角度向儿童传递信息,对儿童的人格发展起着潜移默化的作用。父母的教养方式对儿童人格的影响不可低估。研究表明,过度焦虑的孩子常有过度保护、对子女反应十分幼稚的母亲。只要不惹麻烦,父母便漠不关心的孩子,成就动机和自我价值感都较低。受父母溺爱的孩子,常缺乏爱心、耐性和挫折容忍力。经常受到体罚,孩子会变得难以管教,而且会发生更多的攻击行为。

(3)学校教育的影响。学校教育对人格形成和定型有深刻的影响。学校德育使学生形成一定的思想品德,树立正确的人生观和价值观。智育使学生掌握系统的科学文化知识与技能,促进智力的发展。课堂教育是学校教学的主要环节。在传授知识的过程中,训练学生习惯于系统地、有明确目的地学习,克服学习中的困难,可以培养坚定、顽强等性格特征。体育不仅使学生掌握运动技能,也能培养意志力和勇敢精神。美育使学生掌握审美知识,形成一定的审美能力,通过对美的理解和欣赏,正确区分美与丑、真与假、高尚与低级、文明与野蛮,形成美的情操。劳动教育使学生形成正确的劳动观点和劳动态度,建立良好的劳动习惯。校风也影响学生人格的形成:良好的校风、班风促使学生养成勤奋好学、追求上进和自觉遵守纪律等人格特征;不好的校风会使学生形成懒散、无组织、无纪律等特性。教师是学生的一面镜子,是学生经常学习的榜样。学生往往以各种情感和猜测盯着教师。教师的言行对学生的人格形成会产生潜移默化的作用。有威信的教师,学生言听计从,他的高尚品格、渊博知识、强烈的事业心和责任感、富于同情心、谦虚朴素等,都会对学生产生深刻的影响。没有威信、缺乏责任心的教师,学生不愿接受其教育,但其消极性格,如粗暴、偏心、神经质等,可能对学生产生自暴自弃、不求上进等不良的影响。

(4)社会阶层的影响。差不多每个社会都存在不同的社会阶层,较高阶层的人比较低阶层的人拥有更多的物质财富和个人声誉,享受更多的教育并更能控制自己的命运。已经发现心理疾病与社会阶层有显著相关。例如,就整体而言,在美国,心理疾病较多地发生在较低的社会阶层中。这是因为社会阶层较低者的生活中有引起心理疾病的很多压力,例如贫穷、歧视、失业、缺乏医疗服务等(Kohn,1973)。有人曾研究过中产阶层和工人阶层家庭培养孩子的方法,结果发现,中产阶层的父母对待孩子比较随和灵活,喜欢对孩子根据事实讲清道理,并往往在一些规矩上向孩子妥协;而工人阶层的父母则倾向于不准孩子提问,只要求服从和遵命,还常常施行体罚(Bronfenbrenner,1958)。在培养孩子的方法上的阶层差别,很大程度上可能是由于他们在社会生活中所处的地位、所受的教育和在工作中所担当的角色的不同造成的。这肯定会给他们下一代的人格打下深刻的烙印。

(5)社会文化的影响。人类创造了自己的文化,又把自己置于一定类型的文化环境中。孙本文(1946)在他的《社会心理学》中把中国人的民族性格归纳为尊理性、主中庸、重自治和崇德化4项。文崇一(2006)分析了我国的儒家文化传统,认为这种文化传统形成了中国人的权威性格和顺从、勤俭、保守、谦让等性格。沙莲香(1990)参照历史上有关中国人研究的基本观点和现实中常见的中国人的人格特点,以仁爱、气节、侠义、忠孝、理智、中庸、私德、功利、勤俭、进取、实用、嫉妒、屈从和欺瞒14种特质对全国13个省市的1,815名被试进行了测试,结果表明,评价最高的是气节,最低的是欺瞒,其顺序依次是气节、仁爱、忠孝、理智、勤俭、侠义、中庸、实用、功利、私德、屈从、嫉妒、欺瞒。这表明中国的传统文化对人格的深刻影响。每一文化都试图塑造它所崇尚的人格特征。每一文化为了使自己延续和发展,都崇尚它所需要的人格特征。有研究发现,爱斯基摩人生活在冰天雪地的北极,以渔猎为生,需要坚定、独立、敢于冒险的性格。他们以仁慈宽大的方式管教孩子并鼓励其个性化,以培养出成人所具备的人格特征。而生活在西班牙南部山脉的赛姆人,以种植粮食为生,需要老实、服从、保守的性格。他们对孩子的关爱似乎只在断乳期之前,之后便严厉管教,甚至排泄也苛刻训练,不允许有任何个性化,以便造就出农家所需要的人格特征。研究者还考察了6个不同社会教养孩子的特点与粮食贮存程度之间的关系,结果发现,高食物贮存社会教养孩子时注意责任和服从,低食物贮存社会则强调成就、自信和独立(Barry et al.,1959)。

个体与环境的交互作用

人格的形成离不开环境的影响。但是,个体对环境的影响并非被动地加以接受,而是能主动地作用于环境。个体与环境的动力交互作用随时随地都在进行着。人格的发展和表现是个体与环境不断交互作用的结果。

(1)反应的交互作用。指面对同样的环境,不同的人会以不同的感受、体验和解释来反应。敏感的、神经质的孩子与和顺的、适应性强的孩子对于父母的体贴关怀,反应是不同的。一起听同样的故事,聪明的孩子能比不太聪明的孩子从中获得更多的知识。处于同样的人际环境中,外倾的孩子比内倾的孩子与周围的人和事联系更多、反应频繁。每一个儿童的人格都能从客观环境中选取主观的心理环境。这种主观心理环境便构成了其以后的人格发展。即便是父母为其孩子们所提供的环境完全相同（实际上是做不到的），孩子们在心理上所感受、体验到的环境也是各不相同的，因而反应也各不相同。

（2）唤起的交互作用。指个体的人格特征和行为会引起周围的人的特异反应。易哄、爱笑的婴儿自然会比烦躁不安、大哭大叫的婴儿得到父母和周围人更多的关怀。温顺的孩子自然会比惹是生非的孩子受到父母较少的限制和训斥。父母的教养方式往往是由孩子的人格特征和行为所唤起的。有人说父母的某种教养方式塑造了儿童的某种人格特征，例如说，父母民主、宽容的教养方式造就了有领导能力的儿童，或权威的父母塑造了自我肯定的儿童。这种说法有欠全面。因为实际上，儿童的人格特征也在形成父母的教养方式，而这种教养方式又塑造了儿童的人格。这种唤起的交互作用，自始至终贯穿于人格发展的全部过程。

（3）前动的交互作用。指个体主动选择和建构自己所喜爱的环境，而这些环境反过来又进一步塑造其人格。随着孩子长大，有了一定的主动性之后，便产生了前动的交互作用。一个攻击性强的儿童常选择与小伙伴们待在一起打架闹事的地方，而不会独自一个人待在家里，这一环境反过来又强化和维持了他攻击性的人格特点。如果不允许他到惹是生非的地方去找小伙伴们，那么他将创造条件，例如把小伙伴们邀请到家里来，主动地促成有利于攻击性发展的环境。

在人格发展的过程中，上述三种个体与环境的交互作用方式在不同阶段的表现强度是不同的。幼小儿童仅限于在父母所提供的环境中活动的时候，其基因型与环境的内在相关最为强烈。随着成长，儿童开始选择和建构他们自己的环境时，基因型与环境的最初相关逐渐为前动的交互作用所代替。而反应的交互作用和唤起的交互作用在生活中仍经常起作用。环境不会满足人；个人能够有意识有目的地选择和建构环境，使之满足自己的需要。一方面环境影响、制约着个人，另一方面个人也选择、改造着环境。个人与环境的动态交互作用造就了一个人的人格。

五、人格评估

在实际生活中，我们都很希望了解自己或他人的人格。心理学上的人格评估可以通过各种方法来实现,包括观察、晤谈、情境实验等,但较为成熟的是客观测验和投射测验这两类方法。

客观测验

人格自陈量表是一种常用的对人格作客观测量的工具。它包括许多描述人格的项目,要求被试以是非法或选择法的方式选择答案,从而把自己的人格特点陈述出来。人格自陈量表的编制有多种设计类型,目前最常见到的有以下两种。

(1)以经验建构的量表。这方面最有名的要算明尼苏达多相人格量表(MMPI)。它是一种探测人格病理倾向的测量工具,其设计是将被试的反应与已知患有某种心理疾病的人的反应相比较来记分的。MMPI-2 是应用最广泛的量表之一,由 567 个题目组成,表述方式如下:

> 每种食物的味道都一样。
>
> 我的脑子有点问题。
>
> 我喜欢动物。
>
> 只要有可能,我总是避免去人多的地方。
>
> 我从没有放纵自己去做奇特的性体验。
>
> 有人想毒死我。
>
> 我经常做白日梦。

对每个句子可以有三种反应:"对""不对"或"无法回答",被试可以选择。至此,你也许会问:对这些项目的反应真的能反映"人格"吗?如果一个人患了感冒,也会觉得"每种食物的味道都一样",这与人格无关吧?确实,一位被试对某个句子的反应是不能反映其人格特点的,但是,如果我们从整体反应模式来看,被试在人格维度上的特点就能显现出来。人格量表中的每一个题目都是经过筛选的,而不是随意添入的。MMPI-2 通过 10 个分量表对人格中的 10 个方面进行测量(表 12-3)。经计算并将测量结果制成曲线,我们就可以看到变态与常态之间的差别,并确定各种人格障碍的问题性质(图 12-5)。在一个分量表中得分超过 66 分者可被认为存在人格障碍,超过 76 分者即可能为严重患者。通常情况下,得分低于 40 分者也可被认为存在人格障碍或其他问题。除了测量人格障碍,通过使用这些量表,还可以发现由于药物滥用、饮食失调、压抑、愤怒、低自尊、家庭问题等因素而产生的问题,为临床治疗或人员选拔工作提供依据。

表 12-3　MMPI-2 的 10 个分量表

分量表	患者基本症状
1. 疑病量表	患者对自己的身体健康过度担忧
2. 抑郁症量表	患者极度悲观,感觉自己没有价值、没有希望
3. 癔症量表	患者出现身体不适,但找不出任何生理原因
4. 心理病态偏离量表	严重者情感淡漠,无视社会规范和道德准则
5. 男 性 化—女 性 化量表	传统意义上的高“男性化”为攻击性强,高“女性化”为敏感性强
6. 妄想症量表	患者疑心极强,有被害妄想
7. 精神衰弱量表	患者有无法摆脱的忧虑、恐惧症和强迫性行为
8. 精神分裂症量表	患者情绪失控,想法及行为古怪、不正常
9. 躁狂症量表	患者情绪亢奋,处于躁狂心境中,行为异常,活动过量
10. 社会性内向量表	患者有严重的社会性退缩倾向

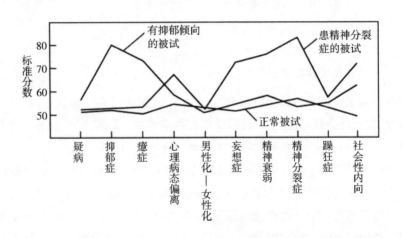

图 12-5　MMPI-2 测量结果图示

（2）由因素分析建构的量表。这方面最有名的当推卡特尔 16 个人格因素量表（16PF）。该量表共 187 个题目,表述方式如下：

在接受困难任务时,我总是：

A. 有独立完成的信心　B. 不确定　C. 希望有别人的帮助和指导

我的神经脆弱,稍有点刺激就会使我胆战心惊：

A. 时常如此　B. 有时如此　C. 从不如此

我喜欢从事需要精密技术的工作：

A. 是的　B. 介于 A、C 之间　C. 不是的

在需要当机立断时，我总是：

A. 镇静地应用理智　B. 介于 A、C 之间　C. 常常紧张兴奋

被试在每题后的 3 种答案中圈选 1 项。16 个人格因素见表 12-4。测量结果可以形象地绘制成 16PF 人格剖面图。如图 12-6 表现的是一组飞行员、一组艺术家和一组作家的平均得分的剖面图。不难看出，艺术家和作家的人格特点较为相似，而与飞行员差别较大。

表 12-4　16PF 的人格因素

因素	低分者的特征	高分者的特征
因素 A：乐群性	缄默, 孤独, 冷淡	外向, 热情, 乐群
因素 B：聪慧性	思想迟钝, 学识浅薄, 抽象思考能力弱	聪明, 富有才识, 善于抽象思考
因素 C：稳定性	情绪激动, 易烦恼	情绪稳定而成熟, 能面对现实
因素 E：持强性	谦逊, 顺从, 通融, 恭顺	好强, 固执, 独立积极
因素 F：兴奋性	严肃, 审慎, 冷静, 寡言	轻松兴奋, 随遇而安
因素 G：有恒性	苟且敷衍, 缺乏奉公守法精神	有恒负责, 做事尽职
因素 H：敢为性	畏怯退缩, 缺乏自信心	冒险敢为, 少有顾虑
因素 I：敏感性	理智, 着重现实, 自恃其力	敏感, 感情用事
因素 L：怀疑性	信赖随和, 易与人相处	怀疑, 刚愎, 固执己见
因素 M：幻想性	现实, 合乎成规, 力求妥善合理	幻想的, 狂放任性
因素 N：世故性	坦白, 直率, 天真	精明能干, 世故
因素 O：忧虑性	安详, 沉着, 通常有自信心	忧虑抑郁, 烦恼多端
因素 Q1：实验性	保守, 尊重传统观念与行为标准	自由, 批评激进, 不拘泥于现实
因素 Q2：独立性	依赖, 随群附和	自力自强, 当机立断
因素 Q3：自律性	矛盾冲突, 不顾大体	知己知彼, 自律严谨
因素 Q4：紧张性	心平气和, 闲散宁静	紧张困扰, 激动挣扎

客观测验的优点是实施简便, 评分一定, 容易数量化。其缺点是, 被试在回答问题时容易受社会期望的影响或道德防御的限制, 同时被试对自己人格的认识也不一定正确, 因而会影响测量的效度。

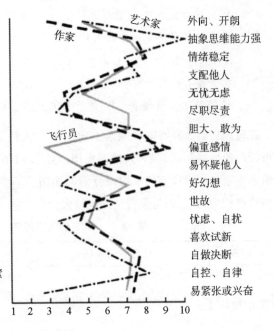

		外向、开朗
1. 缄默、孤独		
2. 抽象思维能力差		抽象思维能力强
3. 情绪易波动		情绪稳定
4. 顺从他人		支配他人
5. 小心谨慎		无忧无虑
6. 敷衍了事		尽职尽责
7. 胆小、害羞		胆大、敢为
8. 讲究实际		偏重感情
9. 易相信他人		易怀疑他人
10. 重现实		好幻想
11. 直率		世故
12. 沉稳、自信		忧虑、自扰
13. 保守		喜欢试新
14. 依附群体		自做决断
15. 不顾大局、我行我素		自控、自律
16. 心态平和		易紧张或兴奋

图 12-6　16PF 人格剖面图

投射测验

你是否曾经把一朵云看成是一张脸或一种动物？如果让你的朋友来看，他们看见的可能是一个睡美人或一条龙。心理学家用投射测验来进行人格测评时正是运用了其中的原理。投射测验就是向被试呈现模棱两可的刺激材料（如墨渍或不明确的人物图片），要求被试解释其知觉，让他在不知不觉中将情感、态度、愿望、思想等投射出来。与客观测验不同，投射测验对反应的范围不作预先的规定，被试可以自由作答。由于在投射测验中被试不知道答案的意义，因而可以排除客观测验时可能出现的作假现象，从而获得被试真实的反应。但投射测验比较缺乏客观效度，其实施程序、记分以及对结果的解释也都必须经过专门的训练。目前最著名且应用最广泛的投射测验，一个是由瑞士精神病学家罗夏（H. Rorschach）创立于 1921 的罗夏墨渍测验，一个是由默里（H. Murray）创立于 1938 年的主题统觉测验。

重大研究：墨渍测验（罗夏，1921）

有一个常被提到的有关罗夏墨渍测验的故事，讲的是一个心理治疗师给一个病人做罗夏墨渍测验。在呈现第一张图片时,心理治疗师问:"这张卡片使你想起了什么?"病人回答:"性。"呈现第二张图片后,治疗师问了同样的问题,病人又回答:"性。"当5张图片都得到了同一个答案后,心理治疗师评论道:"看来,你的大脑已经被性占据了。"对此,病人吃惊地回答道:"我?医生,是你呈现了这些肮脏的图片!"当然,这个故事把罗夏墨渍测验过分简单化了,虽然为了鼓励被试做出积极解释,被选择的墨渍图本身是意义含糊、富于联想性的,但平均而言,性方面的导向并不占优。

罗夏墨渍测验是由瑞士精神病学家罗夏(H. Rorschach)1921年提出的。在罗夏墨渍测验中,刺激只不过是一幅幅对称的墨渍图,它可以被知觉为各种各样的物体,罗夏称之为"对随机图形的解释"。罗夏技术的理论基础是,在对随机墨渍进行解释时,被试的注意力被转移,而使心理防御相对减弱。进而,深藏于心中的想法慢慢浮现。倘若被知觉的刺激是模棱两可的(也就是说,没有多少线索能说明它到底是什么),那么对刺激的解释就必将来自于个人的内心深处(Rorschach,1942)。

罗夏对于墨渍图形如何制作的解释,听起来很像是创作有趣的儿童艺术作品:"制作这种随机图形非常简单:把少许大块墨渍滴在一张纸上,将纸对折,墨水就会在纸的两半对称地扩散。"然而,只有那些满足一定条件的图形才能使用。例如,图形必须相对简单、对称和对某物体有适度的暗示。他说,图形必须是对称的,因为不对称的墨渍会由于难以解释而为被试所拒绝。经过大量测试,罗夏最终确定了10个图形,组成了最早的罗夏墨渍测验;其中,5张是黑白的,2张是黑白加一点红色的,3张是彩色的(图12-7是一些样图)。

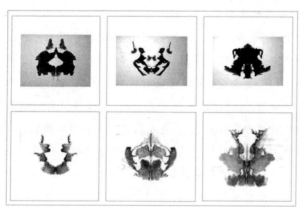

图12-7 罗夏墨渍测验图样

罗夏墨渍测验的施测过程很简单,即每次呈现给被试一张图片,并提问:"这可能是什么?"被试可自由地改变图片的方向,也可以按自己的喜好将它放得离眼睛远点儿或近点儿。施测人员或治疗师不给被试任何建议,只是记录被试对每个图形的所有反应。测验也没有时间限制。罗夏指出,被试几乎都认为这个测验是用来测试人的想象力的。然而,他解释说,这不是一个想象力测验,并且人想象力的丰富与否不会明显改变测验的结果。罗夏认为,这是一个知觉测验,并涉及感觉、记忆、无意识和意识的过程,这些刺激图形与个体内心的某种力量联系在一起。罗夏列出了被试对 10 张墨渍图回答的几条记分规则:(1)总共反应了多少次?反应时间,即在回答之前被试看图片花了多长时间?被试拒绝解释卡片的次数?(2)被试的解释只取决于图形的形状,还是也包含了颜色?或在知觉中是否包含了运动?(3)图形被看成是一个整体还是几个部分?哪些部分被分离出来?被试对此如何解释?(4)被试看到了什么?有意思的是,罗夏认为在被试对墨渍做出的回答中,对图形内容的解释是最不重要的。

为了解不同人群在墨渍测验中可能做出的不同表现,罗夏等人对来自不同群体的被试进行了测试。这些群体不仅包括受过不同教育的正常个体,还包括精神分裂症患者及躁狂抑郁症者。表 12-5 列出罗夏所报告的对 10 张墨渍图有代表性的反应类型。当然,这些反应会因个体或群体的不同而发生变化,表中列出的仅是一些例子。罗夏发现被试通常对 10 个图形共给出 15—30 个反应,抑郁的被试一般给出的答案较少;快乐的被试给出的答案较多;精神分裂症病人的答案数目在个体间有很大的差异。至于反应时间,全部测验通常需要 20—30 分钟完成,精神分裂症患者所用时间平均较正常人少很多。正常被试几乎从不拒绝对所有图形做出回答,但精神分裂症患者常常拒绝回答。罗夏认为,被试对图形的哪一部分进行解释、解释中是否包含运动或颜色,这些对分析被试的测验成绩都是非常重要的。他还认为在记分时,上述因素是非常复杂的;主试需要经过训练和体验,才能恰当地分析被试的回答。不过,有人提供了一种有效而简洁的评价方式:使用整个墨渍图进行解释显示了被试综合思维和抽象思维的能力,而解释细节部分的频率很高则意味着被试有强迫性的固执;相对较多地使用白色部分是叛逆和消极的信号;描述人在运动的回答显示了被试的想象力和丰富的内心生活;在回答中颜色占主导地位说明被试比较感情用事和冲动(Gleitman,1991)。至于罗夏提出的分析被试反应的最后一条准则,即被试在墨渍中真正看到了什么,最常见的回答多包括动物和昆虫。有趣的是,抑郁症患者回答动物的比率最高,而艺术家回答动物的比率最低。罗夏提出的另一类型是"原创性回答"。这种回答在每100次测验中发生的概率少于1次。原创性回答在被诊断为精神分裂症的被试中最为常见,而在中等智力水平的正常被试中最为少见。

表12-5　正常被试对墨渍图的典型反应

图形编号	反应
I	两个圣诞老人用手臂夹着两把扫帚
II	一只蝴蝶
III	两个提线木偶的形象
V	家具上的一件装饰品
V	一只蝙蝠
VI	一只飞蛾或一棵树
VII	两个人头或两个动物的头
VIII	两只小熊
IX	两个小丑或燃烧的火焰
X	一只兔子的头,两条毛毛虫或两只蜘蛛

罗夏指出,测验的最初目的是为研究一些有关人脑和心理无意识方面的理论问题,发现该测验有作为诊断工具的潜力纯属偶然。罗夏认为他的测验常能对精神分裂症倾向、隐匿性神经症、潜在的抑郁、内向或外向性格和智力起提示作用。但他的意思并不是说墨渍测验能取代通常的临床诊断技术,只是可以对诊断过程有所帮助。罗夏也警告说,虽然测验可显示一定的无意识倾向,但不能详细探明无意识的内容。他认为其他当时的常用技术,像梦的解析和自由联想是实现此目的的更好方法

自从罗夏编制了墨渍测验后,几十年来引发了大量研究。而该测验的效度问题成为人们研究和争论的焦点,即测验是否测量到了罗夏所要测量的潜在的人格特征。有研究证明,罗夏归因于人格因素的许多不同反应,事实上可以很容易地为下列因素所解释:言语能力、被试的年龄、智力水平、受教育程度甚至施测者的人格特征(Anastasi & Urbinai,1996)。但是,也有不少研究显示了支持的证据。例如,有人采用罗夏墨渍测验对66名14—17

岁的精神病男性罪犯进行了研究,结果发现,至少罗夏墨渍测验的某些标准变量与各种心理病理学水平存在明显联系(Loving & Russell,2000)。同时,一些改编的罗夏墨渍测验也在不断出现。例如,有人编制了一种称为"家庭相册"的极富创造性的新型诊断工具用于个体和家庭治疗。该治疗技术要求当事人以美术剪贴的形式自由创建一本家庭相册,剪贴的材料可以是图画、照片、短文、纪念晶或当事人想剪贴的任何其他材料。最终的作品将被用于治疗过程,其原理与罗夏墨渍测验完全一样(Yerushalmi & Yedidya,1997)。

从整体上讲,罗夏墨渍测验作为一种人格测验或诊断工具,其信度和效度都不令人满意。虽然如此,该测验在临床心理学家和心理治疗师中仍应用甚广。这种矛盾可以这样理解:罗夏墨渍测验技术并不作为正式测验使用,而只是作为治疗师对当事人进行了解的一种额外手段,其实质是延伸了治疗师和当事人之间的言语交流。我们已经看到了罗夏所做贡献的持久影响力,相信未来的投射测验会有更大的效力和应用价值。(选自 Roger R. Hock 著/白学军等译,2010)

重大研究:主题统觉测验(默里,1935)

在罗夏墨渍测验问世不久,默里(H. A. Murray)和他的助手摩根(C. D. Morgan)于1935年在哈佛心理诊所编制了另一种完全不同的投射测验,称为"主题统觉测验"(TAT)。该测验把注意的焦点全部集中在被试解释的内容方面(Murray,1938)。与罗夏墨渍测验无结构的图形不同,TAT 测验由一套黑白图片组成,图片中人物所处的情境没有特定含义;要求当事人或被试看图讲故事,然后治疗师或研究者对故事的内容进行分析,以揭示被试隐藏在无意识中的冲突("统觉"的意思是有意识的知觉)。当然,从根本上说,TAT 测验与罗夏测验一样,都认为人的行为是由无意识力量驱动的,为了准确诊断和成功治疗心理问题,必须揭示无意识冲突。

TAT 测验的理论基础是,当你观察人的行为时,无论是在图画中还是在现实生活中,你对该行为的解释将以情景中可获得的线索为依据。倘若行为的原因显而易见,那么你的解释将不仅仅是正确的,而且也会与大部分观察者相一致。然而,如果情景模棱两可且很难找到行为的原因,那么你的解释似乎将更多地反映出与你自身有关的某些东西,诸如你的恐惧、愿望、冲突等等。例如,假设你看到一个男人和一个女人的脸,他们仰望天空,表情迥异:男的似乎受到惊吓,而女的正在开怀大笑。如果再进一步观察此情景,你发现原来他们正排队等着乘坐过山车。在该情景中解释这对夫妇的行为并不困难,并且你的解释可能或多或少地与其他观察者相同。现在假设你在孤立的、没有任何线索的情景下看到相同的表情,然后问你:"这些人在干什么?"你的回答将以你的内心想法为解释,并且它会更多地揭示你的内心世界而不是你观察的对象。此外,由于孤立行为的意义模棱两可,因此不同观察者的回答将有很大区别,例如,他们正在看飞碟,或在看一场滑雪赛,或在看孩子们攀登,抑或看一场逼近的龙卷风。默里写道:"这一程序的目的就是刺激文艺的创造,从而激发幻想,以揭示在潜意识中的情结。"他们对这个过程的构想是,给被试呈现模棱两可的描绘人类行为的图画;为了解释图画,被试的自我意识会有所下降,也不太会意识到治疗师正在观察他们;这将进一步减少人的自我防御,揭示出内心的愿望、恐惧以及被压抑的过去经历。

通过对几百幅图画的反复试误,默里最终选择了 20 幅图画(图 12-8 是一些图样)。这里介绍默里 TAT 测验的一项早期研究。被试为年龄在 20—30 岁之间的男性。每位被试坐在一张舒适的椅子上,背对主试。指导语如下:"这是一个测量你创造性想象力的测验。我将呈现给你一幅图画,希望你根据这幅画,编一个情节或一个故事。画中人物的关系如何? 在他们身上发生了些什么事? 他们当时的想法和感受是怎样的? 结果会如何? 请尽你的最大努力来完成这项任务。我要求你尽情发挥你的文学想象力,因此你尽可以按照你希望的长度和详细程度编写这个故事。"主试依次向被试呈现图画并记录被试对每幅图画的描述,每个被试有 1 个小时的时间。由于时间的限制,大多数被试只能完成 20 幅图画中的 15 幅。几天以后,被试被重新召回并被问及与故事有关的一些问题。为了掩饰研究的真实目的,被试被告知该研究的目的是比较他们与著名作家的创造力。主试重复被试上一次对图画的反应,并要求他们解释故事的来源。而后他们还要接受一个自由联想测验,在这个测验中主试要求被试在主试报出一串词以后,说出自己的第一反应。这些测验是用来判断被试依据图画所编的故事,在多大程度上反映了他们的个人经历、冲突、愿望等等。

默里报告了从这项早期研究中得出的两个主要发现。第一是发现被试所编的故事有 4 个来源:(1)书籍和电影;(2)发生在朋友和亲属身上的

图 12-8　主题统觉测验图样

真实生活事件；(3)被试自己的亲身经历；(4)被试意识或潜意识中的幻想。第二项发现也是更重要的发现，即被试很清晰地把自己的人格、情感以及心理投射到他们的故事之中。例如，大多数学生被试会把一幅画中的主人公看作学生，而非学生被试就不会这么做。再如，一名被试的父亲是船工并且被试有一种想去周游世界的强烈愿望，这种幻想出现在他对好几幅图画的解释中。为了进一步说明 TAT 测验是如何反映人格特征的，默里对其中一个被试的情况做了详细报告。维尔特是一个俄国籍犹太人，在一战期间，经受了迫害、饥饿、与母亲分离等这些恐怖的童年经历后，移民到了美国。以 TAT 测验的第 13 张图画为例："一个男孩儿坐在地板上，背靠着长沙发，头斜靠在右臂上，卷曲着身子。在他旁边的地板上有一个形似左轮手枪的东西。"维尔特对这幅画的描述如下："可怕的事情发生了，他所爱的某个人，也许是他的妈妈，自杀了。她可能因为贫穷而自杀。他已经是一个懂事的孩子，明白眼前发生的一切，他也想自杀。但他毕竟是一个孩子并且不久就振作起来。有一段时间，他一直处在不幸之中，最初的几个月他想到死。"

　　虽然 TAT 测验所使用的刺激与罗夏墨渍测验差异很大，但它也在信度和效度方面遭到了同样的批评。TAT 测验最严重的信度问题是，对同类反应，不同的临床医生会给予不同的解释。有人认为，治疗师可以在不经意间把自己的潜意识特性加入被试对图画的描述之中。换言之，对 TAT 的解释可能会变成对实施该测验的临床医生的投射测验！就效度而言，人们常会提出数种批评。如果该测验测量了基本心理过程，那么它就应该可以鉴别正常人和精神病人，或鉴别不同类型心理问题。但研究显示，它不能进行这样的鉴别。有人对两组男性退伍军人实施 TAT 测验，一组是大学里的学生，而另一组是精神病院的病人。在对 TAT 测验结果进行分析后，研究者发现在这两组之间或在不同类型的精神病人之间均无显著性差异(Eron,1950)。其他一些研究对 TAT 测验预测行为的能力提出了质疑。例如,如果一个人在其故事中涵盖了大量的暴力,这并不能区分这种攻击性只存在于被试的幻想中,还是真实暴力行为的潜在表现。由于 TAT 测验的反应不能说明某一个体应归为哪一类,因此该测验在预测攻击倾向方面的价值很小。另一种对 TAT 测验基本的、也是非常重要的批评是对投射假说本身的有效性提出怀疑。TAT 测验依据的假设是,被试对图画所作的描述揭示了他们关于自我的稳定的潜意识过程。但是大量研究已找到了各种与 TAT 测验结果相关的影响因素:饥饿、缺乏睡眠、应用药物、焦虑水平、挫折、语言能力、施测人员的特征、被试对测验情境的态度和被试的认知能力(Anastasi & Urbinai,1996)。尽管如此,默里的研究和主题统觉测验仍然被众多的人格特征研究及人格测验的研究所引证和使用。例如,有人对 TAT 预测人的自杀可能性的能力进行了评估,结果显示,TAT 能辨别有自杀倾向的个体与无自杀倾向个体的"二分思维"。二分思维已被证实与抑郁、自杀倾向和自杀未遂之间存在联系。此外,该研究发现有自杀倾向被试编的故事明显比无自杀倾向的被试短(Litinsky & Haslam,1998)。默里的研究也为不少有关人格障碍的研究所借鉴,其中有研究发现,TAT 测验可成功鉴别人格障碍,并且 TAT 分数与 MMPI 分数一致(Ackerman et al. ,1999)。

像 TAT 测验和罗夏墨渍测验等投射测验最引人注目的一个方面是,尽管有大量的证据谴责它们信度、效度低,理论基础可能不正确,但它们仍在常用心理测验之列。事实上,临床医生仍然热衷于这些测验工具,而实验心理学家却渐渐对它们有了戒心。如何调和这一矛盾?对这一问题最普遍的答案是,TAT 测验和罗夏墨渍测验通常被用在心理治疗方面而不是用在心理测验方面,它们更多地是作为临床医生问诊的一个补充部分。(选自 Roger R. Hock 著/白学军等译,2010)

【知识点】

人格　气质　多血质　粘液质　胆汁质　抑郁质　高级神经活动类型　特质　"大五"　客观测验　MMPI　16PF　投射测验　罗夏墨渍测验　主题统觉测验

【思考题】

1. 如何理解人格的内涵?

2.有哪些主要的气质学说？

3.试用巴甫洛夫学说解释气质。

4.有哪些有名的人格特质分类？

5.如何看待中国人的人格因素结构？

6.举例说明影响人格形成和发展的因素。

7.比较客观测验与投射测验的利弊。

8.讨论投射测验。

【扩展阅读】

1. 黄希庭：《人格心理学》，浙江教育出版社 2002 年版。

2. 郭永玉：《人格心理学：人性及其差异的研究》，中国社会科学出版社 2005 年版。

3. 郑雪主：《人格心理学》，暨南大学出版社 2007 年版。

4.〔美〕L. A. 珀文主编：《人格科学》，周榕、陈红、杨炳钧、梁秀清译，华东师范大学出版社 2001 年版。

5.〔美〕L. A. 珀文、O. P. 约翰主编：《人格手册：理论与研究》（第二版）（上、下册），黄希庭主译，华东师范大学出版社 2003 年版。

6.〔美〕Jerry M. Burger：《人格心理学》（第七版），陈会昌等译，中国轻工业出版社 2010 年版。

7.〔美〕兰迪·拉森、戴维·巴斯：《人格心理学：人性的科学探索》（第二版），郭永玉等译，人民邮电出版社 2011 年版。

第十三讲

心理健康与社会和谐

在当今社会,随着生活节奏的加快、社会竞争的加剧、文化多元及价值冲突的加深,"心理健康"已经成为一个使用频率越来越高的词。世界卫生组织公布,心理疾病将成为全球第二大疾病;从青少年到中年乃至老年,心理问题都严重地影响人群的健康。现在,人们也普遍意识到,现代社会的竞争已不单纯是智力和体力的竞争,更重要的是心理素质,是心理与人格的较量。但究竟如何衡量心理健康,如何提高自身应对心理困扰的能力,如何增进社会和谐,本讲就将探讨这些大家普遍关注的问题。

一、心理健康的特征

谈到健康,以前人们只知道或关注生理健康,一般也就是饮食起居的卫生,但对心理健康却知之甚少。早在 1970 年代,联合国世界卫生组织(WHO)顺应时代的进步,给健康下了一个新的定义:"健康不仅指没有疾病或躯体正常,还要有生理、心理和社会适应方面的完满状态。"由此可见身心平衡、情感理智和谐是一个健康人的必备条件。伴随着我国的现代化进程,这个定义也逐渐为国人所接受和认同。而所谓心理健康,则是指不仅没有心理异常或疾病,而且在身体上、心理上以及社会行为上都能保持良好状态。

心理健康有生理、心理和社会行为三方面的意义。从生理上看,一个心理健康的人,其身体状况特别是中枢神经系统应当是没有疾病的,功能应在正常范围之内,没有不健康的特质遗传。脑是心理的器官,健康的身体特别是健全的大脑乃是健康心理的基础。只有具备健康的身体,个人的情感、意识、认知和行为才能正常运作。从心理上看,心理健康的人不仅各种心理功能系统正常,而且对自我通常持肯定的态度,有自知之明,清楚自己的潜能、长处和缺点,并能发展自我。现实中的自我既能顾及生理需求又能顾及社会道德的要求,面对现实问题,积极调适,有良好的情绪感受和心理适应能力。从社会行为上看,心理健康的人能有效地适应社会环境,妥善地处理人际关系,其行为符合生活环境的文化的常规模式而不离奇古怪,角色扮演符合社会要求,与社会保持良好的接触,且能对社会有所贡献。

但究竟什么是心理健康? 虽然人们都经常主观地在评估自己的能力、性格、自信心等,但真要让你评估一下自己的心理健康状况,可能会感到困难。而且,心理健康也不像生理健康那样可以用一些数据加以量化,如体温、脉搏、血压、肝功能指数等。另外,心理健康与不健康并非绝对的两个方面,而是一种相对的形态,每个人在不同情境中的行为表现、内心体验也不完全一致。正因为如此,对于心理健康者的特点,学者们的看法不尽一致。综合各家的见解,可将心理健康者的特征归纳为以下几点。

积极的自我观念

心理健康的人能够体验到自己的存在价值,他们了解自己的长处与短处,并对此有适当的自我评价,不过分自我炫耀,也不过于自我责备;即使对自己有不满意的地方,也不妨碍其感受自己较好的一面;他们悦纳自己,同时也觉得自己能为他人所接纳。心理不健康的人则缺乏自知之明,或者自高自大,目空一切;或者只看到自己的缺点,对自己总是不满意,由于所定的目标和理想太高,主观与客观现实相距甚远,因而总是自责、自怨、自卑。例如有人会对自己说:"我不如期望中漂亮,我真是一无是处。"心理健康的人则会告诉自己说:"我虽然不如理想中漂亮,但我仍有不少优点,我是快乐的。"再者,心理健康的人既有遵循社会行为规范的愿望,也不会过分压抑自己,能实在而坦然地看待自己。另外,一个人自己眼中的我和别人眼中的我是否一致也是一个重要的关键,二者越趋于一致,显示心理越健康;若不一致,则容易造成心理困扰。总之,一个心理健康的人由于有着积极的自我观念,他的"理想我"与"现实我"、"应该我"与"实际我"、"镜像我"与"真实我"之间通常是协调一致的;即使有矛盾,也不会对其心理健康构成威胁,反而有可能促进自我的发展。

悦纳他人

心理健康的人乐于与人交往,既能接受自我也能接受他人,悦纳他人,认可他人存在的重要性和作用,因而也能为他人和集体所接受,人际关系融洽。朋友可以满足个人安全与归属的需要,满足爱与被爱的需要;朋友能替自己分忧解愁,有助于心理健康。在人际交往中,一个心理健康的人对待他人,尊重、信任、赞美、喜悦等正面态度总是多于仇恨、猜疑、嫉妒、厌恶等负面态度;他们不一定有许多朋友,但一定有一些亲近的朋友。良好的人际关系既反映出一个人的社交能力和悦纳他人的特质,同时也是心理健康的特点之一。因为他在与人交往时感到舒服自在,感到安全可靠。一个心理健康的人,其个人思想、目标、行动能融入社会要求和习俗,能重视团体需要,并能有效调控为他人所不容的欲望。

面对现实

每一个人都是从过去经现在走向未来。心理健康的人能够面对现实、接受现实,而不会沉湎于过去或陷入不切实际的幻想之中。他能吸取过去的经验,针对现在,策划将来;他既能重视现在,也能权衡过去、现在与未来的关系,预见即将来临的问题和困难,并事先设法加以解决。而心理不健康的人往往以幻想代替现实,没有足够的勇气去接受现实的挑战,常常抱怨自己生不逢时或责备环境不公而怨天尤人,对未来十分悲观。当然,心理健康的人也会遭遇挫折,也有面对失败的时候,但他对各种经验,无论成功与失败的经验都能持开放的态度;当面对失败与挫折时,他既不会否认或推诿,也不会因此而否定自己,而能视为自身经验的一部分,坦然面对,从容应付。

认知完整

每个人每天都要应对环境中的种种压力,因此,对现实有正确的觉知,并做出合理的解释是相当必要的。为此,正常的智力水平是心理健康必不可少的保证。心理健康的人能与现实保持良好的接触,对环境做出客观的观察,进行有效的适应,而不是歪曲现实环境。心理不健康的人却往往对现实缺乏正确的知觉能力,杯弓蛇影,心神不宁。

情绪适度

心理健康的人能恰当地调控自己的情绪,其心情以喜悦、愉快、乐观、满意等积极的情绪状态为主,虽然也会有沮丧、愤怒、悲伤、恐惧等消极的情绪状态,但不会长久持续。他的情绪表达是适度的,控制恰如其分,不会太过或不及;情绪如果不加以控制或过分压抑都有损于心理健康。心理健康的人当然不是没有七情六欲,重要的是他在情绪方面能恰当地估量并表现得合乎情境。疏解消极情绪对心理健康尤为重要,如果不加以调控,经常以消极的情绪和态度看待人生,不仅情绪上会愈加郁闷和沮丧,而且会感到压力越来越多、越来越重,身心不堪重负。因此,心理健康的人心境通常是开朗的、乐观的。

热爱生活

心理健康的人珍惜和热爱生活，并享受人生的乐趣，而不会视生活为负担。他乐于学习，积极工作，在学习和工作中施展才能，并从学习和工作成绩中得到满足和激励。对学习和工作的投入，能使人获得成就感并提高自我价值感，有益于心理健康。乐于学习和工作，既反映出一个人的学习和工作能力，同时也是心理健康的一个重要指标。一个心理健康的人，是热爱生活、乐于学习、勤于工作的人。

丰富的人生经验

心理健康是一个实践的过程。就像身体的健康必须要有足够的营养和适当的锻炼一样，心理的健康也只有在一个人有了丰富的人生阅历，历经生活磨炼，不断战胜挫折与失败之后，才可能真正建立起来。心理健康绝不等于心情愉快、没有烦恼那么简单，它必须从生活实践中得出，并经得起实践的检验。很难想象，一个思想简单、生活阅历贫乏、一帆风顺的人，在复杂多变的现实社会环境中能拥有真正意义上的心理健康。所以说，心理的健康不是从书本上就能找到答案的，学生的心理健康教育也绝不仅仅是书本的教育，或者仅仅是如何消除烦恼的问题；事实上，挫折教育本身就是学生心理健康教育的一个重要的组成部分。

二、压力与应对

有一种情形是人们经常报告的，而且成了日常生活的基调，那就是压力。当环境刺激事件打破了有机体的平衡和负荷能力，或者超过了个体的能力所及，就会体现为压力。现代社会给人们带来了快节奏、高消耗的生活，人们仅有的时间里总有许多事情要做，还要为前景担忧，很少有时间分给家庭和娱乐。但是，如果没有了压力，你的生活是否就一定会好些呢？没有压力的生活也就没有了挑战，没有了困难要去克服，没有了新的领域要去开拓，也没有了理由去加速运转头脑或提高能力。每个有机体都要面临来自外界环境和个体需求的压力，个体必须要面对和解决这些问题。

一般生理应激反应

无论是动物还是人类，在遇到突如其来的威胁性情境时，身体上都会自动发生一种类似"总动员"的反应现象。这种本能性的生理反应,可使个体立即进入应激状态以维护其生命的安全,称为应激反应。应激反应由个体行为表现于外时可能有两种形式:一是向对象攻击,二是逃离现场。所以也称这种反应为攻击或逃离反应。

个体在应激反应时生理上所产生的变化,不因刺激情境不同而不同。只要在性质上是危害个体生存安全的,反应都是一样的,火灾、地震、枪击等等不同的刺激都会引起同样的反应。生理上的应激反应是由自主神经系统支配的,这时生理上的变化相当复杂,其中主要包括:由肝脏迅速释出葡萄糖,以增强全身肌肉活动所需的能量;由下视丘控制,迅速增加分泌相关激素,以转化身体上储存的脂肪与蛋白质为糖分;加强体内代谢功能,以备体力消耗的需要;加快心跳、增高血压、加速呼吸,以吸收更多的氧气;皮肤表层下微血管收缩,以避免受伤时流血过多;脾脏释放出更多的红血球,以便向身体各部分运送更多的氧气;骨髓增加更多白血球以准备抵抗感染。上述总动员式的应激反应,主要受自主神经系统中下丘脑的控制。因此,在生理心理学上又称丘脑下部为应激中心。

上述应激反应还只能说明个体在短时的压力下所产生的生理反应。如果压力情境持续下去,个体在身体上将产生何种反应呢? 加拿大内分泌学家赛里(Selye,1956)曾从事多项压力的实验研究:将白鼠置于不同的压力情境下,观察白鼠在压力持久存在与变化情况下身体上表现出来的反应。实验所采用的威胁性刺激是冷气、热气与有毒(不伤其生命)食物等,有时只用一种刺激为压力因素,有时两种并用;其中采用最多的方法是,将白鼠置于可调节冷度的冰箱内,让它在极冷的压力下生活数月之久,以此观察压力的时间长短与身体反应的关系。结果发现:白鼠所表现的适应能力与压力持续的时间有密切的关系。赛里根据白鼠的反应将整个适应历程分为三个阶段(图 13-1):(1)警觉反应阶段。这一阶段又按生理上的不同反应分为两个时期,一为震撼期:由于刺激的突然出现而产生情绪震撼,随之体温与血压均下降,肌肉松弛,显示缺乏适应能力。二为反击期:肾上腺分泌增加,继而全身生理功能增强,进入类似前文所述的应激反应阶段。(2)抗拒阶段。此阶段个体生理功能大致恢复正常,表示个体已能适应艰苦的生活环境。但如果压力持续下去,个体的适应能力就会下降,最终出现第三阶段。(3)衰竭阶段。至此阶段,个体适应能力丧失,精疲力竭,陷入崩溃状态,继而死亡。赛里将整个适应过程的生理反应称为一般适应症候群。研究还发现,如果在原压力基础上增加另一新的压力(如冷冻之外再加毒食),个体抗拒阶段的适应能力将大为降低,结果导致衰竭阶段提前出现。

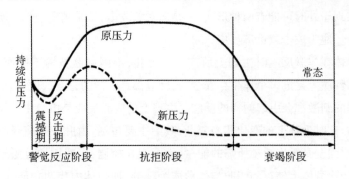

图13-1 一般适应症候群

上述一般适应症候群所表现的长期压力下的适应现象,得到了很多研究者动物实验的重复验证。按赛里的说法,这一原则同样可用来解释人类在长期压力下的行为反应。我们由个体处于压力下的生理反应过程可以获得两点启示:其一,个体对环境的压力具有相当大的抗拒力与适应力,如果在抗拒阶段不增加其他压力,或在衰竭阶段出现之前将压力减低或停止,个体的命运就可能转危为安,甚至经过一次压力的"挑战"或"考验",很可能增强了以后对同类压力的适应能力。其二,在个体适应压力的过程中,如在开始或中途增加另一压力,将使其适应能力大减,提前陷入衰竭阶段。因为人所承受的生活压力绝非单单一种,所谓"屋漏偏逢连夜雨,行船又遇顶头风",像这种"祸不单行"的事,在生活上是很难避免的。不过,按照认知心理学的观点,一般适应症候群的原则只能解释人类应对生活压力的部分事实,不能用来普遍推论。原因是当事人对构成其生活压力的刺激情境,可能因不同的认知评价而有不同的适应方式。

压力源

(1)重大生活事件。生活环境的重大改变是许多人产生压力的根源。即使这些事件是受欢迎的,它们仍会改变生活常规,个体需要去适应新的要求。比如,虽然孩子的出生对于新婚夫妇的生活而言是一件大喜事,但仍然是一个重大的压力来源,将会导致婚姻满意度的降低(Cowan & Cowan,1988)。因此,当试图找到压力同生活变化之间的关系时,必须同时考虑积极和消极变化。

（2）灾难性和创伤性事件。一个事件如果不仅是消极的，还无法控制、无法预测或暧昧不清，它就特别具有压力。这些情况在灾难性事件中尤为突出。对1989年旧金山大地震后的反应研究发现了三个明显的应激反应时期：在紧急时期（最初的3—4周），社会接触、焦虑和关于地震的强迫观念都有所上升；抑制期（3—8周）的典型特征是关于地震的谈论和想法突然减少，但间接的、与应激相关的反应却有所增加；在适应期（两个月后），灾难给大多数人带来的心理影响都结束了，但仍有多达20%的旧金山地区的幸存者停留在地震带来的痛苦之中，而且长达一年之久（Pennebaker & Harber，1993）。强奸和乱伦的受害者、飞机和其他严重交通事故的幸存者、退伍军人以及其他一些亲身经历了创伤性事件的人们，可能在情绪上出现创伤后应激障碍。在遭到袭击后两周进行的评估中，94%的强奸受害者被诊断为创伤后应激障碍；遭袭击后的第12周，仍有51%的受害者符合诊断标准（Foa & Riggs，1995）。创伤后应激的情绪反应可以在灾难后立即发作，数月后平息，也可能会一直持续，变成慢性综合症，还可能在数月甚至数年后才发生。临床发现，第二次世界大战和朝鲜战争中的许多退伍军人出现了残余或延迟的应激障碍（Zeiss & Dickman，1989）。

（3）慢性应激源。慢性应激源是一种持续的压力。研究者已经在那些患有癌症之类严重疾病的患者身上发现，应对癌症诊断和治疗的慢性焦虑对健康造成的损害要远大于疾病本身。对许多人来说，慢性应激来自于社会和环境条件，如人口过剩、犯罪、经济条件、污染、艾滋病和恐怖主义等等。一项研究对持续三十多年经济困难的参与者进行了测量，结果表明，长期的经济困难会导致更糟的生理、心理和认知功能（Lynch et al.，1997）。经历的经济困难时期越长，他们的一些生理功能就存在越多的困难，这些生理功能和日常生活的基本活动密切相关，比如烹饪、购物和沐浴。同样的效应在心理功能和认知功能上也有所体现。同那些没有经历过经济困难的人相比，有过三段贫困时期的人患有临床抑郁症状的数量要多三倍，而带有嘲讽的敌意和缺乏乐观的可能性多于五倍，而且有多于四倍的可能性报告说他们存在认知功能上的困难。

（4）日常挫折。人们在日常生活中经历的更小的应激源又会有怎样的影响呢？这些天你可能没有经历什么了不起的大事，但你可能弄丢了你的笔记本，或者在一次重要的约会中迟到了，或者你那吵闹的邻居搅了你的好觉。这种不断出现的日常应激源人们经常会遇到。在一项日记研究中,要求一组白人中产阶级的中年男女记录他们一年内的日常争吵(同时还要记录重大的生活变故和躯体症状),结果发现,那些报告遭受更频繁、更强烈的挫折的人,身心健康状况更差(Lazarus,1984)。当日常挫折减少时,健康就会有所好转(Chamberlain & Zika,1990)。对于许多人而言,日常的挫折可以被生活中的积极体验平衡掉(Lazarus & Lazarus,1994)。这种积极和消极经历的相对平衡可以带来健康的结果。例如,一项研究要求 96 位男性每天汇报他们经历的积极和消极的事件,同时还要测量他们每天免疫反应的强度。结果显示,受欢迎的生活事件会带来更强的免疫反应,而不受欢迎的事件则伴随较弱的反应(Stone et al.,1994)。因此,想要基于日常的挫折来预测健康状况,还需要了解那些给生活带来快乐的事情。

重大研究:社会再适应评定量表(霍姆斯和拉希,1967)

健康心理学家所做的很多研究业已证明:在生活中,当人们必须做出某种重大的内在心理调整以适应某种外部变化时,其患病几率将相应地上升。我们将这些外部变化称为生活应激。生活应激的程度会随时间而变化,或许在过去或现在的某一段时间内,很多变化接连发生,而在另一些时候,生活状态则保持相对稳定。生活应激还存在很大的个体差异,在生活中你所遭遇的变化的多少与别人所遭遇的并不相同。因此,如果我问你在过去的一年里经历了多少生活应激时,你将如何回答? 很多? 不多? 还是中等? 这些模棱两可的判断对那些致力于研究应激与健康之间关系的研究者来说是没有多大用处的。所以,对于该领域的研究者而言,必须回答的一个重要问题是:如何测量生活应激? 显然,研究者不可能把人们带到实验室里,使他们面对生活应激事件,并使某种疾病在短时间内发生。首先,这种做法是不道德的;其次,它也不可能代表应激在真实生活中发挥作用的过程。为了解决这一难题,霍姆斯和拉希(Holmes & Rahe,1967)根据他们的临床经验,编制了一个量表以测量生活应激。

该量表由 43 项生活事件组成,这些事件一般能使人们达到应激状态,因为它们均需要人们做出心理上的调整来加以适应。研究者将量表分发给394 名被试,要求他们给量表上所列出的每一项应激事件打分。以下是施测时给被试的部分指导语:“在你打分时,请利用你已有的经验作答。这些经验指的是你的个人经验以及你从别人那里学来的经验。有些人比别人能更好地适应周围的变化;有些人只对特定的应激事件难以适应或易于适应。因此,对于每个应激事件,请你给出你认为适应它所需要的平均水平,而尽量不要以极端情况打分——在表中我们已给'结婚'赋了一个任意值500,在你评估其他的生活应激事件时,请问一问自己:这件事所需要做出的调整是比'结婚'更多些还是少些? 所要花费的时间是更长些还是更短些?"然后让被试以结婚的500分为参照给每项生活应激事件打分。如果他们认为某项生活应激事件比结婚需要的调整更多,那么,该分值将比500高,反之亦然。最后,研究者将所有被试给每个条目所打的分数加以平均,然后再除以10,从而得到各项应激事件的分值。该研究的方法极为简单和直接。这一研究的重要性和价值在于测量所获得的结果以及该测量工具的应用,这一测量工具被称为"社会再适应评定量表"(SRRS)。

表13-1 按顺序列出了43个生活应激事件的排列等级和被试给每一项应激事件所打的平均分。不难发现,"配偶亡故"被列为应激程度最高的生活事件,而"轻微涉讼事件"则被评定为应激程度最低的事件。仔细阅读这些条目,你会发现,有些条目并不适用于当今社会及不同的社会背景,如"借债超过万元"和"借债不足万元"等。还有,并非所有的条目都是消极的,像"过圣诞节""结婚"甚至"休假"等都可能产生应激状态,因为它们同样需要人们在心理上进行一定的调整。

表13-1 社会再适应评定量表

排列等级	生活事件	平均分值	排列等级	生活事件	平均分值
1	配偶亡故	100	23	子女成年离家	
2	离婚	73	24	官司缠身	29
3	夫妻分居	65	25	个人有杰出成就	28
4	坐牢	63	26	妻子新就业 或 刚离职	26
5	亲人亡故	63	27	初入学或毕业	26
6	个人患病或受伤	53	28	改变生活条件	25
7	结婚	50	29	个人改变习惯	24
8	失业	45	30	得罪上司	23

（续表）

排列等级	生活事件	平均分值	排列等级	生活事件	平均分值
9	夫妻破镜重圆	45	31	改变工作时间或环境	20
10	退休	45	32	搬家	20
11	家庭中有人生病	44	33	转学	20
12	怀孕	40	34	改变消遣方式	19
13	性关系适应困难	39	35	改变宗教活动	19
14	家庭又添新成员	39	36	改变社交活动	18
15	改变买卖行当	39	37	借债少于万元	17
16	经济状况改变	38	38	改变睡眠习惯	16
17	密友亡故	37	39	家庭成员团聚	15
18	跳槽从事新的行当	36	40	改变饮食习惯	15
19	夫妻争吵加剧	35	41	休假	13
20	借债超过万元	31	42	过圣诞节	12
21	抵押被没收	30	43	些微涉讼事件	11
22	改变工作职位	29			

　　为了检验评定的一致性,研究者把被试分成很多小组以便求出不同小组评定结果间的相关。研究者从多个维度对被试的评定结果进行比较。这些维度包括:性别(男、女),婚姻状况(已婚、未婚),教育程度(受过高等教育、未受过高等教育),种族(白种人、黑种人),社会经济地位(较高、较低),年龄(青年、老年),宗教信仰(有、无)等等。结果显示,各组之间的相关系数都很高,这表明被试评定结果的一致性很高。这就意味着霍姆斯和拉希可以非常自信地下结论说:SRRS 适用于所有人,并且它的准确性相当高。

　　被测试者只需对照表中所列的条目,并圈出最近一年生活中所发生的生活事件。每项生活事件都被赋予了一定分值,这一分值被称为"生活变化单元"(LCUs)。计算出生活变化单元总分,便能估算出被试当前所面临的生活应激水平。作为一种检验应激与疾病之间关系的工具,SRRS 的价值在于它能够根据人们的生活变化单元分值对疾病进行预测。一项早期的研究是让几千人填写 SRRS 的同时报告自己的既往病史,结果可见生活变化单元量与疾病有着密切关系（Holmes & Masuda,1974）。此外,还有不少研究都给予霍姆斯和拉希的观点以广泛的支持,也就是说,SRRS在预测与应激有关的疾病方面是有效的。

自从霍姆斯和拉希编制了SRRS以来,也引发很多研究者对该量表的准确性及其应用价值的批评。其中受到批评最多的一个问题是:SRRS既包括积极的生活事件,也包括消极的生活事件,而且这些生活事件中既包括那些个人可以控制和选择的事件(如结婚),也包括无法控制的事件(如一个朋友的去世)。有研究已经表明,那些属于突发性的、消极的、不可控制的生活应激事件比那些积极的、可控的生活应激事件对疾病更有预测力。还有一些研究者认为SRRS是有缺陷的,因为它没能考虑不同人对某一特定生活应激事件会有不同的解释。例如,退休对某个人或许意味着职业生涯的终结和被淘汰出局;但对另一个人而言则可能意味着摆脱了单调枯燥的工作而重归自由。此外,该研究计算量表得分与疾病相关的方法也受到了质疑。经过严密的统计分析后发现,生活变化单元值对疾病的预测力是相当低的。事实上,它只占导致病人患病的全部变异因素的10%。这等于说,如果你知道了某人的生活变化单元量,你对此人未来健康状况的预测当然比你没有掌握该分值时更准确些,但也仅仅是好那么一点点!

尽管SRRS受到了如此严厉的批评,但它一直是广受欢迎的应激研究工具。一项借鉴SRRS的研究比较了111名髋关节骨折的病人和一个近似的髋关节未受损伤的老年人群体,结果发现在生活变化事件的数量与髋关节骨折之间存在显著的相关(Peterson et al.,2000)。一项涉及政府工作人员的大规模研究中,研究者使用SRRS检验了白领工作人员的药物滥用和应激之间的关系,结果不出所料,即二者之间确有关系(Moisan et al.,1999)。一项重要的跨文化研究探讨了把西方对应激的定义和理论应用于其他不同文化中的效度问题,认为不能将SRRS中所描述的西方对应激的定义强加给其他文化的人们,甚至"应激"这个词就很难翻译成其他语言(Laungani,1996)。

看来,尽管应激确实与疾病有关,但二者之间的关系是相当复杂的,不是一个简单的问题。拉希本人曾建议,为了预测心身疾病,除了使用简单明了的生活变化单元量外,发生在每个人身上的其他因素也应加以考虑:(1)过去你曾经历过多少应激事件;(2)你的应对技巧:也就是说在生活中的应激阶段,你的心理防御能力如何;(3)用于抵御你无法在心理上应对的应激事件的生理系统(如你的免疫系统)如何;(4)你是如何面对你的疾病的(如积极锻炼以求早日康复,寻求医疗帮助等)。心理学与医学的通力合作,正在逐步破译导致疾病的心理因素。(选自 M.亨特著/李斯、王月瑞译,1999)

应对压力

既然压力是不可避免的,你就必须学会一些对付压力的方法。应对是个体努力对抗压力的一种手段。由于压力所引起的焦虑和生理唤醒是很不舒服的,因而当事人被激发做点事以减轻不适感。应对有两种方式:一种是问题取向的应对方式,即当事人估计压力情境以改变现存的人—环境的关系。另一种是情绪取向的应对方式,即当事人尝试减轻焦虑而不是直接处理产生焦虑的那个情境。每个人都会采取独特的方式来处理压力,并且通常是混合地采用上述两种应对策略。一般说来,着重于问题的应对方式是比较健康的途径,但并非所有的问题都是能够解决的。例如,严重的自然灾害或失去亲人,当事人可能需要先减轻情绪痛苦以保持希望和士气,进而改变压力情境。因此,在应对高度压力时通常可分为急性期和重组期,前者进行情绪调节以减轻或防卫事件的冲击,后者对损害、丧失或威胁重新做出评价,应对的努力主要集中在改变人—环境的关系。而当事人在中度压力时把情境看作可以改变的情况下,更可能采取着重于问题的应对方式(Lazarus & Folkman,1984)。为了调适焦虑和压力,法瑞斯(Phares,1991)建议采用以下几种应对策略:

(1)降低紧张。降低紧张的方法有很多,例如,任凭压力情境存在,顺其自然;暂时置之不理,让紧张逐渐消散;从事无关的活动;照常行事;暂时脱离此情境并寻求他人的意见;与局外人谈论有关的问题;从事运动或自己喜爱的活动;以幽默感来降低压力,等等。

(2)以解决问题的方式对待压力。把压力事件看作待解决的问题,再采取按部就班的方式来加以解决。例如,把压力化为个人自问的问题:这里真正的问题是什么?我想要的是什么?我能采取哪些做法?这些做法会有哪些后果?我该不该这么做?假设一旦采取行动,情形将会怎样?进而采取步骤逐步加以解决。

(3)转移注意力。有时否认隐藏于压力情境中的威胁,也是一种好的应对策略。特别是当个人对情况无能为力或者置之不理也不至于造成太多损失时,否认是个有效的办法。例如,假如不好的结果发生率仅为1‰,或许忽略这一情况并没有坏处,甚至幻想或自我欺骗也有助于降低焦虑。当然这也不是放之四海而皆准的原则,如果一位妇女发现自己的胸部有硬块,那是绝对不能加以忽视的。

(4)认知重估。在严重压力状态下往往会导致认知障碍。暂时将问题搁置起来,然后重新评估压力情境可以降低其威胁性。这时对问题做出新的评估可能是现实的,也许,再想一下,这个问题并不值得如此严重的忧虑。

(5)社会支持。研究表明,拥有较多社会联系(如配偶、朋友、亲属和团体成员)的人相比那些没有支持性社会联系的人不易患与压力有关的疾病(Cohen & Wills,1985)。朋友和亲属能够提供多方面的支持,能为我们提供信息、忠告、友谊,使我们忘却烦恼,甚至能为我们提供财政或物质上的帮助。所有这些都有助于减少无助感,增强对自己的应对能力的信心。不过,社会支持是复杂的,朋友、邻居、亲戚和同事的支持行为有时可能会增加紧张程度。因此,支持和帮助的方法必须得体合适。

三、危机与干预

危机是指个体无法利用现有资源和惯常应对机制加以处理的事件和遭遇,它往往是突发的,出乎人们的预期。人的一生中谁也不能避免危机。青年人常常会遇到恋爱和学业等方面的危机,中年人一般会遇到职务升降和社会关系等方面的危机,而老年人则会出现以精神和身体疾病为主的危机。危机是一种认识,当个体知觉到外界环境或某一具体事件存在着威胁,仅仅依靠个体自身的资源和应对方式无法解决困难时,就产生了危机。一般说来,危机具有两面性,它包含着危险和机遇两层含义。如果危机严重威胁到一个人的日常生活及其家庭的其他成员,而个体又无法找到合适的解决办法,就有可能导致个体精神崩溃甚至自杀,这种危机就是危险的;但是如果一个人在危机阶段及时得到适当有效的治疗性干预,往往不仅会防止危机的进一步发展,而且可以帮助个体学到新的应对技巧,从而使心理恢复平衡。

危机历程

个体与环境在一般情况下是处于一种动态平衡状态;而当面临生活逆境或不能应对解决的问题时,往往会产生紧张、焦虑、抑郁和悲观失望等情绪问题,导致心理失衡。这种平衡的维持与否与个体对逆境或应激事件的认识水平、环境或社会支持以及应对技巧这三方面关系密切。一般来说,危机的发展要经历以下几个时期:

(1)冲击期。创伤性应激事件使当事者情绪焦虑水平上升并影响到日常生活,因此采取常用的应对机制来抵抗焦虑所致的应激和不适,以恢复原有的心理平衡。

(2)危机期。常用的应对机制不能解决目前所存在的问题,创伤性应激反应持续存在,生理和心理等紧张表现加重并恶化,当事者的社会适应功能明显受损或减退。

(3)适应期。当事者情绪、行为和精神症状进一步加重,促使其应用尽可能的应对或解决问题的方式力图减轻心理危机和情绪困扰,其中也包括社会支持和危机干预等。

(4)后危机期。这是活动的危机状态,当事者由于缺乏一定的社会支持、应用了不恰当的心理防御机制等,使得问题长期存在、悬而未决,可出现明显的人格障碍、行为退缩、自杀或精神疾病。

危机反应

(1)认知改变。当环境发生变化,个体对环境的变化和自身的资源进行认知评价,随即出现应激反应,个体同时对反应的结果也进行认知评价。若反应结果对自身有利,则增强了个体的自信和自尊,对自己的评价会趋于正性,对环境变化也趋于正性评价,增进了自己在未来生活中减少应激的信心;若结果不利,则对自己和环境均趋于负性评价,降低了自信和自尊,降低了个体在环境中克服困难的动机,倾向于将环境中的变化过多地评价为应激源。

(2)情绪改变。焦虑是应激反应中最常出现的情绪反应,这种情绪指向未来,有不确定感,是人预期将要发生危险或不良后果时所表现的紧张、恐惧和担心等情绪状态。焦虑水平低时影响个体应对环境的行为,反应常常迟钝,作业的效率不高;适度的焦虑可提高人的警觉水平,提高人对环境的适应和应对能力;焦虑过度或不适当,则使个体应对环境变化的能力下降,且这种焦虑有泛化的危险,可能影响个体在面临环境变化时的有效应对。恐惧则是极度的焦虑反应,此时个体的意识、认知和行为均会发生改变,同时伴随着强烈的植物神经功能紊乱,行为的有效性几乎丧失。抑郁常常是个体面临无法应对的困境和严重后果的情绪反应,抑郁的情绪常常使人产生无助和无望感,进一步影响个体对环境和自身的认知评价,消极的评价可反过来加重抑郁。愤怒是与挫折和威胁相关的情绪状态,并多伴有攻击性行为。由于目标受到阻碍,自尊心受到打击,为排除阻碍或恢复自尊,常可激起愤怒。个体在应激中情绪的变化同样与个体对应激结果的预测和评价有密切的关系,成功地应对应激源常常给个体带来愉快和高兴的情绪体验。

(3)行为改变。伴随应激的心理反应,机体在外表行为上也会发生改变,这些变化是机体对应激源的应对行为或是应对的结果。成功的应对常强化个体在日后同样或相似的环境中解决问题的行为;失败的应对可能使个体出现消极的行为倾向,如逃避、回避、行为退化、依赖和无助状态等,也可能出现精神活性物质的使用,还可能促发个体的敌对和攻击行为,有的个体则采取被动攻击,如自伤、自杀等。

危机干预

危机干预本身属于一种心理卫生的救助措施,主要针对心理适应陷入危机状态者,给予适时救援,助其渡过危机,然后再从长计议,视情况轻重转介有关机构接受治疗。国内一些医疗单位设置的"生命热线"和一些社区服务机构成立的各种"自助组织"都属于危机干预的范畴,目的是为陷入危机的个体和群体提供及时的危机调适。在目前国内专业协助还很不健全的情况下,危机干预中的自我支持技术显得尤其重要。处于危机中的当事人,常常会忽略一些明显的事情,包括对自身可利用的资源的忽略。自我支持技术的目的在于从自身的角度出发来解决危机,调整情绪,使自身的功能水平得到恢复。

(1)寻求滋养性的环境,搜集充分的信息。环境对人的心情会有很大的影响,处于危机中的个体一般对周围所处的环境把握不住。改变境况的第一步就是要充分了解问题之所在。虽然个体在危机中会陷于莫名其妙的恐惧和不知所措的境地,不知道发生了什么事,也不知道将可能发生什么事,但可以肯定的是,那些过去有类似经历的人能够从经验中得到帮助。因此,人们可以向有经验的人和处理危机的专家请教,或从有关书籍中寻找解决问题的办法。

(2)积极调整情绪。危机的出现显然会使人们极度地紧张和沮丧。众所周知,这些情绪反应不仅包括内在的、强烈的不适感,而且消极的挫折体验将使危机进一步恶化。因此,调整情绪的中心环节,就是要培养承受这些痛苦感受的能力。通过调整情绪,将使诸如焦虑导致恐慌、沮丧导致失望等情绪的恶性循环得到控制。当危机超出我们的控制以及我们无力改变外部事物时,把握自己的情绪尤为重要。情绪调整法包括抑制、分散等回避痛苦的方法,这些方法能转移人的消极思想和情绪,为个体的心理重建赢得时间。抑制在一定程度上是自动的过程,但也可以有意识地加以控制,譬如提醒自己"别想它了,想点别的吧";分散则是指不断地做事,集中注意力于当前的工作而不去关注那些痛苦感受。再者,向别人诉说自己的情感、往事和痛苦的思绪能使悲伤变得可以忍受。这种一般性的治疗人类疾病的方法是相当有效的。人类是最具社会性的动物,当遭遇痛苦,把感受告诉一个同情你的人将大有裨益。在大多数危机中,需要一遍又一遍地诉说痛苦,由于每一次的述说相当于痛苦的再体验,因此,人们逐渐会变得不那么恐惧。此外,个体使强烈的、痛苦的情感变得可以忍受的一条普通而有效的途径是"自我对话"。通常这种自我对话不是刻意而为的,而是在无意识中进行的。在危机中,当情感系统被激发,自我对话将变得更为自觉,人们以此来调节情绪。比如,通过对自己说安慰或平静心态的话来调节焦虑,通过有意识地提醒自己注意事物积极的一面来缓解沮丧情绪,等等。良性的自我对话在帮助人们超越难以忍受的痛苦时非常有用,运用它不会让人感到彻底的崩溃和失控。而且痛苦的感觉越强烈,努力说服自己的自觉性也就越高,人们有时甚至大声地独白或把发生的事情写下来。

（3）建立良好的人际关系。孤立无援的个体很希望得到别人的帮助。在危机期间和危机过后,个体都需要与周围的人保持这种良好的人际关系,不一定要求他们提供强烈的情感支持,而是与他们保持日常的联系,共同分享经验,共同面对事物。这有助于遭受危机的个体重新适应社会,还可以分散他们的注意力,使得他们不再为消极紧张情绪所困扰。这种良好的关系可以表现为与自己的朋友一起散步、听音乐或是静静地坐一会儿。在危机中能否得到这种帮助,很大程度上取决于已有的社会网络的种类和个人的人格特征。从心理学的角度说,每个人在与朋友的交往动机中都包含着肯定自我的成分,人们在交往中倾向于选择能肯定其自我价值感的人。

（4）面对现实,正视危机。在危机的前期,人们习惯于采取积极的态度来应对危机,利用一切可以利用的资源来避免危机带来的损害,但到了危机的中后期,当个体积极应对危机的策略失败,感到绝望的时候,就会消极地逃避现实,采取退缩的策略来应对危机,不愿意承认现实情境,常常歪曲现实情境。面对现实,正视危机,有利于个体激发自身潜在的力量,动员一切资源来寻求危机的解决办法。

(5)暂时避免做重大的决定。处于危机中的个体处理问题的能力比平时要低,由于受到问题和情感的双重困扰,个体搜集信息和处理信息的能力受到一定的限制。也就是说,这时个体对面临的问题不会进行深入的分析,掌握的信息量又太少,无法做出正确的决策。虽然在这时很想摆脱危机,努力去寻求一切解决问题的办法,但危机的无法控制往往使得个体无功而返,甚至造成更大的伤害。因此,在危机时期不做重大的决定,有利于个体的自我保护,避免再次受到伤害。

四、人格与健康

人格与健康的关系已经成为当今时代的一个主要问题。据美国《科学》杂志报导,威胁现代人生命的重要疾病多数是没有传染性的。目前死亡率最高的是心脏病、癌症、车祸、意外事故、脑动脉疾病和自杀等。可以说,人类死亡和疾病的危害主要来自个人自身的行为和生活方式,人格类型与身心健康有着密切的关系。

A 型人格与冠心病

A 型人格,即易患冠心病的人格类型,指个性急躁、求成心切、善进取、好争胜的性格。A 型人格的概念本来并不带有好或坏的判断,它之所以成为心理学研究的问题,主要是由于 A 型人格与心脏病的关系。

重大研究:A 型人格(弗里德曼和罗森曼,1959)

A 型人格的行为模式是由两位心脏病学家弗里德曼和罗森曼(Friedman & Rosenman,1959)在他们的临床研究中发现的。提出这一创见的过程使我们认识到,对细微之处的仔细观察有时可能会引发科学上的重大突破。一次,弗里德曼医生让人为他候诊室里的家具重做皮套。做皮套的人说长沙发和椅子的皮套磨损得特别快。具体来说,椅子的前沿比其余部分磨损得更快。这似乎暗示着弗里德曼医生的心脏病人常坐在椅子的边缘，这种现象促使他想到心脏病人的整个行为也许与身体健康者有所不同。通过对公司经理和外科医生的调查，弗里德曼和罗森曼发现，人们普遍认为长时间处于疲劳驾车、最后期限、竞争性环境以及经济受挫等压力下的人，更可能患上心脏病。于是，他们决定对这些想法进行科学实验。

利用早期研究和临床观察，弗里德曼和罗森曼设计了一套与胆固醇水平的不断升高并最终导致冠心病（CHD）密切相关的行为模式。这种被称为 A 型行为的模式包括如下特征：(1) 一种要达到个人目的的强烈而持久的内驱力；(2) 在所有情况下都有一种热衷于竞争的倾向；(3) 一种对得到别人的承认和不断超越自己的持久的欲望；(4) 不断卷入有最后期限的事物之中；(5) 习惯于风风火火地完成各种活动；(6) 心理和生理上的过分敏感。他们紧接着设计了第二种被称为模式 B 的外显行为模型，其特点与模式 A 完全相反。这些行为的典型表现在于不具备以下这些特征：内驱力、进取心、时间紧迫感、对竞争的渴望以及最后期限的压力。接下来，为了寻找符合 A 型行为模式和 B 型行为模式的被试，他们联系了各种各样的大公司和大企业的经理和主管，并向他们解释这两种行为模式，请他们从自己的同事中挑选那些最符合该行为模式的人。最终选定的两组被试由各种级别的经理、主管等人员组成，全部为男性，每组 83 人，其中 A 组的平均年龄为 45 岁，B 组的平均年龄为 43 岁。所有被试都完成了与该研究的目的有关的一些测验。

首先，研究者用访谈的形式来了解被试父母冠心病的既往病史，被试自己心脏问题的既往病史，每周工作、睡眠和锻炼的时间，以及吸烟、喝酒和饮食习惯。在访谈过程中，研究者要确定被试是否具有其所在 A 型行为组或 B 型行为组的行为模式的全部特征。基于身体运动、对话口吻、紧咬牙关、体态、焦急的神态以及被试自身内驱力的自我报告、好胜心和时间紧迫感等指标进行判断，研究者最终确定 A 组的 83 名被试中有 69 人充分表现出所设计的 A 型行为模式，而 B 组的 83 名被试中有 58 人完全符合 B 型行为模式。其次，要求所有的被试用日记方式记录自己在一周时间内的饮食情况。给每名被试指定一个编号，以便让他们在如实报告饮酒情况时不会感到为难。接下来，被试的饮食情况由一所医院中的营养学家进行归类和分析，该营养学家不了解被试的身份，也不知道被试属于哪个组。再次，对每名被试进行抽血以测量他们的胆固醇水平和血凝时间。通过详细询问被试以往的冠状动脉健康状况以及标准的心电图数据来确定其冠心病的状况。这些心电图数据由罗森曼和另一名不参与该研究的心脏病学家分别加以解释和判断。除一例之外,他们的解释完全一致。最后,通过检查被试眼睛的照度来确定被试的角膜弓。角膜弓指的是由血液里的脂肪堆积而导致在眼角膜周围形成的一个不透明环状物。

从访谈结果来看,两组被试的行为好像与研究人员所勾勒的两种行为模式的轮廓非常吻合。A组被试长期为承诺、抱负和内驱力所牵制。而且,他们显然渴望在所有活动中都力争上游,不管是专业活动还是娱乐活动。此外,他们也承认有强烈的获胜欲望。B组被试与A组被试相比有非常显著的不同,尤其表现在缺乏时间紧迫感上。B组被试似乎满足于他们的生活现状,而且不愿意追求多个目标并避免竞争性的情境。他们很少担心自身的提高问题,而且将更多的时间用于与家人在一起以及参加非竞争性的娱乐活动。

表13-2比较了测验和调查所得的两组被试最具可比性的特征,表13-3则比较了两组被试有关血液水平和疾病情况的测量结果。正如表13-2所示,两组被试在几乎所有被测量的特征上都较为接近。尽管A组被试在多数测量指标上略高于B组,但两者仅在每天吸烟的数量以及其父母患冠心病的几率方面存在显著性差异。然而,如果你浏览一下表13-3中两组被试的胆固醇情况和疾病情况,就会发现两组之间的确存在非常有说服力的差异。首先,尽管从表中的全部结果来看,两组被试的血凝时间并不存在有意义的差别(血凝速度与心脏病及其他脉管疾病有关,血凝时间越慢,患病的危险性便越小),但比较那些表现出典型A型行为模式的被试的血凝时间(6.8分钟)和那些表现出典型B型行为模式的被试的血凝时间(7.2分钟),结果发现二者在血凝时间上存在统计学意义上的显著性差异。其次,表13-3中所示的其他差异是非常明确的。A组被试的胆固醇水平明显高于B组。如果将典型的A型被试和B型被试进行比较,这一差异则会更大。A型被试角膜弓的发生率是B型被试的3倍,而典型A型被试的角膜弓发生率则是典型B型被试的5倍。最后,使本研究得以载入史册的最重要的发现是,两组被试在临床冠心病的发病率上存在极其显著的差异。A组中有23名被试(28%)出现了明显的冠心病发病迹象,而B组中只有3名被试(4%)有明显的迹象。当研究者对典型A型被试和典型B型被试进行进一步检验时,研究所得到的证据变得更为可靠。A组中的这23名被试

全部具有典型的 A 型行为模式,而 B 组中的这 3 名被试则都不具有典型的 B 型行为模式。

表 13-2　A 组和 B 组被试的个体特征的比较(平均值)

	体重	每周工作时间	每周锻炼时间	吸烟者人数	每日吸烟量	每日饮酒热量	饮酒总热量	脂肪热量	有子女的人数
A 组	176	51	10	67	23	194	2049	944	36
B 组	172	45	7	56	15	149	2134	978	27

表 13-3　A 组和 B 组被试的血液和疾病的比较

	平均血凝时间（分钟）	平均血清胆固醇量	角膜弓（百分比）	冠心病（百分比）
A 组	6.9	253	38	28
B 组	7.0	215	11	4

　　作者欲得出的结论是:A 型行为模式是冠心病以及与此相关的血液异常的主要原因。不过,如果你仔细检查表中的数据,你会注意到对那些结果可以有其他的解释。一是 A 组的人报告其父母患有心脏病的人数更多。因此,或许是遗传而不是行为模式造成了两组之间存在的显著差异。另一引人注目的差异是 A 组被试每天的吸烟量更大。今天,一个众所周知的事实是吸烟可以引起冠心病。所以,也许不是 A 型行为模式导致了这些结果,而是大量的吸烟引起了冠心病。弗里德曼和罗森曼对上述两种潜在的批评做了回答。首先,他们发现,A 组中吸烟少的被试(每天 10 支或更少)和吸烟多的被试(每天多于 10 支)患冠心病的人数一样多。其次,B 组中吸烟多的被试多达 46 人,却只有两人有冠心病症状。作者根据这些发现认为,吸烟可能是 A 型行为模式的一个特征,但不是冠心病发病的一个直接原因。当然,该研究完成于四十几年前,当时人们对吸烟与冠心病之间的密切关系还没有达到像今天这样的认识。关于父母的既往病史导致了这一差异的可能性,"研究数据显示,A 组被试中的 30 人有心脏病家族史,其中只有 8 人(27%)患有心脏病,而其余的 53 人没有心脏病家族史,其中却有 15 人(28%)患有心脏病。B 组被试中的 23 人有心脏病家族史,但没有一人表现出临床的心脏病症状"。但是,现在更多的对该因素进行严格控制的研究业已证明,冠心病与家族因素有关。不过,我们不清楚遗传因素到底是心

脏病的致病因素还是产生某种遗传的行为模式(例如 A 型行为)的一个因素。

弗里德曼和罗森曼的研究对心理学研究的历史具有极其深远的影响。之所以这样说,主要是基于以下 3 个原因。首先,该研究是最早的系统探讨并提出个体的某些特殊行为模式能大大增加某些严重生理疾病患病几率的研究之一。这一发现提醒医生,对成功的诊断、治疗、干预和预防而言,仅仅考虑到疾病的生理方面或许是远远不够的。其次,该研究开创了探索行为与冠心病关系的一个新的研究方向,并且已产生了很多研究文章。A 型人格的提出使得有效预防高危人群的心脏病的首次发作成为可能。再次,它在开创和发展行为科学的一个分支健康心理学方面功不可没。健康心理学家从心理因素在健康的促进和维持、疾病的预防和治疗、致病的原因以及医疗保健系统中所处的地位来研究健康和医学的方方面面。

一项特别重要的后续研究值得介绍。1976 年,罗森曼等发表了一项历经 8 年的研究成果。3,000 名男性被试在该研究开始时被诊断为没有心脏病且具有 A 型行为模式,这些人患心脏病的几率是具有 B 型行为模式被试的 2 倍,更易遭受心脏病的威胁,其报告的冠状动脉问题是 B 型被试的 5 倍。然而,更为重要的可能是,A 型行为模式能够在独立于其他诸如年龄、胆固醇水平、血压或吸烟习惯等预测源的情况下预测人们是否会患冠心病(Rosenman et al. ,1976)。

现在你可能会问这样一个问题:为什么 A 型行为模式会引起冠心病?最为人们接受的一种理论回答是,A 型行为者面对应激事件时,易于在生理上变得异常激奋。这种极端激奋状态致使身体产生过多的诸如肾上腺素等激素,同时也提高了心率和血压。久而久之,这些对应激事件的过度反应会损害动脉并进而导致心脏病(Matthews,1982)。

弗里德曼和罗森曼或合作或独立地继续进行人格和行为变量在冠心病中所起作用的研究,并在该领域中扮演着带头人的角色。A 型行为的概念已经被提炼、拓展和应用到诸多研究领域。例如,有一项研究检验了 A 型行为与汽车驾驶之间的关系,结果发现,A 型人格与驾驶事故的上升有关:交通事故、罚单、在路上表现出的不耐烦、发泄愤怒以及冒险驾车等等在他们那里出现得更多(Perry & Baldwin,2000)。国内的一项研究考察了 A 型/B 型人格对中学生不同情境下的应对方式的影响(陈红、黄希庭,2001)。一项来自荷兰的研究把 A 型行为的概念应用到第一次做母亲的女性和她们的宝宝身上。第一次做母亲的女性在她们的孩子 1 岁大时填写了 A 型/B 型行为评价量表。接下来,在 18 个月后,研究者观察这些母亲在和她们的孩子(那时孩子大约是 2 岁半,刚刚学会走路)一起玩简单游戏时的行为表现。结果发现,哺育幼儿是有压力的,且这些母亲中的大多数人(81%)表现出 A 型行为模式。母婴依恋与 A 型/B 型人格无关。有趣的是,那些在 A 型人格评价量表上得分最高的母亲对其孩子的情绪和社会需求表现得最为敏感(Van ljzendoorn et al. ,1998)。一项研究探讨了父母与处于青春期的孩子的关系,结果显示如果父母具有 A 型行为,则其处于青春期的孩子也倾向于具有 A 型行为(Forgays,1996)。尽管这并不令人吃惊,但却又一次提出了先天后天的问题。孩子是继承了父辈 A 型行为的基因倾向,还是他们在 A 型父母对其养育的过程中习得了 A 型行为?(选自 M. 亨特著/李斯、王月瑞译,1999)

C 型人格与癌症

C 型人格,即癌症倾向性格。在日常生活中,我们常常会遇到一些不如意或者是不公正的事情,很多人会由此而抱怨、发泄等。但是,C 型人格的人心理和行为的特征是:很难公开表达自己的情绪,谨言慎行,常常自责,极怕失败;患病不肯求医,对人有戒心,没有很密切的人际关系;认命,生活无意义、无价值、无乐趣;和家人有很深的隔膜,不把心思向人倾诉,情绪不安时找不到倾诉的对象。也可以这样说,要是对某些错误做出惩罚,C 型人格者往往是惩罚自己,而不是惩罚别人。

许多研究都证实了 C 型人格是导致癌症倾向的人格因素,虽然一些结论尚有待于进一步证实,但已有一些比较一致的看法。例如,研究认为,对愤怒的压抑、抑郁与癌症的发生和导致治疗失败有直接的联系;至于 C 型人格导致癌症的原因,则在于 C 型人格会严重妨碍体内的免疫功能,致使癌细胞扩散。易罹患癌症的心理社会因素主要有抑郁、无助感、丧失社会支持以及不表达情绪。

适当的自我表露确实有助于维护个体的心身健康。有研究要求大学生匿名写出自己曾经有过的不安或创伤性经历,结果显示了良好的健康促进效果。还有研究要求大学新生连续 3 个晚上,用一定时间写出他们离开家庭远离父母,适应大学生活时的问题和情绪,结果表明,这些学生在以后的几个月中去健康中心就诊的次数要比其他学生更少(Pennebaker et al. ,1990)。

自觉控制感

自觉控制感是指个人相信自己对情境能够加以控制的主观感受,而这种主观体验不等同于个人对情境的实际控制。法瑞斯(Phares,1976)的研究表明,有自觉控制感的人具有主动、自立的特点,相信个人的命运掌握在自己手中,因而能够较好地适应,焦虑较少,出现精神症状的可能性较小。其原因可能正如帕克斯(Parkes,1984)所说,有自觉控制感的人面对压力时常采用适应的调适策略:(1)获得专业的帮助,并听从对方的建议;(2)制定一个行动计划,并按计划行事;(3)对事情采取按部就班的做法;(4)重新发掘生活中的重要事情。而不适的调整策略是指:(1)期盼会有奇迹出现;(2)盼望该情境会自然过去或自然解决;(3)自责;(4)试图以吃、喝、抽烟、用药使自己过得好些。个人的自觉控制感不仅可以减轻生活压力的威胁,也可以减低抑郁。例如,被诊断为癌症的患者,如果相信自己能够控制自己的健康状况,那么就会减轻对病情的忧郁;相反则会被这一不幸的消息所击倒。

乐观主义与悲观主义

乐观主义被定义为一种认为生活中通常发生好的事情而不是坏的事情的信念。它是抵抗压力、维护健康的一个重要人格变量。乐观的人对生活有积极的期望,能使自己更好地应对压力,从而以更为健康的方式享受生活。虽然我们有时乐观有时悲观,但是一个人乐观或悲观的程度是比较稳定的,因此研究者将其看作是一种人格变量。乐观主义者与悲观主义者相比有一些明显的优势,他们往往给自己设置更高的目标,并相信自己能够达到那些目标,从而体验到更多的积极情感,报告较低的压力水平和较少的心身症状(Taylor et al.,2000)。

乐观与心身健康的关系已经得到大量研究的证实。彼德森等(Peterson et al.,1988)根据一组男性被试多年以前的日记,确定他们在25岁时乐观或悲观的程度。调查结果发现,被确定为乐观主义者的被试在45岁到60岁间的健康状况要比悲观主义者好。另一项研究考察了海湾战争期间以色列海法市居民对于该市遭受飞毛腿导弹袭击的威胁所体验到的压力。结果发现,该地区居民中,乐观主义者比悲观主义者更少体验到焦虑和抑郁。还有很多研究发现,乐观者在手术后恢复的情况要比悲观者好。研究人员在考察学生对大学生活的适应情况时发现,对生活持乐观态度的大学一年级学生往往积极应对和寻求社会支持;而悲观的学生更多地假装问题不存在或者只要有可能就回避去解决这些问题。因此乐观的大学新生在适应大学第一年时明显要比那些悲观的学生更容易(Aspinwall & Taylor,1992)。

为什么乐观的人格特点有助于人们更好地应对生命中的危机和挑战呢? 这主要是由于乐观主义者和悲观主义者运用了不同的策略来应对他们遇到的问题(Scheier & Carver,1992)。乐观主义者更多采用解决问题、恰当的情绪应对等积极的应对策略;而悲观主义者更多采用自我分心、情绪化或行为退缩等消极的应对策略。例如,被诊断为晚期癌症,乐观的人接受事件的发生,放弃长远目标的追求,根据现实重新安排生活,乐观地、建设性地使用余下的时间;而悲观者宿命地、消极悲观地顺从死亡的来临。后者确实死得更快。

人格坚韧性

西方有关人格与心身健康之间关系的研究已经有了很长的历史,科巴萨(Kobasa,1979)整合了以往众多心理学家的理论,提出人格坚韧性的概念,用于解释为什么有些人可以顺利地渡过应激事件,而另一些人则不行。具备人格坚韧性的个体,虽经历和体验高度的生活应激,但由于表现出一系列的态度、信念和行为倾向而使自己免于疾病。坚韧性包括 3 个成分:承诺、控制和挑战。承诺是指个体对于目的和意义的感知,这种感知通过个体积极卷入生活事件而不是消极被动避免卷入的方式表现出来。控制是指在不利的条件下,个体拥有通过自身行动来改变生活事件的信念,并在这种信念指导下采取行动,努力对生活事件施加影响而不是孤立无助。挑战是指个体希望从积极的和消极的经验中持续学习,认为变化才是生活的正常状态,是成长的促进力量而不是对于安全的威胁。

完整的坚韧性人格结构必须同时包括承诺、控制和挑战 3 个成分。具有高的控制态度而承诺和挑战信念很低的个体希望自己能去决定生活事件的后果,但他们不愿意去浪费时间,也不愿意从经验中学习,不愿意卷入到生活事件中去。他们相当缺乏耐心而且易怒,与人保持相当距离,当控制的努力失败后,具有很强的挫败感。具有高的承诺而挑战和控制信念都很低的个体完全陷入周围的人与事之中,从不考虑自己对生活事件施加影响,也不考虑生活事件给予自身的影响以及自身与生活事件的相互作用。他们很少甚至没有一点个人主义的念头,对于意义的感知完全由社会环境来决定,正是在这种社会环境之中,他们失去了自我。无论何时何地,当大量琐碎的生活事件的变化聚集起来,这种人就特别容易受到疾病的攻击。最后,具有高的挑战而承诺和控制信念都很低的个体脑海里充满了好奇心,对于自身周围的人与事很少关心,从不考虑对任何事物施加影响。他们可能经常进行学习,但这与他们花费在新奇事物上的时间相比是微不足道的。他们在一定程度上类似于冒险者,为了刺激而乐意参加各种赌博游戏和冒险活动。这种人格类型也不是这里所说的坚韧性人格。

国内已有研究者在探讨中国人的人格结构与心理健康的关系时,专门考察了坚韧性在应对压力、维护健康中的作用(崔红、王登峰,2007;邹智敏、王登峰,2007)。实际上,适应环境与心理健康都与社会文化环境的特点密不可分。例如,西方大量研究结果均表明,心理控制源的内控者比外控者更容易适应环境、更少心身症状,但在中国被试中则出现了相反的情况,即外控者比内控者更适应环境、更少心身症状(王登峰、甘怡群,1994)。因此,系统研究与中国人的心理健康有关的人格模式,而不是简单采用西方的理论模型,应该是今后人格与心理健康关系研究中的基本思路。

五、自我和谐与社会和谐

从字面上看,"和"与"谐"虽然是两个不同的中文字,含义却有很大的相似点。早在三千多年前,中国的甲骨文和金文中就有了"和"字,图13-2列出了"和"字的甲骨文、金文及小篆(繁体和简体)的字型。"和"字甲骨文的字形中,右上部是连结在一起的竹管之形,下部的"口"把能吹响的竹管汇集在一起,像笙的形状;左上部的"禾"表读音。金文的形体是由甲骨文演化而来,小篆的繁体字(龢)和简体字仍有很强的象形功能,但已经不及前两种字型。楷书的"和"把"口"移到了右边(左安民,2005)。因此,"和"的本意就是和谐,指不同高度的笙管合鸣,虽然同时发出不同的声音却显得很和谐,这就是"和"的本意。《吕氏春秋》里有一段话可以很好地说明"和"的含义,"正六律,和五声,达八音,养耳道也",人的耳朵不愿意听单一的声音,一定要听几种不同的声音才能感到舒服。《论语》里有句话叫"君子和而不同",对"和"与"不同"的关系进行了明确的阐述。而"谐"是形音字,从言,皆声,本义是和谐,强调配合得匀称,如《尔雅》中的"谐,和也",《周礼·调人》中的"掌司万民之难而谐和之"。

| 甲骨文 | 金文 | 小篆（繁体） | 小篆（简体） |

图 13-2　"和"字的四种文体

把"和"与"谐"连在一起，即"和谐"，指各组成部分协调地相互联系在一起。具体来说，和谐本身有两层含义，一是组成一个整体的各个成分之间存在明显的差别，二是这些存在差别的成分之间又可以非常协调地整合在一起。实际上，无论是心理和谐还是社会和谐，最终都落实到个体能否接受"存在差距"这样的事实。心理和谐主要指个体能够接受自己在各个方面的实际表现与期望之间的差距，而社会和谐则还包括接受自己与他人之间存在的差距（王登峰、黄希庭，2007）。

和谐社会的三个空间

就个体与社会和自然的关系而言，每个人都生活在三个不同的空间里面。首先，人生活在自然空间里面，包括不同的物种和不同的物理环境。很多学科，包括伦理学、社会学、政治学、法学等对和谐社会的探讨都包含了同样的内容，即人或者社会各个阶层同自然的和谐。人与自然万物存在差别，但也需要与它们和谐相处。人与自然的和谐既涉及个人的生活方式，也涉及社会的生产方式，两者之间存在一定的联系。但前者更多受到个人因素（如环保意识、个人需求）的影响，而后者则更多受到社会政策、法律、制度（例如对企业生产方式、产品质量、环境影响的强制性约束）的影响。

人除了要跟自然打交道以外，还有一个重要的方面就是跟他人打交道。把自我看作独立的个体，他一定要跟其他人发生关系，那么在这个过程中如何达到人际和谐？从和谐的概念来讲，人际和谐包含以下三种不同的含义：首先，个体与有着不同关系的他人（如亲子关系、夫妻关系、上下级关系、同事关系、朋友关系等）保持恰当的亲密程度及接受、合作的程度，并且在各种不同的角色要求之间能够灵活协调；其次，人际交往的双方在社会地位、行为方式等方面的差距和差别能够被彼此所接受；再次，人际交往双方可以接受彼此在社会地位、行为方式等方面的变化。

最后，和谐社会最基本的单元就是个人内心的和谐。如果达到了和谐社会的状态，但每个人的内心却充满冲突与不满，那是不可想象的。内心的和谐指的是内心的需要、要求和目标已经实现，或感觉到能够或即将实现，对自己目前的状况是满意的,能够接受目前的状况与自己的目标之间的差距以及自己与他人的差距。个人的内心和谐既是心理健康的标志,也是社会和谐的必然要求。

自我和谐及其影响因素

心理学中对自我的研究有很长的历史,其中最有影响的是两个人。一个是罗杰斯,他认为自我与经验的一致性是心理健康的重要标志(Rogers, 1961)。所谓自我与经验的一致性是指每个人对自我的看法与他的实际表现是一致的或者说是和谐的。对自我的看法包括对理想自我和实际自我的认识,而每个人都有一种最大限度地实现自己潜力的倾向,这是人性的最基本特征。另一个是马斯洛,他与罗杰斯同属于人本主义心理学阵营。马斯洛认为需要的层次及其满足的情况会影响一个人的心理健康水平。人们先是从最基本的生理需要、安全的需要、归属的需要再到更高层的爱的需要、自尊的需要以及自我实现的需要(Maslow, 1943)。从人本主义心理学观点来看,自我以及对自我的认识和看法与实际表现的一致性或者基本需要满足的层次越高,自我也就越和谐。

自我和谐的具体特点包括以下 6 个方面(王登峰、崔红,2003):(1)动机和需要与过去的历史、对现实的认识以及对未来的期望密切相关,即能够从过去的经验中汲取精华以策划未来,能够平衡过去、现在和未来的比重,并对生命做出最好的利用。(2)妥善处理冲突和选择。心理冲突的产生往往发生于难以做出选择的情境,这种冲突情境在很多情况下都会对个体的心理和生理健康产生不良的影响。(3)了解和接受自我。一个心理健康的人对自己有充分的安全感,他们能体验到自己的存在价值;对自己的能力、性格和优缺点都能做出恰当的、客观的评价;对自己不会提出苛刻的、非分的期望与要求;对自己的生活目标和理想也能定得切合实际,因而对自己总是满意的;同时,努力发展自身的潜能,即使对自己无法补救的缺陷也能安然处之。(4)接受他人,善与人处。心理健康的人乐于与人交往,不仅能接受自我,也能接受他人,悦纳他人,能认可别人存在的重要性和作用。(5)正视现实,接受现实。能面对现实和接受现实,即使现实不符合自己的希望与信念,也能设身处地、实事求是地去面对和接受现实的考验;能多方寻求信息,倾听不同的意见,把握事实真相,相信自己的力量,随时接受挑战。(6)人格完整和谐。心理健康的人的人格结构包括气质、能力、性格、理想、信念、动机、兴趣、人生观等各方面能平衡发展。

影响自我和谐的个人因素很多,包括精神追求、需要层次、思维方式、个性特点和行为方式等等。一个人要达到自我和谐,首先要身体健康,其次还要满足基本的生理需求和安全需求。现在有些地方的社会治安不好,想在这些地方建立和谐社会何其难也,因为人们基本的安全需要都没有得到满足。还有些地方人们基本的温饱问题、住宿问题都没有得到很好的解决。因此构建和谐社会最基本的前提就是人们能够满足自己生理与安全的需要。

影响自我和谐的个人因素还包括能够觉知到自己的近期目标正在实现或者是能够实现,并且能够觉知到终极目标正在逐步实现,也就是能把目前的努力与更长远的目标联系起来,觉知到与期望的差异时仍能保持和谐。一个人的现实自我与他最终要达到的目标之间一定会有差距,自我和谐的人能够在这种情况下保持良好的心理状态,这也就是自我和谐的本来含义。能够看到与别人的差距,也能保持和谐,这既是自我和谐的标志,也是影响自我和谐的因素(王登峰、崔红,2006)。

从社会方面来讲,要想达到自我和谐,有很多最基本的因素。社会要为个人提供基本的保障,尊重个人的价值选择,各个阶层间相互开放,平等进入。人本主义心理学的一个重要观点,就是人们之所以会出现心理障碍,之所以会出现个人不和谐,是因为他们感觉到内心的需要没有办法得到实现,或这些需要即使得到了实现,也得不到社会的赞许。因此对每个人的选择的尊重程度越低,达到自我和谐的可能性也就越小。对每个人所做的个人选择,只要不违法、不害人,都尊重、接受。关于和谐社会中的个人地位、个人价值以及行为规范等,在伦理学、社会学、政治学和法学方面都已有很多的论述,在此不再赘述。

人际和谐及其影响因素

人际和谐的特点包括人与人之间能够保持适当和良好的人际关系;能够在集体允许的前提下,有限度地发挥自己的个性;能够在社会规范的范围内,适度地满足个人的基本需求。人际和谐或心理健康的人乐于与人交往,不仅能接受自我,也能接受他人,同时也能为他人所理解,为他人和集体所接受,人际关系协调和谐;能与所生活的集体融为一体,既能在与挚友同聚时共享欢乐,也能在独处沉思时无孤独之感;在与人相处时,积极的态度

（如同情、友善、信任、尊敬等）总是多于消极的态度（如猜疑、嫉妒、畏惧、敌视等）（王登峰、崔红，2003）。

按照人际关系的范围，人际和谐首先包括家庭和谐，家庭和谐又包括夫妻关系、亲子关系的和谐，这里涉及个人的地位和人际的互动模式。在中国社会中，家庭中的人际关系遵循的是一种情感法则。家庭关系的维系，其目标就是为了情感本身。或者说，人际关系的存在，其目标就是这种关系本身。在家庭中是不能按劳分配的，但在面对其他人时，就应该多劳多得，这才叫社会公正。在社区和谐及社会和谐里面，每一个人都有平等的机会，都有平等的可能性，但是要讲公平或者社会正义，每个人付出和得到的应该是成比例的。

亲朋好友之间的关系遵循的是人情法则。这些人之间也可以有一些重合，而且和其他人之间可以进行转换，有的人从亲朋好友变成了一般人，有的人从一般人变成了亲朋好友。在家人与亲朋好友之间有一条情感分界线，两边不能有交流，这也是中国文化中非常重要的一个特点。家里人的人际关系、亲朋好友的人际关系、一般人的人际关系遵循的是不同的人际关系法则。工作中的人际和谐，涉及工作价值观、工作升迁、奖赏，此外还有与朋友的关系。这是中国人人际关系中一个非常独特的领地，遵循的是人情法则。人情法则与情感法则的区别就在于，情感法则是唯一的情感指向，而人情法则有情感的因素在内，但同时也具有很强的工具性。工具性是指将人际关系视为"工具"，以达到除维持关系以外的目的。因此，从人际关系的范围来看，人际和谐的方式以及目标都是不一样的。

影响人际和谐的因素，从个人因素来讲，夫妻关系或者亲子关系会受到家庭观念的很重要的影响，同时也会受到家庭成员对自己个人成功与成就期望的直接影响。人际关系的概念是一般性的，人情的法则或者工作价值观以及个人的世界观，都会影响到人际和谐。而影响人际关系的社会因素也非常多，包括家庭伦理，这个不是个人之间，而是整个社会或者至少是某个社区内部对于家庭关系应该如何的价值判断；人际关系的伦理以及工作伦理，另外还有健全的法制，以及不同阶层间的相互开放和尊重，这些都是可以从外界影响到人际和谐的方面。

最后需要指出的是，社会和谐还有一个时空维度，并不是一个静止的、固定的点。每个人都和谐了、同别人也和谐了，但是大家都停下来不动了，或者说今天和谐了将来就永远和谐，这是不可能的。因为自己和社会阶层都会随时发生变化,周围的生活环境、自然环境、物理环境也都会发生变化,因此这是一个时空的动态的和谐状态。

【知识点】

　　心理健康　应激　应激源　一般适应症候群　压力应对　危机干预　A 型人格　B 型人格　C 型人格　自我和谐　人际和谐　社会和谐

【思考题】

　　1.心理健康有哪些特征?

　　2.一般生理应激反应可分为哪几个阶段?

　　3.如何看待社会再适应评定量表?

　　4.应对策略有哪些?

　　5.如何进行有效的危机干预?

　　6.人格类型与身心健康的密切关系有哪些突出表现?

　　7.如何促进自我和谐?

　　8.讨论社会和谐。

【扩展阅读】

　　1.黄希庭总主编、郑希付主编:《健康心理学》,华东师范大学出版社 2004年版。

　　2.王登峰、崔红主编:《心理卫生学》,高等教育出版社 2003 年版。

　　3.黄希庭主编:《大学生心理健康教育》,华东师范大学出版社 2004 年版。

　　4.黄希庭、郑涌主编:《大学生心理健康与咨询》(第二版),高等教育出版社 2007 年版。

　　5.黄希庭等:《健全人格与心理和谐》,重庆出版社 2010 年版。

　　6.〔美〕Shelley E. Taylor:《健康心理学》,朱熊兆等译,人民卫生出版社 2006年版。

　　7.〔美〕Phillip L. Rice:《健康心理学》(第四版),胡佩诚等译,中国轻工业出版社 2006 年版。

　　8.〔英〕简·奥格登:《健康心理学》(第三版),严建雯、陈传锋、金一波等译,黄希庭审校,人民邮电出版社 2007 年版。

　　9.〔英〕Michael Hardey:《社会与健康心理学》,赵玉芳等译,重庆出版社 2008年版。

第十四讲

心理异常与心理治疗

我们几乎都曾有过焦虑、抑郁、莫名其妙的愤怒或觉得不能适当地应对生活复杂性的经历。在一个社会与技术日新月异的时代里,想要过令人满意的、有意义的生活,并不是轻而易举的。关于学习、工作、性、婚姻与家庭,我们正面临着前所未有的、许许多多的冲突和挑战,能够从不感到孤单、疑惑与失望地度过一生的人太少了。事实上,据专家估计,约有1/3的人在一生中至少发生一次很严重的心理或情绪问题。如果对其做出诊断,这些问题常常可以归类为心理异常或心理障碍。心理异常的表现多种多样,心理咨询与治疗也是五花八门,这里简明地加以讨论。

一、心理异常的界定

我们说的异常的(或变态的)心理与行为究竟是什么?按照什么标准将它区别于正常的(或常态的)心理与行为?对此目前还没有一致的意见,但大多根据下面的一种或几种标准来描述心理异常。

偏离统计常模

"异常的"这个词意味着远离常模。当在人群中进行测量时,人的许多特征,如身高、体重与智力,均包含一定范围的数值。大多数人的身高值处于中间状态,而只有少数人呈异常的状态:或过高或过矮。因此,异常的一个定义以统计次数为基础;异常心理和行为是在统计上少见的或偏离常模的心理与行为。然而按照这个定义,极聪明的或极快乐的人也会被划为异常的。因此,在给心理异常下定义时,我们不能仅仅考虑统计次数。

偏离社会常模

每个社会对于可以认可的行为均有一定的标准或常模,明显偏离这些常模的行为便被看作是异常的行为。在特定的社会里,这样的行为通常(但不总是)在统计上也是少见的。然而用偏离社会常模作为标准来给心理异常下定义时,会出现一些问题:被某一个社会视作正常的心理和行为,可能被另一个社会视作异常的。例如,某些非洲部落的成员不认为在实际上没有人说话时听到说话声是不正常的,也不认为看见实际上不存在的东西是不寻常的;然而,在大多数社会里,出现这样的心理被认为是异常的。另一个问题是,在同一社会内,异常的概念亦随着时间的推移而改变。20年前,大多数国人会把女人抽烟或近乎赤裸地在海滨游玩视作异常行为,但今天,这样的行为已被看作生活方式而已。因此,一个社会正常与异常的概念,不同于另一个社会;即便在同一个社会内,也随着时间的变更而不同。这就意味着,任何异常的定义都不能仅仅根据对某个社会的顺从性来考虑。

行为适应不良

许多社会心理学家既不是依据偏离统计常模也不是依据偏离社会常模来给心理异常下定义。他们相信,区分正常与异常的最重要的标准是行为如何影响个人或社会的幸福与康宁。按照这个标准,如果一种行为是适应不良的,对个人或对社会有不良影响,那么它便是异常的。某些行为适应不良会干扰个人的幸福,例如,一位男子十分害怕人群以致不敢乘公共汽车上班,一位酗酒者饮酒过多以致不能保住工作,一位妇女想自杀,等等;另一些行为适应不良则有害于社会,例如,一位青年爆发暴力的攻击行为,一位偏执狂患者图谋暗杀国家领导人,等等。如果我们采用适应不良这一标准,所有这些心理与行为都会被认为是异常的。

主观痛苦感

这个标准依据个人主观的痛苦感受而不是依据个人的行为来考虑异常。大多数被诊断为患有心理疾病的人均有极为痛苦与不幸的感受,他们感到焦虑、抑郁或激动、失眠、没胃口或浑身有数不清的疼痛。有时候,个人的痛苦可以成为心理异常的唯一症状,尽管当事人的行为在外人看来似乎是正常的。

一般认为,在诊断心理异常时,所有这四项指标均要考虑到。据调查,一般人群中可能称得上心理异常的人约在5%左右。

二、心理异常种种

心理异常的种类复杂多样。有些是急性的、短暂的,是由特殊紧张性事件引起的,另有一些是慢性的、终生性的;有些心理异常是疾病或神经系统损伤的结果,还有一些则是不良社会环境或错误的学习经验的产物,等等。上述这些因素往往相互重叠、相互影响。在美国,最广为接受的分类模式是美国精神病学会制定的《心理障碍的诊断与统计手册》(DSM),2000 年发行的是第四版的修订本(DSM-Ⅳ-TR),其中分类、定义和描述了二百余种心理障碍;目前在国内则是由中华医学会精神科分会编制的《中国精神障碍分类与诊断标准》(第三版)(CCMD-3)。下面拟作为常识介绍一些主要的心理异常。但是,心理异常的诊断并不是简单容易的事,读者不必"对号入座"。

行为偏离

行为偏离是指患者的行为与其所处的社会情境和社会要求是相违背的,明显地异于常态,例如吸毒行为、酗酒行为、重度吸烟行为、拉帮结伙行为、敌视权威行为、施虐行为、盗窃行为、诈骗行为等。这些人虽然有心理障碍问题,但并不是精神病,其智力是正常的,意识是清醒的,如果触犯刑律是要负法律责任的。

人格障碍

人格障碍也称病态人格,是指不伴有精神症状的人格适应缺陷。这类患者对环境有相当严重的、根深蒂固的、不能更改的、不适应的反应,其人格构成对自己、对社会都是不被允许的、不得体的行为模式。所谓不伴有精神症状的缺陷,是指在没有认知障碍或智力障碍的情况下出现的情绪反应、动机和行为活动的异常。

人格障碍一般始于童年或青少年,而持续到成年乃至终生,常见有如下一些类型:(1)反社会型人格障碍。其特点是缺乏道德感和内疚感,没有怜悯心、同情心,行为受原始欲望支配,脾气暴躁,挫折容忍力低,情绪活动呈爆发性,行为冲动,对他人和社会冷酷无情,往往目无法纪,且不能从挫折和惩罚中吸取教训等。这种人智力正常甚至超过常人,说起话来头头是道,耍小聪明,给人以蛮不讲理的印象。(2)偏执型人格障碍。其特点是思想、行为固执,敏感多疑,心胸狭隘,自我评价过高,不接受批评,情感不稳,易冲动,善诡辩,富有攻击性,服饰、仪表常不顾习俗等。(3)回避型人格障碍。其特点是行为退缩、自卑,面对挑战采取逃避态度或无能力应付,受到批评指责后常觉得自尊心受创伤而十分痛苦,羞怯,害怕社交活动等。(4)依赖型人格障碍。其特点是缺乏必要的日常自理能力,总是求助于他人,过分依赖他人,很幼稚顺从,总是怀疑自己可能被别人拒绝,在任何方面都很少表现出积极性。

性变态

所谓性变态,是指个体不通过正常的性行为方式去寻求性满足的心理异常现象。按常人的性行为方式寻求性满足大都符合三个条件:(1)以异性为对象,而且以成熟的异性为对象;(2)通过性需要的满足,达到心理上的满足;(3)性行为的活动中带有人际关系,男女间的性行为应带给双方快乐与满足,至少不能让对方感到痛苦。

同性恋是否性变态是一个有争议的问题。美国精神医学会在1980年出版的DSM-Ⅲ中已去掉了同性恋,但在我国的CCMD-3中,同性恋仍被列为一种性指向障碍。同性恋这种现象以前似乎隐而不见,现在两性关系日趋开放,加上艾滋病的威胁,社会对此越来越关注。同性恋的基本特征是以同性者作为满足性欲的对象,但实际情况很复杂。在一般人群中究竟有多少同性恋?按早前美国性心理学家金赛等(Kinsey et al.,1948)的研究,美国的成年人中有37%有过同性恋的经验。有过同性恋经验,未必就是真正的同性恋。按现在一般看法,真正同性恋的比例,男性中约有4%,女性中约有2%。至于同性恋的成因也很复杂,有先天遗传因素,也有后天环境的影响。无论同性恋是病态还是常态,在一般人看来总是人类两性关系上的反常现象。

传统意义上的性变态表现多样,常见的有以下一些:(1)暴露癖。在异性面前暴露自己的生殖器而得到性的满足。几乎均为男性。(2)恋物癖。喜与异性穿戴或佩带的物品接触,以引起性兴奋。这些物品多是直接接触异性体表的物品如内衣、内裤、头巾、丝袜、发夹和别针等。多见于男性。(3)窥淫癖。反复出现暗中窥视异性下身、裸体或他人性活动,以满足、引起自身性兴奋的强烈欲望。可伴有当场手淫或事后回忆窥视景象时手淫,以获得性满足。几乎仅见于男性。性变态大多是环境影响造成的。

神经症

神经症也称神经官能症或精神神经症。这是一组没有查出任何器质性原因的精神障碍,是由于精神因素造成的常见病。其病态表现比较复杂,且患者大多还能应付必须面对的现实问题,所以在日常生活中,除了部分有明显躯体症状的患者外,绝大部分患者以痛苦的主观体验为主。尽管这种主观的痛苦体验有时可以达到十分严重的程度,却难以被大多数人所觉察和理解。神经症常见下列类型。

(1)抑郁症。指以长期持续的情绪低落为基本特征的一类神经症。患者对人、对己、对事物以至对整个世界均持消极看法,对任何事情都丧失主动的兴趣和意愿,常伴有睡眠失常、四肢无力、易感疲劳、食欲下降等症状。由于严重的抑郁症患者在痛苦绝望中容易产生求解脱的念头,因此,自杀的心理倾向也是抑郁症的主要症状之一。在因病而自杀的人群中,患抑郁症的自杀率最高;据估计,在所有自杀者中,至少有80%的人有抑郁症倾向。抑郁症是各种心理失常中患病率最高的一种。根据心理学家的研究,在一般人群中,大约有25%的女性和10%左右的男性曾经历过抑郁症的痛苦。多数抑郁症患者在1—3个月间会不治而愈,但愈后仍有再度发作的可能。

(2)焦虑症。虽然正常人也会有焦虑,却能有意识地加以调整,不伴随其他心理异常活动和相应的躯体症状。焦虑症是以发作性或持续性情绪焦虑、紧张为主要特征的一组神经官能症。患者的焦虑情绪并非由现实情况所引起,常伴有躯体症状。急性焦虑症患者突然感到心悸、喉部梗塞、呼吸困难、头昏、无力,常伴有紧张、恐惧或濒死感;检查可见心跳加快、呼吸急促、震颤、多汗等躯体症状。慢性焦虑症患者长期处于焦虑状态,常为一些小事而苦恼、自责,对困难过分夸大,遇事常往坏处想,常无病呻吟,对躯体不适特别关注,常失眠。

(3)恐惧症。指患者对于某些事物或特殊情境产生十分强烈的恐惧,而此种情绪与所引起恐惧的情境和事物通常很不相称,有的甚至让别人很难理解。患者虽然明知自己的害怕不合理,但是由于难以自我控制而极力回避引起恐惧的事物或情境,而不是以积极的态度去认识和克服,从而导致严重的情绪和行为退缩,有的会严重影响生活、学习和工作。恐惧症的名目繁多,一般可分为见人恐惧症、动物恐惧症、植物恐惧症、自然现象恐惧症、环境恐惧症、观念恐惧症等。

(4)强迫症。指以强迫症状为中心的一组神经症。所谓强迫症状是指患者主观上感到有不可抗拒的、不能自行克制的观念、意向或行为的存在。患者虽然认识到它们是不恰当的或毫无意义的,或是同其人格不相容的,但又难以将其排除。一些患者为了排除这些令人不快的观念或欲望,会导致严重的心理冲突并伴有强烈的焦虑和恐惧。强迫症可表现为强迫观念、强迫意向和强迫行为,它们或是单一地出现,或是夹杂在一起出现。

（5）疑病症。也称臆想症,是一类表现为对自身健康状况过分关心,深信自己患了某种躯体或精神疾病,经常诉述某些不适,但却与实际健康状况不符的神经官能症。患者常四处求医,迫切要求治疗,医生对疾病的解释往往不能消除其固有的成见。

（6）神经衰弱。症状很复杂,往往是心理症状和躯体症状夹杂在一起。其主要症状有心烦意乱、情绪过敏、忧郁、焦虑、头痛、睡眠障碍、记忆力衰退、疑病,躯体症状有心悸、心慌、多汗、胸闷、尿频、月经失调等。他人的说笑、举止,只要稍微影响患者休息、学习或工作,就会被视为有敌意,因而患者往往人际关系紧张,更加重其无助感。

精神病

精神病是最为严重的一类心理异常,指人的整体心理机能的瓦解,不仅心理活动本身各个方面的协调一致遭到严重的损害,而且机体与周围环境的关系也严重失调。精神分裂症是最严重而且常见的精神病,患病率约为3‰—7‰,起病多在青春期及成年初期,病程多迁延。其症状复杂多样,较常见的有思维障碍、联想散漫、知觉扭曲、情感活动范围狭窄,严重的可达到情感淡漠的地步。在精神活动中同时出现两种相反的倾向,患者常常生活在自己的幻想世界中,完全脱离现实,甚至以幻想代替现实,自行其是,情绪错乱,动作怪异,有被操纵控制感和被洞悉感等。可分为急性和慢性两种：急性起病急,预后较好;慢性起病慢,预后较差。

躁狂抑郁病是另一种重度精神疾患,以原发性情感情绪障碍为主要临床表现,且具有发作期和完全正常的间歇期反复交替的现象。躁狂发作期内患者睡眠减少,活动增多,注意涣散,随境转移,语多夸大,联想加快,观念飘忽,自我感觉良好,自我评价过高,情绪高涨,行为轻率。抑郁发作期则与此相反,患者情绪忧郁,言语减少,行动迟钝,常有自杀意念或行为,食欲减退,体重减轻,睡眠障碍(特别是早醒),疲乏,困倦,精力不足,性欲减退,阳痿或闭经等。

三、心理异常的对待

在古代,患有心理障碍的人被认为是邪恶灵魂附体。驱除这些恶魔的方法常有祈祷、念咒、巫术等，更极端的方式有鞭笞、饥饿、烧灼甚至投石击死，以便身体成为令邪恶灵魂厌恶的居所而使其离开。今天，现代文明社会已普遍建立起对待精神疾病更为人性和科学的态度，心理咨询与治疗也已应运而生。不过，社会对于精神疾病的歧视并未真正消除。即使是在社会经济最为发达、心理咨询与治疗业也最为兴盛的美国，尽管有多达一半的成年美国人报告他们在一生的某些时间会经历某种心理障碍(Kessler et al.，1994)，有心理障碍的人还是常常被打上有躯体障碍的人所没有的不体面的"印记"。这种印记是针对有心理障碍的个人的一整套负性态度，包括大众媒体将精神病患者形容成有犯罪倾向的、关于精神病人的笑话广为流传、家庭不愿承认患者的精神痛苦等等，以此将其作为不可接受者加以隔离。有不少研究证实精神疾病的印记会在许多方面给人们的生活带来负面的影响。一个研究追踪调查了 84 名因精神疾病住院的男性病人，结果 6% 的病人报告因住院而失去工作，10% 报告被拒绝租住房屋，37% 报告被他人躲避，45% 报告他人曾利用其患精神疾病的病史来伤害其感情，只有 6% 的男性病人报告没有发生排斥的事件(Link et al.，1997)。图 14-1 显示的是美国社会"让惩罚与所犯罪行相一致"的信念(Zimbardo & Gerrig，1996)。图中显示了一组连续的行为，其被接受的程度逐渐降低，同时得到公众的反应强度逐渐提高。从中可见，人们对待那些受精神疾病折磨的个体的行为有类似于对罪犯或者其他偏离社会常规的人的反应。从我国的现实情况看，也与此大体相似。

与此相关的一个现象是人们如何看待心理咨询与治疗。对大学生的调查结果表明，尽管大学生对心理咨询的看法总体上是积极的，但在寻求心理咨询的心态上却存在冒险的知与行、对己和对人的矛盾(黄希庭、郑涌，2007)。调查中绝大多数被调查者认为开展心理咨询"很有必要"或"有必要"，但当"自己遇到心理困惑、不适时"，明确表示愿意寻求心理咨询的只占约 1/4。比较起来，当自己的同学、朋友或亲属遇到心理问题时，一半的学生会动员他们去心理咨询。这类研究表明，现实生活中许多心理障碍病人的经历可能具有极大的双重性：寻求帮助，从而使自己的问题被标记，一般来说能带来解脱，但另一方面又带来印记；治疗引起生活质量的提高，同时印记又降低了生活质量。

此外还有一个困难就是，有心理疾患的人常常内化他们被排斥或拒绝的期望，而这种期望又带来负面的交互作用。请看一项颇为经典的实验：29

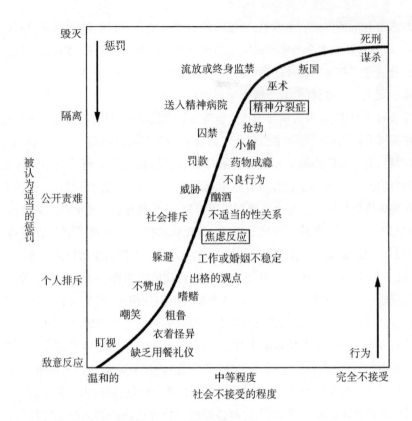

图 14-1 罪与罚

名曾因精神疾病入院的男性自愿参加了这项研究。他们相信该研究是关于曾患精神疾病的个体在找工作时所遇到的困难。这些被试被告知他们将与一个来自商务机构的人事部受训者打交道。一半的被试被告知这个受训者知道他们曾是精神疾病患者,另一半的被试被告知这个受训者以为他们由于身体上的疾病住过院。实际上,这个受训者并不知道任何有关被试的信息。所以,任何在此期间被试与受训者交流上的差别都可以归结为被试的期望。结果,那些相信自己被标记为从前是精神疾病患者的被试在一项合作任务期间说话较少,作业情况也较差,而受训者也把这一组的组员评价为更加"紧张和焦虑"(Farina et al. ,1971)。这里重要的结论就是,当人们相信别人将"精神病"的标签贴在自己头上时,他们与人交流的方式就发生了变化,自己真实地感到不自在。被拒绝的期望可以引起被拒绝,精神疾病可以成为生活中另一个不幸的期望效应。还有,与社会公众所施与的污名相比,心理疾病的自我污名与患者关系更加密切(Livingston & Boyd,2010),

对心理康复的危害作用也更大（Ritsher & Phelan,2004）。

最后，耐人寻味的一点是，研究表明，曾经与精神疾病患者打过交道的人较少受这种不光彩的印记的影响。例如，让一些学生读关于一个名叫吉姆的男人患精神分裂症后康复的故事后，那些曾经与一些精神疾病患者打过交道的学生对吉姆的前途表示更乐观的态度（Penn et al. ,1994）。类似地，如果学生曾经接触过精神分裂症患者，他们对其危险性的评估会降低（Penn et al. ,1999）。看来，为了发现理解、治疗以及预防心理障碍的方法，研究者们不仅要帮助那些患病和失去生活幸福的人们，而且还要扩展至普通人对于心理障碍的了解，增强对患有精神疾病个体的容忍和同情。

四、心理疗法

自从19世纪末、20世纪初弗洛伊德创立精神分析以来，现代心理治疗已经历了整整一个世纪的发展，并已形成较为完善的体系。心理治疗指采用心理学手段（而不是躯体或生物学手段）对心理障碍进行治疗。目前流行的心理治疗方法有数百种之多，但就理论基础而言，大致可归纳为四大取向：一是以精神分析论为理论基础的精神分析疗法，旨在帮助人从领悟中解决心理上的问题；二是以行为主义为理论基础的行为疗法，旨在帮助人改变生活习惯，以获得良好适应；三是以人本心理学为理论基础的人本疗法，旨在帮助人排除潜力发展的障碍，以期臻于自我实现的境界；四是以认知论为理论基础的认知疗法，旨在帮助人改变对人、对己、对事物的错误思想与观念，从而改善个人与其生活环境的关系。下面扼要介绍几种有代表性的疗法。

精神分析疗法

在所有的心理治疗理论中，由弗洛伊德创立的精神分析是历史最悠久、影响最深远的一个流派。图14-2是弗洛伊德的工作间（包括那张著名的长沙发，还有他收藏的埃及、希腊和罗马古文物），陈列于伦敦的弗洛伊德博物馆。1938年82岁的弗洛伊德从奥地利纳粹占领区逃到伦敦，次年去世。

精神分析理论认为，在每个人的人格结构中都有一些相反的力（本我、自我与超我），这些力使得内心冲突不可避免。个人可能觉察得到，也可能觉察不到这些冲突；这些冲突对人格的发展以及处理生活压力的能力均有

图14-2　弗洛伊德的工作间

强烈的影响。弗洛伊德相信,心理障碍是通常发端于幼年时期的冲突的结果,患者意识不到这些冲突,因为冲突中所包含的冲动与情绪已被压抑到潜意识之中。弗洛伊德将本我的攻击和性冲动与自我和超我所强加的限制之间的潜意识冲突视为后来适应不良的决定性原因。例如,一个小男孩可能很自然地对后出生的小弟弟有敌意,因为弟弟霸占了一些曾经只属于他个人的父母之爱。如果父母拒不承认这个男孩的情感,并严厉地惩罚他针对婴儿弟弟的任何愤怒表现,那么为了保住父母的爱,这个男孩就必须否认这些冲动。这些不想要的伤害婴儿的冲动(以及与此冲动有关的任何情绪或记忆)可能就被从意识中排斥出去。对于同胞兄弟姐妹的这些潜意识敌对感,可能影响后来的生活中与朋友、同事的关系,或许会采取强烈的嫉妒与竞争的形式。因为原先的冲突被压抑,所以个人觉察不到这些情绪的来源。精神分析的一个关键的假定是,如果不从一个人同其父母、兄弟姐妹间的早年关系中获得对问题的潜意识基础的透彻了解,就不可能成功地解决他当前的心理问题。精神分析的目的便是将冲突(即被压抑的情绪与动机)带进意识,以便能用较合乎理性的、现实的方法处理它们。

　　(1)自由联想与释梦。精神分析师用来促使潜意识冲突得以恢复的主要技术之一是自由联想。他们鼓励患者把心中的一切都说出来,不要选择,也不要编撰。然而,这不易做到。在对话时,我们通常都努力保持一条思路将我们谈话的要点串起来并排除无关的想法。此外,大多数人从小到大都在学习谨慎从事,说话之前要先考虑考虑,那些让我们感到不适当、愚蠢的或羞愧的东西一般不说出来。通过练习以及分析师的鼓励,自由联想便变得较容易了。另一项技术常与自由联想联用,那就是释梦(见第五讲)。通过讨论梦的外显内容而后对之进行自由联想,分析师与患者试图洞悉其潜意识的含义。

(2)移情。在精神分析中,患者对分析师的态度被视为治疗的一个重要部分。患者或迟或早都会对精神分析师产生强烈的情绪反应。有时候,这些反应是正性的、友好的;有时候则是负性的、敌对的。对于治疗中正在发生的情况来说,这些反应经常是不适宜的。患者使治疗者成为情绪反应的对象,这种倾向便是移情:患者对分析师表达的实际上是面对其他人时才产生的态度。这里的"其他人"是指现在或过去患者生活中的重要人物。弗洛伊德假定,移情代表童年期对父母反应的遗迹,因此他利用这种态度的转移作为一种手段,向患者说明患者的许多忧虑与恐惧事实上是来自于童年时代。通过指出患者如何对分析师做出反应,分析师们帮助患者更好地了解他们如何对其他人做出反应。

(3)抗拒分析。在自由联想的过程中,即使那些有意识地放纵自己思想的人,偶尔也会发现受到阻滞。当一位患者保持沉默,又突然改换话题或不能回忆起一件事的细节时,分析师便认为这个人正在抵抗对某些思想或情感的回忆。弗洛伊德相信,阻滞或抗拒是个人对其敏感领域潜意识控制的结果,这些领域刚好是应当加以探索的领域,因为其中的原因极可能就是患者的心理病因之所在。因此,患者在谈话中的抗拒表现成为分析师特别注意的焦点。化解患者的抗拒,让他把心中任何隐秘都说出来的方法称为抗拒分析。分析之后,可使患者内心中压抑的矛盾与冲突得以尽情倾诉,从而疏解其紧张的情绪。

(4)阐释。在精神分析治疗过程中,阐释是最重要的一个步骤。阐释是分析师根据患者的自由联想、对梦的陈述、移情以及抗拒等所得的一切资料,耐心向患者解析,让患者了解他所表现的一切有何深一层的意义,从而领悟到分析师所阐释的就是他心理困扰的原因。阐释的时机必须熟练地把握,即必须在潜意识材料接近于被觉察、病人准备接受痛苦的领悟时进行阐释。就精神分析的目的而言,阐释的过程就是治疗。只要分析师的阐释获得患者信服,单凭阐释就能解除患者心理上的痛苦。

(5)贯通。随着分析的进行,患者走过被称作贯通的漫长的再教育历程。通过一遍又一遍地反复考察已见于种种情境中的同样冲突,患者逐渐了解它们并看清自己的一些态度与行为多么有普遍性。治疗期间通过贯通童年期痛苦的情绪,患者变得坚强起来,以至于能不太焦虑地面对这些情绪并用较现实的方式处理它们。精神分析是一个漫长、深入与花费大的历程,在至少几年内,患者同分析师每周通常要会见数次,每次需要 50 分钟。

上述精神分析治疗法是以弗洛伊德的精神分析为基础的。而弗洛伊德之后的继承者们在理论上有所修正,发展成新精神分析。新精神分析与弗洛伊德的经典精神分析相比有很多不同之处,主要包括以下三点:(1)不再以泛性论的观点解释心理异常的原因;(2)不再视童年经验为成年后行为问题的决定因素;(3)不再以潜意识作为解释一切心理异常的基础。精神分析的技术也被修正。当代的精神分析心理治疗一般是较短期的、灵活的、不很深入的。治疗次数较少,通常 1 周 1 次。不强调完全重构童年期的经历,而较注意病人当前与人相互作用中出现的问题。自由联想常常被对关键问题的直接讨论所取代,精神分析心理治疗师可在适当的时机直接提出有关的话题,而不是等待病人提起。虽然移情仍被认为是治疗过程的重要部分,但治疗者可能设法限制转移的情感的强度。尽管如此,核心的东西仍然是精神分析师的下述信念:潜意识动机与恐惧是大多数情绪问题的核心,领悟与贯通过程是达到治愈的基本过程。

由于文化的差异,也可能由于国内心理治疗普遍的专业水平所限,尽管精神分析在世界范围影响很大,但在国内较少应用。

行为疗法

行为疗法源于行为主义心理学理论,产生于 1920 年代。巴甫洛夫的动物实验性神经症的模型以及华生等人的儿童强迫性恐惧症的模型都是行为治疗的理论与实践的典范。1950 年代,斯金纳提出了操作条件反射原理,并尝试应用于医疗实践。接着,艾森克也结合临床实践提出行为学习过程的新理论;特别是美国精神病学家沃尔普(J. Wolpe)把行为治疗技术系统地应用到病人的临床实践以后,极大地推动了行为治疗的进一步发展。到了 1960 年代,随着生物反馈治疗技术的出现,使行为治疗作为心理治疗领域中一个独立的体系与卓有成效的治疗方法得到广泛运用。1970 年代时,行为治疗已被誉为心理治疗领域的“第二势力”。

行为疗法是以行为学习理论为指导,按一定的治疗程序来消除或纠正人们的异常或不良行为的一种心理治疗方法。与精神分析注重了解个人过去的冲突如何影响当前的行为截然不同,行为治疗直接地注重行为本身。

行为治疗家们指出,虽然达到领悟是值得追求的目标,但它不能保证行为的改变。我们常常明知在某个情境里为什么那样做,却不能改变我们的行为。如果你对在课堂上发言感到异乎寻常的胆怯,或许能够将这种恐惧追溯到过去的事件(比如无论何时只要你表露自己的意见,都会遭到父亲的驳斥;母亲坚持纠正你的文法错误;因为害怕竞争,儿时没有在公众场合说话的经验等等),了解到恐惧的原因,但这并不能使你在班级讨论中发言变得容易。精神分析尝试改变患者人格的某些方面,但行为治疗倾向于将焦点放到十分有限的目标上,即矫正具体情境中的适应不良行为。在最初的治疗期间,行为治疗者也会仔细地倾听病人关于其问题的陈述:病人究竟想要改变什么? 是害怕飞行还是害怕在众人面前讲话? 是不能控制进食还是饮酒问题? 是不适当与无助感吗? 是不能集中精力将工作做完吗? 第一步是要清楚地限定问题并将它分解成一系列具体的治疗目标。例如,如果患者抱怨说总感到不适,那么治疗者就会设法让患者更具体地描述这些情感,确切地指出这些情感出现于何种情境以及相关的行为类别:做什么感到不适? 在课堂上站起来讲话还是在社交情境中说话? 按时完成分派给自己的工作还是控制饮食? 一旦明确了需要改变的行为,治疗者会选出适合处理患者特殊问题的治疗方法。

(1)系统脱敏。系统脱敏可被看作去条件反射或反条件反射的过程,这种方法在消除焦虑或恐惧中高度有效。治疗的原理是用一种与焦虑不相容的反应,即松弛来代替恐惧的反应。首先训练患者深度放松,一种方式是渐进性地松弛各部分肌群。例如,从脚与踝部开始逐渐向上到躯干、颈部与面部肌肉。患者学习体会肌肉真正放松时松弛的感受,并学会辨别不同程度的紧张。有时候,为了帮助那些不能放松的人,也可采用药物与催眠的方法。第二步是将引致焦虑的情境组成一个焦虑层次,从最不会引起焦虑的情境依次排列到最让患者害怕的情境。而后请患者放松,并从最不会引致焦虑的那个情境开始依次体验或想象焦虑层次中的每一个情境。举个例子:假定患者是一位患有严重考试焦虑的女生。焦虑层次可以从考前一周想到考试开始,位于此焦虑层次表中部的可能是在去考场的路上,处于焦虑层次表顶点的可能是在考场中考试。在这位女生学会松弛并确定了焦虑层次以后,脱敏便开始。她闭上双眼坐到一张舒适的椅子上,与此同时治疗者向她描述最不会引起她焦虑的那个情境。如果她能想象自己正置身于此情境中,而又没有增加肌肉紧张的程度,治疗者便描述此焦虑层次表上的下一个情境。如果这位女生在想象一个场面时感到焦虑,她便集中精力放松;而后再想象同一个情境或场面,直到一点儿焦虑也没有为止。将这一过程继续下去,通过一系列的治疗,直到原先诱发最强烈焦虑的那个情境只引起松弛为止。至此,通过增强松弛这种不相容的反应,这位女生对于引发她焦虑的那个考试情境已系统地脱敏了。虽然借助于对所怕情境的想象进行脱敏已有效地减轻了恐惧感,但这种方法的效果不如通过实际接触所怕刺激的脱敏好。只要可能,行为治疗者总是设法将真实生活脱敏同象征式的脱敏结合起来。

(2)厌恶疗法。厌恶疗法是行为疗法中与系统脱敏异曲同工的一种技术。主要用于治疗患者自身感到快意,但为社会规范和习俗所不允许的行为反应,特别是性变态、酗酒等成瘾行为。其基本构想是,让当事人感到厌恶的刺激与原本引起当事人欣快反应的刺激反复同时呈现,最终让当事人放弃该种行为反应。下面介绍一个著名的案例,是美国威斯康星大学附属医院用厌恶疗法治愈一个患恶性呕吐的婴儿的实例(Lang & Melamed,1969)。该婴儿被送进医院时是 9 个月大,已患有 4 个月的恶性呕吐;在 4个月前体重是 17 磅,送到医院时体重只有 12 磅。该婴儿的呕吐现象是,每餐之后 10—15 分钟,必然呕吐。经医师检查诊断,并未发现任何生理方面的症候,确认属于心理上的问题,决定采用厌恶疗法。程序是这样的:先在婴儿的喉部用胶带贴上电极,在呕吐前喉部肌肉表现紧张时,电极即传出信号。同时在婴儿腿部用胶带贴上另一电极,可施与虽使婴儿痛苦但绝不伤害身体的电击。在每次发现即将呕吐时,响一下电铃,作为即将实施电击的信号。因电击的震撼而使喉部肌肉紧张及呕吐的动作受到压制,结果使呕吐现象未出现即停止。如此连续 3 天治疗,即见功效;5 天治疗后即正常进食,呕吐现象全消;此后经 5 个月的追踪观察,一直未见复发。图 14-3 分别是该婴儿接受治疗之初和经治疗后 13 天的情形。

(3)角色扮演。角色扮演多用于改变患者的不良行为和进行社会技能训练。角色扮演在个别治疗和小组治疗中都比较常用。角色扮演可以说是对现实生活的一种重复,又是一种预演。在角色扮演过程中,来访者可学习改变自己旧有的行为或学习新的行为,并进而改变自己对某一事物的看法。

(4)决断训练。也称肯定性训练、自信训练和声明己见训练。决断训练适用于人际关系的情境,用于帮助患者正确地和适当地与他人交往,表达自己的情绪、情感,特别适用于那些不能表达自己愤怒或者苦闷的人、很难

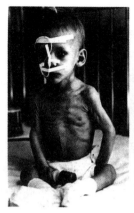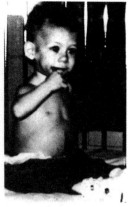

图 14-3　厌恶疗法案例

对他人说"不"字的人和很难表达自己积极情感的人,通过训练使他们能够表达或敢于表达自己的正当要求、意见和内心的情感体验。

(5)生物反馈训练。这是一种借助于电子仪器,让人们知道自己身体内部正在发生的变化的行为矫治技术。通过生物反馈训练有助于患者调整和控制自己的心率、血压、胃肠蠕动、肌紧张程度、汗腺活动和脑电波等几乎所有的身体机能的活动情况,从而改善机体内部各个器官系统的功能状态,矫正对应激的不适宜反应,达到治疗目的。临床实践证明,生物反馈确实是一种行之有效的行为治疗技术。生物反馈和松弛反应训练相结合,可以使人更快、更有效地通过训练学会使用松弛反应来对抗并消除一般的心理、情绪应激症状;同时在临床上,已被广泛地应用于治疗各科心身疾病、神经症和某些精神病。

行为疗法在我国的推行几乎没有任何阻力,人们十分看重其简明的技术风格,目前行为疗法的各项技术已在国内得到较为普遍的运用。

人本疗法

人本疗法由人本主义心理学的代表人物之一、美国心理学家罗杰斯(Carl Rogers,1902—1987,图 14-4)创立于 1950 年代。人本主义心理学号称心理学的"第三势力",是以反对精神分析和行为主义的立场出现的。人本治疗家认为,心理障碍出现于一个人实现个人潜能的历程受到环境或其他人(父母、教师、配偶)的阻碍之时,这些人试图引导个体沿着他们认为可接受的路线发展。当出现这种情况的时候,当事人便开始否认自己的真实情感,意识范围变窄,成长的潜能也受到抑制。人本治疗家尝试帮助人们接触真实的自我,并就他们的生活与行为做出深思熟虑的抉择,而不是让外界的事件确定他们的行为。用罗杰斯的话说就是"变回自己","从面具后面走出来"。虽然人本治疗家也像精神分析师一样尝试增加个人对基本的情绪与动机的觉知,但将重点放到个人当时当地正在经历的东西,而不是注重过去。人本治疗家不会像精神分析师那样去解释人的行为,也不会像行为治疗家那样设法去矫正行为,因为这些活动常常会将治疗者个人的观点强加于患者。人本治疗家的目的是促进患者对自己的思想与情感的探讨,并协助他找到自己解决问题的办法,帮助患者更充分地变成他能变成的那样的人。

图 14-4　罗杰斯(右上)在一个治疗小组中

罗杰斯创立的人本疗法在名称上曾有多次改变。最初在 1942 年时采用的名称是"非指导式咨询",旨在改变精神分析治疗中所使用的指导与治疗的观念。到了 1951 年改称"患者中心疗法",到 1974 年又改称"当事人中心疗法"。顾名思义,是指以接受治疗的当事人为中心的一种治疗方法。其基本的理论假设是:当事人是关于他自己的最好的专家,人们有能力找到解决自己问题的办法。治疗者的任务只是促进这个进程,而不要询问探测性的问题,不作解释,也不要对活动的方向、路线提出建议。事实上,罗杰斯偏爱"促动者"而不是治疗者这个术语。当事人中心疗法可以被描述得相当简单,但实施起来却需要大量技巧,比表面上看起来微妙得多。治疗者从解释晤谈的性质开始治疗过程;当事人负责弄清自己的问题,在任何时候都有离开的自由,并可自由地选择是否回来继续治疗。这种关系是私人间的,也是相互信任的;当事人自由地倾吐深藏于内心中的东西,而不怕受到谴责或暴露隐私。一旦这种情境构建成功,当事人就很健谈,他们通常有许多话要倾吐;治疗者则是感兴趣而又警觉的倾听者。当当事人谈话中止、似乎期待治疗者说点什么的时候,治疗者通常表示注意到并接受当事人已表达的情感。例如,如果一个人已谈到他喋喋不休地责备人的母亲,治疗者可能会说,"你觉得你的母亲试图控制你",这么说的目的是要澄清这个人已在表达自己的感受,而不是对这些感受做出评判或详尽的说明。一般而言,治疗开始时当事人的自我评价很低,但在面对自己的问题设法解决并得到解决的过程中,便开始较正面地看待自己。在早期的晤谈中,当事人通常会花大量时间谈论自己的问题与描述症状。在治疗期间,他们说出的话越来越多,这些话常常表明他们正在理解自己的特殊问题。随着治疗的继续进行,当事人的领悟逐渐增加。那么,在当事人中心疗法中,治疗者是做了什么才引起这些变化的?罗杰斯相信,治疗者的最重要的品质是共情、温暖与真诚。

(1)真诚。不同于精神分析师的居高临下,罗杰斯主张治疗者胸怀坦荡、坦率、诚实,不在职业面具下行动,让感情和态度自自然然地表现出来,治疗师与当事人之间真诚相待。一旦治疗师同他的当事人建立了良好的关系,就会有一种默契,让当事人感受到一种自觉,一种自然的内心发泄,这会促使当事人积极地成长。

(2)温暖。不同于行为主义的条件性行为塑造,罗杰斯主张按当事人的本来面目接受他,包括坚信当事人有能力建设性地处理他自己的问题。这是一种无条件的积极关注。当治疗者怀着积极而又毫无评判的心态对当事人表示全面的接纳时,当事人所有的感受,诸如混乱、反感、恐惧、愤怒、勇敢、热爱、自傲等等,都会涌上心头。如果治疗者仍能全面接受,而非选择性地接纳,则治疗效果也会展现。

(3)共情。指理解当事人正试图加以表达的情感并将这种理解向当事人传递的能力。治疗师必须具有这样一种特殊的感应能力。如果进行得顺利,治疗师不但能够进入当事人的内心世界,去了解他所要澄清的各项意义,甚至在下意识里对情况一目了然。这种特殊而主动的聆听是有很大威力的。

当事人中心疗法的观念很为我国心理治疗界所接受,但其过于理想化的色彩也带来一些局限。该疗法只对那些善于言辞和有意讨论自己问题的人容易获得成功。对于那些不主动寻求帮助或有严重障碍、不能讨论个人情感的人,通常有必要采用较富有指导性的治疗方法。此外,由于将当事人的自我报告作为对心理治疗效果的唯一测量依据,该疗法忽略了治疗场合以外的行为。那些在人际关系方面有不安全感与无效能感的人,在矫正其行为时常常需要治疗者的帮助。

认知疗法

以认知心理学为理论基础发展而成的心理疗法,称为认知疗法。认知疗法是包括多种心理疗法的总称,通过解说与指导的再教育方式,纠正患者对人、对己、对事的错误思想与观念,协助其重组认知结构,产生"今是而昨非"的治疗功效。因篇幅所限,这里只介绍美国心理学家艾利斯(Albert Ellis,1913—2007,图14-5)创立于1950年代的理情疗法。

图14-5 艾利斯与患者

顾名思义,理情疗法是帮助患者将情绪困扰理性化从而达到治疗目的的一种心理疗法。1955年艾利斯首次宣布其治疗方法时,称为"理性心理疗法"。后来他认为,一切心理障碍多表现为情绪上的困扰,所以在1962年改为现在的正式名称,称为"理情疗法"。其基本的理论假设是:人既是理性的,又是非理性的。人的精神烦恼和情绪困扰大多来自于其思维中的非理性信念。它使人逃避现实,自怨自艾,不敢面对现实中的挑战。当人们长期坚持某些不合理的信念时,便会导致不良的情绪体验;而当人们接受更加理性与合理的信念时,其焦虑及其他不良情绪就会得到缓解。艾利斯以ABC理论来阐明他的思想:A代表发生的与己有关的事件,可能是既成的客观事实(如房子失火),可能是别人的态度或行为(如别人与自己意见不一致),可能是人际关系的改变(如离婚),也可能是自己行为的后果(如考试失败)。C代表个人对事件的情绪反应后果,可能是正面的(如喜爱),可能是负面的(如哀惧),可能是适当的(如当喜则喜),也可能是不适当的(如不当哀者而哀)。在艾利斯看来,无论个人情绪反应后果是什么样子,均非由事件本身所引起,而是由于个人对既成事实所持有的信念B所引起。换言之,事件本身的刺激情境并非引起情绪反应的原因,个人对刺激情境的认知解释,才是引起个人情绪反应的原因。显然,理情疗法对情绪发生的解释,是以情绪认知论为理论基础的。假设有一位离婚妇女患了抑郁症。离婚是一个事件,是一桩既成的事实。抑郁症是当事人情绪反应的后果。按艾利斯的解释,离婚一事与抑郁症之间,并不能直接构成因果关系;当事人对离婚一事所持有的信念,或当事人对自己婚姻破裂一事的认知解释,才是使她情绪抑郁而心理异常的真正原因。当事人在离婚后,可能将婚姻的破裂归咎于自己的错误,把离婚视为自己追求幸福的重大失败,把因离婚而失去丈夫的爱视为自己有缺点才遭对方遗弃。如果是这样,当事人自然会因自责而极感痛苦。如果当事人对离婚的既成事实持另一种信念,将婚姻失败解释为遇人不淑,把造成婚姻破裂的责任归咎于对方,她可能就不致因过度痛苦而形成抑郁症。因此,艾利斯认为,一个人之所以情绪困扰或心理异常,主要原因不在于外在世界,而在于他自己如何去面对外在世界。对于人们常常持有的非理性信念,韦斯勒和韦斯勒(Wessler & Wessler,1980)曾总结出绝对化要求、过分概括化和糟糕至极三大特征。

(1)绝对化要求。指人们以自己的意愿为出发点,对某一事物怀有其必定会发生或不会发生的信念,通常与"必须""应该"这类字眼连在一起,如"我必须获得成功""别人必须很好地对待我""生活应该是很容易的"等等。怀有这样信念的人极易陷入情绪困扰中,因为客观事物的发生、发展都有其规律,是不以人的意志为转移的。

(2)过分概括化。这是一种以偏概全、以一概十的不合理思维方式的表现。艾利斯曾说过,过分概括化是不合逻辑的,就好像以一本书的封面来判定其内容的好坏一样。过分概括化的一个方面是人们对其自身的不合理评价。一些人面对失败或是极坏的结果时,往往会认为自己"一无是处""一钱不值",是"废物"等。以自己做的某一件事或某几件事的结果来评价自己整个人,评价自己作为人的价值,其结果常常会导致自责自罪、自卑自弃的心理,并产生焦虑和抑郁的情绪困扰。过分概括化的另一个方面是对他人的不合理评价,即别人稍有差错就认为他很坏、一无是处等,这会导致一味地责备他人,以致产生敌意和愤怒等情绪。艾利斯认为一个人的价值就在于具有人性,因此他主张不要去评价整体的人,而应代之以评价人的行为、行动和表现。

(3)糟糕至极。这是一种认为如果一件不好的事发生将非常可怕、非常糟糕、是一场灾难的想法。这种想法会导致个体陷入极端不良的情绪体验如耻辱、自责自罪、焦虑、悲观、抑郁的恶性循环之中而难以自拔。艾利斯指出这是一种不合理的信念,因为对任何一件事情来说,都有可能发生比之更坏的情形,没有任何一件事情可以定义为是百分之百糟透了的。当一个人沿着这条思路想下去,认为遇到了百分之百糟糕的事或比百分之百还糟的事情时,他就把自己引向极端的、负性的不良情绪状态之中了。糟糕至极常常是与人们对自己、对他人及对周围环境的绝对化要求相联系而出现的,即在人们的绝对化要求中认为"必须"和"应该"的事情并非像他们所想的那样发生时,他们就会感到无法接受这种现实,因而会走向极端,认为事情已经糟到极点了。"理情疗法认为非常坏的事情确实有可能发生,尽管有很多原因使我们可以不要发生这种事情,但没有任何理由说这些事情绝对不该发生。我们必须努力去接受现实,尽可能地去改变这种状况;在不可能时,则要学会在这种状况下生活下去。"

现实生活中,非理性信念的表现是相当普遍的,几乎每个人都会或多或少地具有一些不合理的思维和观念。按照艾利斯的解释,人自幼生长在传统文化的社会里,在其所受的家庭教育与学校教育中,无时无刻不在接受"做好人,做好事"教条的影响。长期教条化影响的结果,个人在从事任何活动时,就不自觉地形成了一些对自己过分要求的观念。即使这类观念可能是不实际的、非理性的,甚至是错误的,却一直支配着人不得不如是思想,终于形成错误信念,结果个人被自己的非理性信念所击败,而做了他自己错误信念的牺牲者。对于那些有着严重情绪障碍的人,这种不合理思维的倾向尤为明显。情绪障碍一旦形成,往往是难以自拔的,需要进行治疗。既然人们的情绪障碍是非理性信念所致,也就是个人自己的责任,理情疗法就要帮助患者以合理的思维方式代替不合理的思维方式,以理性的信念代替非理性的信念,通过以改变认知为主的治疗方式达到治疗的目的。在理情治疗的整个过程中,与非理性信念辩论的方法一直是治疗者帮助患者的主要方法。此外还有理性情绪想象技术、"认知家庭作业"以及为促使患者很好地完成作业而提出的相应的自我管理方法等。

理情疗法颇为我国心理治疗界所认同,但也明显受到患者的文化素质、年龄等因素的限制。因而从实践情况看,该疗法主要在大学生心理咨询与治疗中应用甚广。另外,由于很多所谓的非理性信念在人们包括治疗者自己的头脑中都是相当普遍和顽固的,该疗法的实施其实并不容易。

折衷疗法

除了上述四种基本取向的疗法外,心理治疗还有许多变式。大多数心理治疗者不能严格地坚持任何单一的治疗方法,而是采取折衷取向,即从不同的治疗技术中选取他们认为最适于具体患者的治疗方法。虽然理论定向可能偏向于某一特殊的方法或学派(例如,较偏向于精神分析而不是行为主义),但折衷心理治疗者们自动地抛弃那些不甚有用的东西而从其他学派中吸取较好的方法。简言之,他们在治疗方法上是灵活的。例如,在治疗高度焦虑的患者时,折衷心理治疗者可能首先开出镇静剂药方,也可能进行放松训练,目的是帮助患者降低焦虑水平(然而,大多数精神分析师不会采取这类方法,因为他们相信,要激发患者探讨其冲突,焦虑是必要的)。为了帮助患者了解其问题的根源,折衷治疗者可能会同病人讨论其病史的某些方面,但可能会认为不必像精神分析师那样深入地探讨其童年期的经历。折衷治疗者还可能采用知识教育,例如,为了帮助一位对其性冲动有罪恶感的青春期男孩解除焦虑,可能会向他提供关于性与生育的知识。又如,为了使一位焦虑不安的妇女相信她的一些症状(如心悸与双手颤抖)不是疾病的指征,可能会向她说明自主神经系统的功能。

由于认识到单一的治疗方法常常不能成功地处理一个问题的所有方面,所以越来越多的治疗者正专门致力于一些具体问题的研究。例如,一些临床专家专攻性功能的障碍问题,他们尽可能全面地了解导致性高潮的那些生理过程,了解药物(如酒精、镇静剂和其他药物)对性作业的影响,也了解像焦虑、性创伤和夫妻间缺乏情感沟通这样的因素造成性功能障碍的方式,等等。一旦性治疗专家们搞清了参与正常与异常性功能活动的所有变量,他们便可审视各种治疗体系,看看能用什么方法解决这些特殊问题。虽然性治疗专家可以应用我们已经讨论过的所有方法,但治疗性功能障碍时最常被采用的方法是生物学疗法与认知行为疗法。另外一些治疗者专攻焦虑、抑郁、酒中毒和婚姻问题。有些治疗者专注于某些年龄组,寻求了解儿童、青少年或老年人的各种问题。在他们的特殊领域内,治疗者们普遍地采用折衷的或整合的治疗方法。

集体疗法

许多情绪问题所包含的个人困难往往同他人有关,如有隔离感、被拒绝感与孤独感以及不能同别人形成有意义的关系等。虽然治疗者可以帮助患者解决其中的某些问题,但对治疗效果的最后检验还在于患者如何较好地将治疗中所学到的态度与反应运用到日常生活的关系中去。在集体疗法的环境中,容许患者在有他人在场的情况下解决自己的问题,使他能观察到其他人对自己的行为作何反应,并在旧的方法不能令人满意时试用新的方法。集体疗法常常被作为对个别心理疗法的补充。

各种取向的治疗者已经改进了他们的技术,以便可用于治疗小组内。集体疗法已被用于各种情境:医院病房内和精神科门诊、障碍儿童的父母以及少教机构的青少年等。典型的情况是,治疗小组由小数目(最好6—12名)的有类似问题的人组成。治疗者通常处于幕后,允许小组成员交流经验、相互评论对方的行为并讨论彼此间的问题。然而,在某些小组内,治疗者是相当活跃主动的。例如,在集体脱敏治疗时,治疗者可能引导患有同样恐惧症(如害怕飞行或对考试焦虑)的人一起通过一个系统脱敏层次;在社交技巧训练中,治疗者可能教一组胆怯、怕羞、缺乏自信的人在一系列场合中扮演角色。

集体疗法有几个超过个别疗法的优点。一位治疗者一次能帮助几个人,所以集体治疗节省了治疗者的时间;由于观察到其他人有与自己相似的或更为严重的问题,一个人便可获得安慰与支持感;通过观看别人如何行动,一个人便能替代式地学到一些东西;通过同各种各样的人而不是只同治疗者相互交往,一个人便能探讨各种态度与反应。当为参加者提供通过示范学习新的社交技巧并在小组内练习这些技巧的机会时,小组是特别有效的治疗形式。

婚姻与家庭疗法

人与人之间在沟通感情、满足个人需要以及对这些需要与别人的要求做出适当反应的过程中,会出现各种各样的问题,这些问题在婚姻与家庭生活的亲密关系中变得更为突出。在某种程度上,这些问题不只是涉及一位当事人,其焦点是人际关系,婚姻疗法与家庭疗法可被看作是集体疗法的专门化形式。

高离婚率以及由于夫妻关系出现问题而寻求帮助的配偶数目的增多,

已经使婚姻或配偶疗法成为一个正在发展壮大的领域。许多研究表明,在解决婚姻问题时,夫妻双方均参加治疗的联合疗法比只有一方参加的个别疗法有效(Curman & Kniskern,1981)。婚姻治疗有许多方法,但大多数方法注重于帮助夫妻双方沟通情感、增加了解、增强对相互需要的敏感性以及用较有效的方式处理夫妻间的冲突。有些配偶结婚时对丈夫与妻子的角色有着很不同的、常常是不现实的期待,这会严重地损害夫妻间的关系。治疗者可以帮助他们澄清期待并拟定一个双方都能接受的和解方案。有时候夫妻双方磋商定出一个行为合约,为造就比较令人满意的关系就每个人愿意做出的行为变化达成一致意见,并指明为保证这些行为变化的实现夫妻双方可以相互采用的奖惩办法。

　　家庭治疗与婚姻治疗有一致之处,但它们的起源多少有些不同。家庭疗法是针对下列情况发展起来的:许多人在离开家庭接受个别心理治疗(常常是在一些治疗机构内进行)时病情有所改善,但回到家里以后又旧病复发。看起来,这些人多来自于令人烦恼的家庭环境;要想保持一个人在治疗中所获得的成果,必须矫正家庭环境本身。家庭治疗的一个基本前提是,患者所表现出来的问题实际上是整个家庭有问题的征象,说明家庭系统是在不正常地运行着。原因可能在于家庭成员间沟通不良,也可能在于某些家庭成员合伙排挤其他成员。例如,一位同丈夫关系不洽的母亲,可能会将全部注意力都放到儿子身上。结果,丈夫和女儿感到被忽略,儿子则因母亲令人透不过气来的关注以及父亲与妹妹对他的愤恨而苦恼,以致演化为学习问题。虽然这个男孩的学习困难可以成为寻求治疗的理由,但很清楚,这只是更基本的家庭问题的症状。

　　在家庭治疗中,全家人定期地同一位或两位治疗者(通常一男一女)会面。治疗者一面观察着家庭成员间的互动,一面努力帮助每个成员逐渐意识到他同别的成员相互联系的方式以及其行动如何构成了家庭问题。有时候可以播放录像,使家庭成员们认识到他们怎样相互作用。也有些时候,治疗者可能到他们的家里访问全家人,以便观察在自然环境中发生的冲突与言语交流情况。常常可以清楚地看到,问题行为正在受到家庭成员反应的强化。例如,一个小孩子发脾气或一个青少年的饮食问题可能引起父母的注意,这种注意便可能不经意地强化了孩子的问题行为。治疗者可以帮助父母监测他们自己以及孩子的行为,以便确定他们的反应如何在强化孩子的问题行为,而后改变强化方式。

重大研究:疗法选择(史密斯和格拉斯,1977)

想象一下,你正处于情绪的低谷,向自己的朋友和家人等求助,但仍不能使问题得到解决。在这种痛苦的折磨下,你最终决定去寻求专业帮助。如果你读过一些心理治疗方面的书,就会发现可供使用的治疗方法有很多。这些疗法虽然使用了不同的基本技术,但目的都是一样的,即要帮助你改变生活方式,使你成为更快乐、更有创造性和效率更高的人。那么,到底该选择哪种治疗方法呢?

在过去半个世纪的时间里,心理学家们也在反复询问同样的问题。虽然人们已完成了许多比较研究,但大多数研究结果都倾向支持进行该研究的心理学家所偏爱的方法。另外,大多数研究所涉及的被试数量太少,研究手段过于单一。而且,这些研究散见于各种书报杂志上,要做出完整而全面的判断实属不易。为了填补心理治疗研究在这方面的空白,史密斯和格拉斯(Smith & Glass,1977)在科罗拉多大学开始了一项工作,主要任务是收集到 1977 年为止所有关于心理治疗效果的文献并重新进行分析。通过对 1000 多种不同期刊和书本的考察研究,他们最后选定了约 500 项检测心理咨询和心理治疗效果的研究。而后,他们采用格拉斯发明的元分析统计技术,对所有研究数据进行处理,以判断治疗的整体效果及相对效果。元分析是将许多个别研究的结果整合起来进行更大的统计分析,使数据联合在一起形成一个更有意义的整体。

史密斯和格拉斯对收集的 500 项研究中的 375 项进行了充分的分析。虽然这些研究在检测方法和检测对象(即某种疗法)方面有很大的差别,但所有研究都至少包括一组接受某种疗法的被试与一组接受另一种疗法或不接受任何治疗的被试(控制组)。对史密斯和格拉斯来说,所有研究进行元分析后,所得到的最重要发现是各种疗法的有效程度。某种方法有效性的测量指标由检测该方法的原文提供。通常,原文会提供一个以上的测量指标,或同一指标被使用多次,如自尊心增加、焦虑减少、学业成绩提高和总体适应能力的提高等。只要有可能,在一项特定研究中使用的所有测量指标,都会包含在元分析中。从 375 项研究中共计算出 833 种不同的疗效。将所有实验组的被试累加,约有 2.5 万名;将所有控制组人数相加,与前者数目相当。被试的平均年龄为 22 岁,他们平均接受 17 个小时的治疗,治疗师的平均从业年限是 3.5 年。

研究得到几点结果:第一,史密斯和格拉斯比较了所有接受治疗和没有接受治疗的被试。他们发现"接受治疗者的平均恢复水平高于 75% 的不接受治疗者……有代表性的结果显示,心理治疗将当事人的健康水平从第 50 个百分位数移到了第 75 个百分位数"。此外,在 833 种不同疗效中,只有 99 种(12%)产生了负面影响(意思是说当事人的状态比治疗前更差)。作者指出,如果心理治疗是无效的,那么否定性的结果应达到 50%,即 417 种。第二,将各种指标上的所有心理治疗的效果进行比较。结果见图 14-6,从中可见,从总体上说治疗比不治疗更有利。第三,比较了研究中应用的各种心理治疗方法,结果见图 14-7,从中可见几种较熟悉的心理疗法普遍有效。第四,史密斯和格拉斯把各种治疗方法分成两大类:行为疗法和非行为疗法,其中行为疗法包括系统脱敏法、行为矫正法和内爆疗法;其余治疗方法均属于非行为疗法。他们分析发现,两类疗法之间没有差异(相对控制组而言,显效分别为 73% 和 75%)。总的来说,心理治疗在处理各种心理问题时都很成功。另外,无论不同的治疗方法如何划分归类,它们之间的差异均不显著。

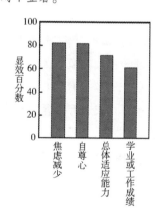

图 14-6　从四个方面分析所有
　　　　研究综合疗效

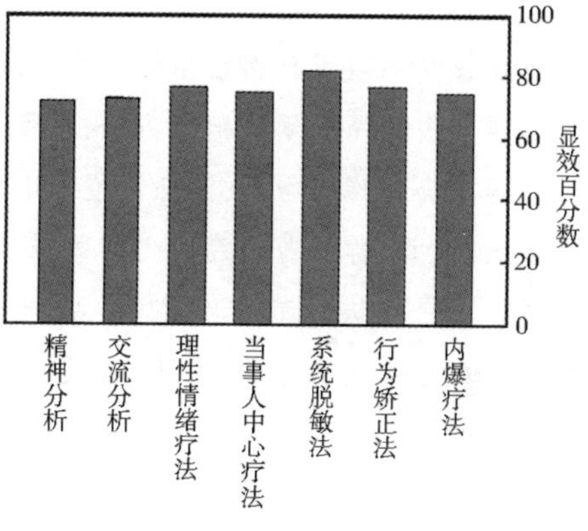

图 14-7　七种心理疗法
　　　　疗效比较

史密斯和格拉斯从他们的发现中得出三个结论:第一,心理治疗是有效的。元分析的结果旗帜鲜明地支持了接受心理治疗好于不接受心理治疗的主张。第二,"尽管大量专业人员依据不同的心理学理论在从事心理治疗,但本研究结果显示,不同类型的心理治疗所产生的疗效差异是可以忽略的。认为一种心理治疗绝对比另一种优越……是不恰当的。"第三,研究者和治疗师所掌握的有关心理治疗效果的知识和信息还太少。

史密斯和格拉斯的研究结果减少了当事人对心理治疗效果的困惑,但却增加了心理治疗师的困惑,因为那些选择心理治疗作为职业的人常常会深信,他们所选择的这种疗法比其他疗法更有效。然而,史密斯和格拉斯的研究结果已得到了后续研究的支持(Landman & Dawes,1982;Smith et al.,1980)。这些研究证实,采用折衷疗法的心理治疗师开始增多,事实上已有40%的心理治疗师认为自己采用的是折衷疗法,这个百分比远远高于其他只采用某种特定疗法的治疗师。不过,从这些研究中得出"所有的心理治疗方法对所有心理问题和所有的患者都同等有效"的结论显然是错误的。这些研究是从一个宏观的角度对心理治疗的疗效进行的综述,依据个人的人格特征及具体问题的具体情况,一些疗法是会比另一些更有效的。例如,现已证实,在恐惧症的治疗方面,行为疗法显然比非行为疗法有效得多。总体上看,史密斯和格拉斯的研究在心理治疗史上是一座里程碑,因为这将使人们不再沉迷于试图证明某种具体疗法最为优越的迷雾之中,而是把焦点集中在如何更好地帮助那些受心理问题困扰的人们。

你又该从中获得什么启示呢? 在你选择心理治疗师的时候,最重要的并不是要考虑他所采用的治疗方法,而是你对心理治疗的期望。如果你相信心理治疗会对你有帮助,满怀希望地进入治疗关系,那么治疗的成功几率就会大大增加。你对与治疗师之间关系的感受,也可以使治疗效果有很大的不同。如果你认为你的治疗师真诚、有爱心、充满热情,并且能与你产生同感,治疗效果就可能很显著。(选自 Roger R. Hock 著/白学军等译,2010)

五、疗效

评估心理治疗的效果,是一项很困难的工作,因为必须考虑到很多的变量。例如,相当比例的有心理问题的人未经专业性治疗而变得好一些,这种现象被称作"自然痊愈"。这个术语转借自医学。许多躯体疾患经一定病程,除了有并发症者外,病人未经特殊治疗便会复原。然而,在描述没有专业性帮助便从心理障碍中恢复过来这一现象时,"自然的"这个形容词实际上是不适当的。有些心理障碍只要假以时日，确实可能自己改善，就像普通感冒一样。抑郁症便特别符合这种情况。但更为常见的情形是，没有治疗时发生的改善不是自然的，而是某些外界事件造成的结果，这些外界事件通常指个人生活情境的变化或他人的帮助。我们不能将这些恢复看作是"自然的"，但由于这些恢复并非来自于心理治疗，所以也被算在自然痊愈率之内。据调查，不同心理障碍的自然痊愈率的范围约在30%—60%（Bergin & Lambert，1978）。考虑到那些不经治疗也会改善的情况，对心理治疗疗效的任何评估都必须将治疗组与不治疗的控制组加以比较。如果患者治疗后的改进大于同一时间阶段内未经治疗而发生的任何改进，那么这一心理治疗就被判定为是有效的。让人不去接受治疗，通常采用的办法是让这些患者组成一个等待治疗的控制组。此组内的成员们在研究开始时也会搜集基础资料，但直到研究结束后才能接受治疗。显然，出于伦理的考虑，研究所用的时间越长，就越难以实施。

在评估心理治疗时遇到的第二个重要问题，是对治疗结果的测量。我们如何断定一个人是否已得到治疗的帮助？不能总是依赖于患者个人的自我评定。有些人报告他们觉得好些了，只是为了让治疗者高兴或使自己相信钱花得值得。治疗者们早就认识到"哈罗—拜拜效应"。在治疗开始时，人们倾向于夸大自己的不幸与问题，以便使治疗者确信他们实在需要帮助；在治疗结束时，他们易于夸大自己的健康程度，以便表达他们对治疗者努力为自己治疗的感激心情，或者使自己信服他们的时间与金钱没有白花。在评估患者个人认为病情好转的情况时，必须考虑到这些现象。治疗者将治疗估计为成功的，这也不能总是视为客观的标准，因为治疗者宣称患者病情改善有其既得利益。而且有时候，治疗者在治疗时所观察到的变化不能维持到真实的生活情境中。因此，关于病情改善的评定至少应当包括三种独立的测量：患者对进步的估计、治疗者的估计以及第三方（如患者家属、朋友或没参与治疗的医生）的判断。在评估心理治疗的效果时，还可以采用其他结果的测量指标，这些测量指标包括一些心理测验（如 MMPI 或贝克抑郁量表）的得分和靶行为的变化（在行为治疗中采用，如强迫动作的减少）。最有意义的测量是在治疗情境以外个人生活中病情改善的程度（例如，较有效地工作或学习，饮酒减少，反社会活动减少）。

还有一个与疗效有关的问题是"安慰剂效应"。安慰剂本是医学实验上使用的专门术语，是指采用药物治疗疾病时，在病人毫不知情的情况之下，医师开给病人的药剂虽名为治疗他的疾病，实则只是毫无生理作用的代用品（如维生素片），但病人服用后却仍然发生治疗上的效果。显然，安慰剂（药剂代替品）之所以产生治疗效果，是由于医师在对病人的诊疗行为表现上，对病人发生了一种"安慰"性的心理作用。当然，在一般医疗上，安慰剂效应主要发生在与心理有关的疾病上。像细菌性的传染病或意外伤害性疾病，不能仰仗安慰剂效应；与心理因素有关的疾病如心脏病、高血压、气喘病等，服用安慰剂后，就可能产生相当大的治疗效用。研究发现，患心脏病而有心绞痛的病人，服用安慰剂后，有40%的患者感到病情减轻（Beecher，1961）。心理治疗原则上是不用药物的。曾有研究发现，采用对照组实验法对焦虑症患者实施治疗时，一组服用药物（镇静剂），另一组服用安慰剂，结果安慰剂的效果反较药物为优（Lowinger & Dobie，1969）。另有研究者以不敢在众人面前说话的患者为对象，进行对照组实验法比较研究，一组采用系统脱敏法，另一组采用认知领悟法并让患者服用安慰剂，结果发现两组在治疗上均有进步（Paul，1967）。一般认为，安慰剂之所以产生治疗效应，主要是由于当事人的两种心理作用：其一，因为他相信治疗者的权威，接受治疗者的鼓励与期望，结果对他的心态转变发生了暗示作用。其二，当事人既接受治疗者的期望，又对自己接受治疗一事有所期待，结果都可能形成期望效应的心理作用。当然，从心理治疗的整体看，既然称之为"心理治疗"，在心理治疗时由于人（治疗者）影响人（当事人）而产生类似于安慰剂效应的心理效应，不应视为心理治疗的缺点，而应视为心理治疗的共同特征。假如失去这种人影响人的特征，心理治疗的效果也就无从产生。

尽管存在着这些问题或困难，研究者们仍对心理治疗的疗效评估做了许多研究。大多数的研究对心理治疗的疗效做出了积极的评价。除了上述史密斯和格拉斯的研究之外，再介绍霍华德等（Howard et al.，1986）的一项研究。该研究考察了病情改善率同治疗次数间的函数关系，其中病情改善是由独立的研究者在治疗结束后估计的。结果治疗组所显示的变化比率高于自然痊愈率的估计数。到第8次治疗时，接近50%的患者在测量中有病情改善；到6个月结束时（每周一次心理治疗），75%的患者显示了病情改善。也有一些研究对心理治疗的疗效得出了悲观的结论。例如，一项调查青少年后期心理治疗效果的研究（Rickwood，1996）发人深省：有些青少年从家庭和朋友中寻求心理帮助，有些则寻求专业帮助，在得到帮助的4个月后两组青少年都接受评价，结果无论是专业帮助还是非专业的帮助，都未能提高当事人的心理健康水平。研究者的结论是："把谈话的焦点集中在问题上可能会强化这种心理症状，而不是减少这种心理症状的发生。因此，对青少年来说，通过谈论他们的问题来帮助，并不是一种合适的处理方式。"看来，未来的研究要更注重哪些因素能使疗程最短、疗效最令人满意。

重大研究：真的有效吗？（艾森克，1952）

**图14-8 著名心理学家
艾森克**

著名心理学家艾森克（Hans J. Eysenck，1916—1997，图14-8）在其晚年的《自传：心理学史》中，曾自豪地宣称自己是"有理有据的反叛者"。他的确有理由这么说。自年轻时离开德国到英国后，他就热情洋溢地投身到各种各样的教育、政治和科学的战斗之中，对心理学的许多领域也做出过有目共睹的贡献。长期以来，他一直是伦敦大学精神病学研究院的教授和研究员，在人格理论、心理测量、智力、社会态度和政治、行为治疗等领域著述颇丰，影响甚广。在西方心理学界，他和艾利斯是出了名的"坏小子"。

在他闹出来的众多乱子中，最为沸沸扬扬的应该是他对心理治疗的大肆攻击（Eysenck，1952）。艾森克一向对心理治疗抱着轻蔑态度，因为他认为，心理治疗没有可以支持的科学证据。为证明自己的观点，他回顾了19个针对心理治疗效果进行研究的报告，得出的结果令人震惊。这些不同的报告中宣称有所"改善"的，少则占39%，多则达77%。这样宽泛的范围，他认为，自然要引起人们的怀疑，说明里面肯定存在着错误的东西。更糟的是，艾森克将这些发现累加起来，然后进行计算，结果发现，平均只有66%的患者有所"改善"。而他引用的其他一些研究报告里面谈到，在有监护照顾但没有心理治疗的神经症患者中，有所改善的案例可以达到66%—72%。他的结论是：找不出任何证据证明心理治疗可以达到其所宣称的效果。他的激进推论是：所有的心理治疗培训应该立即废止。

"天塌下来了，我立即成为弗洛伊德心理学、心理治疗学者和大部分临床心理学家及其弟子们的敌人。"他后来说。一时间他是四面树敌，包括英国和美国心理学界的头面人物,许多人撰文对他进行狂怒的反击。抛开个中愤怒不说,这些反击不无道理,尤其是英国和美国等地的著名心理学杂志上所发表的反驳文章。其中最有见地的批评是,艾森克将不同疗法、不同患者的数据和病情改善的不同定义全部堆在一起;此外,也没有将经过治疗的组别与未经过治疗的组别进行比较。尽管如此,他仍提出了挑战:现在只有靠那些信仰心理治疗的人对心理治疗是否有效进行证明了,之前他们还从未认真尝试过这样的任务。

从此以后,关于心理治疗效果的研究源源不断,现在已有数以百计的相关研究报告。尽管这些报告的科学质量、取样规模、病情改善标准及是否有控制组等方面均有较大的差别,结论也可以说是变化多端、众说纷纭,但证据显然有利于心理疗法。1975 年,宾夕法尼亚大学鲁博斯基(L. Luborsky)对近百种有控制的研究进行元分析,得出的结论是,在大部分疗法中,病人得益于心理疗法的人数所占比率甚高。与艾森克的声明相反的是,大多数的研究表明,在得到改善的病人中,经过治疗的病人数量显然要多于没有经过治疗的病人数量。美国国立精神卫生研究院于 1978 年进行的一项综合研究也得出类似的结论:"经过心理治疗的患者在思想、情绪、性格和行为上,其状态要远远好于没有经过治疗的对应抽样患者。"在患有焦虑、恐惧等问题的患者中,其结果是显而易见的。由心理学家所组成的另一个研究小组于 1980 年进行了一次更为综合的元分析,对 475 例研究进行回顾和评估,在更为广泛的疗效尺度上将那些接受过心理治疗的病人与控制组中没有经过治疗的病人进行比较,结论认为治疗在大部分情况下均有益处:"心理治疗对所有年龄的人均有可靠的益处,就像学校教育、各种药物肯定有益处,或像经营能产出利润一样……接受治疗的人在治疗完毕后,精神疾病好转的比例要比没有接受治疗的病人多出 80% 。但这并不意味着每个接受心理治疗的患者的病情都能有所改善,少数人的病情反而还会加重。"

但这些元分析研究中有一点似乎令人费解:所有的治疗方法好像都会对 2/3 的患者有效。这一现象已被称为"多多鸟裁决"。这个术语源于小说《艾丽丝奇境漫游记》中的一个故事,多多鸟说:"每个人都赢了,大家都应当有奖。"采取如此不同方法的各种心理治疗怎么能产生这么类似的结果? 鲁博斯基的解释是,在各种心理疗法中存在着一些共同的因素,最值得注意的是治疗师和患者之间的有益关系。其他研究人员还指出其他一些共同因素,特别是在受保护的环境里检验现实生活的机会,还有通过治疗给病人带来改善病情的希望,它们可以促使病情发生转机。

然而,最近几年,更为精细的分析开始提供越来越多的证据。它们表明,对某些疾病来说,某些疗法相比其他疗法具有更好的疗效。例如,行为和认知行为疗法对惊恐发作和其他焦虑疾病的疗效,认知疗法对社交恐惧的疗效,集体疗法对性格缺陷的疗效,认知行为疗法和人际疗法或任一种与抗抑郁药物的合并使用均对抑郁具有治疗作用。

尽管已进行过几百种有关疗效的研究,但研究者只是在最近才开始将疗效里面的因果关系分离出来。元分析中的概括性的数据并没有做到这一点。缺陷之一是,它们在每份研究中将不同治疗师获取的结果平均化了。最近的研究开始将所获取的结果与治疗师本人联系起来。鲁博斯基等人用三种不同的方法对药物依赖病人进行治疗,得出的研究结果发现,比较治疗师本人的人格特点来说,疗法的选择并不重要:"治疗师是重要的、独立的变化原因,他可以扩大或缩小某种疗法的效果……有效心理疗法的主要促进因素是治疗师的人格,特别是其所能形成的温暖和支持性关系。"因而毫不奇怪,早期的研究均支持了多多鸟式的疗效观,因为它们将各种疗法的治疗师所取得的疗效进行了平均化的处理。大部分早期疗效研究的另一缺陷是,它们只注重一种疗效最后或中期的治疗效果。但新的研究实践已开始更仔细地观察疗法中所发生的过程,强调有效的介入方式是如何以不同方式促进治疗过程的。这些疗效研究的更新形式将比过去的疗效研究更具体地显示出,究竟是什么在心理治疗中产生疗效,又究竟对哪些病人起作用。无论如何,心理疗法的确能起作用这一点毋庸置疑。(选自 M. 亨特著/李斯、王月瑞译,1999)

【知识点】

心理异常　行为偏离　人格障碍　性变态　神经症　精神病　心理治疗　精神分析疗法　行为疗法　人本疗法　认知疗法　折衷疗法　集体疗法　婚姻与家庭疗法　自然痊愈　哈罗—拜拜效应　安慰剂效应

【思考题】

1. 界定心理异常有哪些标准?

2. 应该如何对待心理疾病?

3. 精神分析疗法的理论与技术要点是什么?

4.行为疗法的理论与技术要点是什么？

5.人本疗法的理论与技术要点是什么？

6.理情疗法的理论与技术要点是什么？

7.折衷疗法是何主张？

8.讨论心理治疗的疗效问题。

【扩展阅读】

1. 钱铭怡主编:《变态心理学》,北京大学出版社 2006 年版。

2. 林孟平:《辅导与心理治疗》,社会教育出版社 2005 年版。

3. 江光荣:《心理咨询的理论与务实》(第二版),高等教育出版社 2012 年版。

4. 岳晓东:《登天的感觉:我在哈佛大学做心理咨询》(修订本),上海人民出版社 2007 年版。

5. 毕淑敏:《毕淑敏心理咨询手记》(新版),中国青年出版社 2011 年版。

6.〔美〕Gerald Corey:《心理咨询与治疗的理论及实践》(第八版),谭晨译,中国轻工业出版社 2010 年版。

7.〔美〕Gerald Corey:《心理咨询与治疗经典案例》(第七版),谭晨译,中国轻工业出版社 2010 年版。

第十五讲

时间、金钱与幸福

幸福是人类存在的至上目标,是建立在人生意义之上的一种快乐的心理状态,源自个人的生存、发展需要达到某种程度的满足。时间和金钱是人类社会两种最重要的资源,对个体的幸福至关重要。时间与金钱看来有许多相似之处。比如,对于时间和金钱,都可以"节省""花费""浪费"或"有效利用",而且时间和金钱都是有限资源,甚至有人说"时间就是金钱"。时间与金钱又是很不相同的。比如,时间比金钱更具模糊性、不确定性,人们较难计量所花费的时间;金钱可以储存,有银行可以存放,而时间却一刻不停地流逝,无法存储。可见,时间、金钱与幸福的关系怎样,是一个需要深入考察的问题;而如何处理好时间、金钱与幸福的关系,更是深刻影响现代人生活质量的关键所在。

一、时间人格

在2005年庆祝《科学》创刊125周年之际,该刊公布了125个最具挑战性的科学问题,其中第35个问题为"时间为何不同于其他维度"。时间,是许多学科共同研究的对象,也是心理学家关注的问题。科学心理学的诞生源自于对反应时的研究,而认知心理学研究更离不开反应时。心理时间不同于物理时间。在日常生活中,物理时间是一维的、不可逆的、均匀而精确的,它均匀地由过去流向现在,再流向未来。虽然爱因斯坦的相对论预测宇宙中可能存在时光隧道"虫洞",但是能够让人回到过去、穿越未来的时间机器还只存在于科学幻想中。心理时间既可以是一维的、不可逆的、均匀而精确的,也可以是多维的、可逆的、不均匀且模糊的。心理时间旅行是人类的一项重要能力,我们能够回忆过去、展望未来,有时觉得度日如年,有时又觉得光阴似箭。时间还是人生的动力,它贯穿于人的一生,以秒分日月年环环相连。只有把握住今天,才能赢得明天;只有环环都不松,才能达到光辉灿烂的顶峰(黄希庭,2013)。

生活中很容易发现有的人爱迟到,有的人善计划,有的人急性子,有的人很拖拉……时间人格关注的正是时间语境下的人格特征和个体差异,它是个体对时间情境稳定的适应倾向及能力特征(陈娟、郑涌,2011)。早在20世纪初,国外便开始了关于时间与个体差异的研究。大规模的研究始于20世纪80年代末,在心理学、管理学、组织学、市场学、社会学和消费行为学等各领域展开,内容涉及时间人格的诸多方面,包括个体对时间的态度、体验以及与此相关的行为,如准时性、时间定向、拖延性、时间管理等。国内,黄希庭最早提出时间人格的思想,并领衔进行了一系列实证研究,结集出版于《时间与人格心理学探索》一书中(黄希庭,2006)。研究发现,确实存在着建立在时间体验和自我概念基础上的心理结构(黄希庭、郑涌,2000;郑涌、黄希庭,2000),时间上的人格特质至少包括时间洞察力和时间管理倾向两个方面,并集中体现在应对时间情境上。

时间洞察力

时间洞察力是指个体对时间的认知、体验和行动倾向。人们对时间的理解、认知和体验是不同的。鲁迅说:"时间就是性命。无端的空耗别人的时间,其实是无异于谋财害命的。"居里夫人说:"我以为人们在每一时期都可以过有趣而且有用的生活。"而英国作家巴特勒把时间称为"真正独一无二的炼狱",美国诗人爱默生则说时间是"最有效的毒药"。时间洞察力还包含着对时间的行动倾向,如珍惜时间的人在行动上会注重更有效地利用时间。有人曾对英国、日本、印度尼西亚、意大利、中国台湾和美国这6个国家和地区中的最大城市和中等城市的居民生活节奏做过调查,比较了这些城市里银行时钟的准确度、行人的步行速度和购置邮票所需的时间,结果发现,由于文化及对时间态度的不同,他们的生活节奏也不同:日本城市的银行时钟最准确、行人走路最快、邮局职员办事效率最高,美国城市在这三项调查中排第三位,印度尼西亚城市时钟最不准确、行人走路最慢,意大利城市的邮局职员办事效率最低(Dorfman et al. ,1993)。

时间是从"过去"经"现在"向着"未来"延伸的无始无终的连续体。对时间的洞察力离不开对过去、现在、将来的认知、情感和行动倾向。"画圆测验"可以折射出个体的时间洞察力的心理结构(黄希庭、郑涌,2000)。让被试自由地画出三个圆,分别表示过去、现在与未来。根据被试所画的三个圆的大小及相互位置关系,揭示了被试在时间主宰、时间发展及时间关联性上的状况。图 15-1 是被试按自我同一性状态的高低分组后的时间洞察力的心理结构分布情况。综合分析认为,高同一性组被试在时间透视心理结构上是现在更广、未来取向更多、时间整合更强,低同一性组则是过去更广、过去取向更多、时间分裂更强。图 15-2 是以画圆方式对此所作的两种理论抽象的典型模式。

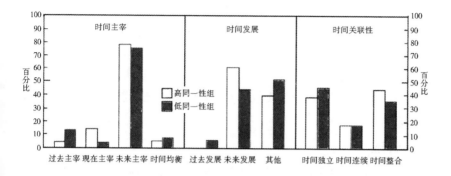

图 15-1　高低同一性组时间洞察力的心理结构

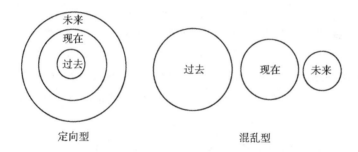

图 15-2　两种典型的时间洞察力心理结构模式

　　个体的过去、现在与未来所涉及的事件、情境和计划都具有时间信息,并对个体的情感产生正面或负面影响。个体之所以能记忆这些内容或期待它们的出现是因为它们对个体的情感或动机具有意义。而中性的或不具重要意义的事件是不可能包含在个体的时间洞察力之中的。由于个体对自己的过去、现在与未来具有正面或负面情绪,因而时间洞察力具有激发、调整和维持个体行动的作用。

　　时间洞察力与个人的发展前途密切相关,甚至可以说,时间洞察力决定着一个人的命运。无论年轻者还是年老者,无论贫穷者还是富贵者,一天 24 小时,一年 365 天,人人都能得到相同的时间。但由于人们对于过去逝去的时间、对于现在的时机、对于未来的预期不同，它可以使贫穷者成为百万富翁，也可以使富贵者成为贫穷潦倒的人。时间洞察力是决定一个人的事业与人生能否成功的关键。能否有效地总结自己过去的经验与教训，是时间洞察力的一种表现，成功者能从过去的错误中吸取教训，乐观地去寻求挽救的办法。能否抓住当前时机，是时间洞察力的另一种表现。成功者正视现在，善于创造和把握机会，不观望、不退缩、不犹豫，该出手时就出手。能否确定个人未来的目标并按计划有效地加以实现，也是时间洞察力的一种表现，成功者为自己未来制定的目标是既实际又有相当"野心"的。总之，成功者与失败者的主要区别，常在于成功者敢于追求卓越超群的未来目标，抛开过去的包袱，踏踏实实地从现在做起，以自己的努力创造未来，而不是怨天尤人的宿命态度或及时享乐的无所作为。

时间管理

个人的时间管理倾向也是一种相对稳定的人格特征。例如，在对5—8岁儿童时间知觉的研究中发现，有的儿童不论对哪一种时距（3秒、5秒、15秒、30秒）均作提前反应，而另一些儿童恰好相反，不论对哪一种时距均作错后反应（黄希庭、张增杰，1979）。黄希庭和张志杰（2001）提出了一个适合我国青少年的时间管理倾向三维理论模型，包括时间价值感、时间监控观和时间效能感三个维度。时间的种种隐喻，诸如"时间就是财富""时间就是力量""时间就是生命""时间就是一切""时间就是过客"，则稳定地反映了人们对待时间的不同态度和价值观念。

在时间管理上，人们常常会犯下一些错误，从而浪费了时间这一最为宝贵的资源。这种浪费简直就是对生命的犯罪。为此，里斯（Rice，1992）总结了时间管理的七条"禁忌"：（1）困惑。如果你不知道你要做什么，时间管理就没有什么意义。（2）犹豫不决。犹豫不决意味着一个人对某一任务不是一次完成，而是要花很多时间，它使惶惑和紧张更加严重。（3）精力分散。精力分散是企图做超出需要甚至超出可能的过多的事情，这会引起无效的问题解决，反过来又给人的精神带来更大的压力。（4）拖沓。拖沓是偷窃时间的罪魁祸首。常见的拖沓常常是那些让人不快的事情、困难的事情，以及难做决定的事情。（5）逃避。人们常常不经意间就能冒出许多逃避工作的办法。（6）中断。中断对复杂的工作伤害最大，这样的工作需要一段启动时间来找到节奏，而不断的中断则要求附加时间来重新定位和再启动。

(7)完美主义。不少人在生活中会为自己确定很不现实的目标。完美主义在生活中也许有用,但是为了完美而完美的完美主义所起的作用就与强迫性的过分工作差不多。

在找出了时间安排中常见错误的基础上,里斯又提出了消除这些错误的积极步骤:(1)优先权。"你必须知道应该先做什么后做什么!"解决困惑的最好方法是设置清楚的和可以达到的目标,并定期对这些目标重新评估,包括长期、中期及短期目标。(2)帕累托原则。这条原则是以意大利经济学家和社会学家帕累托(Vilfredo Pareto)命名的,他的理论可以总结成一句话,即重要的少数和不重要的多数。这一理论认为,20% 的目标具有 80% 的价值,而剩余的 80% 目标只有 20% 的价值。为了有效地管理时间,应该根据价值来投入时间,换句话说,就是要将时间投入到有较大意义的目标中。(3)剪枝除草。解决困惑的答案是剪掉不需要的、除去达不到的目标。这就要求你把注意力放在达到所设置的目标所需要的具体工作上。(4)开始工作。拖沓的一个最常见的原因是拖沓者认为工作太大,时间太少,无法完成工作。解决方法是把任务分解成小块,就会看到许多时间是有用的,开始工作就会变得容易多了。(5)集中精力。开始工作只是有效的时间管理战役中的一部分,接下来还需要较长时间将注意力集中在工作上,并坚持工作直到完成。为了使工作有效,常常需要将工作分段并交替进行。(6)遵守计划。让你自己不断在一件事上工作最有效的办法,是为小的步骤的完成提供某种可见的奖励。可以列出全部任务的清单,分别列出每一个步骤,当一个步骤完成后就将它划去。

能否有效地实现对时间的管理与个人的生活质量密切相关。只要分析一下古今中外的成功人士,就可以发现他们都是管理时间的高手。善于驾驭时间的人,出色快捷地完成了任务,成绩显著,出人头地的时间也早;不会驾驭时间的人,尽管拼命地干,工作仍停滞不前,成绩平平或很差,出人头地的时间晚甚至不可能。研究发现,大学生在时间管理量表上的得分高低与其学业成绩呈显著的正相关(Zimmer et al. ,1994),时间管理倾向与自我价值感、主观幸福感等也都有显著的正相关(范翠英等,2012;张志杰等,2001)。最近的研究更是普遍认为,幸福感是时间人格适应良好的后继产物(Drake et al. ,2008;Wohl et al. ,2010)。假定一个人的生命为 80 年,约合 70 万小时。"人生天地之间,若白驹之过隙,忽然而已。"有效地管理好时间,也就是使个人的有限生命更加有成效,也便是延长了自己的生命。

二、时间与幸福

"一寸光阴一寸金,寸金难买寸光阴。"时间具有不可替代性,金钱可以失而复得,时间却是一去不复返了。从这种意义上来说,时间要比金钱还重要。而且,随着经济的发展、生活节奏的加快,人们觉得时间越来越稀缺。那么,作为一种贵重的资源,时间与幸福的关系是怎样的?

时间充裕与幸福

时间作为一种资源,对每个人都是公平的,每个人每天都有 24 小时。但有些人觉得有充裕的时间做事情,生活从容,而另一些人却总觉得时间不够用,时间压力很大。这里分为两个极端——时间充裕和时间紧缺。时间充裕是指有充足的时间做事情,生活节奏从容、不忙乱。时间紧缺,也称时间压力,则指没有充足时间做事情,生活节奏忙乱,常常指过度工作而没有休闲时间。

时间充裕与个体幸福呈正相关,时间紧缺则与幸福呈负相关。有人研究了时间与幸福感的关系,发现在控制了物质富裕变量之后,时间充裕与主观幸福感呈正相关,时间紧缺则会损害个体幸福(Kasser & Sheldon,2009)。时间富裕并不像物质富裕那样存在一个点,在这个点之下时间充裕与幸福感强相关,在这个点之上则弱相关甚至不相关(De Graaf,2003)。另外,时间充裕还与上下班过程的积极情绪呈正相关(LaJeunesse & Rodríguez,2012)。

时间充裕或时间紧缺通过正念和心理需要满足这两个变量对个体幸福感产生影响。一方面,时间充裕的个体更容易沉浸在此刻,报告较高的正念状态(Brown & Ryan,2003)。另一方面,时间充裕的个体体验到更多的自治、胜任感和亲密感,这些体验有助于满足个体的心理需要(Kasser & Sheldon,2009)。正念状态和个体心理需要的满足都有助于提高个体的幸福感(Ryan & Deci,2001)。而时间紧缺则会导致个体认知负担和压力感,妨碍个体沉浸在此刻,同时心理需要较少得到满足,进而影响到个体的幸福。时间充裕、时间紧缺也影响到个体花在促进幸福的活动上的时间。"今日美国系列"关于时间压力的调查中,发现近一半的被调查者报告他们比上一年更加忙碌,没有时间娱乐和发展自己的业余爱好,超过40%的人说他们为了工作不得不牺牲与朋友、家人在一起的时间(Zimbardo & Boyd,2008)。时间充裕的个体则花更多时间追求个人的成长、融洽与他人的关系、参与社会活动,这些都有利于个体幸福感的提升(Kasser & Sheldon,2009)。

最大化幸福的时间花费方式

以下三种花费时间的方式会给人们带来更多幸福:

(1)花费时间与合适的人在一起。社会娱乐活动比单独活动带给个体更多的幸福,经常参与社会活动的个体会体验到更多的幸福感(Lloyd & Auld,2002)。但是,不仅是否与他人在一起影响个体的幸福感,与谁在一起也影响个体的幸福感。有调查表明,与合适的人在一起与高幸福感有关(Kahneman et al.,2004)。这里合适的人是指朋友、亲戚和家人,与老板和同事在一起则往往与低幸福感有关。原因可能是朋友、亲戚和家人与个体是合作、亲密的关系,个体较少警惕他人对自己的威胁,更多真实的表现;而与老板和同事则是服从、竞争的关系,个体更多警惕他人,更多虚假的表现,而这些都有损于个体的幸福感(Aaker et al.,2011)。

(2)花费时间做合适的事情。对人们一天中行为与情绪的调查表明,社会交往活动(比如与朋友、家人出去玩)是一天中最快乐的时光,而工作和上下班则是最不快乐的时间(Kahneman et al.,2004;Csikszentmihalyi & Hunter,2003)。但是,对一些人来说,花费时间与母亲待在一起让他更焦虑、更有挫折感;对另一些人来说,职业生活是充实的,一个小时的工作与一个小时的社交一样让人快乐(Mogilner et al.,2011)。因此,为了以最大化幸福的方式花费时间,我们应经常考虑这样的问题:现在参与的活动在多大程度上能持久给我带来快乐?举例来说,我们都知道利他行为有助于提升个体的幸福感(Borgonovi,2008),但在日常生活中人们却常常不这样做(Liu & Aaker,2008),这样的行为就很值得充分重视。

(3)拓展个体的时间。为了拓展个体的时间,可以采取下列途径:第一,专注此时此地,即活在当下。专注此时此地减缓了个体对时间流逝的觉察,感到较少的匆忙(Killingsworth & Gilbert,2010)。第二,试试深呼吸。在一个研究中,被试在5分钟的深呼吸后,不仅感觉有更多的时间去做事情,而且感觉到他们的一天更长了(Aaker et al.,2011)。第三,花费时间帮助他人。虽然时间压力感使个体更少地帮助他人,但是,花费时间帮助他人会使个体有更高的时间充裕感(Mogilner et al.,2012)。除此之外,其他一些方式也有助于提高个体的幸福感,比如花时间参加体育锻炼。研究表明,每周至少锻炼 3 次,每次至少 30 分钟的有氧运动,有利于提高个体的幸福水平(Ben-Shahar,2007)。正如我们常常在运动场看到的口号:"每天锻炼 1 小时,健康工作 50 年,幸福生活一辈子。"

三、金钱与幸福

现实生活中,当被问到什么能提升自己的幸福感时,很多人都会回答"金钱"。金钱是否真如人们所预期的那样可以大幅度提高幸福感?事实上,在一个国家内部,富人与穷人在幸福感上的差异并没有二者在财富上的差异那么大,尽管富裕国家的人民一般来说比贫穷国家的人民感到更幸福,但这种差异也不能简单归结为财富的差异。而且,个体收入的改变和国民经济的增长并不一定带来幸福感的提高。国内一项调查表明(戴廉,2006),中国人的幸福感在之前 10 年中先升后降,与经济发展的曲线并不同步。

的确,在低收入水平下,收入的增加会导致个体幸福水平的显著提升,但是,当收入达到能够满足人们基本生活需要的水平之后,金钱与幸福的关系就很微弱,甚至不存在相关。可以从以下两点来说明收入与幸福的关系:第一,中等收入是幸福的必要条件。整体而言,穷人的幸福感比富人低。在低收入水平下,即当人的衣食住行等基本需要得不到满足时,收入与幸福的相关度较高,增加收入就会提高幸福感。第二,当个体收入达到了衣食住行无忧的水平,即超出了基本需要的满足,收入与幸福的相关度就减小,收入的增加对幸福感的正面效应就会由于受到其他心理因素的干扰而逐渐减弱甚至消失(李静、郭永玉,2007,2010)。大量研究表明,金钱与幸福感之间可能存在着某些心理变量在调节二者的关系:

(1)人格。研究发现,外部事件对幸福感的影响是短暂的,人们在经历了各种好的或坏的生活事件后,最终会回复到幸福感的基线水平,这其中内在的人格特质或认知因素起着关键作用(Headey & Wearing,1989)。已有研究表明,外向性与积极情感呈高度正相关,神经质与消极情感呈高度正相关(Costa & McCrae,1980)。张兴贵等(2007)对青少年人格与主观幸福感的关系研究结果也表明,经济状况变量既与幸福感有直接的关系,又通过外倾性和神经质维度对幸福感有间接效应。另一个已被证明的在金钱与幸福感之间起中介作用的人格特质是控制感。研究表明,对生活的控制感可以调节实际的财富与生活满意度之间的关系(Johnson & Krueger,2006)。拥有强烈控制感的人更可能采取行动为自己的目标而努力奋斗,通过奋斗,也更可能达到期望的目标,从而产生更多的满意感,这种结果反过来又增强了个体对生活环境的控制感。

(2)目标。当把金钱本身作为追求的目标时,对幸福感将产生什么样的影响?塞尔吉(Sirgy,1998)提出了物质主义这一概念,并认为物质主义目标本身对幸福感有直接的消极影响。自我决定理论的代表人物卡塞尔和瑞恩(Kasser & Ryan,1993;Ryan,1996)也认为把追求经济的成功作为生活的中心目标会降低幸福感。他们的研究表明,物质主义与幸福感呈负相关,即使控制收入也是如此,那些认为金钱比其他目标更重要的人对他们的生活标准和生活质量更不满意。他们的理论基础是,自我决定是人类天生的需求,过分追求经济目标会消耗大量的能量,这样就减少了实现其他内在目标的机会,而最终阻碍幸福感的提升。

(3)动机。迪纳等(Diener et al.,1999)在回顾30年来幸福感的研究中提到,目标对幸福感的影响似乎比简单地达到个人的目标更复杂,暗示目标背后潜在的动机可能是一个重要因素。有研究考虑到了10种挣钱的动机,分别是安全、维持家庭、市场价值、自豪、休闲、自由、冲动、慈善、社会比较、克服自我怀疑,进一步的因素分析还确定了积极的动机(前4种)、行动的自由(中间4种)和消极的动机(后2种)3类动机。研究结果显示,物质主义与幸福感的负相关正是由于这些消极动机的影响。研究者指出,金钱不能直接减轻自我怀疑,因为缺少钱不是其根源,所以金钱与幸福感的关系不在于挣钱的目标本身,而在于挣钱的动机(Srivastava et al.,2001)。金钱本身是无害的,事实上,当金钱被用来帮助满足大量的基本需求时是很有益处的,毕竟,"没有钱是万万不能的";但是,"钱也不是万能的",当用金钱来做不能做的事情时,对它的追求就成了问题。

(4)社会比较。在日常生活中,我们经常会听到说:"比上不足,比下有余。"这正是心理学上的社会比较现象。迈克洛斯(Michalos,1985)提出了满意的多重差异理论,认为个体对满意度的评价是基于现状与各种标准之间的差距,向上比较使满意度降低,向下比较使满意度增加。其中,社会比较被发现能比与其他标准的比较更有力地预测满意度(Solberg et al.,2002)。哈基提(Hagerty,2000)在美国的大样本研究和对8个国家为期25

年的研究也都有力地支持了收入对幸福感的社会比较效应,进而提出了增加国民幸福的三条途径:一是增加平均国民收入,二是缩小收入分布的范围,三是改变比较的参照组,如与比自己收入低的人进行比较或者与上一代人进行比较。在我国,收入对幸福感的社会比较效应恐怕更明显,因为贫富差距已是民众最为关心的社会问题,它会通过社会比较的心理机制使人们产生不公平感,使得有钱的人、没钱的人都觉得不幸福(戴廉,2006)。

(5)适应与压力。对生活事件的适应也是理解幸福感的一个重要因素。布来克曼(Brickman et al.,1978)就曾用对比和适应来解释彩票中奖的人并不比一般的人更幸福,而且从一系列平凡的生活事件中得到的快乐更少的现象。首先,与中奖后的兴奋和高峰体验相比,许多平常的生活事件看起来就不是那么有乐趣了。因此,尽管中奖得到了新的快乐,但它也使旧的快乐减少了,新旧快乐相互抵消,使得彩票中奖者并不像我们所想的那样幸福。其次,中奖的兴奋会随着时间而逐步消退。当他们习惯了由新的财富所带来的快乐时,这些快乐体验就不再那么强烈,对总体的幸福感就不再有很大的影响。总之,这种好运的影响在短期内会被对比效应削弱,从长远来看会被适应过程削弱。看来适应可以很好地解释为什么收入的增长不一定导致幸福感的增加。

对于金钱与幸福之间的关系,一种传统的看法是财富对幸福应当有直接的影响,因为高收入能为个体提供更有利的机遇和选择,因此增加财富就能增加幸福。但上述心理学研究已然表明,金钱并不具备直接转化为幸福的"魔力"。那么,为什么在基本生活需要得到满足后,大多数人依然预期财富会显著提高他们的幸福感而去追求财富?可能是因为金钱在日常生活中扮演了太重要的角色,尤其对于一般的民众来说,总是通过金钱这个中介来获得他们想要的东西,金钱在社会上几乎具有一切商品的属性,根据聚焦错觉理论,人们越关注什么,就越认为该事物重要,于是好像只要有很多钱就能过上幸福的生活(Kahneman et al.,2006)。金钱之所以没有大幅度提高个体的幸福,另一些研究者认为原因是人们没有按照最大化幸福的方式花费金钱(Dunn et al.,2011)。举例来说,为自己或物质产品花钱对促进幸福并不见得有效。有人发现将钱花在他人身上比花在自己身上给个体带来更大的幸福(Dunn et al.,2008)。还有人发现,与将金钱花在正面的物质消费上相比,将金钱投入到正面的体验上会给个体带来更大的幸福(Van Boven & Gilovich,2003)。

重大研究:幸福密码(哈佛,1938)

　　是否有这样一个公式——爱,工作再加一些心理适应——就可以调制出一个美好生活呢?为了弄清楚这个问题,哈佛的研究者们七十多年来追踪了在20世纪30年代后期入学的一批学生,期间他们经历了战争、工作、结婚与离婚、为人父母和祖父母,直到老年。这项工程是身心健康研究史上跨度最长、资料最为详尽的纵向研究之一。

　　这项研究从一开始就声势浩大。发起人阿里·博克(Arlie Bock)认为,医学研究过于关注病人,在病人身上只看得到症状和疾病,就像透过镜片看上百个微小粒子一样,这样是永远都不可能从整体上解释清楚如何才能生活幸福这个紧要问题的。1938年9月,博克与赞助人百货公司巨头格兰特(W. T. Grant)构思了一项计划,组成了一个以杰出大家如精神病学家阿道夫·迈耶(Adolf Meyer)和心理学家亨利·默里(Henry Murray)为代表,横跨医学、生理学、人类学、精神病学、心理学和社会工作领域的团队。结合学生的健康资料、学业成绩和哈佛校长的推荐信,他们选择了268名男生为被试,并从每一个尽可能想到的角度和任何可得的科学工具对他们进行施测,包括详尽的医学检测、心理测验、反复测试及访谈等等(图15-3;Ostow,2009)。博克说,这样可以"试着分析到底是哪些因素促成了一个正常的年轻人"。在此他将"正常"定义为"只有身心两方面整体结合起来都健康幸福,才可以算是通常意义上的幸福生活"。

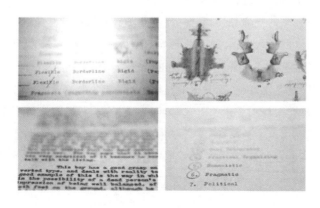

图15-3　追踪研究资料样本

精神病学家乔治·范伦特（George Vaillant）多年来主要负责追踪这些被试，调查他们所经历之事，并对这些数据资料进行分析。随着年纪越来越大，是什么力量让人去工作和爱的呢？范伦特从中找出了可以预测健康地变老的身心两方面的7个主要因素：成熟，教育，稳定的婚姻，不抽烟，喝酒适度，适当地锻炼和维持健康的体重。同时具备其中5个或6个条件的106名被试活到了50岁，一半活到了80岁，这些人当中只有7.5%的人被范伦特称为"伤心患病人群"，其余则被称作"开心健康人群"。同时，那些只具备3个或更少条件的被试则只活到了50岁，并且竟然没有一个开心健康地活到80岁。只具备3个或更少健康条件的男性，即使在50岁仍身强力壮，在80岁死亡的几率也比具备4个或更多条件的男性高出3倍。

当然，研究幸福的科学家们早已有了各种简明且具操作性的发现：人们的基本需求一旦被满足，金钱对于增加幸福感将作用不大；婚姻和信仰可以增加幸福感（或者说那些幸福的人更可能是已婚或有精神追求的）；快乐感保持在一个较稳定的水平上，喜怒无常对我们幸福的影响虽不是压倒性的，但作用不容小觑。但是，为什么那些主观幸福感最高的国家，其自杀率也同样最高呢？一方面，孩子经常是负性情感（诸如伤心、生气）的来源；但另一方面，人们又将孩子看作他们幸福的最大来源。这又是怎么一回事呢？这些问题至今还未解决，很大程度上是方法的原因。积极心理学家埃德·迪纳（Ed Diener）讲求实证，在分析了以145个国家360,000名被试为代表性样本的盖洛普世界民意调查数据后说："你可以从这些数据当中明白从前没有明白的很多一般性的事情，但其中很多都是相对肤浅的。去教堂的人会报告有更多的愉悦感，但如果你问为什么，我们却不知道。而乔治采集的只是这些小样本的哈佛男性，天哪，还不是那么具有概括意义。但他只要一收集到进一步的深入数据，就立马将如此多的信息综合起来。"积极心理学发起人塞利格曼（Seligman）将迪纳描述为积极心理学的"工程师"，"总是试着做出更好、更具重复性、更易懂的科学"。但范伦特以及他的工作都提醒塞利格曼，研究人的心灵才是心理学的根本。塞利格曼说："践行科学心理学就是让人拥有越少的基础知识，却能更多地了解自己的精神世界，积极心理学中，每一个试图解释灵魂之谜的人都想要找到些更深层的东西。乔治就是这项运动的诗人，他使得我们意识到我们每个人的确都渴望着一些更深层的东西。"

最近，乔治·范伦特出版了新书《经历的胜利》，总结出了关于这项研究的一些关键点。酗酒是格兰特研究中被试与他们妻子离婚的主要原因；它还与神经症和抑郁(这些人更倾向于酗酒,而非真正在酗酒)有很强的相关；如果酗酒的同时抽烟的话,那么将会是他们早年发病和死亡的最大影响因素。超过某一水平,智商将作用不大。智商在110—115之间与智商超过150的男性,最高收入并无显著差异。自在地变老比性别影响更大。政治意识形态对生活满意度并无影响——但保守派的男性一般在68岁就停止了他们的性关系,而自由派的男性在80岁仍有着活跃的性生活。范伦特说:"关于这个,我已经咨询过泌尿科医生,但他们也不清楚为什么会这样。"

但范伦特一直都在强调的一点是,温暖的亲密关系与你老年时的健康和幸福之间具有高相关。例如,在温暖的亲密关系项中得分最高的58名被试最高工资(一般出现在55岁到60岁之间)平均都在年薪141,000美元,相比在亲密关系项上得分最低的31名男性要高得多;同时前者被收录在"名人堂"得到高职业成就的几率也比后者要高出三倍。因此,结论可能会让弗洛伊德非常开心,研究表明,与母亲温暖的亲密关系对成年后的继续发展同样重要。具体说来:(1)那些与母亲在童年拥有温暖亲密关系的男性的年薪平均在87,000美元,要高出那些拥有漠不关心的母亲的男性。(2)与母亲在童年时没建立好亲密关系的男性在老年更易患痴呆。(3)职业生涯晚期,男性与母亲的童年亲密关系而非与父亲的亲密关系跟高效利的工作有关。(4)另一方面,与父亲温暖的童年关系和成年的低焦虑、假期愉悦感跟75岁时的高生活满意度有关,然而与母亲温暖的童年关系跟75岁时的生活满意度却没有显著相关。

如果要总结一下,用范伦特本人的话说就是:"耗时75年花费2000万的格兰特研究指明了一个非常简明的结论:幸福就是充满爱,就是这样。"(选自 Shenk,2009;Stossel,2013)

四、时间、金钱启动与幸福

时间和金钱对幸福的影响不仅限于作为一种资源。越来越多的证据表明,与时间、金钱概念有关的心理定势对我们从特定活动中获得幸福具有重要的影响。知识和概念以关联网络的形式组织,这已得到人们的公认(Anderson & Bower,1973)。因而,内在或外在刺激激活一个概念,会激活在相同关联网络中的其他相一致的概念（Dijksterhuis & Bargh,2001）。这就意味着,当人们说时间和金钱概念激活不同的心理定势,也就是说它们激活了与之相关的不同的关联网络,关联网络的激活会影响个体的认知和行为（谢天等,2012）。比如,激活与老年人有关的关联网络会使被试走得更慢（Bargh et al.,1996）。那么,时间和金钱启动会激活怎样的关联网络? 它们又是怎样影响个体的幸福感呢?

金钱启动与幸福

金钱启动像一把双刃剑,一方面,金钱启动可以减轻个体的身体疼痛和心理痛苦（Zhou et al.,2009）;另一方面,它也可能削弱个体的幸福感。诸多研究表明,金钱启动通过时间分配（Mogilner,2010）、利他行为（Vohs et al.,2006;Vohs et al.,2008）和享受能力（Quoidbach et al.,2010）等中介变量影响个体的幸福感。金钱启动的方法很多,例举如下:（1）手指灵敏任务。金钱启动条件下,被试从一叠钞票中点出 80 张面值 100 元的人民币;控制条件下,被试从一叠纸中点出 80 张白纸（Zhou et al.,2009）。（2）混词组句任务。在该任务中,给被试呈现 30 组单词,每组有 5 个打乱顺序的单词,被试用单词组中的 4 个单词组成一个有意义的句子。控制条件下,30 组全是中性单词,如将"cold it desk outside is"组成短句"it is cold outside";金钱启动条件下,30 组中有 15 组与金钱相关,如将"high a salary desk paying"组成"a high-paying salary"（Mogilner,2010;Vohs et al.,2006）。（3）背景呈现。被试的任务是在电脑前填一份问卷（无关问卷）,金钱启动条件下,填写问卷几分钟后,电脑屏保显示水里有许多钞票;控制条件下,屏保显示水里鱼在游动或者是空白（Vohs et al.,2006;Vohs et al.,2008）。（4）金钱捐献提问。"你愿意捐多少钱给美国肺癌基金会?"（Liu & Aaker,2008）

金钱刺激激活与经济价值最大化目标有关的心理定势（Liu & Aaker,2008;Loewenstein et al.,2003）。金钱启动的个体花费较多的时间在工作上而花费较少的时间用于社会交往（Mogilner,2010）。社会关系（比如与配偶、朋友和家人的关系）是个体幸福的重要影响因素（Diener & Seligman,2002;Ryan & Deci,2001）。具体而言,当参与社会交往时,人们最快乐;而工作和乘车上下班时最不快乐（Kahneman et al.,2004）。所以,金钱刺激条件下,个体通过分配在工作和社交上时间的多寡而影响其幸福水平。

金钱启动减少人们的利他行为（Vohs et al.,2006）。金钱刺激使人感到自足(个体努力达到自己的目标并远离他人)。与非金钱启动相比,金钱启动使人们较少需求帮助,也较少帮助别人。与中性刺激相比,金钱刺激使人们偏好独自玩耍,独自工作,与陌生人之间保持较远的距离(Vohs et al.,2006;Vohs et al.,2008)。金钱启动可能激活了个体的自利动机,比如经济系的大学生比其他系的大学生有更多的自利动机,也更加相信他们的竞争对手具有自利动机(Frank et al.,1993)。当帮助他人时,人们可能会感到幸福(Gilbert,2006)。给予行为与个体报告的真实的幸福状态有关,利他行为有利于个体幸福(Harbaugh et al.,2007)。因此,金钱启动减少了个体的利他行为和利他意愿,进而损害了个体的幸福感。

另外,金钱启动削弱了人们对日常正面情绪和体验的享受能力。比如,与控制组的被试相比,金钱启动条件下的被试品尝巧克力的时间较短,吃得较没有味道(Quoidbach et al.,2010)。而在日常生活中,这些细微的快乐(比如夏季里喝一杯冰镇的啤酒)是幸福的重要组成部分(Gilbert,2006)。

时间启动与幸福

与金钱启动相比,时间启动有利于提高个体的幸福感。比如,时间启动条件下,个体倾向于花费较多时间参与社交活动,较少时间工作,幸福感较高(Mogilner,2010)。时间启动的操作方法较少,主要有以下两种:(1)混词组句任务。例如,许多组词语,每组有4个词,用其中的3个词语组成有意义的句子,时间启动条件是每组词语与时间相关,控制条件是每组词与时间无关(Mogilner,2010;Vohs et al.,2006)。(2)时间捐献提问。例如,你愿意花多少时间为某慈善机构服务?

时间启动使个体更关注社会联系,由于社会联系是个体幸福感的关键因素(Ryan & Deci,2001),时间启动通过增进社会联系进而促进了个体幸福感的提高。研究证明,激活时间心理定势,个体倾向于花费较多的时间与朋友、家人在一起,花费较少的时间在工作上(Mogilner,2010),而这些活动是与幸福感有密切关系的(Kahneman et al.,2004)。具体而言,被试完成与时间相关的拼凑句子任务后,无论是分配时间的意愿还是具体的时间分配,个体都倾向于花较多时间参与社会交往,花较少时间工作。

时间启动使得个体做出更多利他行为。在一项研究中,被试回答与志愿服务时间有关的问题,比控制组被试愿意捐赠更多的金钱,也贡献更多的义务服务时间(Liu & Aaker,2008)。因为利他行为有助于幸福感的提高,时间启动就通过促进个体的利他行为而提升了幸福感。

另外,时间与自我有紧密的关系,时间承载更多的个人意义,如个体的经验、身份、情绪等。时间不仅是珍贵的(因为它一去不复返),而且花费时间的方式构成个体的人生和他们的自我(Carter & Gilovich,2012;Mogilner & Aaker, 2009;Van Boven & Ashworth,2007)。比如,在慈善活动中,个体认为怎样花费时间更能反映他们的身份,当被激发起道德感时,个体更愿意花时间参与慈善活动而不是捐赠金钱给慈善组织(Reed et al.,2007)。个人意义有利于促进个体的幸福感(Cacioppo et al.,2008)。简言之,时间承载更多的个人意义,时间启动使得个体追求更有意义的目标,进而提高了个体的幸福感。

重大研究:时间定价(德沃,2007)

伴随着经济发展和时间结构的变化,人们越来越倾向于用金钱来衡量时间,即给时间定价。这种做法的原因是:一方面,伴随着时间结构从自然时间结构转变为标准时间结构,再到弹性时间结构,人们的工作时间越来越不固定,雇佣方也越来越采用小时工资的方式付给劳动者报酬;另一方面,随着工作场所中计算机技术的普及,通过电子工时表计算时间的经济价值变得越来越容易,也越来越普遍。那么,抛开时间与金钱的差异性而将二者等同起来,或者说仅仅用金钱来衡量时间,会对个体的幸福感产生怎样的影响呢? 自2007年起,加拿大多伦多大学德沃(Sanford E. DeVoe)的团队就此问题做了一系列研究,使人们能了解到时间定价与幸福的关系。

为了弄清楚时间定价与幸福的关系,德沃等人采用心理学中通行的实证研究来加以解决。他们在研究设计中对时间定价的操纵主要有两种方法:选择以小时工资形式获得报酬的被试和让个体计算自己的小时工资。前者更多采用问卷调查的方法挑选被试,后者则主要是在实验室里操纵。(1)选择以小时工资获得报酬的被试。现实工作中,有人以小时工资的方式获取报酬,也有人以其他方式(比如计件工资)获取报酬。以小时工资获取报酬的个体常常计算自己付出的时间,以及付出时间所带来的物质回报,他们更倾向于用金钱来衡量时间。于是,DeVoe等人根据个体是否以小时工资形式获取报酬将被试分为两组:一组是以小时工资获取报酬的被试(尤其是律师),对照组则不以小时工资获得报酬(DeVoe & Pfeffer,2007a, 2007b)。(2)计算小时工资。虽然经济学家假设人们潜意识里根据经济价值来分配时间,但是决策研究表明,除非要求考虑时间的经济价值,人们在日常决策中并不倾向于根据经济价值做出决定。这是因为时间的机会成本和经济价值在日常生活中并不一定是凸显的。因而,研究者就通过让被试计算自己小时工资的方式凸显时间的经济价值。在一个实验中,所有被试回答与职业有关的3个问题:每年工作多少周?每周工作多少个小时?年收入是多少?回答完这3个问题后,将被试随机分成两组。一组是实验组,被试需要在进入后续程序前计算他们的小时工资。指导被试将一年工作周数和一周工作小时数相乘,然后拿所得数字再去除年收入,这样就得到小时工资数。在计算时,个体可以自由使用草稿纸和计算器。计算完成后,研究者告知被试,该结果是被试的近似小时工资。另一组是控制组,他们不需要计算自己的小时工资(DeVoe & House,2012)。

德沃等人的研究结果表明,用金钱来衡量时间会削弱个体的幸福感。幸福感主要包括情感和认知两种基本成分,其中情感成分包括积极情感和消极情感两个相互独立的维度,认知成分则指个体对自己生活满意程度的评价。他们从时间定价对幸福两个基本成分的影响展开。一方面,德沃等人的研究表明,用金钱来衡量时间会削弱个体的生活满意度。在他们的一项研究中,选取两组被试,一组以小时工资获取报酬,另一组则不是。测量他们的生活满意度。以小时工资获得报酬的被试赋值为1,另一组赋值为0;用单题项的总体生活满意度量表测量满意度,4点评分。结果显示,是否以小时工资形式获得报酬与生活满意度的相关显著。这表明,以小时工资获取报酬的被试比非计时获酬的被试报告更低的生活满意度(DeVoe & Pfeffer,2009)。另一方面,德沃等人的研究表明,用金钱来衡量时间使个体体验到更多的消极情绪。在他们的另一项研究中,将被试随机分到实验组和控制组。实验组被试报告自己每年的工作周数、每周的工作小时数以及年收入,然后被试计算每小时的薪酬,控制组进行相似的数学计算但不计算自己的小时工资。结果显示,实验组急躁情绪体验得分高于控制组得分。这表明,经过时间定价操纵后,与未计算小时薪酬的控制组被试相比,实验组被试感到更不耐烦,更不快乐(DeVoe & House,2012)。

为什么用金钱来衡量时间会削弱个体的幸福感呢?德沃等人认为,这种结果可能受某些变量的影响,其中最重要的有:(1)享受能力削弱了。给时间定价之所以会降低个体的幸福感,是因为用金钱来衡量时间会削弱个体的享受能力,导致个体认为本来令人快乐的事情(比如上网冲浪和听音乐)反而是无法忍受的。(2)工作时间延长了。用金钱来衡量时间会促使个体放弃更多的休闲时间而花更多时间去工作。(3)利他意愿及行为减少了。用金钱来衡量时间会削弱个体参与利他行为的意愿,并实实在在地减少了个体具体的利他行为。在一项研究中,他们调查被试前一天花在志愿活动上的分钟数。在控制了大量额外变量(工作特点和个人特质)后,统计结果表明,以小时计算工资的调查者较少参与志愿活动,他们花费更少时间在志愿活动上(DeVoe & Pfeffer,2007a)。对不是以小时计算工资的个体,实验组被试计算自己的小时工资,控制组被试不计算,然后调查个体参加志愿行为的意愿。结果表明,计算完小时工资后,个体参加志愿行为的意愿降低了,计划分配给志愿活动的时间更少,真正参与志愿活动的时间也较少(DeVoe & Pfeffer,2010)。

关于时间定价与幸福的关系,德沃等人将现实生活中普遍存在的问题转化成一个心理学科学研究的问题,并做了一系列实证研究,得出结论认为时间定价可能通过降低享受能力、增加工作时间、减少利他意愿及行为等因素削弱个体的幸福感,这为厘清时间定价对幸福的影响及其心理机制做出了贡献。并且这些研究还具有较高的应用价值,为后来的研究者开辟了一个新的方向。但是,德沃等人的研究也有值得商榷并加以深化的必要。第一,时间定价可能并不必然会削弱个体的幸福感。DeVoe 等人认为时间定价会削弱个体的幸福感,其适用性可能是有限的。对于低收入的个体,上述的时间定价效应可能并不存在。DeVoe 等人关于时间定价对幸福影响的研究,对象都是西方社会中的较高收入群体,比如律师和来自较富裕家庭的大学生。时间定价使个体只关注时间的经济价值,花更多的时间在工作上,可能获得更多的经济利益。根据收入与幸福的关系,收入的增长并不总是伴随个体幸福的提高。收入一旦达到能够满足人们基本生活需要的水平,金钱与幸福的关系就很微弱,甚至不存在相关。所以,时间定价所带来的经济收益要小于它带来的负面效应。而对于低收入的个体,其基本生活需要还没有满足,时间定价使个体更关注经济效用,去赚取更多的金钱来改善物质生活,这样时间定价带来的积极效用可能会大于负面效用,时间定价可能会提高低收入者的幸福感。

第二,时间不一定是金钱,时间是生命,是人生的意义。对于时间和幸福,具有不同人生观、价值观的人会有不同的理解,关键在于人生追求的是什么。我们所理解的幸福是建立在人生的意义之上的愉悦的心理状态。这方面可以举出许多实例来加以说明,例如许多学者、艺术家的作品,都是呕心沥血,甚至是用生命来完成的。这样的付出,市场不会补偿,金钱难以补偿,全在于他们对人生意义的理解。因此,从某种意义上说,给时间定价窄化了时间本身所具有的广泛价值,使个体更倾向于把金钱作为衡量时间的唯一标准。

第三,虽然德沃等人关于时间定价影响幸福的量化研究开辟了新模式,但尚需结合质性研究。因为对于像时间、幸福之类人类共同关心的富有哲理的课题,只有把量化研究与质性研究有机结合起来,才能深刻理解到干巴巴的数据背后的意义。

五、健全人格与幸福进取者

健全人格是生物进化所赋予的人的本性在充分发挥时所能达到的境界,是人类应该追求的价值目标。心理健康是有层次性的,大致可分为心理疾病或障碍、心理机能正常和人格健全3个层次。心理疾病或障碍属于不健康的层次。心理机能正常则属于低层次的心理健康,以心理适应为基本特征,通常表现为能消除过度的紧张不安而达到内部平衡状态,对周围环境顺从,内心无冲突,甚至上下讨好,左右逢源。而人格健全则属于高层次的心理健康,表现为有高尚的目标追求,发展建设性的人际关系,从事具有社会价值的创造,渴望生活的挑战,寻求生活的充实与人生意义,等等。仅仅摆脱心理疾病的人格是迈向健全人格的第一步,但远非全部,健全人格显然高于正常人格,具有在人格结构和动力上向崇高人性发展的特征。

我国传统文化中的理想人格

理想人格也叫人生境界,是指人们一生所追求的自我完善的目标。我国古代有很多关于理想人格的论述,特别是影响中国几千年的儒家文化。从《周易》开始,中国古代的一些思想家如儒家的代表人物孔子和孟子以及道家的代表人物老子和庄子都设计出了自己的理想人格模式。

中国心理学史学家燕国材(1994)认为《周易》是中国古代心理学思想之源,并将《周易》中的理想人格思想概括为以下18项心理特征:天人合一的主客观念,奋发有为的积极态度,自强不息的进取精神,仁义礼智的完整道德,谦虚逊让的美好德行,诚信不欺的正直精神,不怕困难的坚强意志,自我节制的调控能力,持之以恒的坚持精神,与人和乐的积极情感,与人和同的待人态度,光明磊落的宽广胸怀,认真负责的工作态度,刚柔并济的处事方法,胜不骄、败不馁的正确态度,趋时守中的处世原则,革新创造的变革精神,以及特立独行的完善人格。《周易》设计的儒家理想人格模式有两个层次,即低级层次的"君子"和高级层次的"圣人"。一般来说,君子必须具备仁、义、礼、智四德,圣人也一样,但在智的修养上,圣人要高过一般的君子。孔子关于理想人格模式塑造的学说主要表现在:发愤立志,笃行实践;仁智并进,全面发展;敢于负责,乐于奉献;拒绝平庸,追求不朽。从他的言论来看,教育的目的就是培养君子,即塑造出仁、义、礼、智相统一的理想人格。孟子提出"富贵不能淫,贫贱不能移,威武不能屈"和"穷则独善其身,达则兼善天下"的养浩然之气、做巍巍之人的理想人格思想。总之,仁、义、礼、智的统一是儒家崇尚的理想人格。

与儒家的积极进取思想不同,道家主张清净无为。在先秦道家代表人物老子的理想人格思想中,无为是首要内容。无为是指一切顺其自然,遵循自然的规律而不能强求。无为就不会有失败。无为则首先要守弱,因为坚强会带来害处,而柔弱则有益无害。而且要不积累,不争取。老子曰:"我有三宝,持而宝之。一曰慈,二曰俭,三曰不敢为天下先。慈故能勇;俭故能广;不敢为天下先,故能成器长。"道家的另一位代表人物庄子提出了理想人格的下列标准:(1)无情,即不动感情,保持心境平和,不为喜怒哀乐等情绪困扰。(2)无己,即不考虑自己,不追求功绩,不追求名誉。(3)无所待,就是不求名利,也不追求德行与才智,完全从人世生活中解脱出来。(4)无用,就是要把自己当成一块废料,没有任何用处,才可以过自由自在的生活。(5)不以人助天,即不要进行人为的努力,不从事任何人为的变革(郑雪,2001)。

儒家提倡积极有为、治国平天下的理想境界,而道家则主张消极无为、出尘遁世。儒家和道家的理想人格一阴一阳,相反相成,构成了数千年来中国人人格内在的矛盾统一。

西方健全人格的各种模型

自从1950年代人本主义兴起以来,西方很重视研究人的潜能。这给心理学领域带来又一次重大的变革,并因此越来越重视对健全人格的研究。不少心理学家或根据他们的临床经验,或运用心理测验等方法对高健康水平的人进行研究,提出了不少健全人格的模型。

(1)马斯洛的"自我实现者"模型。马斯洛研究了那些能够充分发挥自己才能,全力以赴地工作,并把工作做得最出色的人,如贝多芬、斯宾诺莎、歌德、爱因斯坦、詹姆斯、弗洛伊德、杰弗逊、罗斯福和林肯等。他根据自己的观察,概括出自我实现者具有以下特征:良好的现实知觉,对自己、他人和现实表现出高度的接纳,有自发性和率真,以问题为中心,有独处的需要,高度的自主性,不受环境和文化的支配,高品位的鉴赏力,对普通生活的新鲜感,常常有高峰体验,能与他人建立持久深厚的友谊,民主的性格,幽默感,以及创造性等。

(2)奥尔波特的"成熟者"模型。奥尔波特认为,健康人是在理性和有意识的水平上活动的,对于激励他们活动的力量也是可以控制的。他认为健康人的视线应该指向当前和未来的事件,而不是指向早年的事件。他把心理健康水平高的人称为"成熟者",根据多年在哈佛大学的研究,归纳出下列特点:有自我扩展的能力,人际关系融洽,情绪上有安全感,具有现实性知觉,专注地投入自己的工作,客观地看待自己,以及行为的一致性。

(3)罗杰斯的"功能充分发挥者"模型。罗杰斯认为,健全人格不应该理解为人的状态,而是一种过程或趋势。罗杰斯把"功能充分发挥者"的优秀特征概括为以下几个方面:具有经验的开放性,协调的自我,以自己的内在评价机制来评价经验,乐意给他人以无条件的关怀,能与其他人高度协调。

(4)弗洛姆的"创发者"模型。弗洛姆(Erich Fromm,1900—1980)是一位从社会哲学的观点探讨人性的理论心理学家。他认为每个人都有充分利用自己的潜能成长和发展的固有倾向,只是由于社会的压抑和不合理,很多人未能达到心理健康的状态,病态的社会产生了病态的人格。他强调社会变革在产生大量健康者或"创发者"方面的重要性,认为"创发者"有四个方面的特征:创发性爱情,这是一种自由平等的关系,相爱的双方都可以保持他们的个性;创发性思维,创发性的爱会使人意识到与被爱者有密切关系,关怀被爱者;有真正的幸福体验,即身心健康,个体各种潜能得到实现的状态;以良心为定向系统,这是一种特殊的良心,弗洛姆称其为"人本主义良心",它引导人们实现个性的充分发展和表现,并使人获得幸福感。

(5)皮尔斯的"立足现实者"模型。皮尔斯(Fritz Perls,1893—1970)认为,人格健全者应该充分理解并坚定地立足于自己的现实情境,指出立足于现实的人具有下列人格特征：牢牢地建立在当前存在的基础上，对自己有充分的认识和认可，对自己的生活负责，能摆脱外部影响而进行自我调节，能认清、承认并且表达自己的冲动和渴望，能够坦率地表达自己的怨恨，反映当前情境并被当前情境所指引，以及开放的自我界限。

幸福进取者

健全人格是一个发展和实践中的概念，不同文化和不同时代对健全人格会有不同的理解。在我们看来，健全人格就是能以辩证的态度对待世界、他人、自己、过去现在和未来、顺境与逆境，是一个自立、自信、自尊、自强、幸福的进取者。

我们提出"幸福进取者"模型的健全人格观的初步设想是，可以用三个同心圆来表示健全人格的结构：最里层的同心圆是价值观，作为幸福进取者必须首先具有正确的价值观，因为价值观是用来区分好坏标准并指导行为的心理倾向系统，是支配着人的行为、态度、观点、信念、理想的一种内心尺度。第二层同心圆是自我，从儒家的观点来看，"克己""成己"很重要，"自立、自信、自尊、自强"属于这一层次。第三层同心圆包括开放性的智力、同理心、责任心、执行力、专注力、调控能力、团队精神等。这也许是幸福进取人生最基本的品质。

最后，幸福进取者不只是一种理念，更应成为我们的人生实践。因为幸福不是无聊中等来的，也不是金钱可以买到的，真正的幸福是在努力进取中收获的！

重大研究："四自"（黄希庭，1996）

中国传统文化所倡导的自立、自信、自尊、自强这"四自"是健全人格的基础，也是幸福的源泉。从 1996 年起，黄希庭带领一个研究团队开始了对"四自"的心理学研究。

最早是对自尊的研究。在西方心理学中对自尊的研究很多，但西方的自尊概念与我国文化背景下的自尊含义不同，因而我们开展对自我价值感的研究，根据大量的实际调查提出了一个多维度多层次的自我价值感模型（黄希庭、杨雄，1998；黄希庭、余华，2002）。该模型认为我国青少年的自尊包含总体自我价值感、一般自我价值感和特殊自我价值感 3 个层次。其中，总体自我价值感抽象程度最高。其次是一般自我价值感,包含社会取向自我价值感和个人取向自我价值感。抽象程度最低的是特殊自我价值感,表现为生理的、心理的、人际的、道德的和家庭的自我价值感5个具体方面,并都包含社会取向和个人取向两个子维度。

国外对独立性、依赖性有不少研究,但对自立却未见专门报告。自立是个体从自己过去依赖的事物那里独立出来,自己行动,自己做主,自己判断,对自己的承诺和行为负起责任的过程。自立贯穿于我们的整个人生,可以把自立区分为身体自立、行动自立、心理自立、经济自立和社会自立5种。身体自立和行动自立主要是幼儿期的发展任务。而心理自立、经济自立和社会自立则是学生时期的发展任务。最初是对大学生的自立意识的研究,其中一项研究发现,大学生们回忆其自立意识的发生主要是在中学时期并延续至大学阶段,自立意识发生的心理背景往往与个人想要摆脱挫折和战胜困难有关(黄希庭、李媛,2001)。近期更为深入的研究则是对自立发展(凌辉、黄希庭,2009)、自立人格的结构(夏凌翔、耿文超,2012;夏凌翔、黄希庭,2006a,2006b,2008;夏凌翔等,2008),自立与现实问题的解决(夏凌翔等,2011),以及自立与心身健康的关系(夏凌翔,2011;夏凌翔等,2011)等问题的探讨。

自信是指对自己的信任,对自己身体、心理和社会性的信任,表现为有信心,不怀疑。虽然国外对自我效能、自尊、自我概念、自我意识、自我觉知有不少研究,但对自信的研究却甚少见到。最初通过对大学生自信特点的调查建立起一个四维13因素的构成模型,即整体自信(综合确认、总体肯定、否定自我),学业自信(动手创造、专业信心、外语信心),社交自信(家人老师、同学他人)与身体自信(体育运动、健康素质、动作身材、仪表表情、长相身高)(车丽萍、黄希庭,2006)。近期通过对大学生和高中生的调查,经内容分析、探索性因素分析及验证性因素分析,证实青年学生的自信是一个5因素结构,包括才智自信、人际自信、品质自信、应对自信和成就自信(毕重增、黄希庭,2009)。如果以自信的强度和清晰度为分类依据,聚类分析发现,青年学生的自信类型可以划分为成熟型、盲目型、滞后型、游离型和中间型5种基本类型(毕重增等,2008),不同类型存在显著的性别效应,且心理健康状况存在显著差异。

虽然自强与西方所谓成就动机、自我实现等动机概念有密切的联系,但研究表明,自强是一个蕴涵丰富的中国化人格研究的概念。从心理学角度看,儒学主要体现了一种自强的人格心理学思想。仁爱人格、弘毅人格和革新人格是儒家自强人格的主要内容,其终极目标则是养成健全人格(郑剑虹、黄希庭,2007)。儒家的自强人格既具有个人取向,也具有社会取向。它以个人取向为基础和出发点,以社会取向为最终目标,从个人取向逐渐扩展至社会取向。调查和访谈表明,公众的自强观主要是指持久的意志力,而自强可分为顺境自强、逆境自强、竞争性自强、成长性自强和他向性自强,其中又以逆境自强最为公众所称道(郑剑虹、黄希庭,2004)。

近20年来,黄希庭领衔的"四自"心理学研究主要从中国化与健全人格两个角度出发,围绕与西方类似概念的异同以及"四自"的结构、测量、积极功能与教育培养等方面推进。这些研究不仅获得了国内心理学界的赞同,并已开始得到国际心理学界的认可(Xia et al.,2012;Xia et al.,2013)。

【知识点】

时间人格　时间洞察力　时间管理　幸福　社会比较　金钱启动　时间启动　时间定价　健全人格　幸福进取者

【思考题】

1. 分析个人的时间洞察力特点。

2. 如何做到有效的时间管理?

3. 时间与幸福是什么关系?

4. 金钱与幸福是什么关系?

5. 为什么说幸福就是充满爱?

6. 分析时间定价对幸福的影响。

7. 西方心理学家提出过哪些健全人格模型?

8. 如何认识幸福的进取者?

9. 讨论"四自"。

【扩展阅读】

1. 黄希庭:《时间与人格心理学探索》,北京师范大学出版社2006年版。

2. 郑雪等:《幸福心理学》,暨南大学出版社2004年版。

3. 杨眉编:《健康人格心理学:有效促进心理健康的14种模式》,首都经济贸易大学出版社2004年版。

4.〔英〕史蒂夫·泰勒:《时间心理学》,张露译,江苏人民出版社2012年版。

5.〔法〕蒂耶利·伽鲁瓦:《金钱心理学》,徐睿译,世界图书出版公司2007年版。

6.〔美〕卡伦·达菲等:《心理学改变生活》(第八版),张莹等译,世界图书出版公司2006年版。

7.〔美〕马丁·塞利格曼:《真实的幸福》,洪兰译,万卷出版公司2010年版。

8.〔美〕马丁·塞利格曼:《持续的幸福》,赵昱鲲译,浙江人民出版社2012年版。

参考文献

Brent,S. B., 韩向前. (1991). 心理学在科学序列中的地位. 心理科学进展,9(1),63-64.

毕重增,黄希庭. (2009). 青年学生自信问卷的编制. 心理学报,41(5),444-453.

毕重增,黄希庭,窦刚. (2008). 青年学生自信类型划分初探. 心理科学,31(2), 431-433.

车丽萍,黄希庭. (2006). 青年大学生自信的理论建构研究. 心理科学,29(3),563-569.

陈安涛. (2004). http://wenku. baidu. com/view/156a7309763231126edb11a0. html.

陈红,黄希庭. (2001). A 型人格,自我价值感对中学生不同情境应对方式的影响. 心理科学,24(3),350-351.

陈红,黄希庭. (2005). 青少年身体自我的发展特点和性别差异研究. 心理科学,28 (2),432-435.

陈娟,郑涌. (2011). 时间人格的结构与功能. 心理科学进展,19(6),896-904.

崔红,王登峰. (2007). 中国人的人格与心理健康. 心理科学进展,15(2),234-240.

戴廉. (2006). 幸福指数量化和谐社会. 瞭望,(11),24-26.

范翠英,孙晓军,刘华山. (2012). 大学生的时间管理倾向与主观幸福感. 心理发展 与教育,(1),99-104.

胡卫平,Philip Adey,申继亮,林崇德. (2004). 中英青少年科学创造力发展的比较. 心理学报,36(6),718-731.

黄希庭. (2006). 时间与人格心理学探索. 北京:北京师范大学出版社.

黄希庭. (2013). 探究心理时间. 北京:商务印书馆.

黄希庭,李继波,刘杰. (2012). 城市幸福指数之思考. 西南大学学报(社会科学版), 38(5),83-91.

黄希庭,李媛. (2001). 大学生自立意识的探索性研究. 心理科学,24,389-392.

黄希庭,徐凤姝. (1988). 大学生心理学. 上海:上海人民出版社.

黄希庭,杨雄. (1998). 青少年学生自我价值感量表的编制. 心理科学,21(4), 289-292.

黄希庭,余华. (2002). 青少年自我价值感量表构念效度的验证性因素分析. 心理学 报,34(5),511-516.

黄希庭,张进辅,李红等. (1994). 当代中国青年价值观与教育. 成都:四川教育出版社.

黄希庭,张增杰. (1979). 5 至 8 岁儿童时间知觉的实验研究. 心理学报,22(2),166-174.

黄希庭,张志杰. (2001). 青少年时间管理倾向量表的编制. 心理学报,33(4), 338-343.

黄希庭,郑涌. (2000). 时间透视的自我整合:I. 心理结构方式的投射测验. 心理学 报,32(1),30-35.

黄希庭,郑涌. (2007). 大学生心理健康与咨询(第二版). 北京:高等教育出版社.

黄希庭,郑涌等.(2005).当代中国青年价值观研究.北京:人民教育出版社.

金盛华,辛志勇.(2003).中国人价值观研究的现状及发展趋势.北京师范大学学报(社会科学版),(3),56-64.

荆其诚.(1990).现代心理学发展趋势.北京:人民出版社.

荆其诚,彭瑞祥,方芸秋,林仲贤.(1963).对象在不同仰俯角度的大小判断.心理学报,7(3),13-23.

李继波,黄希庭.(2013a).时间与幸福的关系:基于跟金钱与幸福关系的比较.西南大学学报(社会科学版),(1),76-82.

李继波,黄希庭.(2013b).时间定价对幸福的影响研究:结果与质疑.西南大学学报(社会科学版),(4),75-79.

李金珍,王文忠,施建农.(2004).儿童实用创造力及其与家庭环境的关系.心理学报,36(6),732-737.

李静,郭永玉.(2010).收入与幸福的关系及其现实意义.心理科学进展,18(7),1073-1080.

李其维.(1980).行为遗传学中的孪生儿童研究方法概述.心理科学通讯,(2),16-23.

林崇德.(1981).遗传与环境在儿童智力发展上的作用——双生子的心理学研究.北京师范大学学报(社会科学版),(1),64-71.

林崇德.(2008).我的心理学观:聚焦思维结构的智力理论.北京:商务印书馆.

凌辉,黄希庭.(2009).6—12岁儿童自立发展特点的研究.心理科学,32(6),1359-1362.

孟昭兰.(1989).人类情绪.上海:上海人民出版社.

潘绥铭.(2004).当代中国人的性行为与性关系.北京:社会科学文献出版社.

彭聃龄,谭立海.(1987).词频和语境在汉语双字词视觉再认过程中的作用机制.全国第六届心理学学术会议文摘选集.

沙莲香.(1987).社会心理学.北京:中国人民大学出版社.

沙莲香.(1990).中国民族性(二).北京:中国人民大学出版社.

施建农.(1995).创造性系统模型.心理学动态,3(3),1-5.

童志锋.(2003).东西部大学生文化价值观的差异及原因.青年研究,(2),19-24.

王登峰,崔红.(2003).心理卫生学.北京:高等教育出版社.

王登峰,崔红.(2004).中国人的人格特点与中国人人格量表(QZPS与QZPS-SF)的常模.心理学探新,24(4),43-51.

王登峰,崔红.(2005).中国人人格七因素量表(QZPS-SF)的信度与效度.心理科学,28(4),944-945.

王登峰,崔红.(2006).人格维度与行为抑制的相关研究.心理科学,29(1),7-8.

王登峰,方林,左衍涛.(1995).中国人人格的词汇研究.心理学报,27(4),400-405.

王登峰,甘怡群.(1994).对生活事件知觉的认知——知识系统模型.心理学报,26(1),69-76.

王登峰,黄希庭.(2007).自我和谐与社会和谐.西南大学学报(人文社会科学版),

33(11),1-70.

文崇一.(1989).中国人的价值观.台北:东大图书公司.

文崇一.(2006).从价值取向谈中国国民性.载李亦园,杨国枢编,中国人的性格.南京:江苏教育出版社.

吴锋针.(2003).从不同的价值观取向看中美民族性格的差异.北方论丛,(4),43-45.

吴晶晶.(2012).http://www.chinadaily.com.cn/hqgj/jryw/2012-11-12/content_7488813.html.

夏凌翔.(2011).自立人格与心身症状:特质-应激-症状相符中介模型的检验.心理学报,43(6),650-660.

夏凌翔,耿文超.(2012).个人自立与自我图式、他人图式.心理学报,44(4),478-488.

夏凌翔,黄希庭,万黎,杨红升.(2011).大学生的自立人格与现实问题解决.心理发展与教育,27(1),52-58.

夏凌翔,黄希庭,王登峰.(2008).青少年学生自立人格的结构——基于中国人人格量表(QZPS)的结果.心理科学,31(5),1035-1038.

夏凌翔,黄希庭.(2006a).青少年学生的自立人格.心理学报,38(3),382-391.

夏凌翔,黄希庭.(2006b).古籍中自立涵义的概念分析.心理学报,38(6),916-923.

夏凌翔,黄希庭.(2008).青少年学生自立人格量表的建构.心理学报,40(5),593-603.

夏凌翔,万黎,宋艳,杨翼龙.(2011).人际自立与抑郁的关系.心理学报,43(10),1175-1184.

谢光辉,张庆林.(1995).中国大学生实用科技发明大奖赛获奖者人格特征的研究.心理科学,18(1),50-51.

谢天,周静,俞国良.(2012).金钱启动研究的理论与方法.心理科学进展,20(6),918-925.

谢晓非,周俊哲,王丽.(2004).风险情景中不同成就动机者的冒险行为特征.心理学报,36(6),744-749.

燕国材.(1994).《周易》的心理学思想及其在先秦的发展.心理学报,26(3),312-318.

杨国枢,王登峰.(1999).中国人的人格维度.北京:第三届华人心理学家大会.

杨治良,李朝旭.(2004).局中人和局外人的决策差异研究.心理科学,27(6),1282-1287.

杨治良,叶阁蔚,王新发.(1994).汉字内隐记忆的实验研究(Ⅰ):内隐记忆存在的条件.心理学报,26(1),1-5.

杨治良,叶阁蔚.(1995).汉字内隐记忆的实验研究(Ⅱ):任务分离和反应倾向.心理学报,27(1),1-8.

杨中芳.(1991).试论中国人的"自己":理论与研究方向.见杨中芳,高尚仁主编,中国人·中国心——人格与社会篇.台北:远流出版公司.

叶阁蔚,杨治良.(1997).汉字内隐记忆的实验研究(Ⅲ):检验加工分离说的修正模型.心理科学,20(1),26-30.

查子秀.(1990).超常儿童心理研究十年.心理学报,22(2),3-16.

张春兴.(2009).现代心理学——现代人研究自身问题的科学(第三版).上海:上海人民出版社.

张厚粲,吴正.(1994).公众的智力观——北京普通居民对智力看法的调查研究.心理科学,17(2),65-81.

张军伟,徐富明,刘腾飞,陈雪玲,蒋多.(2010).行为决策中作为价值的时间:基于与金钱的比较.心理科学进展,18(10),1574-1579.

张兴贵,何立国,贾丽.(2007).青少年人格、人口学变量与主观幸福感的关系模型.心理发展与教育,(1),46-53.

张志杰,黄希庭,凤四海,邓麟.(2001).青少年时间管理倾向相关因素的研究.心理科学,24(6),649-653.

郑剑虹,黄希庭.(2004).自强意识的初步调查研究.心理科学,27(3),528-530.

郑剑虹,黄希庭.(2007).论儒家的自强人格及其培养.心理科学进展,15(2),230-233.

郑涌,黄希庭.(2000).时间透视的自我整合:Ⅱ.心理功能机制的实验研究.心理学报,32(1),36-39.

郑涌.(2004).时间透视的自我整合:理论与实证.北京:新华出版社.

朱晓平.(1992).阅读中课文语境对汉语单词识别的影响.心理学报,24(1),52-59.

邹智敏,王登峰.(2007).应激的缓冲器:人格坚韧性.心理科学进展,15(2),241-248.

左民安.(2005).细说汉字——1000个汉字的起源与演变.北京:九州出版社.

〔美〕M.亨特著/李斯、王月瑞译.(1999).心理学的故事.海口:海南出版社.

〔美〕RogerR. Hock 著/白学军等译.(2010).改变心理学的40项研究(第5版).北京:人民邮电出版社.

Aaker, J. L., Rudd, M., & Mogilner, C. (2011). If money doesn't make you happy, consider time. *Journal of Consumer Psychology*, 21(2), 126-133.

Ackerman, S., Clemence, A., Weatherill, R., & Hilsenroth, M. (1999). Use of the TAT in the assessment of DSM-Ⅳ Cluster B personality disorders. *Journal of Personality Assessment*, 73(3), 422-442.

Adams, J. L. (1974). *Conceptual Block-busting*. Stanford, CA: Stanford Alumni Association.

Adams, R. J. (1987). An evaluation of color preference in early infancy. *Infant Behavior and Development*, 10(2), 143-150.

Allport, F. H. (1924). *Social Psychology*. Boston: Houghton Mifflin.

Allport, G. W. (1937). *Personality :A Psychological Interpretation*. New York: Holt, Rinehart & Winston.

Allport, G. W. , & Odbert, H. S. (1936). Trait-names: A psycho-lexical study. *Psychological Monographs*, 47(1), 1-171.

Amabile, T. M. (1983). *The Social Psychology of Creativity*. New York: Springer-Verlag.

Anastasi, A. & Urbinai, S. (1996). *Psychological Testing* (7th ed.). New York: Macmillan.

Anastasi, A. (1958). Heredity, environment, and the question "How?" *Psychological Review*, 65(4), 197-208.

Anderson, J. R. , & Bower, G. H. (1973). *Human Associative Memory*. Oxford, England: V. H. Winston & Sons.

Archer, S. L. (1982). The lower age boundaries of identity development. *Child Development*, 53(6), 1551-1556.

Aron, A. , & Aron, E. N. (1994). Love. In A. L. Weber & J. H. Harvey (Eds.), *Perspective on Closer Relationships* (pp. 131-152). Boston: Allyn & Bacon.

Aronson, E. (1980). *The social animal* (3rd ed.). San Francisco: Freeman.

Arvey, R. , McCall, B. , Bouchard, T. , & Taubman, P. (1994). Genetic influences on job satisfaction and work value. *Personality and Individual Differences*, 17(1), 21-33.

Asch, S. E. (1946). Forming impressions of personality. *Journal of Abnormal and Social Psychology*, 41(3), 258-290.

Asch, S. E. (1955). Opinions and social pressure. *Scientific American*, 193(1), 31-35.

Aserinsky, E. , & Kleitman, N. (1953). Regularly occurring periods of eye motility, and concomitant phenomena, during sleep. *Science*, 118(3062), 273-274.

Aspinwall, L. G. , & Taylor, S. E. (1997). A stitch in time: Self-regulation and proactive coping. *Psychological Bulletin*, 121(3), 417-436.

Atkinson, J. , & Birch, D. (1964). *An Introduction to Motivation*. New York: Van Nostrand.

Atkinson, R. L. , Atkinson, R. C. , Smith, E. E. , & Bem, D. J. (1987). *Introduction to psychology* (9th ed.). New York: Harcourt Brace Jovanovich.

Aviezer, H. , Trope, Y. , & Todorov, A. (2012). Body cues, not facial expressions, discriminate between intense positive and negative emotions. *Science*, 338(6111), 1225-1229.

Bandura, A. (1965). Influence of models' reinforcement contingencies on the acquisition of imitative responses. *Journal of Personality and Social Psychology*, 1(6), 589-595.

Bandura, A. (1977). *Social Learning Theory*. Englewood Cliffs, NJ: Prentice Hall.

Bandura, A. , et al. (1963). Imitation of film-mediated aggressive models. *Journal of Abnormal and Social Psychology*, 66(1), 3-11.

Bandura, A. , Ross, D. , & Ross, S. A. (1961). Transmission of aggression through imitation of aggressive models. *Journal of Abnormal and Social Psychology*, 63(3), 575-582.

Bargh, J. A. , Chen, M. , & Burrows, L. (1996). Automaticity of social behavior: Direct effects of trait construct and stereotype activation on action. *Journal of Personality and Social Psychology*, 71(2), 230-244.

Barry, H. , Child, I. L. , & Bacon, M. K. (1959). Relation of child training to subsistence economy. *American Anthropologist*, 61(1), 51-63.

Bayley, N. (1956). Individual patterns of development. *Child Development*, 27(1), 45-74.

Beecher, H. K. (1961). Surgery as placebo: A quantitative study of bias. *JAMA : The Journal of the American Medical Association*, 176(13), 1102-1107.

Belmont, L. , & Marolla, F. (1973). Birth order, family size, and intelligence. *Science*, 182(4117), 1096-1101.

Ben-Shahar, T. (2007). *Happier : Learn the Secrets to Daily Joy and Lasting Fulfillment*. McGraw-Hill Companies.

Bergin, A. E. , & Lambert, M. J. (1978). The evaluation of therapeutic outcomes. *Handbook of Psychotherapy and Behavior Change*, 2, 139-189.

Bexton, W. H. , Heron, W. , & Scott, T. H. (1954). Effects of decreased variation in the sensory environment. *Canadian Journal of Psychology/Revue Canadienne de Psychologie*, 8(2), 70-76.

Biehl, M. , Matsumoto, D. , Ekman, P. , Hearn, V. , Heider, K. , Kudoh, T. , & Ton, V. (1997). Matsumoto and Ekman's Japanese and Caucasian facial expressions of emotion (JACFEE): Reliability data and cross-national differences. *Journal of Nonverbal Behavior*, 21(1), 3-21.

Billings, P. , Beckwith, J. , & Alper, J. (1992). The genetic analysis of human behavior: A new era? *Social Science and Medicine*, 35(3), 227-238.

Blakemore, C. , & Cooper, G. F. (1970). Development of the brain depends on physical environment. *Nature*, 228, 227-229.

Blass, T. (1999). The Milgram paradigm after 35 years: Some things we now know about obedience to authority. *Journal of Applied Social Psychology*, 29(5), 955-978.

Blau, Z. S. (1981). *Black Children/White Children : Competence, Socialization and Social Structure*. New York: Free Press.

Bond, R. , & Smith,P. (1996). Culture and conformity: A recta- analysis of studies using Asch's line-judgment task. *Psychological Bulletin*, 119(1), 111-137.

Boomer, D. S. (1965). Hesitation and grammatical encoding. *Language and Speech*, 8(3), 148-158.

Borgonovi, F. (2008). Doing well by doing good: The relationship between formal volunteering and self-reported health and happiness. *Social Science & Medicine*, 66(11), 2321-2334.

Bouchard, T. (1994). Genes, environment and personality. *Science*, 264 (5166), 1700-1702.

Bouchard, T. (1999). Genes, environment, and personality. In S. Ceci et al. (Eds.), *The Nature-nurture Debate : The Essential Readings* (pp. 97-103). Malden, MA: Blackwell.

Bouchard, T. , Lykken, D. , McGue, M. , Segal, N. , & Tellegen, A. (1990). Sources of human psychological differences: The Minnesota study of twins reared apart. *Science*, 250(4978), 223-229.

Bousfield, W. A. (1953). The occurrence of clustering in the recall of randomly arranged associates. *The Journal of General Psychology*, 49(2), 229-240.

Bower, G. H. (1972). Mental imagery and associative learning. In L. Gregg (Ed.), *Cognition in Learning and Memory* (pp. 5-88). New York: Wiley.

Bower, G. H. , & Clark, M. C. (1969). Narrative stories as mediators for serial learning. *Psychonomic Science*, 14(4), 181-182.

Bowlby. J. (1969). *Attachment and Loss*. New York: Basic Books.

Boyce, C. J. , Brown, G. D. A. , & Moore, S. C. (2010). Money and Happiness: Rank of Income, Not Income, Affects Life Satisfaction. *Psychological Science*, 21(4), 471-475.

Breakwell, G. M. , & Fife-Schaw, C. (1992). Sexual activities and preferences in a United Kingdom sample of 16 to 20-year-olds. *Archives of Sexual Behavior*, 21 (3), 271-293.

Brickman, P. , Coates, D. , & Janoff-Bulman, R. (1978). Lottery winners and accident victims: Is happiness relative? *Journal of Personality and Social Psychology*, 36 (8), 917-927.

Bronfenbrenner, U. (1958). Socialization and social class through time and space. In E. E. Maccoby, T. M. Newcomb, & E. Hartley (Eds.), *Readings in Social Psychology* (pp. 400-425). New York: Holt.

Brown, K. W. , & Ryan, R. M. (2003). The benefits of being present: mindfulness and its role in psychological well-being. *Journal of Personality and Social Psychology*, 84(4), 822-848.

Cacioppo, J. T. , Hawkley, L. C. , Kalil, A. , Hughes, M. , Waite, L. , & Thisted, R. A. (2008). Happiness and the invisible threads of social connection. In M. Eid & R. Larsen (Eds.), *The Science of Subjective Well-being* (pp. 195-219). New York: Guilford Press.

Campbell, W. K. , Reeder, G. D. , Sedikides, C. , & Elliot, A. J. (2000). Narcissism and comparative self-enhancement strategies. *Journal of Research in Personality*, 34(3), 329-347.

Campbell, W. K. , Sedikides, C. , Reeder, G. D. , & Elliot, A. J. (2000). Among friends? An examination of friendship and the self-serving bias. *British Journal of Social Psychology*, 39(2), 229-239.

Campos, J., Hiatt, S., Ramsay, D., Henderson, C., & Svejda, M. (1978). The emergence of fear on the visual cliff. In M. Iewis & L. A. Rosenblum (Eds.), *The Development of Affect*. New York: Plenum Press.

Carter, T. J., & Gilovich, T. (2012). I Am What I Do, Not What I Have: The Differential Centrality of Experiential and Material Purchases to the Self. *Journal of Personality and Social Psychology*, 102(6), 1304-1317.

Cattell, R. B. (1963). Theory of fluid and crystallized intelligence: A critical experiment. *Journal of Educational Psychology*, 54(1), 1-22.

Cattell, R. B. (1965). *The Scientific Analysis of Personality*. Baltimore: Penguin.

Cerwonka, E., Isbell, T., & Hansen, C. (2000). Psychosocial factors as predictors of unsafe sexual practices among young adults. *Aids Education and Prevention*, 12(2), 141-153.

Chamberlain, K., & Zika, S. (1990). The minor events approach to stress: Support for the use of daily hassles. *British Journal of Psychology*, 81(4), 469-481.

Chapman, D. W., & Volkmann, J. (1939). A social determinant of the level of aspiration. *The Journal of Abnormal and Social Psychology*, 34(2), 225-238.

Chen, L. (1982). Topological structure in visual perception. *Science*, 218, 699-700.

Chomsky, N. (1957). *Syntactic Structure*. The Hague: Mouton.

Cohen, S., & Wills, T. A. (1985). Stress, social support, and the buffering hypothesis. *Psychological Bulletin*, 98(2), 310-357.

Collins, A. M., & Quillian, M. R. (1969). Retrieval time from semantic memory. *Journal of Verbal Learning and Verbal Behavior*, 8(2), 240-247.

Costa, P. T., & McCrae, R R. (1980). Influence of extraversion and neuroticism on subjective well-being: Happy and unhappy people. *Journal of Personality and Social Psychology*, 38(4), 668-678.

Costa, P. T., & McCrae, R. R. (1992). Four ways five factors are basic. *Personality and Individual Differences*, 13(6), 653-665.

Cowan, C. P., & Cowan, P. A. (1988). Who does what when partners become parents: Implications for men, women, and marriage. *Marriage & Family Review*, 12(3-4), 105-131.

Csikszentmihalyi, M., & Hunter, J. (2003). Happiness in everyday life: The uses of experience sampling. *Journal of Happiness Studies*, 4(2), 185-199.

Danto, A., & Morgenbesser, S. (1960). *Philosophy of Science*. New York: Meridian Books.

Darley, J. M., & Latané, B. (1968). Bystander intervention in emergencies: Diffusion of responsibility. *Journal of Personality and Social Psychology*, 8, 377-383.

Davison, G. C. , & Neale, J. M. (1990). *Abnormal Psychology* (5th ed.). New York: Wiley.

De Graaf, J. (2003). *Take Back Your Time : Fighting Overwork and Time Poverty in America*. San Francisco: Berrett-Koehler Publishers.

DeCasper, A. J. , & Fifer, W. P. (1980). Of human bonding: Newborns prefer their mothers' voices. *Science*, 208(4448), 1174-1176.

Decasper, A. J. , & Prescott, P. A. (1984). Human newborns' perception of male voices: Preference, discrimination, and reinforcing value. *Developmental Psychobiology*, 17(5), 481-491.

Dement, W. C. (1960). The effect of dream deprivation. *Science*, 131, 1705-1707.

DeVoe, S. E. , & House, J. (2012). Time, money, and happiness: How does putting a price on time affect our ability to smell the roses?. *Journal of Experimental Social Psychology*, 48(2), 466-474.

DeVoe, S. E. , & House, J. (2012). Time, money, and happiness: How does putting a price on time affect our ability to smell the roses? *Journal of Experimental Social Psychology*, 48(2), 466-474.

DeVoe, S. E. , & Pfeffer, J. (2007a). Hourly payment and volunteering: The effect of organizational practices on decisions about time use. *Academy of Management Journal*, 50(4), 783-798.

DeVoe, S. E. , & Pfeffer, J. (2007b). When time is money: The effect of hourly payment on the evaluation of time. *Organizational Behavior and Human Decision Processes*, 104(1), 1-13.

DeVoe, S. E. , & Pfeffer, J. (2009). When is happiness about how much you earn? The effect of hourly payment on the money—happiness connection. *Personality and Social Psychology Bulletin*, 35(12), 1602-1618.

DeVoe, S. E. , & Pfeffer, J. (2010). The stingy hour: How accounting for time affects volunteering. *Personality and Social Psychology Bulletin*, 36(4), 470-483.

DeVoe, S. E. , & Pfeffer, J. (2011). Time is tight: how higher economic value of time increases feelings of time pressure. *Journal of Applied Psychology*, 96(4), 665-676.

DeVoe, S. E. , & Pfeffer, J. (2011). Time Is Tight: How Higher Economic Value of Time Increases Feelings of Time Pressure. *Journal of Applied Psychology*, 96(4), 665-676.

Diener, E. , & Seligman, M. E. P. (2002). Very happy people. *Psychological Science*, 13(1), 81-84.

Diener, E. , Suh, E. M. , Lucas, R. E. , & Smith, H. L. (1999). Subjective well-being: Three decades of progress. *Psychological Bulletin*, 125(2), 276-302.

Digman, J. M. (1990). Personality structure: Emergence of the five-factor model. *Annual Review of Psychology*, 41(1), 417-440.

Dijksterhuis, A. , & Bargh, J. A. (2001). The perception-behavior expressway: Automatic effects of social perception on social behavior. *Advances in Experimental Social Psychology*, 33(1), 1-40.

Downey, D. (1995). When bigger is not better: Family-size, parental resources, and children's educational performance. *American Sociological Review*, 60(5), 746-761.

Drake, L. , Duncan, E. , Sutherland, F. , Abernethy, C. , & Henry, C. (2008). Time perspective and correlates of wellbeing. *Time & Society*, 17(1), 47-61.

Duncker, K. (1935). *The psychology of productive thinking*. Berlin: Springer.

Dunn, E. W. , Aknin, L. B. , & Norton, M. I. (2008). Spending money on others promotes happiness. *Science*, 319(5870), 1687-1688.

Dunn, E. W. , Gilbert, D. T. , & Wilson, T. D. (2011). If money doesn't make you happy then you probably aren't spending it right. *Journal of Consumer Psychology*, 21 (2), 115-125.

Dweck, C. S. (1986). Motivational processes affecting learning. *American Psychologist*, 41(10), 1040-1048.

Eagly, A. H. , Ashmore, R. D. , Makhijani, M. G. , & Longo, L. C. (1991). What is beautiful is good, but···A meta-analytic review of research on the physical attractiveness stereotype. *Psychological Bulletin*, 110(1), 109-128.

Ebbinghaus,H. M. (1885/1913). *Memory :A Contribution to Experimental Psychology* (H. A. Ruger & C. E. Bussenius, trans.). New York: Teachers College Press, Columbia University.

Ebbinghous, H. (1908/1973). *Psychology :An Elementary Text-book*. New York: Arno Press.

Ekman, P. , & Friesen, W. V. (1974). Detecting deception from the body or face. *Journal of Personality and Social Psychology*, 29(3), 288-298.

Ekman, P. , & Friesen, W. V. (1986). A new pan-cultural facial expression of emotion. *Motivation and Emotion*, 10(2), 159-168.

Ekman, P. , Friesen, W. V. , & Ellsworth, P. (1972). *Emotion in the Human Face : Guidelines for Research and an Integration of Findings*. Oxford: Pergamon Press.

Erikson, E. H. (1950). *Childhood and Society*. New York: Norton.

Erikson, E. H. (1968). *Identity, Youth, and Crisis*. New York: Norton.

Evans, J. A. , & Barley, S. R. (2004). Beach time, bridge and billable time hours: The temporal structure of technical contracting. *Administrative Science Quarterly*, 49 (1), 1-38.

Eysenck, H. J. (1967). *The Biological Basis of Personality*. Springfield, IL: Thomas.

Eysenck, H. J. (1973). *The Inequality of Man*. London: Temple Smith.

Eysenck, H. J. , & Nias, D. K. (1982). *Astrology :Science or Superstition?* London: Temple Smith.

Eysenk, H. J. (1952). The effects of psychotherapy: An evaluation. *Journal of Consulting Psychology*, 16(5), 319-324.

Fantz, R. L. (1963). Pattern vision in newborn infants. *Science*, 140, 296-297.

Farina, A., Gliha, D., Boudreau, L. A., Allen, J. G., & Sherman, M. (1971). Mental illness and the impact of believing others know about it. *Journal of Abnormal Psychology*, 77(1), 1-5.

Farrell, C. (1978). *My Mother Said.* London: Routledge & Kegan Paul.

Feeney, J. A., & Noller, P. (1990). Attachment style as a predictor of adult romantic relationships. *Journal of Personality and Social Psychology*, 58(2), 281-291.

Feldman, R., & Eidelman, A. (1998). Intervention programs for premature infants: How and do they affect development? *Clinics in Perinatology*, 25(3), 613-629.

Festinger, L., Back, K. W., & Schachter, S. (1950). *Social Pressures in Informal Groups :A Study of Human Factors in Housing.* New York: Haper & Brother.

Fischer, Ronald, Boer, & Diana. (2011). What is more important for national well-being: Money or autonomy? A meta-analysis of well-being, burnout, and anxiety across 63 societies. *Journal of Personality and Social Psychology*, 101(1), 164-184.

Foa, E. B., & Riggs, D. S. (1995). Posttraumatic stress disorder following assault: Theoretical considerations and empirical findings. *Current Directions in Psychological Science*, 4(2), 61-65.

Forgays, D. K. (1996). The relationship between Type A parenting an adolescent perceptions of family environment. *Adolescence*, 31(124), 841-862.

Forsyth, D. (1983). *An Introduction to Group Dynamics.* Pacific Grove, CA: Brooks/ Cole.

Foulkes, D. (1985). *Dreaming :A Cognitive-psychological Analysis.* Hillsdale, NJ: Erlbaum.

Franco, F., Fogel, A., Messinger, D., & Ftazier, C. (1996). Cultural differences in physical contact between Hispanic and Anglo mother-infant dyads living in the United States. *Early Development and Parenting*, 5(3), 119-127.

Frank, R. H., Gilovich, T., & Regan, D. T. (1993). The evolution of one-shot cooperation: An experiment. *Ethology and Sociobiology*, 14(4), 247-256.

Freud, S. (1900). *The Interpretation of Dreams* [translated by J. Strachey]. London: Allen & Unwin.

Friedman, M., & Rosenman, R. H. (1959). Association of specific overt behavior pattern with blood and cardiovascular findings. *Journal of the American Medical Association*, 169(12), 1286-1296.

Gardner, H. (1993). *Creating Minds :An Anatomy of Creativity Seen through the Lives of Freud, Einstein, Picasso, Stracinsky, Eliot, Graham, and Gandhi.* New York: Basic.

Gardner, H. (1999). *Intelligence Reframed.* New York: Basic Books.

Gazzaniga, M. S. (1967). The split brain in man. *Scientific American*, 217, 24-29.

Gibson, E. J., & Walk, R. D. (1960). The "visual cliff." *Scientific American*, 202, 67-71.

Gilbert, D. T. (2006). *Stumbling on Happiness*. New York: Vintage.

Gilligan, C. (1982). *In a Different Voice : Psychological Theory and Women's Development*. Cambridge, MA: Harvard University Press.

Glass, D. C., & Singer, J. E. (1972). Behavioral Aftereffects of Unpredictable and Uncontrollable Aversive Events: Although subjects were able to adapt to loud noise and other stressors in laboratory experiments, they clearly demonstrated adverse aftereffects. *American Scientist*, 60(4), 457-465.

Gleitman, H. (1991). *Psychology* (3rd ed.). New York: Norton.

Graf, P., & Schacter, D. L. (1985). Implicit and explicit memory for new associations in normal and amnesic subjects. *Journal of Experimental Psychology : Learning, Memory, and Cognition*, 11(3), 501-518.

Guilford, J. P. (1950). Creativity. *American Psychologist*, 5, 444-454.

Guilford, J. P. (1961). Factorial angles to psychology. *Psychological Review*, 68(1), 1-20.

Guilford, J. P. (1985). The Structure-of-Intellect model. In B. B. Wolman (Ed.), *Handbook of Intelligence*. New York: Wiley.

Hagerty, M. R. (2000). Social comparisons of income in one's community: Evidence from national surveys of income and happiness. *Journal of Personality and Social Psychology*, 78(4), 764-771.

Hall, C. S., & Van de Castle, R. (1966). *The Content Analysis of Dreams*. New York: McGraw-Hill.

Hall, E. T. (1963). A system for the notation of proxemic behavior. *American Anthropologist*, 65(5), 1003-1026.

Haney, C., & Zimbardo, P. G. (1977). The socialization into criminality: On becoming a prisoner and a guard. In J. L. Tapp & E L. Levine (Eds.), *Law, Justice and the Individual in Society : Psychological and Legal Issues* (pp. 198-223). New York: Holt, Rinehart & Winston.

Hanratty, M., O'Neil, E., & Sulzer, J. (1972). The effect of frustration on the imitation of aggression. *Journal of Personality and Social Psychology*, 21, 30-34.

Harbaugh, W. T., Mayr, U., & Burghart, D. R. (2007). Neural responses to taxation and voluntary giving reveal motives for charitable donations. *Science*, 316(5831), 1622-1625.

Harlow, H. F. (1958). The nature of love. *American Psychologist*, 13, 673-685.

Harlow, H. F. (1971). *Learning to Love*. San Francisco: Albion.

Harlow, H. F., Harlow, M. K., & Meyer, D. R. (1950). Learning motivated by a manipulation drive. *Journal of Experimental Psychology*, 40(2), 228-234.

Hazan, C. , & Shaver, P. (1987). Romantic love conceptualized as an attachment process. *Journal of Personality and Social Psychology*, 52(3), 511-524.

Headey, B. , & Wearing, A. (1989). Personality, life events, and subjective well-being: toward a dynamic equilibrium model. *Journal of Personality and Social Psychology*, 57(4), 731-739.

Heider,F. (1958). *The Psychology of Interpersonal Relationships*. New York: Wiley.

Herrera, C. (1997). A historical interpretation of deceptive experiments in American psychology. *History of the Human Sciences*, 10(1), 23-36.

Hess, E. H. (1959). Imprinting. *Science*, 130, 133-141.

Hess, E. H. (1973). *Imprinting :Early Experience and the Developmental Psychobiology of Attachment*. NewYork: van Nostrand.

Hilgard, E. R. (1968). *The Experience of Hypnosis*. New York: Harcourt, Brace & World.

Hiliard, A. G. (1984). IQ testing as the emperor's new clothes. In C. R. Reynolds & R. T. Brown (Eds.), *Perspectives on Bias in Mental Testing*. New York: Plenum Press.

Hill, C. T. , Rubin, Z. , & Peplau, L. A. (1976). Breakups before marriage: The end of 103 affairs. *Journal of Social Issues*, 32(1), 147-168.

Hobson, J. A. , & McCarley, R. W. (1977). The brain as a dream-state generator: An activation-synthesis hypothesis of the dream process. *American Journal of Psychiatry*, 134(12), 1335-1348.

Holmes, T. H. , & Masuda, M. (1974). Life change and illness susceptibility. In B. S. Dohrenwend & B. P. Dohrenwend (Eds.), *Stressful Life Events :Their Nature and Effects* (pp. 45-72). New York: Wiley.

Holmes, T. H. , & Masuda, M. (1974). *Stressful Life Events : Their Nature and Effects*. New York: John Wiley & Sons.

Holmes, T. H. , & Rahe, R. H. (1967). The social readjustment rating scale. *Journal of Psychosomatic Research*, 11(2), 213-218.

Howard, K. I. , Kopta, S. M. , Krause, M. S. , & Orlinsky, D. E. (1986). The dose-effect relationship in psychotherapy. *American Psychologist*, 41(2), 159-164.

Hrdy, S. B. (1999). *Mother Nature :A History of Mothers, Infants and Natural Selection*. New York: Pantheon.

Huston, A. C. (1983). Sex-typing. In P. H. Mussen (Ed.), *Handbook of Child Psychology* (*Vol.* 4) (pp. 387-467). New York: John Wiley & Sons.

Huston-Stein, A. , & Higgins-Trenk, A. (1978). Development of females from childhood through adulthood: Career and feminine role orientations. *Life-span Development and Behavior*, 1, 257-296.

Izard, C. E. (1977). *Human Emotion*. New York: Plenum Press.

Jenkins, J. G. , & Dallenbach, K. M. (1924). Obliviscence during sleep and waking. *The American Journal of Psychology*, 35(4), 605-612.

Jenkins, J. J. , & Russell, W. A. (1952). Associative clustering during recall. *The Journal of Abnormal and Social Psychology*, 47(4), 818-821.

Jensen, A. R. (1980). *Bias in Mental Testing*. New York: Free Press.

Jensen, A. R. (1985). The nature of the black-white difference on various psychometric tests: Spearman's hypothesis. *Behavioral and Brain Sciences*, 8(2), 193-263.

Johnson, D. , & Johnson, R. (1996). Conflict resolution and peer mediation programs in elementary and secondary schools. *Review of Educational Research*, 66 (4), 459-506.

Johnson, W. , & Krueger, R. F. (2006). How money buys happiness: genetic and environmental processes linking finances and life satisfaction. *Journal of Personality and Social Psychology*, 90(4), 680-691.

Jones, E. , & Davis, K. (1965). From acts to dispositions: the attribution process in person perception. In L. Berkowitz (Ed.), *Advances in Experiment Social Psychology* (Vol. 2). New York: Academic Press.

Kagel, J. (1998). Are we lying to ourselves about deception? *Social Service Review*, 72 (2), 234-250.

Kahneman, D. , Krueger, A. B. , Schkade, D. A. , Schwarz, N. , & Stone, A. A. (2004). A survey method for characterizing daily life experience: The day reconstruction method. *Science*, 306(5702), 1776-1780.

Kahneman, D. , Krueger, A. B. , Schkade, D. , Schwarz, N. , & Stone, A. A. (2006). Would you be happier if you were richer? A focusing illusion. *Science*, 312 (5782), 1908-1910.

Kasser, T. , & Ryan, R. M. (1993). A dark side of the American dream: correlates of financial success as a central life aspiration. *Journal of Personality and Social Psychology*, 65(2), 410-422.

Kasser, T. , & Sheldon, K. M. (2009). Time affluence as a path toward personal happiness and ethical business practice: Empirical evidence from four studies. *Journal of Business Ethics*, 84(2), 243-255.

Katz, D. , & Braly, K. W. (1933). Racial stereotypes of 100 college student. *Journal of Abnormal and Social Psychology*, 28, 280-290.

Kelley, H. H. (1950). The warm-cold variable in first impressions of persons. *Journal of Personality*, 18, 431-439.

Kelley, H. H. (1971). *Attribution in Social Interaction*. New York: General Learning.

Kessler, R. C. , McGonagle, K. A. , Zhao, S. , Nelson, C. B. , Hughes, M. , Eshleman, S. , ... & Kendler, K. S. (1994). Lifetime and 12-month prevalence of DSM-

III-R psychiatric disorders in the United States: results from the National Comorbidity Survey. *Archives of General Psychiatry*, 51(1), 8-19.

Kihlstrom, J. F., & Harackiewicz, J. M. (1982). The earliest recollection: A new survey. *Journal of Personality*, 50(2), 134-148.

Killingsworth, M. A., & Gilbert, D. T. (2010). A wandering mind is an unhappy mind. *Science*, 330(6006), 932.

Kinsey, A. C., Pomeroy, W. B., & Martin, C. E. (1948). *Sexual Behavior in the Human Male*. Philadelphia: W. B. Saunders Co.

Kluckhohn, F. R., & Strodtbeck, F. (1961). *Variations in Value Orientations*. Evanston, IL: Row, Peterson.

Kobasa S. C. (1979). Stressful life events, personality and health: an inquiry into hardiness. *Journal of Personality and Social Psychology*, 37(1): 1-11.

Kohlberg, L. (1963). The development of children's orientations toward a moral order: Sequence in the development of moral thought. *Vita Humana*, 6(1-2), 11-33.

K? hler, W. (1925). *The Mentality of Apes*. New York: Harcourt Brace Jovanovich.

Kohn, M. L. (1973). Social class and schizophrenia. *Schizophrenia Bulletin*, 1(7), 60-79.

Kretschmer, E. (1925). *Physique and Character*. New York: Harcourt Brace Jovanovich.

Krueger, W. C. F. (1929). The effect of overlearning on retention. *Journal of Experimental Psychology*, 12(1), 71-78.

Kübler-Ross, E. (1974). The languages of dying. *Journal of Clinical Child Psychology*, 3(2), 22-24.

Kuhn, T. S. (1962). *The Structure of Scientific Revolutions*. Chicago: University of Chicago Press.

LaJeunesse, S., & Rodriguez, D. A. (2012). Mindfulness, time affluence, and journey-based affect: Exploring relationships. *Transportation Research Part F :Traffic Psychology and Behaviour*, 15(2), 196-205.

Landman, J. T., & Dawes, R. M. (1982). Psychotherapy outcome: Smith and Glass' conclusions stand up under scrutiny. *American Psychologist*, 37(5), 504-516.

Lang, P. J., & Melamed, B. G. (1969). Case report: Avoidance conditioning therapy of an infant with chronic ruminative vomiting. *Journal of Abnormal Psychology*, 74 (1), 1-8.

Laungani, P. (1996). Cross-cultural investigations of stress: Conceptual and methodological considerations. *International Journal of Stress Management*, 3(1), 25-35.

Lazarus, R. S. (1984). Puzzles in the study of daily hassles. *Journal of Behavioral Medicine*, 7, 375-389.

Lazarus, R. S., & Folkman, S. (1984). *Stress, Appraisal, and Coping*. New York: Springer.

Lazarus, R. S. , & Lazarus, B. N. (1994). *Passion and Reason :Making Sense of Our Emotions*. New York: Oxford University Press.

Lea, S. E. G. , & Webley, P. (2006). Money as tool, money as drug: The biological psychology of a strong incentive. *Behavioral and Brain Sciences*, 29(2), 161-209.

Levinger, G. , & Snoek, J. G. (1972). *Attraction in Relationship*. Morristown, NJ: General Learning Press.

Levy, J. (1985). Right brain, left brain: Fact and fiction. *Psychology Today*, 19(38), 42-44.

Lin, C. , & Li, T. (2003). Multiple intelligence and the structure of thinking. *Theory & Psychology*, 13(6), 829-845.

Link, B. G. , Struening, E. L. , Rahav, M. , Phelan, J. C. , & Nuttbrock, L. (1997). On stigma and its consequences: Evidence from a longitudinal study of men with dual diagnoses of mental illness and substance abuse. *Journal of Health and Social Behavior*, 38(2), 177-190.

Litinsky, A. , & Haslam, N. (1998). Dichotomous thinking as a sign of suicide risk on the TAT. *Journal of Personality Assessment*, 71(3), 368-378.

Little, S. G. (1992). The WISC-III: Everything old is new again. *School Psychology Quarterly*, 7(2), 136-142.

Liu, W. , & Aaker, J. (2008). The happiness of giving: The time-ask effect. *Journal of Consumer Research*, 35(3), 543-557.

Livingston, J. D. , & Boyd, J. E. (2010). Correlates and consequences of internalized stigma for people living with mental illness: A systematic review and meta-analysis. *Social Science & Medicine*, 71(12), 2150-2161.

Lloyd, K. M. , & Auld, C. J. (2002). The role of leisure in determining quality of life: Issues of content and measurement. *Social Indicators Research*, 57(1), 43-71.

Loewenstein, G. , Read, D. , & Baumeister, R. (2003). *Time and Decision :Economic and Psychological Perspectives on Intertemporal Choice*. New York: Russell Sage Foundation.

Loftus, E. F. , & Zanni, G. (1975). Eyewitness testimony: The influence of the wording of a question. *Bulletin of the Psychonomic Society*, 5(1), 86-88.

Lovibond, S. H. , Adams, M. , & Adams, W. G. (1979). The effects of three experimental prison environments on the behavior of non-convict volunteer subjects. *Australian Psvcholovist*, 14(3), 273-285.

Loving, J. , & Russell, W. (2000). Selected Rorschach variables of psychopathic juvenile offenders. *Journal of Personality Assessment*, 75(1), 126-142.

Lowinger, P. , & Dobie, S. (1969). What makes the placebo work? A study of placebo response rates. *Archives of General Psychiatry*, 20(1), 84-88.

Luchins, A. S. (1942). Mechanization in problem solving: The effect of Einstellung. *Psychological Monographs*, 54(6), 1-95.

Luchins, A. S. (1948). Forming impressions of personality: A critique. *Journal of Abnormal and Social Psychology*, 43(3), 318-325.

Luchins, A. S. (1957). Experimental attempts to minimize the impact of first impressions. In C. Hovland (Ed.), *The Order of Presentation in Persuasion*. New Haven, Conn. : Yale University Press.

Lynch, J. W. , Kaplan, G. A. , & Shema, S. J. (1997). Cumulative impact of sustained economic hardship on physical, cognitive, psychological, and social functioning. *New England Journal of Medicine*, 337(26), 1889-1895.

Lynn, M. , & Oldenquist, A. (1986). Egoistic and nonegoistic motives in social dilemmas. *American Psychologist*, 41(5), 529-534.

Lynn, R. (1982). IQ in Japan and the United States shows a growing disparity. *Nature*, 297, 222-223.

Maier, N. R. (1930). Reasoning in humans: I. On direction. *Journal of Comparative Psychology*, 10, 115-143.

Maier, N. R. (1931). Reasoning in humans: II. The solution of a problem and its appearance in consciousness. *Journal of Comparative Psychology*, 12(2), 181-194.

Marcia, J. E. (1966). Development and validation of ego identity status. *Journal of Personality and Social Psychology*, 3, 551-558.

Maslow, A. H. (1968). *Toward a Psychology of Being* (2nd ed.). New York: Van Nostrand.

Mathews, K. E. , & Canon, L. K. (1975). Environmental noise level as a determinant of helping behavior. *Journal of Personality and Social Psychology*, 32(4), 571-577.

Mayer, J. D. , & Salovey, E (1997). What is emotional intelligence? In P. Salovey & D. Sluyter (Eds.), *Emotional Development and Emotional Intelligence : Educational Implications* (pp. 3-31). New York: Basic Books.

Mayer, J. D. , Caruso, D. R. , & Salovey, P. (1999). Emotional intelligence meets traditional standards for an intelligence. *Intelligence*, 27(4), 267-298.

Mayer, J. D. , Salovey, P. , & Caruso, D. (2000). Models of emotional intelligence. In R. J. Sternberg (Ed.), *Handbook of intelligence* (pp. 396-420). Cambridge, UK: Cambridge University Press.

McAllister, H. A. (1996). Self-serving bias in the classroom: Who shows it? Who knows it? *Journal of Educational Psychology*, 88(1), 123-131.

McClelland, D. C. (1961). *The Achieving Society*. Princeton, NJ: Van Nostrand.

McClelland, D. C. (1975). *Power : The Inner Experience*. New York: Irvington.

McCrae, R. R. , & Costa Jr, P. T. (1997). Personality trait structure as a human universal. *American Psychologist*, 52(5), 509-516.

Meilman, P. W. (1979). Cross-sectional age changes in ego identity status during adolescence. *Developmental Psychology*, 15(2), 230-231.

Menon, T. , Morris, M. W. , Chiu, C. Y. , & Hong, Y. Y. (1999). Culture and the construal of agency: Attribution to individual versus group dispositions. *Journal of Personality and Social Psychology*, 76(5), 701-717.

Mercer, J. R. (1984). What is racially and culturally nondiscriminatory test? In C. R. Reynolds & R. T. Brown (Eds.), *Perspectives on Bias in Mental Testing*. New York: Plenum.

Michalos, A. C. (1985). Multiple discrepancies theory (MDT). *Social Indicators Research*, 16(4), 347-413.

Milgram, S. (1963). Behavioral study of obedience. *Journal of Abnormal and Social Psychology*, 67(4), 371-378.

Miller, C. R. (1984). Genre as social action. *Quarterly Journal of Speech*, 70(2), 151-167.

Miller, N. E. (1969). Learning of visceral and glandular responses. *Science*, 163 (3866), 434-445.

Mogilner, C. (2010). The pursuit of happiness: Time, money, and social connection. *Psychological Science*, 21(9), 1348-1354.

Mogilner, C. , & Aaker, J. (2009). "The Time vs. Money Effect": Shifting Product Attitudes and Decisions through Personal Connection. *Journal of Consumer Research*, 36(2), 277-291.

Mogilner, C. , Chance, Z. , & Norton, M. I. (2012). Giving time gives you time. *Psychological Science*, 23(10), 1233-1238.

Mogilner, C. , Kamvar, S. D. , & Aaker, J. (2011). The shifting meaning of happiness. *Social Psychological and Personality Science*, 2(4), 395-402.

Moisan, J. , Bourbonnais, R. , Brisson, C. , Gaudet, M. , Vezina, M. , Vinet, A. , & Regoire, J. P. (1999). Job strain and psychotropic drug use among white-collar workers. *Work & Stress*, 13(4), 289-298.

Morris, C. W. (1956). *Varieties of Human Value*. Chicago: University of Chicago Press.

Morris, W. , & Miller, R. (1975). The effects of consensus-breaking and consensus-preempting partners on reduction in conformity. *Journal of Experimental Social Psychology*, 11(3), 215-223.

Murgatroyd, S. , &Robinson, E. (1997). Children' s and adults' attributions of emotion to a wrongdoer: The influence of the onlooker's reaction. *Cognition and Emotion*, 11 (1), 83-101.

Murray, H. A. (1938). *Explorations in Personality*. New York: Oxford University Press.

Navon, D. (1977). Forest before trees: The precedence of global features in visual perception. *Cognitive Psychology*, 9(3), 353-383.

Navon, D. (1981). The forest revisited: More on global precedence. *Psychological Research*, 43(1), 1-32.

Newell, A., & Simon, H. A. (1972). *Human Problem Solving*. Upper Saddle River, NJ: Rentice-Hall.

Nielsen, J. A., Zielinski, B. A., Ferguson, M. A., Lainhart, J. E., & Anderson, J. S. (2013). An evaluation of the left-brain vs. right-brain hypothesis with resting state functional connectivity magnetic resonance imaging. *PloS One*, 8(8), e71275.

O'Brien, M., & Huston, A. C. (1985). Development of sex-typed play behavior in toddlers. *Developmental Psychology*, 21(5), 866-871.

Ostow, M. (2009). http://www.theatlantic.com/magazine/archive/2009/06/what-makes-us-happy/307439/.

Ovsiankina, M. (1928). The resumption of interrupted activities. *Psychologische Forschung*, 11, 302-379.

Pappas, S. (2013). http://www.livescience.com/25951-future-change-more-than-expected.html.

Parkes, K. R. (1984). Locus of control, cognitive appraisal, and coping in stressful episodes. *Journal of Personality and Social Psychology*, 46(3), 655-668.

Parsons, T., & Shils, E. A. (1951). Values, motives, and systems of action. In T. Parsons & E. A. Shils (Eds.), *Toward a General Theory of Action* (pp. 47-275). Cambridge, MA.: Harvard University Press.

Paul, G. L. (1967). Insight versus desensitization in psychotherapy two years after termination. *Journal of Consulting Psychology*, 31(4), 333-348.

Paulhus, D., Trapnell, P., & Chen, D. (1999). Birth order effects on personality and achievement within families. *Psychological Science*, 10(6), 482-488.

Pavlov, I. P. (1927). *Conditioned Reflexes*. London: Oxford University Press.

Penfield, W. (1952). Memory mechanisms. *Archives of Neurology and Psychiatry*, 67(2), 178-198.

Pennebaker, J. W., & Harber, K. D. (1993). A social stage model of collective coping: The Loma Prieta earthquake and the Persian Gulf War. *Journal of Social Issues*, 49(4), 125-145.

Pennebaker, J. W., Colder, M., & Sharp, L. K. (1990). Accelerating the coping process. *Journal of Personality and Social Psychology*, 58(3), 528-537.

Perry, A. R., & Baldwin, D. A. (2000). Further evidence of associations of type A personality scores and driving-related attitudes and behaviors. *Perceptual and Motor Skills*, 91(1), 47-154.

Perry, B. R. (1926). *General theory of value*. Mass: Harvard University Press.

Pessin, J. (1933). The comparative effects of social and mechanical stimulation on memorizing. *American Journal of Psychology*, 45(2), 263-270.

Peterson, C. , Seligman, M. E. P. , & Vaillant, G. E. (1988). Pessimistic explana-tory style is a risk factor for physical illness: A thirty-five year longitudinal study. *Journal of Personality and Social Psychology*, 55(1), 23-27.

Peterson, L. , & Peterson, M. J. (1959). Short-term retention of individual verbal i-tems. *Journal of Experimental Psychology*, 58(3), 193-198.

Peterson, M. G. , Allegrante, J. P. , Augurt, A. , Robbins, L. , MacKenzie, C. R. , & Cornell, C. N. (2000). Major life events as antecedents to hip fracture. *The Jour-nal of Trauma and Acute Care Surgery*, 48(6), 1096-1100.

Pfeffer, J. , & DeVoe, S. E. (2009). Economic evaluation: The effect of money and e-conomics on attitudes about volunteering. *Journal of Economic Psychology*, 30(3), 500-508.

Phares, E. J. (1976). *Locus of Control in Personality*. Morristown, NJ: General Learn-ing Press.

Phares, E. J. (1991). *Introduction to Personality* (3rd ed.). New York: Harper Col-lins.

Piaget, J. (1952). *The Origins of Intelligence in Children*. New York: International Uni-versities Press.

Plutchik, R. (1980). *Emotion : A Psychoevolutionary Synthesis*. New York: Harper & Row.

Pollack, I. , & Pickett, J. M. (1963). The intelligibility of excerpts from conversation. *Language and Speech*, 6(3), 165-171.

Post, R. , Weiss, S. , Leverich, G. , George, M. , Frye, M. , & Ketter, T. (1996). Developmental psychobiology of cyclic affective illness: Implications for early therapeu-tic intervention. *Development and Psychopathology*, 8(1), 273-305.

Provence, S. , & Lipton, R. C. (1962). *Infants in Institutions*. New York: Internation-al Universities Press.

Quoidbach, J. , Dunn, E. W. , Petrides, K. , & Mikolajczak, M. (2010). Money giveth, money taketh away: The dual effect of wealth on happiness. *Psychological Sci-ence*, 21(6), 759-763.

Quoidbach, J. , Gilbert, D. T. , & Wilson, T. D. (2013). The end of history illusion. *Science*, 339(6115), 96-98.

Reed, A. , Aquino, K. , & Levy, E. (2007). Moral identity and judgments of charita-ble behaviors. *Journal of Marketing*, 71(1), 178-193.

Reed, S. K. (1972). Pattern recognition and categorization. *Cognitive Psychology*, 3(3), 383-407.

Rice, F. P. (1992). *Human Development—A Life-Span Approach*. New York: Macmillan.

Rickwood, D. (1996). The effectiveness of seeking help for coping with personal prob-lems in late adolescence. *Journal of Youth and Adolescence*, 24(6), 685-703.

Ritsher, J. B. , & Phelan, J. C. (2004). Internalized stigma predicts erosion of morale among psychiatric outpatients. *Psychiatry Research*, 129(3), 257-265.

Roediger, H. L. , & McDermott, K. B. (1993). Implicit memory in normal human subjects. In F. Boller & J. Grafman (Eds.), *Handbook of Neuropsychology* (*Vol.* 8) (pp. 63-131). Amsterdam: Elsevier Science Publishers.

Rogers, C. R. (1961). A tentative scale for the measurement of process in psychothera-pies. In M. P. Stein (Ed.), *Contemporary Psychotherapies* (pp. 184-256). New York: Free Press.

Rokeach, M. (1968). *Beliefs, Attitudes and Values : A Theory of Organization and Change*. San Francisco: Jossey-Bass.

Rorschach, H. (1942). *Psychodiagnostics :A Diagnostic Test Based on Perception*. New York: Grune & Stratton.

Rosch, E. H. (1975). Cognitive representation of semantic categories. *Journal of Experimental Psychology :General*, 104(3), 192-233.

Rosemnan, R. H. , Brond, R. , Sholtz, R. , & Friedman, M. (1976). Multivariate prediction of CHD during 8.5-year follow-up in the Western Collaborative Group Study. *American Journal of Cardiology*, 37(6), 903-910.

Rosenthal, R. , & Fode, K. (1963). The effect of experimenter bias on the performance of the albino rat. *Behavioral Science*, 8(3), 183-189.

Rosenthal, R. , & Jacobson, L. (1966). Teachers' expectancies: Determinates of pupils' IQ gains. *Psychological Reports*, 19(1), 115-118.

Rosenzweig, M. R. , Bennett, E. L. , & Diamond, M. C. (1972). Brain changes in response to experience. *Scientific American*, 226(2), 22-29.

Ross, L. D. , Amabile, T. M. , & Steinmetz, J. L. (1977). Social roles, social control, and biases in social-perception processes. *Journal of Personality and Social Psychology*, 35(7), 485-494.

Ross, L. , & Nisbett, R. E. (1991). *The Person and The Situation :Perspectives of Social Psychology*. Mcgraw-Hill Book Company.

Rubin, Z. (1970). Measurement of romantic love. *Journal of Personality and Social Psychology*, 16(2), 265-273.

Rubin, Z. (1973). *Liking and Loving :An Invitation to Social Psychology*. New York: Holt, Rinehart & Winston.

Rubin, Z. (1974). From liking to loving: Patterns of attraction in dating relationships. In T. L. Huston (Ed.), *Foundations of Interpersonal Attraction* (pp. 383-402). New York: Academic Press.

Russell, J. A. , (1980). A circumplex model of affect. *Journal of Personality and Social Psychology*, 39(6), 1161-1178.

Russell, J. A. , Lewicka, M. , & Niit, T. (1989). A cross-cultural study of a circumplex model of affect. *Journal of Personality and Social Psychology*, 57(5), 848-856.

Ryan, R. M. (1996). Further examining the American dream: Differential correlates of intrinsic and extrinsic goals. *Personality and Social Psychology Bulletin*, 22, 280-287.

Ryan, R. M., & Deci, E. L. (2001). On happiness and human potentials: A review of research on hedonic and eudaimonic well-being. *Annual Review of Psychology*, 52 (1), 141-166.

Sarbin, T. R. (1954). Role theory. In G. Lindzey (Ed.), *Handbook of Social Psychology* : *Vol. I. Theory and Method* (pp. 223-258). Cambridge, MA: Addison-Wesley.

Scarr, S., & Carter-Saltzman, L. (1982). Genetics and intelligence. In R. J. Sternberg (Ed.), *Handbook of Human Intelligence*. Cambridge: Cambridge University Press.

Schachter, S. (1959). *Psychology of Affiliation*. Stanford, CA: Stanford University Press.

Schaie, K. W., & Strother, C. R. (1968). A cross-sequential study of age changes in cognitive behavior. *Psychological Bulletin*, 70(6p1), 671-680.

Scheerer, M. (1963). Problem-solving. *Scientific American*, 208(4), 118-128.

Scheier, M. F., & Carver, C. S. (1992). Effects of optimism on psychological and physical well-being: Theoretical overview and empirical update. *Cognitive Therapy and Research*, 16(2), 201-228.

Schofield, M. (1965). *The Sexual Behaviour of Young People*. London: Longman.

Schore, A. (1996). The experience-dependent maturation of a regulatory system in the orbital prefrontal cortex and the origin of developmental psychopathology. *Development and Psychopathology*, 8(1), 59-87.

Selye, H. (1956). *The Stress of Life*. New York: McGraw-Hill.

Sheldon, W. (1942). *The Varieties of Temperament* : *A Psychology of Constitutional Differences*. New York: Harper.

Shenk, J. W. (2009). http://www.theatlantic.com/magazine/archive/2009/06/what-makes-us-happy/307439/.

Sirgy, M. J. (1998). Materialism and quality of life. *Social Indicators Research*, 43 (3), 227-260.

Sistrunk, F., & McDavid, J. (1971). Sex variable in conforming behavior. *Journal of Personality and Social Psychology*, 17(2), 200-207.

Skinner, B. F. (1948). "Superstition" in the pigeon. *Journal of Experimental Psychology*, 38(2), 168-172.

Smith, M. L., & Glass, G. V. (1977). Meta-analysis of psychotherapy outcome studies. *American Psychologist*, 32(9), 752-760.

Smith, M. L., Glass, G. V., & Miller, T. I. (1980). *The Benefits of Psychotherapy*.

Baltimore: Johns Hopkins University Press.

Snarey, J. R. (1985). Cross-cultural universality of social-moral development: A critical review of Kohlbergian research. *Psychological Bulletin*, 97(2), 202-232.

Solberg, E. C. , Diener, E. , Wirtz, D. , Lucas, R. E. , & Oishi, S. (2002). Wanting, having, and satisfaction: Examining the role of desire discrepancies in satisfaction with income. *Journal of Personality and Social Psychology*, 83(3), 725-734.

Sorce, J. , Emde, R. , Campos, J. , & Klinnert, M. (1985). Maternal emotion signaling: Its effect on the visual cliff behavior of 1-year-olds. *Developmental Psychology*, 21(1), 195-200.

Spanos, N. P. (1982). Hypnotic behavior: A cognitive, social, psychological perspective. *Research Communications in Psychology, Psychiatry, and Behavior*, 7 (2), 199-213.

Spearman, C. (1927). *The Abilities of Man*. New York: Macmillan.

Spence, M. J. , & DeCasper, A. J. (1987). Prenatal experience with low-frequency maternal-voice sounds influence neonatal perception of maternal voice samples. *Infant Behavior and Development*, 10(2), 133-142.

Sperling, G. (1960). The information available in brief visual presentation. *Psychological Monographs : General and Applied*, 74 (11), 1-29.

Sperry, R. W. (1968). *Mental Unity Following Surgical Disconnection of the Cerebral Hemispheres*. New York: Academic Press.

Spranger, E. (1928). *Types of Men : The Psychology and Ethics of Personality* (P. J. W. Pigors, Trans.). Halle, Germany: Max Niemeyer Verlag.

Srivastava, A. , Locke, E. A. , & Bartol, K. M. (2001). Money and subjective well-being: It's not the money, it's the motives. *Journal of Personality and Social Psychology*, 80(6), 959-971.

Sternberg, R. J. (1985). *Beyond IQ*. Cambridge, MA: Cambridge University Press.

Sternberg, R. J. (1988a). *The Nature of Creativity : Contemporary Psychological Perspectives*. New York: Cambridge University Press.

Sternberg, R. J. (1988b). Triangulating love. In R. J. Sternberg & M. L. Barnes (Eds.), *The Psychology of Love*. New Haven: Yale University Press.

Sternberg, R. J. (1988c). *The Triarchic Mind : A New Theory of Human Intelligence*. New York: Viking.

Sternberg, R. J. , Conway, B. E. , Ketron, J. L. , & Bernstein, M. (1981). People's conceptions of intelligence. *Journal of Personality and Social Psychology*, 41(1), 37-55.

Stone, A. A. , Neale, J. M. , Cox, D. S. , Napoli, A. , Valdimarsdottir, H. , & Kennedy-Moore, E. (1994). Daily events are associated with a secretory immune response to an oral antigen in men. *Health Psychology*, 13(5), 440-446.

Stossel, S. (2013). http://www.theatlantic.com/magazine/archive/2013/05/thanksmom/309287/.

Sulloway, F. J. (1996). *Born to Rebel : Birth Order, Family Dynamics, and Creative Lives*. New York: Pantheon.

Suomi, S., Harlow, H. F., & McKinney, W. T. (1972). Monkey psychiatrists. *The American Journal of Psychiatry*, 128(8), 927-932.

Taylor, S. E., Kemeny, M. E., Reed, G. M., Bower, J. E., & Gruenewald, T. L. (2000). Psychological resources, positive illusions, and health. *American Psychologist*, 55(1), 99-109.

Terkel, J., & Rosenblatt, J. S. (1972). Humoral factors underlying maternal behavior at parturition: Cross transfusion between freely moving rats. *Journal of Comparative and Physiological Psychology*, 80(3), 365-371.

Terman, L. M. (1916). *The Measurement of Intelligence*. Boston: Houghton Mifflin.

Thompson, W. R. (1954). The inheritance and development of intelligence. *Research Publications-Association for Research in Nervous and Mental Disease*, 33, 209-231.

Thorndike, E. L. (1898). Animal intelligence: An experimental study of the associative processes in animals. *Psychological Monographs : General and Applied*, 2(4), 1-109.

Tidwell, M. C. O., Reis, H. T., & Shaver, P. R. (1996). Attachment, attractiveness, and social interaction: A diary study. *Journal of Personality and Social Psychology*, 71(4), 729-745.

Tranel, D., & Damasio, A. R. (1985). Knowledge without awareness: An autonomic index of facial recognition by prosopagnosics. *Science*, 228(4706), 1453-1454.

Triandis, H., Bontempo, R., Villareal, M., Asai, M., & Lucca, N. (1988). Individualism and collectivism: Cross-cultural perspectives on self-ingroup relationships. *Journal of Personality and Social Psychology*, 54(2), 323-338.

Tulving, E. (1962). The effect of alphabetical subjective organization on memorizing unrelated words. *Canadian Journal of Psychology/Revue Canadienne de Psychologie*, 16(3), 185-191.

Tulving, E., & Pearlstone, Z. (1966). Availability versus accessibility of information in memory for words. *Journal of Verbal Learning and Verbal Behavior*, 5 (4), 381-391.

Turnbull, C. M. (1961). Some observations regarding the experiences and behavior of the BaMbuti Pygmies. *American Journal of Psychology*, 74(2), 304-308.

Tyler, L. E. (1965). *The Psychology of Human Differences*. New York: Appleton-Century-Crofts.

Valenza, E., Simion, F., Cassia, V. M., & Umilta, C. (1996). Face preferences at birth. *Journal of Experimental Psychology : Human Perception and Performance*, 22 (4), 892-903.

Valliant, P., Gauthier, T., Pottier, D., & Kosmyna, R. (2000). Moral reasoning, interpersonal skills, and cognition of rapists, child molesters, and incest offenders. *Psychological Reports*, 86(1), 67-75.

Van Boven, L. , & Ashworth, L. (2007). Looking forward, looking back: Anticipation is more evocative than retrospection. *Journal of Experimental Psychology-General*, 136 (2), 289-300.

Van Boven, L. , & Gilovich, T. (2003). To do or to have? That is the question. *Journal of Personality and Social Psychology*, 85(6), 1193-1202.

Vohs, K. D. , Mead, N. L. , & Goode, M. R. (2006). The psychological consequences of money. *Science*, 314(5802), 1154-1156.

Vohs, K. D. , Mead, N. L. , & Goode, M. R. (2008). Merely activating the concept of money changes personal and interpersonal behavior. *Current Directions in Psychological Science*, 17(3), 208-212.

Wallas, G. (1926). *The Art of Thought*. London: Jonathan Cape.

Walster, E. , Aronson, V. , Abrahams, D. , & Rottman, L. (1966). Importance of physical attractiveness in dating behavior. *Journal of Personality and Social Psychology*, 4(5), 508-516.

Wason, P. C. , & Johnson-Laird, P. N. (1972). *Psychology of Reasoning : Structure and Content*. London: Batsford.

Wiggins, J. S. , & Pincus, A. L. (1992). Personality: Structure and assessment. *Annual Review of Psychology*, 43(1), 473-504.

Wilson, P. R. (1968). Perceptual distortion of height as a function of ascribed academic status. *The Journal of Social Psychology*, 74(1), 97-102.

Wohl, M. J. A. , Pychyl, T. A. , & Bennett, S. H. (2010). I forgive myself, now I can study: How self-forgiveness for procrastinating can reduce future procrastination. *Personality and Individual Differences*, 48(7), 803-808.

Wolf, R. (1974). The measurement of environments. In R. H. Moos & P. M. Insel (Eds.), *Issues in Social Ecology : Human Milieus* (pp. 508-518). Palo Alto, CA: National Press Books.

Xia, L. X. , Ding, C. , Hollond, S. D. , & Wan, L. (2013). Self-supporting personality and psychological symptoms: The mediating effects of stress and social support. *Personality and Individual Differences*, 54(3), 408-413.

Xia, L. X. , Liu, J. , Ding, C. , Hollond, S. D. , Shao, B. T. ,... & Zhang, Q. (2012). The relation of self-supporting personality, enacted social support, and perceived social support. *Personality and Individual Differences*, 52(2), 156-160.

Yaroush, R. , Sullivan, M. J. , & Ekstrand, B. R. (1971). Effect of sleep on memory: II. Differential effect of the first and second half of the night. *Journal of Experimental Psychology*, 88(3), 361-366.

Yau, J. , & Smetana, J. G. (1996). Adolescent-parent conflict among Chinese adolescents in Hong Kong. *Child Development*, 67(3), 1262-1275.

Yerkes, R. M., & Dodson, J. D. (1908). The relation of strength of stimulus to rapidity of habit-formation. *Journal of Comparative Neurology and Psychology*, 18(5), 459-482.

Yerushalmi, H., & Yedidya, T. (1997). The family album. *American Journal of Family Therapy*, 25(3), 261-269.

Zajonc, R. B., & Markus, G. B. (1975). Birth order and intellectual development. *Psychological Review*, 82(1), 74-88.

Zeiss, R. A., & Dickman, H. R. (1989). PTSD 40 years later: Incidence and person-situation correlates in former POWs. *Journal of Clinical Psychology*, 45(1), 80-87.

Zeller, A. F. (1950). An experimental analogue of repression. II. The effect of individual failure and success on memory measured by relearning. *Journal of Experimental Psychology*, 40(4), 411-422.

Zhou, X. Y., Vohs, K. D., & Baumeister, R. F. (2009). The Symbolic Power of Money: Reminders of Money Alter Social Distress and Physical Pain. *Psychological Science*, 20(6), 700-706.

Zimbardo, P. G., & Boyd, J. (2008). *The Time Paradox: The New Psychology of Time That Will Change Your Life* (1st Free press hardcover ed.). New York: Free Press.

Zimbardo, P. G., & Gerrig, R. J. (1996). *Psychology and Life* (14th ed.). Harper Collins College Publishers.

Zimmerman, B. J., Greenberg, D., & Weinstein, C. E. (1994). Self-regulating academic study time: A strategy approach. In: D. H. Schunk & B. J. Zimmer (Eds.), *Self-regulating of Learning and Performance :Issues and Educational Applications* (pp. 181-189). New Jersey: Lawrence Erlaum.

古川竹二. (1927). A study of temperament by means of human blood groups. 心理学研究, 2(4), 612-634.